透視臺大
鏡社實錄

臺大鏡社 編著

序文一

「透視」再現！

◎張則周

　　得知「透視臺大」即將出版，心中有說不出的高興，因為被遺忘的歷史終於有復現的機會。過去聽到「一切歷史都是現代史」時，總感到這是以偏概全，過分誇張的說法。當再度翻閱塵封已久的「臺大透視」中的文章時，才赫然體會到歷史的選擇權、詮釋權與書寫權的重要！

　　回想 19 年前，臺灣第一位民選校長已在臺大產生，半年後新大學法開始實施，「大學法施行細則」公布後，課程亦能經由「課程規劃委員會」自行規劃，這些都是多年來積極爭取，得來不易的成果。但臺大組織規程之制訂，校長並未全部依照校務會議決議處理，教育部公佈之「大學法施行細則」亦多處違憲違法。在這關鍵時刻，長期參與及關心校務發展的教授們唯恐多年來為了爭取「校園民主、學術自由」的奮鬥成果，功虧一簣，隨之共同籌組了「鏡社」，盼望能繼續監督教育部及臺大校務的發展。

　　鏡社成立後，定期在溫州街日式宿舍裡開會，討論「臺大透視」雙週刊及季刊出刊事宜。有的負責撰稿與催稿；有的負責校務會議紀錄與錄音；有收到稿件時的喜悅，也有聽到校務會議的決議被篡改時的憤怒！那是一段為了共同理念跨系合作，難得的體驗，至今仍鮮明地記在腦海中。

　　雖然鏡社經營三年後，由於同仁教學與研究的壓力，「臺大透視」被迫停刊，但同仁們對校務發展的關心從未減弱。不可否認的「臺大透視」對校務的褒貶與建議確實對臺大校務之改進起了一定的功效，對大學爭取校園民主也起了示範作用。尤其是近十年來臺大在全校教職員生共同努力下，不論在教學與研究上都有了長足進步，並獲得國內及國際的肯定，身

為臺大之一員，與有榮焉。

不過令人不安的是近年來校方為了爭取教育部的大學卓越發展經費，不得不以百大排名為鵠的。多數教師為了升等或獲得國科會的獎助，大部份的心力都用在生產以 SCI 及 SSCI 為主的論文上，相對地減少了對解決國內問題的重視，同時也影響了對大學部學生教學與指導的品質；再者，大學的定位依舊搖擺在「通」與「專」之間；大力推動通識教育卻吝於提高為認識我們的社會與環境所規劃的課外教學經費；熱門科系仍存有本位心態，不願降低必修學分；法律系二、三年級的學生就開始準備法官考試；醫學院仍憑學業成績選科激烈；至於校園景觀，因各院系爭相建館，綠地日見減少，「校園規劃委員會」已難發揮它應有的功能；為了擴大校地甚至出現強制曾為國浴血，現住在紹興南街的老兵限期搬遷事件。學生在這樣的環境裡能學到的主要是為未來謀生的專業知識與競爭名利，卻容易忽視謙卑、尊重、感恩、合作、關懷弱勢與回饋社會，如何能被培育成有廣闊的視野，全觀的知識、高尚的品德、愛國愛人的公民呢？

臺灣歷屆府院首長多出自臺大，常被批評為短視近利：為了發展經濟，國土計畫法，遲未立法，繼續犧牲農業，污染環境；為了鼓勵大企業投資，政府至今仍不願徹底改革稅制；為了增加電力，不顧居民的安危，竟在這僅有三萬六千平方公里的小島上興建四座核電廠；為了購買武器及擴展貿易，仍為開放進口含瘦肉精的牛肉辯護！為了臺灣的未來與人民的幸福，我們還不應深自反省嗎？

近年來欣見越來越多的臺大師生已漸漸開始關心社會重大議題，也勇於發言與參與，如保存樂生院的運動、反核運動、反對國光石化運動以及關懷新移民與勞工人權運動……令人欣慰！盼望臺大教職員生在翻閱此書之餘，能用參與社會同樣的熱情與心力，為臺大與臺灣的未來擘畫，使享用全國資源最多的臺灣大學，能結合有共同理念的大學院校，擴大對社會與生態的關懷與回饋社會，並不斷培育出高素質的公共知識份子，在公義

與生態的基礎上,合力開創臺灣未來!

　　最後必須要感謝臺大透視出刊以來,所有認同與大力支持的師生們,有的賜稿,有的捐款,才能留下三年間寶貴的史料。本書能趕在影響深遠的臺大校長選舉前與讀者見面,更是有賴幾位積極與熱忱的同仁們不厭其煩地與每位作者聯繫文章的授權,逐字校稿,以及與出版商接洽的成果。他們默默奉獻與堅持的精神,正是給年輕學子們做了最好的榜樣!

序文二

留下歷史

◎陳振陽

對臺灣醫學史最有深入研究的臺大醫院內科林吉崇教授,在他的《景福札記》中,提到「……不知其社會真正歷史的人,永遠是隸從的人民。」

臺灣今日的自由民主不是憑空得來的。在臺灣這塊土地上,許許多多的人不知有二二八,不知有白色恐怖,不知有美麗島事件。他們今天享有的自由與人權及選舉權,是許許多多有識之士,流汗、流血,甚至犧牲性命,幫忙爭取的。但他們不懂得珍惜,不懂得自己作主人,甘願做被役使的奴隸。為什麼會這樣?那是因為過去的獨裁者與他們的徒子徒孫,以偽造的歷史,偽造的現象,來欺瞞、洗腦。

臺灣大學在終戰後,由國民黨政府接管,當然也不例外的受到黨政軍嚴密的控制。那是個思想、行為受到無形及有形約束的時代。今天的學生,甚至新進教師,無法想像當年人二室的角色及各種活動與文章發表受到管制(審稿)的狀況。今天臺大校園的自由、民主,也不是憑空掉下來。同樣也是經過不同時期的熱心分子,不斷追求改革,才有今天的情況。今天臺大的行政主管與許多校園的事務,已能透過形式上民主的機制,讓臺大師生有機會參與及貢獻心智。但是這過程相關的歷史,臺大師生所知實在有限。

二十年前左右,校園民主化與教授治校的想法,在諾貝爾獎得主李遠哲教授的影響下,推動得如火如荼。1994 年 10 月 1 日,有一群臺大同仁組織了一個關心臺大的團體「臺大鏡社」,並在許多非鏡社成員的臺大同仁熱心捐助下,推出了「臺大透視」這個刊物。目的在幫助這個學校更開

放，更自由，更民主，以促進學校的進步。針對大學理念、課程改革、校務行政及校園規劃，奉獻心智，並監督學校行政體系的業務。在三年左右的發刊期間，鏡社同仁已盡了知識分子的本分，期望臺大能不斷向上提昇。事隔多年，當年為中壯年的成員們，去年有一個聚會，發現大部分已進入或接近「老人」的階段。聚會的共識是要把當年的論述集結成冊，定名為「透視臺大」，作為人生重要的一個紀念品。同時，如果年輕一代，有興趣了解當年所發生第一手資料的人、事、物，就當作一份給年輕人的禮物。

由於協助校稿的機會，筆者有幸先拜讀當年的文章，有不少的感慨。在「臺大透視」發行的三年左右，幾十名鏡社同仁與校外熱心人士，提供了許多珍貴的文章。雖然時間過了將近二十年，當年的問題究竟改進了多少？在大學理念方面，今天由於五年五百億政策的導向，人文的發展似乎更受局限。課程改革方面，軍護課終於改為選修，但通識教育仍待努力。校務行政是否更民主化？或者留下不太光榮及政治操作的記憶？新一代的臺大師生是否對校務更冷漠？在校園規劃方面，臺大是否能達到作為高等教育學府的期待？臺大是否變得太大而鬆散？是否整個校園缺少一些文化的氛圍？由於筆者已退休十多年，對這些事情的現狀不了解，無法提出適切的看法。但有一件事情，記憶較清楚的，是二十年前左右，外文系胡耀恒教授在校務會議提案成立藝術學院，獲得通過，並交由文學院辦理。二十多年後的今天，許多後來提案成院的都已實現，但藝術學院的成立，似乎遙遙無期。不知是否後來的校務會議已決定不成立院，而只在文學院設幾個相關單位，還是文學院努力不夠。還是回到老問題，臺大不重視人文，不重視藝術。大學的理念在追求真善美，美就是藝術，她要陶冶一個完全的人格。臺大自豪為一所完全大學，但她真的名符其實嗎？隨著社會的變遷，臺大教師目前看起來像是生活在衣食被操控的時代，教師們似乎只能在研究計畫中求生存，求出人頭地。影響所及，學生對人生的視野也只有越集中。臺大也越缺人文發展。

透視臺大

　　人生因只有一次而值得珍惜。每個人都會留下一份歷史紀錄。回顧這一生，筆者的歲月多在臺大度過。雖也盡心於教學研究工作，但對社會改革也未缺席。在臺大校務上，由於擔任一段時間的行政工作而有機會參與校務會議，並因緣際會而能與鏡社同仁為臺大改革而打拼，回想起來也是一種福份。拜讀當年的文章，發現很多仍適合今日臺大師生的參考。願藉此機會感謝每位執筆同仁，為我們留下臺大珍貴的歷史。您們不愧為知識分子，我以能與您們共事為榮。更要感謝捐助鏡社活動的各院系同仁，在那尚未充分自由的時代，您們的捐助，讓我們有足夠的經費，無憂的進行我們的努力。也要感謝當年支持我們的眾多師生及社會人士，讓我們有一段值得共同回憶的歷史。

序文三
那一年，我們在臺大所做的事

◎賀德芬

那一年，1994，正處在一個劇變的年代，眾聲喧譁，步步驚心，卻處處生機，充滿了生命力，要扭轉臺灣成為一個現代化的民主國家。

我們這一群很是執著於理想主義的學者，在臺大，艱困的、史無前例的，辦起了校園報紙。只為了落實好不容易在法制上奮鬥有年的戰績，讓校園民主、學術自由真正的開花結果。

要重現當年教授從事高教改革的全貌，還需話說從頭，那可是場場戰役都戰況慘烈的一場戰事啊。

社會上的民主風潮，幾乎是同步的席捲著大學校園，甚至可以說，校園裡的前衛理想主義才是驅動社會前進的原動力。

八零年代，蓄積已久的能量，隨著政治勢力的解放，校園中從寂靜無聲，到以言論吶喊、進而結合社會、政治力量，從體制上著手改革的運動方式也漸趨成熟。臺大學生在這一兩年內，經歷了學生代表普選、李文忠退學、然後是杜邦調查和大新停社等事件，都涉及學生和校方特別權力關係的互動，最後學生以到「立法院」請願，訴求大學改革作為總結。

大學教授在校園中向來聲音微弱。在學生事件中，即使被校方委任為仲裁者，也不過是個虛飾的角色，總想以家長老的身分勸服學生不要鬧事而已。當時的大學，從校長以降，大小學術主管率由官派，層層節制，教授只被孤立在小小的研究室中。

在積滿能量，蓄勢待發的氛圍裡，教授要如何恰如其分的發揮社會功

能,確是頗費思量。在體制內,謀求秩序的重建,權利義務的正義,應是比較理所當然的選擇。

於是,1986年,臺大教授籌組教授聯誼會,揭櫫科系整合、學術交流、校園自主、教授治校的理想。那一年,政治上尚未解嚴,畏懼知識分子集結,嚴密監控校園的霸權,仍無所不在。因之,我們首度遭遇了原只存在於傳說及記載中的黨政關懷。只可嘆,手法老套,無論什麼政府執政,對異議者都不脫的威脅利誘、而後滲透奪權的伎倆,如出一轍。幸而,極權統治已是強弩之末,這批「造反」的教授,雖然精神飽受摧殘,但已無牢獄之災,得以保全教職,尚且全身而退。而,臺大教授聯誼會則在紛亂中,原創人集體退出,由執政黨去全面操控。慢慢果真成了以聯誼為目標,還涉及變更地目、炒做土地的利益團體,最後不知所終。

臺大教聯雖然一無所成,但讓我們認清了權力的真面目。1989年,社會風氣更行開放,捲土重來,便捨棄了單一校園的改革,而以高教體制為目標。配合學生團體早已關注的大學法修正,串連各校教授組成「大學教育改革促進會」,戰場移轉到至立法院。這一戰,耗時七、八年,從草案提出,到立法院的一讀、二讀,無論院會、委員會、甚至協調會,只要有議事,就有學改會成員旁聽監督,或加以關心。在三讀時,各方人馬齊聚立法院前熬夜靜坐,有團體及政客竟唆使民眾衝破玻璃門,擠進議事廳,發生嚴厲衝突,警力大批介入,情勢十分緊張。

黨政協商時,與我們一向合作無間的立法委員,到場外來徵詢主事者的意見。最後以保留軍訓室,換取「大學在法律範圍內有自治權」而告通過生效。那是1994年的1月5日。而這幾年間,還發生了89年大學師生為大學法聯手大遊行,及90年野百合學運等大事件。

以軍訓室的保留,換取大學自治權,真是裡外上下難為人。激進學生認為教授向教育部及軍方放了大水,收了好處,做了妥協。而當我們在1月8號在臺大校務會議上提案,依大學自治規定,將軍護課改為選修,最

序文

後也奮鬥成功後，教育部則譴責我背棄承諾，不守信用。這其間的確用了策略，那是這麼多年的戰鬥磨練出來的戰術。軍方只想保留在校園中的勢力，而「自治權」，他們以為只是空洞的法律用語，不足為懼。而我們卻需要有法源之後，才能推動爾後一連串的校園自治運動。包括將軍護課改為選修，以及推動校長擺脫官僚控制，改由民選產生。

大學校長民選，是教育部絕不可能會讓步，不可能納入大學法的一環。這項議題過於曲高和寡、當時也未形成社會共識。但是，臺大校長，任期將屆，錯過這一任，又將等待另一個世代。我們不能期待大學法的修正，來達成此項目標。校內同仁對此議題的接受度高，在修法之前，先從校內的校務會議著手，應是可行之計。果然，一切按照原定計畫順利的逐步推動。最後也逼使執政當局不得不接受民選的結果。

衝破體制的藩籬，帶領風氣，是此事的成果。但最大的遺憾，甚且可說是改革者的泣血錐心之痛，則是選舉的烏煙瘴氣，選風敗壞，少數人的私心自用、謀權奪位，則讓校長民選制度遭到摧毀。為爾後教育部將此權力回收，再由其掌控決定校長人選，製造了最後的藉口（臺大第二任民選校長，就由教育部挑選排名最末者出任；而原參選者最後竟被聘為副校長）。不但，我們想要藉由學術界的自覺和尊嚴的維護，尋覓出直追胡適、蔡元培大師的夢想於焉幻滅，努力多年的高教改革，終是毀於一旦，誰是真正的殺手，大家了然於心。

事已致此，我們還想做最後的努力。大學法已公布施行，各校組織規程，亦即校內憲法，必須依大學法自治精神修改。我們深信法治社會能牽制人性本惡，凡事應加以制度化的本質，如果體制健全，即便再有野心的豎子，也能受到節制。於是，乃有鏡社的誕生，冀望透過明鏡般的資訊，全校的共同參與、監督，修訂出民主化的組織規程。大學改革，以臺大為領頭羊，或許還有一線生機。

事與願違，鏡社三年，終不敵俗世權力；法治匡正不了尚未覺悟的人

心，更況操控法制的，都是有權力的人。背棄校務會議決議，由行政主導草率修訂組織規程，將校長任期延長，還為自己利益，制訂特別條款僅適用於特定個人，竟然一舉蟬連臺大校長十二載！

我們都是以臺大為終生職志的教書匠，書生報國，唯一的能耐，只有在臺大努力以知識力量帶領臺灣前進。

事實上，臺大自始就享有豐厚資源，聚社會寵愛於一身。當資本主義唯利至上的社會價值侵襲到學術領域時，連在20世紀中期倡導高等教育核心價值，並以之為傲的芝加哥等世界一流大學都為經費所苦，不得不媚俗來調整課程，呼應商業需求，施出渾身解數來招攬優秀學生與師資，以求維持學校的生存。

唯獨臺大，即使國家補助削減，經費還是遠遠優厚於其他大學，加上廣大校友的支持，縱使有財務上的壓力，也不足為世俗化的藉口。更何況，臺大從來不須要為師資或好學生的爭取，費絲毫氣力。這等的得天獨厚，乃源於社會的厚愛，臺大本是社會公器，豈能不全心回饋社會的期待？

以如是優厚的條件，臺大當然該以全力守護大學的核心價值和人類文明、對世俗進行反思和批判為己任，以保存、創造和發現知識為使命，眼前的，以陶鑄有健全人格的青年、培養高端人才、秀異份子為目標才是。若只是追逐著市場價值，以進入虛矯的商業排行榜，即以之為是卓越成就而自滿。教導學生的則只是不作弊、不蹺課、不濫停腳踏車等幼稚園水準的基本守則，如此器小，臺大又何能成就其「大」？

我等皆已「老」「慚」，唯熱血猶存，所記述的並非遊記，乃是斑斑血淚的史實。青史不容盡成灰，這些在臺大校史及臺灣教育史上都遺漏的真相，只有由我們將其填補上，讓歷史不再有缺憾。當然，我們更期許臺大能精煉為浴火鳳凰，讓她的的學術成就使臺灣人引以為傲，也讓所有臺大人都能俯仰無愧。

發刊辭

⊙鏡社

　　有云：「大學是社會良知的最後防線」。這種說法雖稍嫌消極，但雖不中亦不遠矣！社會良知反映的是對理想的肯定和矜持。因此，從積極的角度來看，大學是社會孕育、傳遞理想的搖籃，它更代表著社會的希望。一旦大學喪失這等功能，社會也將成為現實的俘虜。灰暗、醜陋、狡黠而頹廢。

　　然而，現實總是順著人類原具醜惡本質之慾念邊緣，以實作的方式呈現在日常點滴生活之中。所以，它永遠是既存實有，一再重複的「現在」。理想，則體現著人類靈魂深處，上帝所創造與期待之美好的情操光環，指引著光明的方向，卻只能以象徵意念的憧憬方式，用「未來」的期待來呈現。

　　「現在」與「未來」，永遠沒有交集，「現實」和「理想」也永遠存在著鴻溝。這道鴻溝不容易跨越，也難以弭平。但是，文明可貴之處就在總有少數的理想主義者，努力地企圖填平這道鴻溝，讓理想滋潤現實世界，而使生命能充滿希望的芬芳和想像的生趣。

　　對大學教育改革理想的堅持，正是理想主義者具體的展現。

　　百餘年前，孫文曾向李鴻章建議圖強之道為：人盡其才，地盡其利，物盡其用，貨暢其流。臺灣大學，雖承接自日本殖民時期，但自中華民國政府接收以後，一直是培育臺灣第一流人才的最高學府。回顧當初設立之宏規，當也有使臺大躋身世界頂尖之壯志。但五十年來，我們不但無法超越哈佛、牛津，即使名列百大，亦十分困難。臺大每年預算約五十餘億（包含附設醫院），師生員工合計三萬餘人，校園數十甲。以如此龐大的

社會資源供養著，作為臺大人，能不深思反省？是經費不夠？是人才不足？是空間不夠？是制度不全？或是其他原因？

近年來，臺灣在諸多主客觀條件促使下，威權體制逐漸瓦解。就大學而言，新大學法已修訂完成、公佈施行；臺大校長早在這之前，就已由校內自行民選產生……。然而，校園新秩序並未因此就緒。體制的重建，並不能保證人們心靈和行為的解放與改造，威權的桎梏，仍深深地壓制著校園。

我們深信，一個健全的行政體系，是將上述廣大資源充分發揮的必要條件，而一個強而具有功能的校務會議，更是督促校務發展的最重要機制。另一方面，隨著臺灣社會的脈動，臺大自行選舉校長已為學界帶動民主風潮。然而，一個民選校長的施政是否能被充分監督，進而對社會負責，更是一個重要議題。

大學自治理念的落實，最需要的仍是一塊自由而開放的園地、一群肯用心，願耕耘的園丁，以及懂得欣賞並珍惜的大眾。「臺大透視」的發刊，正是我們苦心擘劃出的一塊公共園地，它的萌芽、成長、茁壯，都有賴全體校園成員的灌溉、耕耘和珍視。

大學自治理想的推動，自觀念發軔、制度重建，而今已到具體落實的階段。透過公共論壇自由、開放的空間，讓學校校務能透明公開於全校師生之前，使全校師生因有資訊，進而了解、關懷，驅散長期來的疏離、冷漠。再透過本刊討論校務，交換意見，形成共識，最後促成大學自治的具體實踐，便是本刊最大的目的。

七年前，臺大同仁基於相同的理想，曾出刊過「臺大教聯通訊」，作為討論校內公共事務的論壇。遺憾的是，該刊不久即告夭折。而今，「臺大透視」順利問世。我們期盼這是一個新階段的起始。為落實校園自主，發皇大學締造理想的精神，也祝禱這是一個永續的開始，請全校師生共勉之。

目錄

序文一──「透視」再現！	張則周	i
序文二──留下歷史	陳振陽	iv
序文三──那一年，我們在臺大所做的事	賀德芬	vii
發刊辭		xi

第一篇：大學理念

教育改革與人文精神	胡　佛	2
臺灣教育理念的理想──傳承、創新、責任、人文	賀德芬	7
以恢宏志氣開創臺大教育理想的新紀元	賀德芬	11
大學教育的探討──對教育部教育白皮書的看法	賀德芬	13
崇敬與冒瀆之間──也談學術本土化	葉啟政	17
大學不應世俗化，給臺灣大學的建言	蘇益仁	20
教師看校訓	劉廣定	22
高等教育改革聲中教授的反思	陳維鈞	25
淺談學術圈的派系文化	陳維鈞	28
長程校務發展白皮書之規劃經過	楊盛行	31
臺大將成為世俗的「一流大學」？簡評白皮書草稿	黃榮村	33
校務發展白皮書讀後感	張海潮	37
院系所增設的全校觀點	郭華仁	39
積極推動臺大各系所定期評鑑	賀德芬	42
建立教師評鑑制度提升大學水準	陳振陽	44
教育家的典範──高坂知武教授	陳振陽	46
臺大人要懷有高尚的人生觀──專訪虞兆中校長	金傳春	49
臺大如何邁入「東方哈佛」──專訪錢桎榕教授	金傳春	51
臺大電機如何追求學術卓越──專訪許博文教授	金傳春	65

第二篇：課程改革

臺大課程的全面改革	黃武雄	70
共同必修科與誰「共同」？校長會議決議的商榷	賀德芬	75
教育改革不應和稀泥 　　──論大學法施行細則踰法被退事件	賀德芬	78

我們千萬不要成為教育部的共犯——課程應由本校自行規劃並儘速成立通識教育中心	張則周	80
由大學通識教育觀點談如何陶鑄領導人才	金傳春	82
對通識教育推動的一些看法	葉啟政	86
臺大「通識」與「共同必修科」	張海潮	89
課程通識，與不分系	張海潮	91
通識教育與科學教育——注重人文與科學的相互交流	牟中原	93
通識教育——社會科學領域核心課程的初步規劃與設計	陳明通	96
臺大通識怪現象	賀德芬	104
通識教育之教與學——「藝術概論」之經驗	陳振陽	106
通識課程的修習心得	法學院學生	107
對臺大通識教育的一些感想	理學院學生	109
我對臺大通識教育的看法與期待	工學院學生	112
他山之石——東京大學農業部的改革	賴光隆演講／郭華仁整理	114
通識教育之重整	藤原正彥／張海潮譯	117
通識教育開展學生未來潛力——專訪黃武雄教授	金傳春	123
臺大課程自主向前行——專訪張則周教授	賀德芬	125
從軍訓教育的緣起、內涵、師資、編制與影響看軍訓教育的存廢問題	劉毓秀	127
「軍護選修」、「共同必修科自訂」完全合法！臺大站得住腳，不必害怕	賀德芬	132
軍訓室應何去何從？	賀德芬	135
新生軍護課選修之過程評析	駱尚廉	137
女生修軍護課的內涵	文學院女生	144
教官在臺大……	賀德芬	148
師資培育與教育學程	黃榮村	150
教育學程要教育誰？	史英	156
教育學程與一級單位	張海潮	173
師資培育多元化的過去、現在與未來	邱守榕	175
師資教育問題在於師資不足，教育改革需要典章	邱守榕	181

第三篇：校務行政

淺談校務會議與校長的定位及職掌分際	許宗力	188
本校組織規程的制訂始末	賀德芬	191

臺大組織規程草案簡介	賀德芬	195
釐清校園內立法權與行政權之糾葛	賀德芬	199
釐清行政權責才能建立互信	賀德芬	203
校務會議曲解民主真義，臺大精神危矣！殆矣！	賀德芬	206
審慎修訂組織規程，為臺灣高等教育負責	賀德芬	208
校務會議要負起責任來	賀德芬	210
應儘速舉辦研修臺大組織規程公聽會──校務會議設常務委員會絕對必要	張則周	212
研修臺大憲法，請貢獻您的智慧	張則周	214
我們對校務會議代表的幾點期望	張則周	216
組織規程中行政架構的版本比較	郭華仁	218
會議紀錄不容擅改不得扭曲	陳振陽	222
校務會議烏龍記	賀德芬	225
「全體委員會」係蝦米碗糕？校務會議荒謬一籮筐	賀德芬	230
陳主席的議事特技大觀	賀德芬	232
旁聽校務會議側記	張則周	235
臺大校長遴選之回顧與前瞻	賀德芬	237
以學術良知，把真相還給歷史	賀德芬	247
沒有行政革新，哪來教授治校？	林能白	250
「非營業循環作業基金」之影響及因應之道	林能白	252
該是進行校長評鑑的時候了	賀德芬	259
臺大第二任民選醫學院院長任命爭議事件衝擊之評析	許輝吉	263
選出校長後要鼎力支持──專訪蕭清仁主任	金傳春	267
主任秘書林政弘先生專訪記──行政中立，是他的承諾	賀德芬	270

第四篇：校園規劃

關於臺大第二校區	夏鑄九	274
有關臺大校園空間發展的一些感想與建議	王鴻楷、吳瑾嫣	279
反省臺大校園規劃──1980年初推動《臺大校園規劃》的感想	夏鑄九	284
臺大校園環境經營之民主化	王鴻楷	289
校園綠化需要一個「總監」	郭華仁	292
不應該只是割去肉瘤──對校門口改建案的意見	潘翰聲	294
臺大校門口的幾個交通問題	許添本	299

臺大校園交通問題與對策 .... 許添本　303

附錄

一、臺大陳維昭校長校務會議報告書（民國 85 年 5 月 25 日）...... 314
二、臺大校長陳維昭先生績效報告解讀（鏡社）.................. 328
三、82 學年度第二學期校務會議紀錄 368
四、鏡社聲明（一、二、三）.................................. 375
五、臺大教授聯誼會興亡錄 385
六、高教改革運動大事紀 396

鏡社同仁於 2011 年 6 月 30 日重聚。

左起：許輝吉、林能白、陳榮銳、張則周、陳振陽、賀德芬、張清溪

鏡社同仁於 2011 年 6 月 30 日重聚。

左起：許輝吉、金傳春、陳東昇、賀德芬、畢恆達、張清溪、林能白、陳榮銳、郭華仁

民選校長，一年政績如何？

第 二 版 校園要聞

落實校園自主，發皇大學締造理想精神

台大透視創刊號正式發行

《台大透視》創刊號於十月四日正式出刊。當日中午十二時十分，假台大第一會議室舉行創刊茶會。關心校務發展及高等教育問題之學者與社會人士約一百五十人前來祝賀與指教，本社於此謹致最高的謝意。

茶會首先由鏡社社長賀德芬報告「台大透視」發行之宗旨。其次由陳維昭校長致詞，期望多提供建設性之意見。其餘貴賓應邀致詞者有中研院李鎮源院士，立法院教育委員會翁金珠委員，謝長廷委員，黃榮村教授，楊國樞教授，及楊維哲教授等，大家均盼本刊能發揮討論及監督校務之功能。另，劉瑞生立委及謝啟大立委則因重要議案，以致在貴賓致詞完畢後才趕到。他們的熱誠，令主辦者萬分感謝。另承蒙王仁宏總務長、吳聰賢院長、柳中明主任、郭光雄教授、華加志立委、廖永來立委等致贈花籃，也一併致謝。

左上：十月四日台大透視創刊號發表會，發行人賀德芬教授致歡迎詞。
右上：校長陳維昭應邀致詞。
左下：心理系楊國樞教授致詞。
右下：十月一日鏡社成立，記者招待會於基醫大樓二樓會議室舉行。

台大軍護課程 今年起改為選修

校務會議場內教授代表唇槍舌劍　場外學生團體掌聲與叫好聲不斷

【記者張志清台北報導】「軍訓課選修案」八日在「程序不合」予以撤銷，而後又否決軍訓選修違反「大學法」的書面聲明，只通過台大自行開設必修課程確定今年台大一年級新生必須修習軍訓護理，但在會場昨天一大早，台大學生會學生代表及該校鏡社教授鼓勵學生抗爭，更有代表對於學生動輒在校門口拉起布條、張貼海報的作法表示痛心，希望學校應該加以「整頓」。

台大校務會議展開一場攻防戰。有人沈痛呼籲在場代表不要使台大名譽受損，也有人問校務會議的決議到底有沒有違法？場內教授代表問你來我往，場外學生團體則掌聲與叫好聲不斷，象徵台大自主的第一個關鍵性議案，一直到上午十一點半，才由主席裁示布條。鏡社也發表「請不要恫嚇學生，學校應負起責任」的書面聲明，造成與會代表不小的壓力。會議開始，有人提議清場，學校不是更包容的心來看待學生的種種作為。就為了這個話題一開始就「大約四十分鐘」。

進入討論議程台大心理系教授黃榮村、哲學系教授劉福增、數學系教授楊維哲等人就先後發言質疑，認為課程暫緩實施軍訓選修案違反程序規定，要求撤銷。但是包括台大教務長郭德盛在內的部分代表卻認為，課程委員會提案雖然有程序上的瑕疵，但是出發點是維護學生的權益，是負責任的表現。

不過，也有人認為校務會議沒有清場的理由，在社會多元化之後，教授應該以更包容的心來看待學生的種種作為。就為了這個話題一開始，就大約四十分鐘。

張志銘教授則再三表示，學校校務會議是一個立法機構，不要責任丟給組入大學校門不久的大一新鮮人。他指出，大一新生馬上就要開學了，學校不能沒有任何共識，只將問題抛給無辜的學生，他認為課程委員會的良心測試，實在對不起自己的良心。冗長的辯論結束後，主席依多數人的意見裁定軍訓改為選修違反台大學則所提「台大自行開設必修課程」表決通過。

陳維昭：將盡可能與教部溝通
若雙方法律見解無法取得共識 不排除申請大法官會議解釋

【記者張志清台北報導】台大校務會議八日以舉手表決方式通過重大決議，決定八十三學年度第一學期開始，將教育部實施數十年的「共同必修」一大一軍護課目由「必修」改為「選修」，台大校長陳維昭在會議後表示，校務會議的決定不可能再作任何改變，校方將盡可能與教育部溝通，如果雙方的法律見解無法取得共識時，不排除申請大法官會議解釋。

楊朝祥強調，在各大學共同必修科目尚未研訂完成之前，現行大學必修科目仍須依照舊有規定辦理，他說，對於法律有不同的見解，申請大法官會議解釋是很好的方式，教育部當盡快開會討論此案。

【記者張志清台北報導】針對選修一事，教育部次長楊朝祥八日晚間表示，學校的認知頗有很大的差異，將召開緊急會議決定如何配合學生畢業必須修完軍訓護理課程且成績及格，以及校學則必須提報教育部核備後實施的有關規定刪除，使軍訓護理課程改為選修生要求，將軍訓改為選修。

(黃玉淇攝)

1994.10.9.中國時報

請記住我們曾有的榮光！

今年元月十五日，台大校務會議上通過軍護課程改為選修，各大媒體均以「台灣校園史上極具意義的表決」、「教育史上重大變革」、「締造台灣高等教育史新頁」等稱道，歷史的記錄不容抹殺！

請不要恫嚇學生，學校應負起責任來！

憲法第一七二條：「命令與憲法或法律抵觸者無效。」
大學法第一條：「大學在法律範圍內有自治權。」
大學法第十三條：「大學設校務會議，為校務最高決策機關。」
學位授予法第二條：「學位分學士、碩士、博士三級，由公立或已立案之私立大學或獨立學院（以下簡稱大學）授予。」

凡違反上述規定的行政命令，如教育部頒佈的大學法施行細則、學籍規則或任何函件公文，以及大學的組織規程、學則都一概無效。

台大根據大學法所賦與的自治權，經校務會議議決的改革課為選修的課程規劃案，不得以任何非法律理由而推翻，校方所稱「不修軍護，不得畢業」純為惡意、非法的恫嚇！！同時，我們指控，**課程委員會徹底違法**。

基於這種種違法情事，我們懇請各位校務代表，為維護台大尊嚴，恪守法律規定，千萬不要做教育部及台大行政當局違憲違法的共同正犯。

我們要求：
一、課程委員會已不堪承擔校務會議的委託，應予解散。
二、課程委員會的任何決議、提議，都因違背校會決議而無效。
三、追究教務長違法濫權之責任。

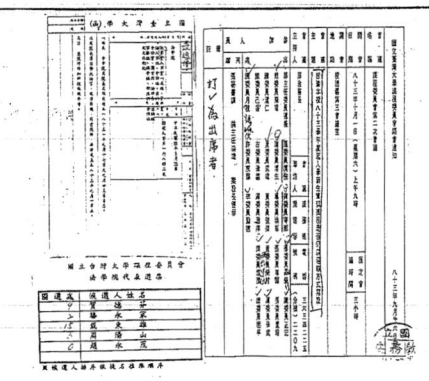

台大八十二學年度第一學期第二次校務會議決議（元月十五日）：

繼續予系決議通過將軍制課程改為選修科目，組織之課程規劃委員會及委員會組成。

第二學期第一次校務會議第一項決議（四月二十二日）：
成立課程規劃委員會，由各院系推選代表二人，通識課程委員會推派四人，軍訓、體育、護理各一人，通識規劃小組及學生代表二人共同組成，推動課程選運進修課程設計。

但是，教務長不但否決此委員會議選法組成，更未遵行指派各院系代表及成員，先擅自徹消召開必勞的目前這的四人參加，

第二學期第一次校務會議第二項決議（六月十一日）：
由各院推派一人，現行為同必修體育各推一人，軍訓、體育、護理各一人，通識課程規劃小組三人及學生代表二人共同組成。

然而，依此組成的課程規劃委員會，依然處處違背校會決議。

一、課程會共召開兩次，第一次在七月二十六日，主席已忽卯校會會議決議，任意成員另須須討論應否改為選修，而致抱頭痛敗。第二次會議在十月一日開會，竟明定會議主題為「討論本校八十三學年度起入學新生軍制課程是否仍以選修方式開設」，完全逾越校會議決議決之授權，絕對違法。

二、委員會成員龔漢張、何存萍，並不在決議之內，教務長涵個人恣意任命，組織違法。

三、總教官之言論，早已在校務會議決議不許，且僅一位教授發言同意其出任委員成員，教務長卻執意任其為召集人，而組校務會議技旁通過之人選，教務長竟以個人好惡擴拳。

四、戴東雄大法官自十月一日起改聘為兼任教授，竟違法出席會議，使法學院代表無法補選。

xxiii

鏡社號外1994-11--10

台大組織規程行政版嚴重違法秀逗大演出

軍訓室由隸屬教務處的教學單位提昇為與教務處平行的一級單位，公然倡議在校園內實行軍事訓練。

取消原草案中校務會議常設委員會之設計，便利行政体系專擅越權。

獨創陳維昭條款，由教育部直接任命他當校長六年。

．
．
．

內容精彩　不及備載　敬請期待

台大也瘋狂

陳維昭校長領銜演出

台大改制為軍校
操場變靶場

校長違法操作本事

四月二十二日校務會議已經決議由原研修小組繼續進行公聽，及整理各方意見，校長擅自吃案。

六月十一日，校務會議對之再做討論，唯校長置之不理。

六月二十一日，校長快速交付行政會議通過成立「組織規程修正意見整理委員會」，由校長召集三長，各院院長，人事室、圖書館、秘書室、會計室、電算中心及推廣中心主管，總教官等人，以及各院院長指派教授代表組成。

該委員會賣力合作演出，在兩週內超速完工。

我們嚴厲譴責校長玩法弄權

我們要求校務代表為台大負責嚴謹審查並立即舉辦公聽會

呼籲全校師生密切關注謹防包裹表決

臺大透視 專輯　1996年冬季

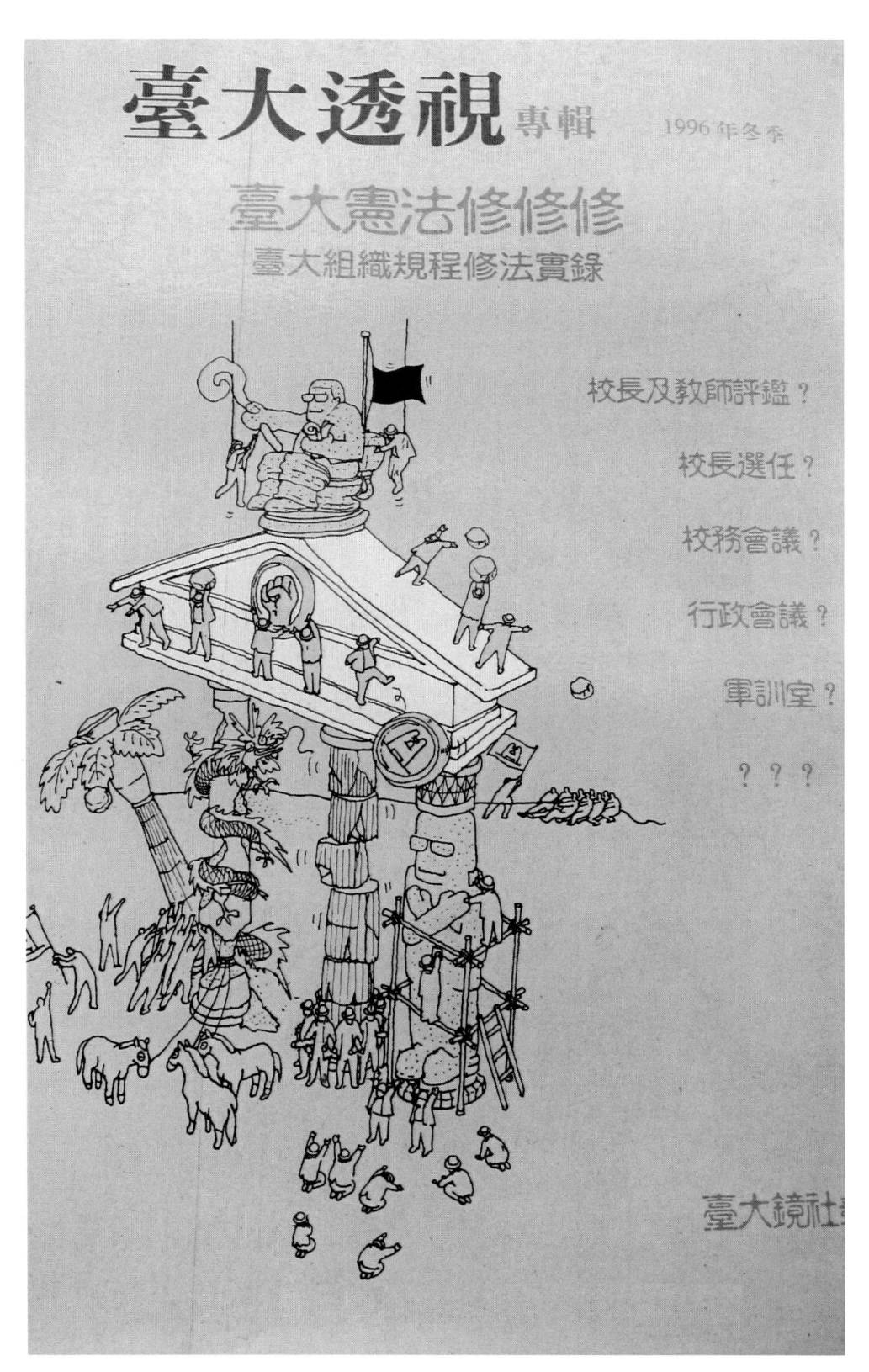

臺大憲法修修修
臺大組織規程修法實錄

校長及教師評鑑？

校長選任？

校務會議？

行政會議？

軍訓室？

？？？

臺大鏡社

誰是我們的長官？

上圖為本校行政單位為歡迎教育部官員蒞校說明大學法施行細則而製。

第一篇
大學理念

教育改革與人文精神

⊙胡佛

在談到大學教育的理念與改革,如何提振人文精神,應是今日最重要的問題。這些年來,我們的社會在轉型中發生許多嚴重病態,特別是道德低落、金權氾濫及族群隔閡等,醫救之道唯有發揮人文精神。而教育無疑為首要目標。

近年來,我們教育界同仁非常重視教育改革,政府也正在研擬,這項改革能否成功不僅關係臺灣大學,也影響國家整體教育制度的發展。關鍵完全在大學能否擺脫官派校長時代所留下來的威權觀念與結構,並進而創設能實踐「教授治校」的新精神與新體制。如今身處改革的緊要關頭,面臨試煉,我們如能從根本處思考臺大的教育與治學理念,從高遠處觀察我們發展校務所應遵循的方向,革新臺大體制,大抱負才真能實現。

我們臺灣大學如何才能成為世界一流的大學呢?臺大教師是否應該反省大學理念以掌握本校未來發展方向?均是我們全體同仁必須勇於面對的挑戰。

壹、大學要「為往聖繼絕學,為萬世開太平」

首先來談大學的目的。大學是知識與理想的殿堂,而此二者是來自對人類社會自身的一種深厚關懷,也就是對人之所以為人所做的肯定與尊敬。這種人文精神的發揮可以創造、維護與不斷地提升人類文明。知識與理想只能在其內,不能在其外,否則會失去本源,且易造成偏枯。唯有我們的人格在這種人文精神的陶鑄下,在大學追求知識之真,才能產生大智;追求道德之善,才能產生大仁,追求藝術之美,才能產生大化。此

真、善、美三者的追求，付之誠篤，才能產生大勇。大學如能發揮這些作用，才真能達到化腐朽為神奇的境界，並成為知識與理想的殿堂。宋儒張載：「為天地立心，為生民立命，為往聖繼絕學，為萬世開太平」，最能說明大學的崇高理念。

貳、學術自由與大學自治，才可實踐大學追求真、善、美的理想

實際上，任何學科不能離開真、善、美的追求，因而科學家必須重視人文精神。人文及社會科學家不必多論，若自然科學家缺乏人文素養，只重某種專業知識的累積，怎麼能體認科學活動的真正目的與終極意義，在精神上激發創造潛能呢？又如何孜孜不倦、終身奉獻；為真理而真理、為是非而是非，開啟人類新知與進而提升人類境界呢？因而偉大的科學家是偉大的人道主義者。愛因斯坦曾指出：「人類最重要的努力是在追求行為道德，我們的內在平衡在此，生存的意義也在此。唯有我們的行為有道德目的，才能使我們生命美麗而有尊嚴」。

為了實現大學的崇高理念，推動真、善、美的追求，大學必須免於外力的干擾與控制，所以大學必須自由、民主與自治。大學絕非政治的工具，也非國家行政體制的延伸，更非任何特定族群、階層或經濟勢力的附庸。大學必須堅拒威脅與利誘，否則由此而生的心理依附與資源依賴會構成雙重壓力，必將使大學的自治與自由精神，面臨淪喪危機。但是在人文精神的灌溉下，大學自由不是散亂，而是一種自主的公共精神與秩序。人人的自由，即是人人的互敬與責任。試想，我們今日所置身的，並不是一個完美的世界，且理未易明，善未易察。我們必須通過自由探索，自由分析、自由辯論與詰難，才能激發我們反省、判斷與創造的潛力，而有助於我們對真、善、美的追求。我們必須自我警惕：當大學的自由受到壓抑時，教育與學術的品質就必不會趨於理想。

強調大學的崇高人文精神與理想，希望臺灣大學是具有這樣精神與理念的一所大學。當英國人的精神與理念造就了牛津與劍橋，美國人造就了哈佛與耶魯，法國人造就了巴黎大學，而我們具有深厚的文化傳統，聚集全臺灣一流英才，為何不能造就一所世界級的臺灣大學呢？

參、傅校長力拒政治干預首創臺大校訓人文精神

故傅校長斯年先生以「敦品勵學，愛國愛人」作為臺大的校訓，實有深意：「敦品勵學」是真知、美德的追求，而「愛國愛人」是人類社會國家的大我之愛，只有在我們盡了大愛之後，才能真正嚐到美德之果。兩者相依，完全表達人文精神和理念的一致。另一方面，傅先生力拒政治的特權與干預，極力倡導自由與知識真誠。他任期不及三年即已物故，但我們今日仍對他有無盡的追思。主要並不在於他在臺大有形的建設。而是在於他對人文精神的關注，以及在這方面為我們所累積的精神傳統。今天傅鐘的鐘聲仍時時在校園飄蕩，但篆刻其上的「敦品勵學，愛國愛人」的人文襟懷，究竟能隨著鐘聲流傳多遠呢？

肆、提升人文精神以培養民胞物與人才

傳播及提攜人文精神是今日第一要務。多年的威權統治下，各種形式的功利主義及特權早已潛滋暗長。人文精神已受到相當的污染。近年來，威權體制解組，整體政治結構趨向民主化，臺灣大學實應在這樣的大變局中，重振學術倫理，引導知識權威的重建，並釐清學統與政統的分際，促使校園自主與自治，培養及鼓勵學術的獨立、尊嚴以及知識權威，逐步建立堅實基礎。唯有鼓勵知識份子「以文載道」才能出乎至誠表達人本的終極關懷，確認學統與政統的分立原則，撥開功利、特權及泛政治化的陰霾，提振人文精神與理念，厚植真正的學術基業，也為我們社會培養更多「關懷天下、民胞物與」的領袖人才。進一步也才能推動整個國家社會的

自由化、民主化與理性化，消弭社會的功利與暴戾之氣，逐步落實觀念的啟蒙與文化的提升。

在近年的民主化過程中，臺大同仁及同學已有相當的貢獻。臺灣大學重視人文關懷及自由民主的傳統，正如冬暖的春陽，促動了若干改革。包括選舉校長、院長、系主任及學生會首長、學生代表可以參與校務、院務及系務會議，陳述己見。這些體制各展其妍。但徒法不足以自行，必須要以獨立的學統，加以保障。否則臺大將迷失在參與的潮流中，反而培養不出人文精神的關懷。因之，無論大學法及我們校內的各種規章，均需要做一全面的檢討與修訂。臺灣大學需著眼於一個全國性的教育新體制與新精神，才能推動整體人文精神及教育的改革。

伍、教學研究要有成就大智大仁大勇的氣概

在促進人文精神上，臺灣大學已開始推動通識教育，但是其在教育精神、內涵及方式等各方面還有待充實與改進。歐美一流學府極為重視人文傳統與通識教育，不但採取小班制，引導學生廣泛閱讀原典，而且眷顧人文、社會與自然科學的基本知識。並特別著重師生之間的雙向溝通。有的更輔以導師制從生活教育陶鑄學生人格，始能深刻體驗人文精神的學術及生命意義，進行真、善、美的追求。如同我國傳統的身教言教。但如今通識教育在臺大不受重視，學生視為營養學分，師生在講授之間缺乏精神交換與心靈溝通。導師制度也流於形式，聚餐了事，少見生活教育化道德感召。我們不能與古今知識份子作心靈的對話，就很難超越。非僅格局無法放大，專業訓練也會偏狹。如今當然不易產生一流的大思想家與大科學家，臺灣大學也就難成為一流學府！

臺大的學術研究強調提高水準，但無庸諱言地，我們的研究水準相當參差不齊；獨具原創性、能成為一家成一流之說的，並不多見。臺大各科系的學者大多在西方接受研究教育，是近百年國家現代化發展上的落後問

題，也說明我們的學術研究還不能完全獨立，仍處在一種邊緣地位。事實上，臺大同仁的基礎訓練已達到相當的水準，不難創造國際性的成就。但問題在於我們精神深處卻缺乏一種大智、大仁、大勇的昂然氣概。於是心存依賴，不能突破前人的窠臼。時間一久，只能做一些餖飣補註的探討。厚積我們的精神資源，提升我們的自信心與創造力，並激發追求真理的熱忱才是根本之圖。否則，再精緻的設備，也無用武之地。換句話說，我們並非不重視物質，但更重視提振精神資源。

陸、重視科技整合研究革新臺大體制

由於各學科性質不同而發展進程有異，但仍應努力下面三大方向：

一、大學必須在自由及自主的環境中，才能充分實踐學術上的尊重理性與開放，就是大學的學術自由與學統獨立。換言之，在臺大校園中，不接受任何不容批評與詰難的學說與意識型態，也不允許任何政治勢力滲入校園，干涉我們自主的學統。我們的學統只有學術權威而無政治霸權。

二、化解各學科的「門戶之見」，推動及協助各學科學者成立研究小組與工作室，進行科技整合研究。學校充分授權各院系依其學術需要，而自行運作。

三、選擇具有優異成就的學科，帶動及提升相關學術研究，另設研究中心，做長期規劃，加強國內外交流以謀突破性的研究，另外在各學院設立講座，定期邀約海內外一流學者，啟迪學風。

臺灣教育理念的理想——
傳承、創新、責任、人文

⊙賀德芬

教育是一種文化象徵意義與價值在代代之間傳承延續、有所創新演進的制度化安排與設計。其間，既充滿集體記憶，也負荷著共同的期待，因此更承載著無比的責任。

就傳承延續而言，指的是傳統的建立，也是傳統的維續。傳統包含前人累積下來的生活經驗、創造出的種種知識文明，和一貫秉持的理想與終極價值。這些都是使世代之間得以擁有象徵意義之集體記憶，而共享同屬我群之情感感覺的基礎。如此具歷史意涵的集體「我」的形塑與延續，幾乎是人類社會共有的特徵，也往往被視為一種終極的價值。人類從此間得到肯定，也孕育出認同，更確立生存的意義。因此，如何努力維護延續傳統，就成為教育的主要內容。

然而，在現代社會，不斷的追求創新與變革，幾乎又成為社會能否獨立自存的必要條件，而且也是人類文明發展中難以完全顛覆的「終極價值」。因此，假如教育只求維護延續傳統，而罔顧變遷瞬息的時代脈動，其結果將可能使傳統的維護與延續推到極致，成為食古不化的保守，終使整個社會呆滯，喪失應變能力，也失去了生機。

如何在傳統與創新之間尋找平衡點，讓兩者不至對立互斥，而能相輔相成，成為互相孕育而搓揉的動力，是整體教育的首要任務。因此，文化傳統的傳承延續與創新演進，無疑地同時是整個教育部分階段的共同且根本的理念。

臺灣基本上是個移民社會，移民社會原本就充滿著未確定的變數，集

體性格有待時間來形塑。不幸的是，自漢人登陸後四百多年來的歷史命運乖違，社會始終處於受宰制而未確定的不安狀態，而帶有濃厚的悲劇色彩。具風格的文化傳統一直未能明確被形塑成功，更遑論已明顯地展現出來。面對這樣的歷史命運，以及仍未確定的未來狀態，如何去補捉、勾勒屬於這個地區，長期以來先人累積的生活經驗與集體記憶，蔚成具有特色的文化傳統力，以作為定義生活在這個地區之子子孫孫的集體認同，毋寧是當前教育體制所面臨的最大挑戰。

追求、肯定與創造文化傳統固然是教育最重要的理念，但是，這並不意味著我們的教育就企圖把下一代形塑成為一群孤立於全世界之外的「異鄉人」。「全球化」急速形成的趨勢下，臺灣已成為整個世界不可分割的一部分，與世界其他地方緊密地關聯在一起。既是活在地球村裡，我們對人類的文明，尤其源自西方世界的優勢現代文明，有理由也不可能不有所認識。尤有進之者，我們與世界其他地區的人一般，對人類共同的文明負擔一份維護延續與創新演進的責任。若是，教育的基本內涵不但是地區的，而且也是全球的：我們所要維護延續或創新演進的不但是這個地區歷史所特有的，更是全類歷史所共同的。

不論是地區的或全球的，也不論是文化傳統的傳承延續或創新演進，我們已點出，教育本身是對下一世代的永續期待，也是對下一世代的永續責任。期待下一代創造出具有更開放、更歡愉、更理性的新世代文明，而且以此胸懷來期待他們的下一代，讓世世代代在充滿著希望與生機永續下去。

期待賜與人類生命的生機，也充滿著溫情。但是，這種溫情與生機，若缺乏責任，則可能變成濫情，也很容易走上充斥著激情之法西斯主義的路。責任是一種倫理要求，幾乎是任何制度化教育形式所必須的，更重要的是責任需要有實際的內涵為依歸，否則，責任的倫理將成為不必負「責任」的口號，也將無從檢證起。因此，必須進一步追問，整個教育所期

待，也是教育者所應擔負責任的實際涵義是什麼？

回顧古今中外歷史，人類社會事實上都共享有一個至明的特點。這個特點是：整個世界（包含自然世界在內）所內涵的性質和意義並不能自明，必須經過人的認知並加以文飾表達，才能剔透出來。值得注意的是，人往往會進一步對整個世界存著一些期待，期待世界變得更合乎自己所認定的理想。因此，不論從現實或理想的角度來看，對人而言，整個世界都可以「人文化成」的觀念來呈現。

「人文」所表現的是人對世界、其他人與自己的一種態度，也是一種關懷。這是人與其所生存之外的世界，也是與其所經驗的內在心靈世界之間關係的基本表現。其所內涵的意義遠比「人本」與「人道」更為根本，也更加寬廣。

長期以來，在西方實證科學理性的主導支配之下，人們相信可以超越價值，創造客觀中立而有實用功效的知識。基本上，這些知識被認為具有放諸天下皆準的普遍真理性。很自然的，這些知識的傳授也就被認為是整個教育（尤其大學教育）的基本內容。姑且不論科學知識是否真有可能超越價值，保持客觀中立或具有實用功效以造福人群，從歷史的角度來看，一旦人以自己為本位，企圖利用這些知識來戡天役物，使得慾望，無限地膨脹，那麼，問題就跟著來了。「人本」的人文精神也就必須重新檢討。

在歐洲歷史中，「人本」的人文精神產生其一定的社會條件，也具有一定的歷史意義。這個精神曾使歐洲人走出中古世紀教會壟斷一切的黑暗時期，讓人做為一個「人」的基本尊嚴得以有恢復的機會。然而，毋庸置疑的，一方面，在資本主義與科技發展的雙重夾擊下，人本的人文精神漸漸地流失了其原始精髓。另一方面，隨著歷史腳步的邁進，社會背景的更替，似乎使得人本之人文精神發揮正面意義的條件喪失殆盡。相反的，它變成為一個被嚴重扭曲的意識形態。實際上人們所看到的是它使人充滿著浮誇的自信，變得十分狂妄、專斷，百般地踐躪自然，肆意地耗用資源，

更使人類為了爭奪資源、保護利益，毫不留情地相互迫害、殘殺。

審視整個人類文明的發展，具有人道意涵的人文精神似乎已不應是以極具征服、宰制、耗盡、無限擴展與戡天役物企圖來證成「自我」的人本主義。這樣的人本是本位、自私、也是殘暴的。相反的，較合理的人文精神應當是悲天憫人的，它教人懂得謙虛、收斂、知分寸、不時反省。這是一種強調自制的人文精神，講求人與自然（包含其他人在內）之間有著相互尊重的和諧關係。基本上，這是把權利觀念由人自身擴展到自然的一種現代公民思想之精髓所在。

總地來說，姑且不論人文精神的內涵應當為何，教育做為一種人為的建制性設計，自應以培養人文精神為基本理念，其本質是「人文」的。知識的傳授、經驗的交流或終極價值的設定，不論其涉及的內容是多麼地專業技術化，都應當建立在人文關懷的基礎上。只是，在不同的教育階段，為顧及不同年齡層之受教者的學習能力與教育功能，我們施以不同的教育方式，也給予不同比重的內容。

以恢宏志氣開創臺大教育理想的新紀元

⊙賀德芬

　　自歐洲中古十二世紀的大學起，如義大利的波隆那（Bologna）與法國的巴黎大學，就本著「世界精神」，以共同語言「拉丁文」，讓一群老師宿孺與學生相互交會，一脈相傳人生價值、性格模鑄與知識寶典。往後牛津與劍橋大學承襲此古典性格，注重培育「通達富修養識見的文化人」。至十九世紀末德國柏林大學強調「發展新知」，掀起教學與研究並重學風，大學開始奠基「追求真理」新面貌。而德國戰敗後，哲人耶士培（Karl Jaspers）撰寫《大學理念》，再度警醒世人大學教育理想在「模鑄整全的人」。

　　中國大學的起源可溯於先秦。可惜興辦新式大學之初，正是清末極度專制時代，難以引進西方大學的革新作風，因此創立的「京師學堂」，不但沒有大學自主與學術自由，反成為政府的「公器」。京師大學堂的首長被稱為「管學大臣」！民國2年政府公布「大學規程」，將大學視為「政府機關」來監督、管理。民國13年，教育部公布「國立大學條例」，其中規定國立大學設董事會與評議會，且各科系及學院各設教授會，規劃課程。北京大學在蔡元培校長領導下，各種學說百花齊放，開啟自由學風。

　　可惜好景不常，政府遷臺40年鑒於大陸失敗主因在「教育」，對於大學的課程、學分、行政首長、財源配置等細節均事事過問。臺大傅斯年校長全力維護學術獨立，奠定臺大的自由精神。但在傅校長積勞成疾，遽而過世後，官方即不很尊重知識，連大學最起碼的教學課程，也會因教授思想為「自由派」，如殷海光，而予以箝制。大學教授的研究成果更必須與相關政府部門的喜好相呼應。一所追求教學與學術研究卓越的大學在此政治籠罩下，不僅斷送不少學術真誠，更在國科會傑出研究獎的功利導引

下，關心大學教育的教授，寥寥無幾。

以至校務會議中，當討論大學的教育理念，或親眼目睹「軍訓護理」選修課被「政治化運作」，校務代表們的決議，幾乎被公然踐踏時，某些教授代表竟能或者卑屈附和，或者不發一語，甚且自我告白，因其不懂大學教育而千萬別選他入「臺大宗旨修訂委員會」，以求規避。試問一位不懂大學教育理念的教師如何可辦好教育或薰陶「青出於藍」的下一代？臺大的教師不以社會殷殷厚望而自我省思、惕勵，無論校務會議中吆喝聲多大，又怎能贏得尊嚴？

大學藉由通識教育以闡揚大學的人文精神與理想性格。誠如哈佛大學前任校長波克（Dr. D. Bok）所言，「通識教育代表高等教育變化的指標」。對學生而言，通識教育可以彌補大專聯考只重智育的缺失，發展學生各項潛能，了解個人長短處，進而關懷所處社會、國家與人類文明福祉，明辨是非，己立立人，己達達人，畢業後可化為推動各項進步的舵手。

對教師而言，通識教育在於導引學生人生真諦、價值判斷、文化涵養、以及追求真理的鍥而不捨精進熱忱，不只是課堂上「言教」，更著重為人處世的「身教」。因此誠摯期望臺大共同必修課程的自行規劃與通識教育推展，能凝聚更多關切教育的臺大教師，以恢宏志氣開創臺大教育理想的新紀元，再度發揚傅校長所期許的「大學貢獻於宇宙的精神」。

我們相信，「教育熱誠」永遠是推動改革教育的原動力。

大學教育的探討──
對教育部教育白皮書的看法

⊙賀德芬

　　教育部能頒布中華民國有史以來第一部《教育報告書》，的確是值得肯定並為之鼓掌表揚的事。這正顯示臺灣日趨民主化，政府的政策不僅須向人民負責，也須取得人民的認同，接納人民的意見，才有順利推動的可能。較之專制時代的專擅獨行，是特別令人欣慰的。

　　民主國家的政策白皮書，不但定期公布，重要的還在檢討過去，以釐清責任。同時因政策多少具有一貫的延續性，必須從過去累積的經驗和成果中去策劃未來，才能奠定實踐的基礎。更不可缺的是認清現實，了解現況，否則也不過為人民描繪一幅海市蜃樓、空中樓閣而已。

　　教育部毛部長雖然一再謙稱這本報告書，未經上級審核，因此不能視為教育發展的方案。「它只是類似英美很多專案委員會經過一段研議而後公開發表的報告書，用以拋磚引玉，召喚有志一同的重視與討論，並作為研訂政策與實施方案的參據」。

　　但是，我們認為，這本報告書既是由全國最高教育主管機關所研擬發布，目的也在提供關切教育發展的有心人士，有關教育行政部門教育改革的想法與做法，並向民眾回答我們的教育體制，將「何去何從」的問題，雖然不採白皮書的形式，但與政府的報告書並無二致。更況，民間期待政府能告知明確的政策，是長久以來的願望，也是政府早就該做的事。以白皮書的條件水平來審視這部報告書應不為過。

　　以白皮書的要求而言，教育部的報告書正缺少了檢討過去，面對現實的部分。我等民間人士不吝淺陋，也不知是否合乎部長口中教育專業人士

的標準，仍願一秉向來對教育的關懷為之補強。

教育報告書不但不曾就過去做絲毫的檢討，全篇充斥著對自我成就的頌揚，而將必要的改革歸之於社會變遷的結果。或許這是充滿自信而至自我肯定的表現，但未能提綱挈領提出應有的教育理念，以之貫穿所有的教育階層和領域，以致使各篇章有流於拼湊瑣碎、斷裂、缺乏整體的面向。而且因為未能先建立起教育理念的前提，全篇亦頗多相互矛盾之處，難以析出教育的基本精神。

在缺乏教育理念的基礎下，來看大學教育部分的報告，便也陷入同樣的困境中。縱觀教育部所提出的大方針，基本上察納了這幾年來民間努力的目標：開放大學自主，提供多元入學管道，規劃彈性多元學程。

但是，因為缺乏大學教育在於傳承、創新和培養責任倫理，提昇人文素質的理想和認知，因此通篇所呈現的仍是功利性與工具性。如因應策略第一項即明言規劃高級人力培育，為國育才。第八項又再言為配合國家建設需要，加強重點科技人才培育。不僅如此，在文教交流方面，連留學政策、兩岸文教交流，尚且一再強調要以國家發展、統一綱領為鵠的。此種長期來將教育視為國家發展直接手段的作風，並未因社會變遷有所改變，更是與教育部在報告書中自承大學教育勢必顧及「普及化」，以及傳統對學歷與就業完全結合的觀念必須調整所蘊涵大學教育應以人文化成來提升全民素質的精神，完全矛盾。事實上，如此功利的思想，充斥在每一教育階層，並非大學教育所獨然。

報告書雖承認大學自主是應然且沛然不可禦的趨勢，但教育部在鬆綁的過程中，卻百般不情願，而極盡掣肘之能事。教育部總以改革為顧及既有利益，須循序漸進為詞，在校長遴選一事上，因本身缺乏規範，認知不清，不僅在臺大開創民主模式初期，倍增阻礙，其他各校繼起的遴選作業亦多生爭議，甚且發生藝術學院院長選舉被監察院糾彈的謬誤。

在課程規劃上，教育部則不願放出權力，讓各校有充裕的彈性空間實

踐通識的理想。軍護課在臺大已由校務會議決議改為選修後，教育部始終不予承認，反而以校長會議做出「一年必修，一年選修」這樣最為和稀泥式的妥協。報告書中所謂教育即「廉價國防」（163頁）的論調，實不啻將教育做最廉價的出賣，可謂是最昂貴的汙衊。

教育資源分配不均，高等教育有虛擲浪費的現象，亦為民間長期所詬病。督促大學妥善運用經費，即使在校園內也應做合理適當的分配，是應該的方向。但在如今臺灣社會金錢至上，功利掛帥，政商勾結的氛圍裡，要大學自籌財源而沒有妥善的監督指導和規範，勢必將校園推向利慾的深淵而更形庸俗化。

已有教授為臺大謀，要出售牛奶、麵包，在森林區發展觀光事業，種植高冷蔬菜、花卉等籌錢的點子。黃炳煌教授（二十一世紀我國高等教育之展望，199頁）曾經指出，臺灣的高等教育是一種倒金字塔型的「極端中央集權制」，集權化的程度，除了中國大陸外，可能再也無出其右者。若在財務上亦仿效大陸鼓勵各校自行「創收」，而也演出北大推倒南牆的事件，則真不愧是難兄難弟。

我們認為，教育部不徹底檢討過去的教育政策，完全揚棄以往的控制心態，報告書中所列舉的諸項開放目標，恐怕都將淪為空談。

在現實政策上，我們則建議，教育部應妥善把握憲法所賦予之監督角色，當真「有所為有所不為」、「有所准有所不准」。當大學違背自治精神，不守相關法規的約制（例如以不具教授資格的人員授課，故意違背私校法規定，董事長干預校務等），即應給予有效的制裁或矯正，而非帶領校長形成連線來破壞自由化的自主性。

至於教育部提及促成大學分類以鼓勵建立特色，固是美意，但首須自政策上解套，如人事（尤其職員）、薪給、學費都應能擺脫僵滯的官僚體系，給予彈性空間，才能以市場價值來決定其營運特色。

再者，大學品質的提升的確是當務之急，學生輔導體系的重建也是不容規避的責任，教育部在高等教育領域所扮演把關守門的角色，只有日益吃重，豈是「大學自主」所能推托得了的！

崇敬與冒瀆之間——也談學術本土化

⊙葉啟政

長期以來，臺灣的學術可以說只是西方（尤其美國）學術的延伸，這幾乎是大家共認的「事實」。從世界文明發展史的角度來看，這當然不是臺灣社會的特殊現象，而是幾乎所有所謂「邊陲」社會普遍可見的情形。

不管其因何在，在這樣的格局之下，向西方看齊，並力求迎頭趕上，早就成為國人自許的發展目標。遺憾的是，幾十年下來，除了還是一再努力向西方學習看齊之外，力圖「迎頭而趕上」的心願始終還只是可望而不可及。到頭來，國家學術的發展依舊如往昔，寄望在留學生身上，總盼著學有所成的年輕學人，能從國外帶些「新」知識回來啟蒙眾生。當然，社會也更期盼在海外素有孚望的學人（如李遠哲院長之流）能夠回來報效鄉土，至少指點指點後學。

在我的認知裡，經過幾十年的努力，一個社會的學術還得仰仗留學生與滯外的學人才能撐起來，很明顯地乃表示著這個社會的學術缺乏自主性——反過來說，也就是依賴程度很高。為什麼會這個樣子？問題到底出在哪裡？這恐怕才是學術界本身應當認真反省的重要課題。

學術界所以產生了高度向西方傾斜的依賴性，其所糾纏的因素是多面而多元的，說不盡、也未必理得清。不過，學界本身缺乏自覺與自省，無疑地是其中極為重要的關鍵，至於學界所以缺乏自覺與自省，我個人認為，與下列的情況有著密切的關聯。

首先，在理性哲學（特別是笛卡兒的思想）的主導下，自然科學相信「普遍且客觀真理是可能」的實證主義，一方面，奠定了以「科學家」自居的學術界在社會中的詮釋主導權，另一方面，也使得學者們把所謂的科

學知識等同於絕對真理，甚至把自己供奉為上帝的代理人，以捍衛真理為使命。在這樣一再向西方世界傾斜的歷史格局裡，一旦面對著西方中心社會的強勢科學「理性」思維時，處於像臺灣這樣具邊陲地位之社會中的學者們一直就是相當謙卑的，總自認是落後、低下的。不過，當他們面對著自身社會中的其他人群時，則往往又變得相當自負，充滿著傲慢而專斷的信心，經常以權威自居來發聲，因為只有他們才擁有著接近西方中心社會之科學知識的特權。如此，在崇拜唯科學理性至上的邊陲社會裡，大體上，只有這批直接或間接接受西方科學教育的大學教授們（特別是自然科學與工程方面的教授）才得以有機會像過去初民社會的「巫師」（或歐洲中古世紀的「教士」）擁有著詮釋權，並才有著向「無知」大眾（甚包含自視甚高的政客）宣布「真理」的特權。

事實上，這一切是顯得相當幼稚，而且可笑，因為我們根本忽略了一項值得「尊重」的見解，即：科學只不過是人類文明發展史中，在西方「啟蒙」理性主義推動下衍生出來的一個特殊認知迷思模式，它只是人類認知發展史中的一個中繼站，但絕非是終點站。這乃意謂著，不管怎樣的修正、補強，科學都有不可充分化解的認知盲點，也都有著一些涉及到人與宇宙之存有的基本預設。它的有效性都必須是預定而保留的。假如人類文明的發展是一種一再超越的「生成」（becoming）過程，那麼，科學家實在沒有理由那麼地自信，當然，更沒有理由狂妄地以為自己就是提供與捍衛真理的唯一尊者。他們絕不是「上帝」的代理人。

誠如法國思想家傅柯（Michel Foucault）所指出的，知識其實只不過是一種權力展現的形式。既然科學是一種知識的形式，它自然也就具有權力的特質，用在人們手中，就有被「濫用」的可能。假若濫用的僅及一二人，那倒也罷了。但是，倘若濫用的是一大群人，而且是不自覺，那麼，情形就嚴重了。很明顯的，這正是今天學術界的普遍情形。擁有優勢之詮釋權力地位的科學家們，與一般人並無二致的，自然會把他們所信仰的

一套認知模式當成知識真偽的判準,而且是唯一判準。再次的,也與一般市井小民一樣的,這些「高級」的學者們更是以它來判定圈內人的衣食生存條件,與動物心理學形容啄食先後優先次序之所謂啄食次序(pecking order)。對人類而言,當然,事關「學術地位」的所謂種種「榮譽」更是由此而定,國科會一年一度的「作文比賽」就是一個明例。

就世俗現實社會裡一般人的行事理法來看,邊陲地區的科學家向中心社會之科學典範看齊,毋寧地是可以理解,也堪稱「正常」的。畢竟一個科學家所以被認定為優秀,往往正因為他膺服於那套早已被規範的科學典範,儘管它既傲慢又自負。準此說法,一個學者之所以被認定為「優秀」極可能正反映出他的平凡、乃至無知,因為他的所作所為完全吻合學術社群的既有遊戲規則。於是乎,與一般社會裡的種種團體一般,學術界只不過是持有特定意識型態與啄食次序規則的權力運作團體,自有著一套獎賞與懲罰制度。只是,因為常常自認是真理的界定者,而不懂得謙虛,也不明白自身所持有之知識體系的歷史侷限性。

說真的,在這樣之傲慢地自我膨脹的歷史格局裡,這些學者們(特別是那些自詡是代「上帝」宣揚真理者)更無法體味實用主義所主張之知識的社會責任意識。在這種情形下,他們當然是體味不出學術本土化的人文意涵。相反的,他們會一再地向西方學術靠攏,以為懂得跟西方人玩弄相同的知識遊戲,而且在他們的學術權力圈內取得被肯定的標籤,就代表了真正的成就。結果,知識成為極端被異化的符號遊戲,與自己所處的社會現實完全脫節。當然,對此,他們甚至是完全不關心的。最令人擔憂的是,這些人自以為是地挾洋以自重,借用既有的名器,把一些不切實際的理念與作法轉化成為政策,強加在人們身上,而洋洋自得地以為是「追求卓越」。說來,這不正是這四十多年來,許多學者們玩的遊戲嗎?我們經常美其名為「現代化」。

大學不應世俗化，給臺灣大學的建言

⊙蘇益仁

　　大學的使命在中世紀以迄文藝復興時代大學興起以後，就相當明顯，它以提供一個園地供大家自由地思辨及追求真理，進而啟發思潮，帶動人類文明的進步。今天在臺灣之所以必須再重提「大學的使命」，乃因大學在當前的臺灣社會，其所扮演的角色逐漸模糊。

　　自古以來，大學一向是扮演反對或革命的批判角色，獨裁者或昏君特別藐視大學或知識份子的存在。因此，大學如果轉而扮演世俗化的「附和」當權者角色，則這個社會必然逐漸邁向「庸俗」。有些當權者一反獨裁者鎮壓的手段，轉而以名利籠絡大學，同樣將廢除了大學的功能。臺灣社會目前正是瀰漫著此一現象，當權者以局長、部長、院長名器授予大學校長及教授，於是校長辦學如當官，而教授也一樣，鎮日苦思如何討好當局，或如何「升官」，早已忘了大學存在的使命。這方面，鏡社的存在及所扮演的角色就格外令人激賞。

　　其次，教授與學生間的關係應單純地一如白紙，只有真理及知識的傳授、思辨及解惑。今天大學內多的是收攬一些徒弟，以建立自己門派，或招收一些唯唯諾諾者為己所用的是勢利觀。學派的形成在歷史上是先知學說的自然形成，當前很多人卻處心積慮以權勢利誘為之，完全扭曲了學派及大師自然形成的原由。臺大醫學院目前正是困頓於傳統師徒制的包袱，唯有還原為單純的教育理念及追求知識真理層面作為主要考量。

　　最近，臺大醫學院的教授升等也逐漸放棄以研究為標準的制度，而加重服務的份量。立意雖佳，但觀諸近幾年來的效應，並不是服務好的人得利，而是研究成果不佳的人升等了。如果大學捨棄或忘記了真理的追求或

研究的重要，大學也勢必日益庸俗化，畢竟如果不做研究，老師要拿什麼去教學生及服務社會呢？

大學的最終目的在帶領人類社會文明的進步，如果大學變成一個保守團體或庸俗化而落在社會的改革之後，則大學將一如職業養成所或專科學校。此時此刻，唯望臺大領導者能加以三思。

透視臺大

教師看校訓

⊙劉廣定

　　從去年12月28日出版的第六期「臺大透視」報導得知，12月17日臨時校務會議討論本校組織規程時，通過「校訓改為宗旨，宗旨內容交付委員會討論」一案，使「校訓」在臺大成為歷史。回想民國45年入學時，似無「校訓」。在學期間也沒注意是否某時開始有「校訓」。但在民國59年返校任教時，就聽說本校的「校訓」是「敦品、勵學、愛國、愛人」。71年5月隨虞前校長兆中先生赴美期間，虞先生帶去幾個「校徽」草圖徵詢校友的意見。記得似乎各地校友都希望校徽裡包涵「椰林」，「傅鐘」，「敦品、勵學、愛國、愛人」八個字。不佞也一直覺得這八個字是很恰當的「校訓」，所以獲知「校訓」被取消時，甚覺訝異，不能理解其原因何在？今年1月11日第七期「臺大透視」載有該次會議紀錄，閱後實覺未能愜意，故草此文以抒淺見，並就教於高明。

　　先談為何要取消「校訓」？揣想多數同仁的看法是如某教授所言，『最不喜歡的是這個「訓」字』。但若仔細想想，「訓」有何不妥？誠然「訓導處」，已改為「學生事務處」。其原因應是「學生事務」不只是「訓導」，其範圍比「訓導」要廣，而不是因為不要「訓導」了。至於「訓」並不一定就是「教誡」之意，可為動詞，也可為名詞，有「解釋說明」、「教誨開導」、「典範法則」等多種意義。校訓之「訓」應是名詞，指的是「典範」，臺大的「校訓」是所有「臺大人」應遵循之典範，應養成的精神，不僅是教導指引學生的方向，也是教師修身自省的準則。實無取消必要。

　　再談「敦品、勵學、愛國、愛人」八個字，有同仁因為「國中生認為是小學、中學的校訓」，所以覺得「不怎麼樣」，言下之意，似乎這八個

字太淺近了,不適合為大學校訓。然淺見以為正因此八字意義明確,連國中生都能看得懂,當作校訓時不致有文義之爭議,故無何不當。傅故校長斯年先生提出這八個字,是在民國 38 年 11 月 15 日本校第四次校慶時的演講。當時傅先生欲對同學們「借機會貢獻幾個意見,也可以說這是我對於諸位的一種希望或要求」,他提出的四件事即是「敦品」、「力學」、「愛國」、「愛人」。後來的校訓改「力」為「勵」。實際上傅先生也說:「或者有人覺得不過老生常談,但老生常談有何不好?只看你做到幾分。」而且傅先生另有他的深意,他說:「諸位同學們勤學好善。先生們自然感覺到鼓勵,先生們學而不厭,誨人不倦,諸位也自然得啟發,大家一起向學術進步上走,這個大學自然成為第一流的大學。」故知他這四件事八個字,不僅是直接對學生,也是間接對教師(先生)說的。至於他對各件事的說明,以 45 年後今天的觀點來看,雖未盡妥當,但就其基本原則而言,仍是顛撲不破的。

又有同仁認為「愛國」不妥,他說「一個研究所朝向國際水準的大學,把愛國主義當作校訓,我覺得在現今時代不適當。」其實「愛國」和「國際水準」並不相悖。而且國若不保,那有國際地位、國際水準可言?不久前報載中央研究院李遠哲院長曾在一研討會中呼籲培養世界觀,勿堅持民族主義,並舉他個人在國外之經驗來說明。其實這只是他個人的「偏見」,他以美國加州大學柏克萊校區教授的身分在加州,或以諾貝爾獎得主在國際學術界獲得之待遇,豈是一般凡夫俗子可以高攀並論?世界列強都還無不以國家為優先時,哪輪得到我們一廂情願地宣揚提倡國際觀念與大同世界而放棄「愛國」?

現一般多以為大學教師的任務應包括「教學」、「研究」和「服務」,三者不可偏廢。如果我們臺大教師真能以「敦品、勵學、愛國、愛人」這八個字為典範、準則,身體力行;經常反躬自省、努力上進,心存為國家效力之意念,並以誠懇愛心待人,則無論教學、研究或服務的品質均能提

高，而得為國家育成有用人才，以第一流研究成果為國爭光，對社會建設也有重要貢獻。傅故校長曾說過：「一個大學必須大家要辦好，才能辦好，便可以辦得好。」因此希望在辦校的宗旨中，明列這八個字作為全校師生員工均應遵行的典範準則，為我臺灣大學辦校之精神，並與全體同仁同學共勉焉。

高等教育改革聲中教授的反思

⊙陳維鈞／長庚大學

　　如果義務教育是教育體系的基礎，高等教育則稱得上是此體系的火車頭。高等教育之良窳直接影響該社會能否循正軌持續往前邁進。臺灣過去幾十年的發展，教育的普及確是進步的主要因素之一。展望未來，在教育普及之外，若不能促成高等教育的進一步改革，可以預見將無法引導這個社會走向更健全的道路。其中，除教育制度的健全化，課程內容的合理化等問題需要突破現狀以求改革之外，大學教授的反思毋寧是一個更需要面對的課題。如果身為培養高級知識份子的大學教授不能反躬自省，深切反思，能不讓下一代近朱者赤，近墨成黑已屬大幸，又有什麼立場要求青出於藍呢？也許大學教授需要反省之處甚多，具體來看，以下幾點個人覺得最值得大學教授們靜思自問，謹提出互為警惕之：

壹、保守心態

　　曾有學生以「叫獸」諸稱教授，此種對教授的譏諷是相當令人不忍的。不過捫心再想，是否有許多教授無法認識他所面對、所要教導的是一群活生生有自主性、有思考力的學生，也無法深刻體認他目前所扮演的角色，乃是在結合學生推動學術更進步，兩者在知識的傳承過程中，事實上是相輔相成的，絕非互為對立，只是我們的社會變動太快，下一代凡事戒慎恐懼的心理也遠不及上一代，於是在思想落差中出現太多的抱怨，卻也惹來更多的對立情勢。殊不知，一批批教授眼中每下愈況的學生，終將是這個社會的主宰者，喜歡也好，失望也罷，若不能面對現實，因勢利導，同樣的話題，同樣的情緒，必然在未來的日子，不斷被挑起。

貳、角頭行徑

任何國家致力於學術發展的結果，終不可避免培養出一些獨霸一方的碩彥名儒。透過其號召力，邀集有志一同者共組研究團隊。原本是美事一樁，然而，有些人雖身處在學術圈，心卻如生活於綠林江湖。以山寨頭目心態結黨營私，劃地為王。從此這個範圍（field）非我莫屬，對於非我族類，能封殺者封殺，不能封殺者鬥之，其行為模式常隨其影響力，甚至手中握有權力之多寡而有不同的表現。對不慎誤踩其地盤者，仍不可避免地在人前人後口誅一番，為學術圈增添幾許肅殺之氣。更有不少所謂大牌的學者，雖與學術目標漸行漸遠，但或憑其長袖善舞，四處擷取資源，再將其分配於依附其周圍的中小牌學者。形同大包商挾其政經資源之優勢，先取得工程再轉手小包商，轉手後，得的利潤則是洋洋灑灑一大串掛名的文章。至於文章的內容是啥？懂或不懂都在其次，掛名其上最重要。因為一切名利將由此而生，更是累積下一波資源以維持大包商身分的基礎。這種扭曲學術及社會資源的現象，更造就了一批批輸誠不落人後的可憐蟲。苦心完成的一篇文章，落筆之餘，還得像發喜帖般唯恐漏了長輩或某人的名字。背地裡再嗤之以鼻地說：想掛名就讓他掛吧！反正寫名字又不花本錢。學術文章本為學術而提筆的原則，至此再也沒人願意去正視它。雙重人格的學者也一天多過一天，學術倫理則蕩然無存。

參、升等掛帥

學術工作人員一旦被擢升為教授。其意義是肯定從此有進行教授及研究的能力，領了更多的錢，受到更多的尊重後，理應更專心於研究，並虛心以待同儕，而事實如何呢？兢兢業業者固然不在少數，更多的人卻自認從此海闊天空，終日如花蝴蝶般四處招搖，試問臺灣有多少教授研究成績一落千丈，對新知的認識甚至不及其學生或助理者，比比皆是。如此之榮耀賦與，對學術界的意義何在？

肆、孤芳自賞

象牙塔的教授，也許對得起學術良心。卻無助於社會的改造。許多人都認為這個社會有太多的病態，而能有效推動改造者，常屬具有社會責任感的大學教授。可惜能夠出心力者卻不多見。箇中原因或許教授們各有顧慮與考量，但若人人孤芳自賞，究竟不是社會之福。當然，要學者能善盡社會責任，其大前提卻需要有一良性競爭，互相尊重且和諧的環境。若大家彼此勾心鬥角，何來餘暇投入社會的改造？

伍、文人相輕

自古以來文人相輕的特質，在我國知識份子中一直不曾褪色。能無私的肯定同儕的成就者稀疏可數。背地裡互相以負面的言語批評或相譏，反而更常遇到。公開場合裡彼此做情緒化地攻擊事實上也屢見不鮮。如果學術圈弄得像政治角力場合，置身其中者又與叢林中弱肉強食的野獸何異？

陸、交流先鋒

兩岸學術交流目前在學術圈似已掀起一股風潮。特別是某些特定的學門其熱潮更甚。學術交流本是極神聖也值得鼓勵之事，推動學術交流照理應有助於我們與學術進步的對象合作，因此只要對我們有幫助的都應爭取。然若獨對彼岸，不免令人懷疑係以政治心態來主導學術發展。此外，目前的兩岸學術交流也好像已成為一些過了顛峰期，卻不甘寂寞也不願隨時代進步者的避風港。一旦卡位的時機抓得準，從此覓得第二春，儼然兩岸同行的代言人，轉眼間又是好漢一條。兩岸無奈的政治矛盾，對他們而言，卻是更上層樓的階梯。至於當今學術的腳步印在哪？就由他人去煩惱吧。

淺談學術圈的派系文化

⊙陳維鈞／長庚大學

　　個別的思考能力與理念的建構，是人類有別於其他動物的一大特性。而思考模式相同以及理念相近者，在溝通容易的前提下，聚集討論與互動往來自是人間美事一樁。自古以來就廣為人們傳頌的桃園三結義，甚至已成為肝膽相照的代名詞。這樣的組合純粹是從心靈善意的一面出發，若說它是派系，那派系就是理念的相結合。但曾幾何時，派系一事卻在不知不覺中已成了負面的表徵，理念不見了，變成追尋不當利益的共犯結構。這樣的派系表現在黑道，就成為組織犯罪的依靠；表現在社會上，則像是披著羊皮的狼，不斷啃食這個社會的活力。在學術界，則變成扭曲並扼殺真理的劊子手。雖然呈現的面貌不同，給人的觀感也不一樣，骨子裡，其展現貪婪人性及弱肉強食的醜陋行徑卻毫無二致。

　　社會上的派系，早期因政治介入而萌芽，後來歷經社會發展的推波助瀾，可分配的利益大餅暴增而蓬勃發展。而學術界派系的出現也許自古已有，在臺灣，則因近三、四十年來學術資源的增加，誘發許多人內心貪婪的本性，在追求眼前這些利益大餅（包括名與利）的慾望驅使下，為求壯大聲勢，不少人即在有意無意之間，以及半推半就之下，陷入派系的泥淖，成為整個共犯結構的一份子，而在這樣的結構之下，人性中的醜陋遂一一浮現。當然派系的觸角伸入學術圈，就好像細菌有了溫床，其繁殖力就十分驚人。身處在這樣的學術環境，對一個知識份子來說，真是情何以堪。

　　學術派系（有時候只是一股勢力的默契的產生）常肇因於下列幾個因素：一、追求與壟斷學術資源的慾望，二、既得利益者戀棧權勢並極思鞏固的危機意識，三、文人自恃甚高且相互輕視導致的學術偏見。基本上，

學術派系常是循隱性的路徑發展，初期不易察覺，一旦成形，慢慢就變成一隻啃食學術資源的大怪獸。這樣的情形在同一學術領域裡，因為資源重疊，特別明顯。

　　人與人之間，意見相左乃是家常便飯，並不值得大驚小怪。學術界彼此的看法與論點相異，也是司空見慣。在先進國家裡，意見不同的溝通多半事先肯定對方的苦勞，再互評功過，結果不僅顧及基本人性，也能突顯學術真理。大家一方面互相激勵，另一方面也營造彼此間良性競爭的環境。在國內常是反其道而行，每在遇到不同陣營的人或者是仇家時，先予貶抑，挫其銳氣，再找毛病。彼此撻伐的結果，彷彿整個學術圈就剩一堆爛人充斥，令人怵目驚心。反之，如果對手是同志，其位在上者，即曲膝逢迎，刻意奉承，極盡馬屁文化之能事；其位在下者，則展臂護航，又以小利，作為養鷹犬的籌碼。在這種氣氛與環境之下，所塑造出來的乃是具有雙重判斷標準的價值體系。於是，意志不堅定者只有拼命向派系靠攏，甚至競相往權力核心鑽營，然後肆無忌憚地瓜分利益與資源。而沒有沾染派系者，不淪為各陣營的共同敵人已屬大幸，這些人在現實裡往往成為被刻意忽略與犧牲的對象。最後可能只剩三條路供他選擇，上焉者堅定自信，眾樂樂不如獨樂樂，在層層的重圍中殺出一條血路；中焉者，渾渾噩噩，日復一日頹喪地數著日出和日落；而下焉者，怨天尤人，成天不自覺地陷在不平的情緒中，咒罵普天下的不公不義。

　　一些比較傳統的學術領域，由於包袱重，問題特別多。彼此間的互動，所講究的是權力的運用與攀附。而權力的取得多半是透過政治手段，而非學術成就。以致愈是投入工作者，離開權力核心愈是遙遠，除少數例外，從此能獨善其身已經是最好的報償了，心裡頭若還有一絲至誠的奉獻情懷與理想，也只有輕輕拍起，讓它隨風飄去了。嚴格來說，學術是一種追求完美的志業，同儕之間應該互相鼓勵，彼此扶持以達真理的彼岸。時至今日，這樣的想法也許只有留待夢裡去追尋了。

臺灣雖然是一個多元文化的海洋國家，卻也承繼了大部分的中原文化。中原文化固然有其典雅的一面，但也不乏醜陋齷齪的特質。權力的追求、迷戀與濫用乃是其中犖犖大者。這種負面的文化特質，至今還殘存在許多知識份子的體內。而且，仍然不斷地在發酵。影響所及，臺灣島上許多優秀的研究人才，往往不容易在本地嶄露頭角；而同樣的人才在國外的學術舞台上，卻常能展現不同的氣勢。我個人並不認為其中癥結全在於國內資源的匱乏，重要的反而是，在臺灣不僅必須為「事」盡心，也必須為「人」而煩心。因為不管你不得不與人鬥氣，或是意在攀關係，總是需要耗費許許多多的精神。能為工作而留下的心力還剩幾許？

　　從學術界來看臺灣的派系文化，也許不能窺其全貌；而從一個知識份子的觀察，欲完整地描繪出整個學術界的派系文化也並非易事。立論之間或許不能全盤托出。但這樣的問題的確在我們的周遭瀰漫著，並一點一滴地腐蝕學術界的生命力。也許何其有幸，我們終其一生都不受其叨擾，但誰又能保證他永遠不被漩渦捲入呢？

長程校務發展白皮書之規劃經過

⊙楊盛行

　　針對提供與技術支援、教學品質與評鑑、授課時程與時數不足、研究人力與研究群建立、研究經費及建教合作、研究成果與評估、研究特性建立、校內外和國內外學術交流、社會服務及附設機構設立、推廣教育角色、建教合作運作情形、社區服務成效、在校生生活輔導現況和學生課外活動輔導情形等方面加以探討。

　　本校每年畢業生達五千人，如能充分掌握校友現況，維持校友密切聯繫對本校日後發展將有助益。過去師生和行政人員之間彼此溝通不足，造成疏離感。校園安全維護在硬體和軟體等制度方面，人員配置有待加強，教職員工生宿舍不敷使用，學校衛生保健組無法滿足需求，校園餐廳管理分工不明，其他福利措施配合不佳，在在皆需加強改善。而支援大學之行政體系由於人力不足，人少事繁，公文旅行司空見慣，致使各項配合措施無法落實，因而如何改善人力結構及行政效率，提升人力品質，提供升遷管道以支援良好教學與研究，實為當務之急。

　　預算之編列未能掌握現況需求，未來又需因應大學財務自主，因而良好之財務平衡管理及有效之配置有其必要。過去校園規劃雖有報告書，但卻僅停留在紙上作業，未來需配合實際需要，整體配合，使臺大校園成為一具分區特色，完善安全之校區。

　　針對前述大學環境趨勢，臺大現況與問題，我們集思廣益就教學、研究、服務及管理等方向提出 16 項建議，作為本校長程規劃之參考。在教學上對新系所之申請應秉持追求第一，重質不重量。對現有之院系所績效亦應評鑑，去蕪存菁符合世界潮流。

為改進教學品質及強化師生關係，宜訂定合適之師生比，作為系所招生人數之依據。並且訂定延聘具國際學術成就傑出教授之辦法，以強化教學和研究陣容。現有圖書資源其管理人員及管理方式部分仍沿用二、三十年前編制，不能配合師生研究及教學所需，未能充分發揮圖書期刊之功能，今後宜延長開放時間，並開放電腦圖書之借用手續。為提升研究水準，宜早日建立完整之研究成果評估，推動群體研究並提高行政效率以支援研究。而附屬機構之設立、存廢應經審慎評鑑，部分已完成階段性任務者應裁撤。

　　為重建校園倫理，應全面提昇人文素養改變校園泛政治化及功利主義，走向尊重人性，並且整合導師與心理輔導體系共同參與學生生活輔導。目前臺大之行政體制仍停留在光復當時師生數千人時之編制，而今臺大師生已達二萬餘人，研究計畫之數目及金額每年增加，由於行政人力不足，勞逸不均，負荷過重，升遷管道不順，校園警衛不足，餐飲衛生及衛生保健等方面皆有待提升。校園規劃未能落實，未能善用空間，未來校友之聯繫，廣開財源及有效經營學校皆為當務之急。

　　臺大屬於大家，過去有光輝之成就，處在新舊交替時代，舊制度需調整，新制度未建立。我們由世界潮流分析，臺大現況之檢視，存在問題之檢討，希望能規劃具前瞻性，整體性，國際觀的臺大，提供敦品勵學環境，培養愛國愛人情操，成為教學與研究並重的世界一流的綜合大學。

臺大將成為世俗的「一流大學」？
簡評白皮書草稿

⊙黃榮村

　　83年9月出爐的臺大長程校務發展白皮書草稿，從外部與內部環境分析、使命與理念出發，總結出未來臺大的努力目標是成為「教學與研究並重之世界一流的綜合大學」，本白皮書並提出為達成目標之教學、研究、服務、文化與管理策略。細考其內容，我們認為這份白皮書可能會使臺大轉型成為一所世俗的大學！

壹、臺大祇是一所世俗的大學？

　　很明顯的，這本白皮書不祇漏掉了臺大的歷史，更忽略了整個大學的源起與大學應發揮的精神。按照這本白皮書去做，臺大縱使能成為「教學與研究並重之世界一流的綜合大學」，也祇是一所世俗的一流大學，而非我們心中理想的臺大。

　　大學的學術自由與人文精神，已變為一種品味與勇氣，很難用世俗的規定來形塑它們的走向，因此若有所謂的「規定」，其重點應在於幫助大學排除外力的干擾，使大學得以自主的發展其內容，彰顯大學的存在意義。大學是在培育人才，但其培育不純粹是為了專業的理由，它應有一廣大長遠的目標，希望從這所大學出去的學生，能帶著這所大學的風格與培育出來的理想，去重建社會。大學累積學術聲名，為的是對宇宙與人世的諸般現象，作清楚的了解與會通。大學應是一座可以抗拒與主動出擊任何形式的不公不義之堡壘與發源地。大學也應當成為世俗概念提昇的座標與燈塔。

中國現代大學之雛型始於1902年，當時引進的系統為日本制（源自德國大學系統），在1911年後才轉向美國式。今日臺大的原型可說來自東京帝國大學與北京大學之混合，但在這數十年中已大幅轉型為美國式體質。雖有這些轉變，基本的大學特質與精神還是大體不變的。由此觀點，這本白皮書顯然尚未觸及這一源遠流長的大學傳統，其結果可能使臺大的特色難以發揮，而變成一所世俗的大學。

貳、臺大風格與臺大文化的塑造

臺大不應故步自封，一直沈醉在過去的榮耀中，必須考慮如何在現在與未來發揮臺大的影響力，這才是塑造臺大風格與臺大文化的本義所在。依此觀點，臺大的很多應發揮之特色，應加以整合，互相發生關聯。譬如校訓、校歌、校色、校友即應結合成為一體；大學出版社、大學博物館、大學週刊、教員俱樂部、大學賓館、學生聯盟等，亦應合併規劃；乃至國際學術交流中心、大學基金、講座教授制、重點實驗室（可被列為國際級的互驗實驗室）、人文學與社會科學研究中心、具特色之跨國研究計畫、學術發展委員會等，則宜整合規劃，呈現大學整體的研究風格。

諸如此類可以分開整合再合併的工作，亟待展開，以突顯臺大的風格與文化，異中求同與同中求異，恰如一闋交響樂的各抒己見，但最後則匯流出餘音繞樑的和聲。本白皮書才能期待有成。

參、校務的有效經營

臺大校務千頭萬緒，涉及教學、研究與學術發展、系所重組、資源來源及分配、國際交流、大學行政、學生事務等項。但歸結起來，必須先探討本校產生惰性之來源，與當前之困難及盲點所在，再提出克服之方。如要不要總體性的成立預算籌措與編列、經費分配與稽核、學術發展委員

會、教授諮議會（或校務會議常務委員會）等，皆可在詳細的診斷之後，評估其成立的可行性與必要性。

當這些診斷與處方擬訂後，即可事先規劃於本校組織規程內，據以施行。長程校務發展白皮書是研訂組織規程的理論基礎，但目前由於急著將本校組織規程送教育部核定，以致使白皮書失去引導功能。各行其是的結果，將使臺大日後還要花很長的時間，來使白皮書所揭櫫之要點與組織規程表裡一致，這是相當可惜的事。

肆、未來發展策略之擬訂

臺大如何突破國內困境，追求國際一流大學的水準與名聲，並當為國內綜合大學之龍頭？臺大應在社會、國際中如何定位？臺大過去扮演什麼角色、現在遭遇什麼困境、未來應變成什麼樣子？臺大所揭櫫之理想在哪裡、遠景是什麼？這些都宜在白皮書的未來發展策略中，一一詳述。這本白皮書在這方面的缺點，部分已在前述有所說明，今再列出數項以供進一步修訂之參考：

一、教學部份：尚缺新設系所之方向與實質作法；系所整合與獨立的方式，如生物與生命科學有關系所如何整合、法律系是否獨立成法學院、是否另設社會科學院、電機系是否擴大為電機學院等，皆未見有詳細的規劃。另外，研究生如何進入國際學術合作與交換體系、教學研究大樓是否推動向校友勸募等，皆尚有待規劃。

二、研究部份：如何設置學術發展委員會（由國內外學術成就卓著者擔任委員，學術副校長負責推動）？講座教授制所需之基金如何籌募？全校性的自然、生物、工程等總體技術支援之工作室如何設立？這些問題皆攸關日後整合性研究計畫之推展，應宜提早規劃。

三、如何讓校友參與校務發展之規劃與經費籌募？以系所與院為主體

之大規劃整合型計畫，如何開拓出來，並與國際學界進行實質的合作？諸如此類的問題，都是國外一流大學行之有年的有效發展策略，值得我們參考。

伍、這是一本尚待提昇眼界的白皮書

　　本校第一本校務發展白皮書編撰不易，這是大家都可了解的苦差事。以目前的研訂狀況來看，尚處於資料彙總、分工撰寫的地步，缺乏整套視野，也尚未標舉出日後臺大的理想與特色，這些都是還待努力的方向。

　　本校以人文薈萃著稱，單是在過去之傳統以及人才培育、學術成就之歷史，即可成一單篇。在此基礎上檢討我們在國際學術競爭與當前社會需求下的困境，並指向未來，方具歷史連續性，也才能看出臺大是否適合或真有可能做出改變。臺大不是一所全新的大學，它的歷史傳統有些是踏腳石，有些是包袱，如何正視它才是邁向未來解決當前困境的不二法門。

　　未來臺大可能是什麼樣的規模，有多少院系？在日後大學環伺下，我們在的特色在哪裡？對未來社會與國際學術社群，我們可能做出的獨特貢獻在哪裡？這些，都是我們期望在臺大校務發展白皮書中看到的！

　　一本尚待提昇眼界的白皮書，是難以回答上述問題的。假如我們希望未來的臺大不祇是一所世俗的大學，我們顯然還要花很大的心力，共同來催生一本有眼界有理想的白皮書！

校務發展白皮書讀後感

⊙張海潮

　　本年9月由校規會工作小組草擬的長程校務發展白皮書草稿經由行政系統發到系上，希望教師們能對這份草稿提點意見，我依例複印轉交給系內同仁，結果大部分的同仁都沒有意見，我想，可能大部分的同仁根本就沒時間看。

　　白皮書對我本人來說算是個「新生事物」，我特為此事查了百科全書。據說源起於英國的政府報告或是對某些重要事件的政策宣示；之所以稱為「白皮」是因為準備倉卒，不及以傳統的藍皮包裝，看來像是急於應付議會的質詢，故不得不「白」。以下是我看過本書以後的一點感想，謹就教於校內同仁。

　　首先，本書相當中肯的描寫了臺大大部分的現狀，例如通識教育推展太晚；圖書資源分散，利用率太低且圖書館開放時間不足；幾無教學評鑑，和對研究缺乏獨立的評估系統。上述這些觀察都能切中要點；另一方面，學校尚有許多其他的問題是，本書或許是輕描淡寫或是未全觸及。例如，學生宿舍的管理問題（32頁），及醫科是否要調整為學士後醫學，以因應即將來臨之不分系制度（10頁），與軍訓教官之重新定位（24頁）問題都沒有深入討論。又如學校現行之清潔工友系統將來是否以清潔公司代替，看館工友是否以校警或保全系統代替，本書均未談到。

　　最有趣的是（36頁）談到使命、理念與目標，以短短數語口號交代過去，與其他章節相比顯得薄弱。

　　本書相當程度的提出了現存的一些缺點，也提出了一些相當溫和的建議（4、5、6頁），但這些建議是否代表「層峰」的決心與政策，就不得而

知了。

再就數事例來說明我的看法：

一、教學評鑑（3頁）目前學校無整體的做法，前次教務會議，校方同意由教務處提供電腦服務協助分析資料，但希望各開共同必修科的系主動進行評鑑，由於牽涉到如果評鑑不佳時，應如何處理的問題，學校顯然並無政策。

二、通識教育、不分系、雙系及輔系（10頁）。由於「層峰」未展示決心，目前將是否參加通識教育這個問題交由各系自行決定，據聞已有三十個左右的系拒絕參加；同樣的大家早就安於接受聯考的分發，一談到大一、二不分系就覺得是個麻煩，碰也不想去碰，而雙學位及輔系所牽涉到的資源重組問題，也沒有觸及。

大體上，本書缺乏一個有力的政策貫穿，同時不能算是為我們提供了將來如何一步一步走下去的指導。但就大部分的章節看來，寫作者其實也費了不少苦心。在我看來，實際上缺乏的是層峰的決心而已。以目前校園內教授的工作生態看來，願意犧牲時間來討論思索，寫就這本白皮書已經很不容易了，如果作者想到大部分的人根本都懶得看，真不知是悲是喜？

書中不只一次提到「過渡時期」（10、24頁），目前急需的正是如何渡過「過渡時期」的共識和做法。我願意引一段本書的觀點來結束這篇「讀後感」（16頁）。

「因此大學管理制度設計應尊重教授意見，同時能在專業的學術行政管理發揮學術行政領導之效能，將是制度規劃的重要課題。」

問題是：誰來規劃制度呢？我們究竟還要過渡到什麼時候呢？

院系所增設的全校觀點

⊙郭華仁

　　由於學科的發展頗為快速，新領域及社會的新需求不斷出現，因此近年來院、系、所陸續增設是可以理解的；但是在校地有限的情況下，雖然被借用的土地已經收回使用，新建築仍然增加到校園日見擁擠的地步。這種資源的不足還是有形的，其他人力、財力的資源因編制不斷擴充而更形拮据的狀況可能更加嚴重。至於因為向來沒有從全校觀點來考慮編制的擴張，將來臺大的形貌註定要像一個扭曲的巨大怪獸，已可以預見了。

　　這也就是為什麼幾年來的校務會議中，黃武雄等教授在系所增設申請書一本一本的出現時，仍然不斷地建議暫時凍結增設系所的原因。經過多次的呼籲，校務代表終於在去年年底通過凍結增設案一年，先以白皮書的方式確定學校發展的方向，然後再根據白皮書所提的原則來審查各項增設案；會中對於一年之後不論白皮書有無出爐，增設案是否解凍，並無明確的定案。

　　「白皮書」目前才完成「草稿」，猶有待校務會議討論。我們且看「草稿」對於增設案的觀點為何。「草稿」中有關系所增設的論說，大抵有兩處，第二章「現況與問題」，點出上述沒有規劃的缺點外，也指出院系所應進行調整、裁減或變更，來提升教學資源的利用效率。而在第五章「未來的發展策略」中，則提出規範院系成長的方法：一、五年內大學部不再增設，二、制定院系所成立規則，三、建立評鑑制度，評鑑既有院系所的績效，以為發展之依據，並且建議增設規劃書應包括（一）學術上的意義，（二）社會的需求，（三）人員的配置，（四）空間的規劃，（五）經費的需求及（六）學生畢業的出路及項目。

很明顯的，依照「發展策略」所提的方法，無法達到「現況與問題」中所提出的理想：調整舊的架構，規劃新的體制。「草稿」所提出的方法，僅是針對個別的院系所申請案加以規範，還是沒有看到如何以全校發展方向的觀點來作為準則。甚至「五年內大學部不再增設」就已不符合規劃的原則，既然臺大要發展成怎樣的大學都還沒有具體的結論，又如何知道大學部近期內不需要設立新的學系？這裡面的盲點在於「發展策略」中完全沒有提出如何進行系所的調整與裁併，這是造成白皮書對於部門增設無法提出全校性規範的方法的最大障礙。

增設與裁併或重組實際上是一體兩面，不能分開來談。在一個架構已趨飽和的組織，要添加新的部門，不是整個組織過度擁擠而致使行動不便，就是會產生壓擠的效應，因而削減了既有部門的功能；反過來說，倘若不先行精簡舊部門，就沒有足夠的、可預期的空間來塑造功能較強的新架構。學術機構裁併或重組的消息在他國似乎較為常見，我國這方面則顯得相當遲鈍；或許就是因為缺乏前例，因此在草案中只提出這樣的目的，卻沒有實行的方法。

針對這一點，建議白皮書工作小組或許可以考慮：

一、明確估算資源容量，以空間為例，在沒有第二校區開發的前提下，校園的建地／綠地比率可容忍的上限為何？最大建地上的容積率為何？最大容積可以容納多少學生及教授（各學院依實際需求而有不同的加權數）？全校各院系所在近（如五）年內每年退休教職員額的分布為何？

二、在資源有限的情況下，除非是全新的領域，否則增設不調整。一個學系通常包含若干學科或者研究室，這些學科是動態的，新的領域出現就表示某些領域已趨成熟；成熟的領域不是不重要，經常是其內容已被視為當然或已成為標準操作程序，也可能已納入專科或者中學的教材。有時因為社會環境變遷，原本必要的領域其重要性已相對地降低；或者因地緣的關係，國外重要的學科在我國未有同等的位階，此時該領域若維持編

制不變,研究教學資源的投入就會面臨邊際的效應。學科成熟或重要性起伏的過程有慢有快,但絕不是一夕改變的,因此學院或學系的主持者或院系內教授宜體察其轉變而逐年調整單位內各領域的相對編制。可惜目前可能不少單位未能做這樣的反省,因此在新聘教師時可能仍然就舊的領域招募,無法騰出較多的名額,才會導致學校過度的擴編。

三、部門的增編裁併不宜由各層級自行提出,至少不宜由各層級單獨提出。這個道理相當明顯,需要裁併的單位通常不會自動的提出這個意見,而想擴編的單位,不論其理由多充分,總不會去考慮整體資源分配的問題。因此由上往下的程序是必需的,學校有義務定期(例如五年)檢討提出各學院編制的調整案。參與調整方案的委員不能在各學院任職,但應能為各學院接受;調整案的研究期間必須先訂定一些例如學術傳承的維持等的準則,也需要諮詢各學院的意見。各學院必須在新的編制員額下,考慮如何進行系所重組裁併及增設,然後提出新的系所調整案;在考慮的過程各系所的人員也只能提供意見,但不能參與決策。

最後,既然白皮書的撰寫是希望能提出一些準則來規範院系增設案,以期本校能朝最佳的方向發展,因此在目前這些準則尚未擬妥以前,自是不宜審查個別的增設案。不過白皮書的定案應加速,以免耽誤學校的發展。就如同黃榮村教授在上期為文所說的,在我們期望臺大將來是怎樣的面貌還沒有具體的結論以前,浪費精力在組織規程上是不智的。我們或許應該暫時放下身邊重要的以及不重要的事務,全力討論臺大應該成為怎樣的臺大。

積極推動臺大各系所定期評鑑

⊙賀德芬

在當前的大學教育自主改革聲中，定期的系所評鑑是較被忽視的一環。雖然教育部高教司自民國64年起已主辦過一次「系所評鑑」，但是教育部的評鑑有幾項限制：第一，它是由教育部選取若干系所加以評鑑；第二，評鑑內容是由教育部事先統一編列，並未考慮到學校特有的問題；第三，評鑑方式是先由各校自我評鑑，再由教育部組織之評鑑小組至各校實地訪視一天，未能較深入與教師、學生接觸，了解真正問題所在。

在大學自主聲浪日益高漲的同時，我們認為紮實的系所評鑑是自我負責的具體表現。特別是現在教育部已經開放國立大學設置校務基金，並要求自籌部分經費，各校勢必勇於嘗試拓增財源的方法。此時良好的系所評鑑乃成為廣泛增加捐款，與維持教育水準之間必要的一道平衡機制。因此，我們認為大學應主動進行定期的系所評鑑，不應被動地等待教育的「抽檢」。臺大如果想維繫學術龍頭的地位，克服教師「終生錄用」所可能帶來的惰性，除了積極推動「教師個人評鑑」外，更應該積極訂下全校全系、所、中心、科之評鑑時間表，比如各單位每三年評估一次。

臺大在83年8月之校務會務中，曾暫時凍結院系所的增設，理由是由教育部之大學評鑑中顯現「臺大的新增系所與長期發展目標不符合」。其實臺大的問題不只在新設系所，已有的系所也有可能在某段時間內出現走向偏差的問題。因此定期系所評鑑的主要目標在於評估該系所在過去幾年的表現是否朝向學術卓越的大路邁進？還是遠落後於其他國內相關系所？其具體評估內容可以涵蓋：新聘師資陣容是否適當、各單位內的行政運作是否順暢、各教師的教學、研究現況與疑難，以及學生之反應等等。一言以蔽之，臺大的各系所評鑑應該以提升臺大學術地位至國際學術水準為依

歸，而不能自我侷限於滿足教育部的要求而已！

要達成上述目標的系所評鑑，當然不可能由某一小組在一天視察後即告完成。我們建議由院方出面籌組評鑑小組，小組成員由非受評系所之教授專家組成，並且應包含一定比例的校外人士。在讀完受評系所所準備之書面資料後，評鑑小組應有機會與個別教師、學生會談，多面探訪可能發生的問題。評鑑小組最後可以針對該系所未來走向、各個教師之研究領域、學生之教育內容提出建議。

國際知名一流學府，如哈佛、約翰霍普金斯、耶魯大學等，均早已實行定期的系所評鑑。有的系所在評鑑後決定合併、裁撤、擴大，甚至被迫進行必要的改革，以維持大學的日新月異以求進步，不被時代所淘汰。在臺大極速膨脹，正規劃第二校區時，校方行政單位應盡早推動全面且定期性的系所評鑑，以長久保持臺大的教育與學術卓越水準。

建立教師評鑑制度提升大學水準

⊙陳振揚

臺灣在日本統治期間成立臺北帝國大學。為了使它成為世界一流，日本政府投入大量經費，做完善規劃，敦聘名師。當時的臺北帝大水準足以與日本其他帝大抗衡。1945年，臺灣託給中華民國政府接管，1949年中華民國政府撤退來臺，一批名重士林的大陸學者加入臺大教師陣容，成為當時唯一的最高學府。在此情形下臺大負起臺灣學術研究及培養人才之重任，成為龍頭。

壹、臺大教師未老先衰

然而，隨著新大學的不斷設立，臺大已非大家的最愛。在即將慶祝光復後50年校慶的臺大，許多系所已被他校超前。人員的老化固然是原因之一（事實上許多資深教授之敬業精神仍然非常值得敬佩），但缺少適當的評鑑制度，使年輕人習於安逸，「未老先衰」，應是最值得重視的問題。如何建立教師評鑑制度，在一定期間內對教師予以再評估及決定是否續聘，成為目前要提昇大學水準最重要的課題。

貳、教師也需鞭策力

幾年前，在一個學術研究分析報告中，臺大醫學院之整體表現落於陽明醫學院及榮民醫院之後，引起有識之士的危機感。於是，在黃伯超院長主持的院務會議中擬訂並通過「臺大醫學院專任教師再評估及續聘辦法」。此辦法在四年前及三年前由陳維昭院長予以實行，先後有四位教師未獲得續聘。臺大醫學院之整體表現隨即提升，甚或超前。而陳院長也因此政

績，得到許多人讚賞，於競選校長時獲得不少支持。由上述事實可見，雖然「教育是良心事業」，但是身為大學教師，不見得比一般人強，也是需要一股鞭策力。

以臺大現況而言，一個大學畢業生，如果能順利在國內外取得博士學位，並回到學校任教，通常在三十歲左右擔任副教授，三十五歲左右升任教授（醫學院較例外）。以後，他如果不求上進，大概可以平平穩穩，教到退休。然而，這樣是稱職的大學教師嗎？

大學是個不斷追求及傳授真理和新知的場所，即「師者，所以傳道、授業、解惑也」。大學教師如不能努力於研究工作，如何能傳授真理與新知？事實上大學教師被定位於研究工作，可由授課每週僅需八個鐘點，及薪資中一半以上是「學術研究費」而得印證。由此可見研究是大學教師的重要任務，應列為大學教師評鑑第一重要項目。其次的傳道授業為第二個重要任務。因此，教學應列為另一重要評鑑項目。或謂「大學教師之任務為教學、研究及服務」。但是服務必須在不妨礙教學與研究之情況下，量力而為。

如果我們仍認為「臺大是一流的學府」或者「臺大應是一流的學府」則應盡速訂定教師評鑑制度。其內容可以因各院系之不同而做適當調整。醫學院既能訂出「教師再評估及續聘辦法」，並予執行，相信其他各學院也能作到。盼各院系有識之士努力促成，以提升臺大水準。

透視臺大

教育家的典範——高坂知武教授

⊙陳振陽

　　高坂知武教授，1900年4月3日出生於日本山形縣。日本九州大學畢業。1930年來臺北帝國大學任教。終戰後，繼續任職於臺灣大學農工系。於1973年退休，改聘為兼任教授至1980年。之後返回日本，目前住在東京都千葉縣柏市之養老院。高坂教授任教於臺大五十年來，對臺灣之貢獻不僅在於時間之長，更在於其對於臺灣高等教育奉獻的熱忱。專業的部份，在其講授之農業機械與特論中，特別注意於實驗之印證，對臺灣農業機械之改良貢獻甚多。而作為一個教育家，其為人風範，更值得我輩之學習。古人說：「師者，所以傳道、授業、解惑也。」高坂教授正是這樣的一個典範。

　　臺北帝大時日本人之教育架構，除了課業部份外，更注重課外活動之輔導。初創時期的臺北帝大，分為文政學部與理農學部兩個學院，學生共計有三、四百人。當時的校長幣原坦為歷史學之權威，為建設充滿朝氣之新大學，努力推動學生活動，在臺北帝大成立了音樂部。第一屆之部長為園藝系之田中教授。高坂教授接任第二屆音樂部長到終戰為止。在此期間校方購買了許多樂器，計有法國號四支、英國管一支、巴松管兩支、雙簧管兩支、長笛數支、低音提琴一支、定音鼓一對，同時並成立管絃樂團。顯示出即使在那樣的萌芽時期，校方對音樂教育就十分重視。然而臺灣光復後，為了支持政府成立管絃樂團，結果本校把全部樂器捐出，於是第一個臺大交響樂團也就因此宣告結束。

　　1954年，於錢思亮校長主持校務期間，臺大成立了管樂團，由邱慶彰擔任第一屆團長，李遠川為第一任指揮，高坂教授為導師，迄今四十餘年。在1963年，錢校長又積極籌設管絃樂團，由醫學院柯守魁任第一屆

團長,敦請當時極負盛名的國防部示範樂隊隊長樊燮華擔任指揮,高坂教授為顧問。但該團僅存活一年,於 1964 年解散。到了 1968 年,臺大再度成立交響樂團,由李文沛出任首屆團長,李泰祥擔任指揮,高坂教授為導師,迄今已渡過四分之一世紀。此外,臺大合唱團、杏林絃樂團等也均在高坂教授輔導下而萌芽茁壯。

高坂教授對學生社團的輔導可說是不遺餘力。以筆者在臺大交響樂團與他共事這段期間的經驗來說,在草創時期,所有樂譜均須手抄,當時雖然有許多同學一起動手參與,然而抄寫最多,最工整的是高坂教授。高坂教授雖身為指導老師,但在全團出席率仍屬名列前茅。其他如樂器修理,譜架修護,乃至籌募經費,都依靠著他的幫助,最重要的是,他和高坂夫人開放自己所住的宿舍,使得任何時間學生前去都有回到家的感覺,臺北市溫州街 20 巷 2 號成為團員們最喜歡聚會和請益的處所。這種全心奉獻,無疑地是課外活動指導老師的標準,但是校方從未曾表示任何形式的謝意。

高坂教授熱愛臺灣以及臺灣的人民。他對畢業學生就業的推薦,以及對職工與下屬的照顧,莫不盡力而為。和曾經受教的學生談起高坂教授,都是從心底由衷地尊敬他。而他僅有的一個女兒,也嫁給了李遠川教授。

高坂教授退休時,臺大提供了四十多萬的退休金,當時他將之存於銀行以所得利息維持生活。但物價上漲很快,漸漸的利息無法應付生活所需。由於高坂教授在日本統治下曾經服務到終戰,因此仍能得到類似月退休金的「恩給」,相較之下,比起他服務 30 年的臺灣大學退休金的利息還要豐厚,足夠應付生活所需。於是在現實考量下只好移居日本。幾年前,高坂師母過世。目前 96 歲的高坂教授自己居住在柏市的老人院。該老人院設備相當不錯,服務人力也相當充足,可以受到很好的照顧。但院內其他的老人與他很多經歷不一樣,相當缺乏分享經驗的快樂,不免覺得相對的寂寞,筆者如有適當機會,都盡量前去拜訪。

今日，我們對教師的要求是教學、研究、與服務三個要項並重，而其中教學看起來是最無報償的。然而以臺大過去六十多年的時光，也為臺灣各界培養出無數的菁英，之所以會有如此的成就，教師們之貢獻是不能抹殺的。但是，從高坂教授這樣一個教育家的典範所獲得如「漫長暗夜，躓躇獨行」的回報，又如何能鼓勵有心人全力投入，繼續為社會育才？願大家共同深思這個問題。

臺大人要懷有高尚的人生觀
專訪虞兆中校長

⊙金傳春

問：您在臺大任職校長期間雖然只有短短三年，卻是傅斯年校長去世以來，**臺大有一股懷抱理想的教授犧牲個人時間，而誠願為臺大貢獻的寶貴凝聚力**，請問您當年在領導臺大上是怎麼做而有此感召力量？

答：去年12月下旬，我寄發了不少賀年卡，因打從心底非常感謝當年有那麼多教授誠心挺身協助我。記得我剛上任後，去醫學院見到幾位教授如宋瑞樓等，他們都說：「會很支持我辦事。」，現在想起來仍十分感動。我在接任校長後，便遍訪各單位，同仁們知校長關心，都寄予厚望，滋生信心，希望有一些努力，來改善臺大。**沒有一位同仁是不愛臺大的！任何同仁有新想法，我都全力支持。**

問：臺大自近兩年前校長選舉起，校園內突然刮上「權利夢」之風，其中尤以醫學院院長選舉前後對臺大聲譽傷害很大，一個大學走上「泛政治化」之路，知識分子多少應負「社會責任」，您對現在臺大教授有何期許？

答：臺大人應發揮優良傳統。兩年前我去參觀**電機系**，發現這個系力求進步，系內教授非常起勁，**對博士班學生要求也不輸於美國一流大學**，他們的研究成果都能到國際一流刊物發表，令人佩服。想當年電機系在我任校長期間要求蓋系館，我反而提出要求，希望他們不只重視硬體上的充實，而能加把勁做出學術成就才重要，現在看到電機系教授提高臺大聲譽和系內學術水準，內心也非常安慰。所以**教授同心協力朝一個理想去邁進，有熱忱，加上努力，臺大當然是一所可以進軍國際學府的大學。**

問：過去讀書人多求「做大事而不愛做大官」，臺大近年有許多教授捨教學、研究工作而去當「政治官」，您有何看法？

答：知識分子如果因社會需要而去服務，是「無可厚非」的。臺灣目前社會太泛政治化，我連兩年前選校長，有不少人士來問我意見，我都不太願意過問，官場上多年來一脈相傳，**官做久了，慢慢只適合官場，而與學者原來的志節會有很大不同！**

問：文學院代表大學的人文精神，臺大文學院教授沒研究室，辦公室也如同高中老師，學生很難可找到老師請益，請問您做校長時有沒有注意到這個問題？

答：文學院空間不足問題很明顯，那時原想圖書館的中長程計畫內可空出給文學院。臺大每個單位都需要資源，但有些事必須努力爭取，有的單位爭得很厲害，較保守的系所院會吃虧些，**希望同仁往後力求進步時可更積極些。**

問：您曾在臺大校長任內指出：「臺大學生過於追求考試高分或個人前途，而疏於國家社會使命感」，最近報章又多報導新一代年輕人不喜吃苦而期望早有成就，有「新人類」與「新新人類」雅號，請問您認為現在臺大學生踏入社會前應多做那些充分準備？又**您心目中認為理想的臺大人應有那些特質？**臺大未來的制度需在那個方面加強改進？

答：我因離開臺大校長職位多年，一個原則是對「臺大」的不便過問，恕我在這個問題上不表示意見，但對臺大人的願望是很誠懇地在此提出，**希望臺大人都能自愛自重，不糟蹋自己，不傷害臺大**，更誠願臺大人都懷有高尚的人生觀，有所作為，為學校增添光輝。

臺大如何邁入「東方哈佛」
專訪錢桂榕教授

⊙金傳春

壹、錢桂榕教授簡介

　　抗戰中於四川出生、啟蒙，在臺北完成中小學教育，保送入臺大物理系，1960年取得物理學士，1966年獲耶魯物理博士，曾於加州大學洛杉磯分校任教三年，轉赴約翰霍普金斯大學（Johns Hopkins University）物理系任教迄今。榮獲數次最佳教學獎，發表高能物理研究國際論著兩百餘篇。在美教研之餘，推動地方中小學教育改進，關切中國大陸沿海科技起飛與邊疆教育，並應聘為南京大學等十餘大學名譽教授，敦促大學教育改進工作。1985年起推動召開定期中美大學校長會議，研討大學教育問題。1988年應聘赴港，協助創辦香港科技大學，任職副校長，負責全校教學、研究的規劃、推動、延攬師資建立教研制度。1991年如期開學，次年完成創校任務後，返美任教。

　　問：為何歐美一流大學可努力做到的事，卻在中國人的大學體制常因多年歷史人事包袱而改革困難？瓶頸在何處？又當如何解決？

　　答：教育是國家百年大計，應從國內實況來討論問題。大學是社會的縮影。雖然大學應帶動社會進步，但運作不能脫離時代，或和社會脫節過遠。所以過去蔡元培在北大和傅斯年在臺大的作風，今天未必可行。同樣地，也不必憧憬國外的作法，因為社會情況很不同，有時生吞活剝或似是而非地搬回來，反而壞事。六、七年前國內在討論「教授治校」時，海外學者很擔心，因為美國大學並不是投票選校內行政首長，並且在各校的學術與法治傳統還沒樹立時，投票並不能解決很多內部深入問題。好在不少

有識之士已看到缺失,未來可以從國內各校現況分別探討較合宜的改進做法。

貳、師資與制度要達成大學的使命

國外大學有各種環境背景和歷史傳統,其中成功和慘痛的經驗值得比較參考。重要的規律包括:一、辦學理念達到共識,二、建立提升大學水準的良性行政作業制度,三、分層授權負責,各自發展特色。

大學是人才匯聚與知識密集的場所。大學的任務在創造知識(研究)、傳授知識(教學)和應用知識(發展)。也就是說大學是圍著知識轉,所以最重要的是要有高素質教師,財源、設備、學生素質等都能迎刃而解,也較易達成上述三大任務,若教師對辦大學的理念能形成共識,建立共同價值觀:凡能提高教師素質、協助或敦促教師傑出工作表現的,就是好事;否則就是壞事。大學最大特質就是(大學)一書的「止於至善」境界,不斷地追求卓越(unceasing quest for excellence),永無止境地提高教師水準,由於「至善」是達不到的,所以大學永遠不斷精進,有了共識,可訂定出賞罰標準,接著建立制度,去實現這標準。所以歐美知名大學是由一群優秀教員努力建立一套完善的典章制度,發揮功效。

大學的行政制度,隨著各國社會情況及需要,有很大的差異。但基本上,要做到行政和學術分開、決策過程透明化及分層授權負責。行政工作要有各級專人負責,教授不管實際行政工作,只管學術方向及素質的審議。如設置新學系所院、科系所評鑑、課程規劃、學位評審、教師聘任及升學考核,教師們透過教授參議會(faculty senate)的組織負責評審。行政工作由校長、院長、系所主任負責。且要由上而下授權給他們,否則很難展開工作,校長要有權解除辦不好的院長行政職務,院長又要權解除辦不好的系所主任的行政職務,層層授權,以示負責。制度的建立,是要事事有人負責、決策過程透明化、脫離人情包袱。教授治校是教授群有責任建

立合乎大學「止於至善」精神的價值觀，行政權力和責任仍在校長、副校長。

參、提升大學水準由科系著手

值得強調的是，只要辦學理念與價值觀相同，及決策過程能透明化，執行的制度並不一定要全校一樣，各院各系可按實際情況建立自己的傳統，如此才能各自發展特色。實際上，如要談大學改革，最有效的做法是提升各系水準。如果各系能發展出一套做法，使教師自動奮進，不斷提高學術素質，其他問題大半可以一級一級地推廣；否則，很容易流於空談。據說臺大電機系已辦得相當出色，所以大學的改進可由各系著手，不管誰當院長或校長，也不會有太大問題。美國大學常找不到人來當校長，因為通常教學、研究傑出的教授不願在盛年時放棄自己學術工作。

問：美國一流大學的系所主任是如何產生？又如何在長程校務發展中，不因人事變遷而難將理想落實？臺大現系所主任、院長、校長多由選舉產生，且很多系規模較小，12年之後又沒職缺，難找好的系主任。

答：各校靠傳統決定系主任人選。系主任多由兩種方式產生：一、Department Head 由院長任命，二、Department Chairman 由系推薦，再由院長任命，在溝通共識好而意見一致的系，就採納推薦，如果系裡意見分歧或問題太多，院長需自行決定，但這兩個方法均由院長負責成敗。若只靠投票，很容易產生沒人負責的現象，辦學校不像人民公社，一人一票的平等作風，並不能解決大問題，重要的是每一級要先劃分清楚職責與權利。一個有優良傳統的大學，一定是每個層次都有專人全權負責。若任何決策出事時卻沒人負責，受害的仍是大學和無辜師生！

肆、系主任沒人要當更須慎選

系主任人選如何產生，各系不盡相同。一般教研優異得眾望的教授都不願當系主任，所以到頭來還是看誰是眾望所歸，再由系內資深教授先悄悄蒐集各方意見，再說服他來做這吃力不討好的工作，我們系裡是看能否形成共識，若沒有共識，就繼續交談，有把握時才舉行投票，因為有時冒然投票會把事弄僵，得眾望者不肯幹。投票前每人可對未來系務發表意見，投票後，得票少的人禮貌要求退出，請系內教授再投票一致通過。中外知識分子都是失了尊嚴，不好辦事。平常小事，教授也不會去煩系主任，萬一讓他行政太重而研究工作報廢，走上專門當系主任的路，謀求上層高職，而不是對同事忠誠負責，那麼對系務長遠發展就不利了！教育是一種以共識為基點的使命導向工作，和省市長要求民選而一人一票是不同的，一個國家因主權在民和百姓繳稅，所以必須由每個選民參與決策；但是大學的主權不在教授，教授是社會的職員，和社會中的選民還是不同。美國大學的系所主任一方面權力較大，常可決定教授加薪；另一方面責任也重，如果系辦不好，要對內、對外負責。教學是責任度相當大的工作，要權力，就要負責，要盡責，就要有能力去辦好事，職位愈高、權力愈大者所肩負的社會責任也愈重。

問：歐美一流大學的長程規劃是如何擬定？

加大柏克萊是遇重大事項會尊重「教授參議會」，哈佛大學是每年校長、各院院長要定期向校董會提出年度報告，臺大只有一學期所開的兩百多人校務會議，其他均由行政各方決定，如最近臺大文學院教授沒辦公室、卻又籌建宜蘭醫學校區和國家兒童醫院，在全校資源有限，分配不均下有非常多的爭議。約翰霍普金斯大學（以下簡稱霍大）是採什麼方式讓學校行政首長既有責任將事務考慮周延，又不會因選舉包袱或其他因素而有所偏差？（今年臺大某些學院校務會議代表處處拉票，又在開會時讓教育工作走向政治化）。

答：臺大校務會議兩百多人，如同任何事有兩百多個顧問，而一年只開幾次會，就很難做有深度的明智建議。大體說來諮詢工作要發揮智庫功能，最好不超過二十至三十人左右，如此每個人都沒有機會互不負責。大學的校務長程規劃應靠常設委員會，約十幾人，須戰戰兢兢顧及學校發展與聲譽。如果智庫型的委員會不能替大學深謀遠慮，最後決定反而落在行政人員手中，臺大校會是臺大最高的議事與權力機構，每位校會代表的是教授群的理想，屬於一種知識的理性說服力，甚至是道義責任，不能以票數或競選工作為院系所或個人而爭。

伍、英國大學首長服務短期交差

歐美各大學作風不同，英國大學有各種委員會，教授花許多時間在委員會中推動校務，大學的院長與副校長都不是全職，到時更替，沒有人把這種職務當作長期任務，副校長也沒辦公室的組織，兩、三年交差，所以難適應現在的動態社會。最近英國大學發現問題，慢慢改向美國制，否則有事沒人負責。美國大學是校董會將全校發展的權力和責任託付給校長，然後分層授權負責。任何人當了系主任都要留住好教員，不斷羅致優秀老師，因為美國各大學間的教授流動機會多。如果系主任不好，下面的好教授一個個跑到另一知名大學，院長必會過問，所以系裡不能過分派系化。臺灣過去初期的許多科系所只在臺大設立，彈性較小，現在清華和其他國內大學有些科系優於臺大，對教學、研究傑出的教授反而有保護作用，因此如果配合層層相扣的權利和責任體制，較易提高教授素質，否則任何一位大學校長也沒辦法，尤其校長如果不把權力和任務交下去，要治理兩萬多學生與七十多個系所主任，受限於時間、精力，也很難辦好事，校長綜理校務的瑣事繁多，若不能授權，一定辦不好學校，所以美國校長先要有這所大學的人事權與預算權，再層層託付下去。國內大學一般權責不太清楚，就難辦事，不能授權，下面的人自然難以負責！但從另一方面來看，

臺灣的校長雖權力有限，也有權決定那個院所的大樓先蓋，大學預算上校內總有爭議，可以在不同意見中將決策過程透明化。事實上，臺灣的大學校長也不好做，上層授權不多，下面也有不少牽制，遇到大事要等人數多的校會裁決，工作很難推展！

在長期校務發展上，美國大學多由常設委員會規劃，學術研究有學術委員會提升大學研究水準；有研究生委員會檢討研究生水準，每一位學生畢業都要通過這些委員會審查。大學課程委員會在重視通識教育的大學，評審學生在畢業前的素質有沒有達到教育理想，例如知識廣博面達到某一水準會允許學生做博士論文，隨時注意大學的傳遞知識功能是否能達到理想或發展該校特色。

陸、教授治校是實現教學與學術理想

六年前聽校內教授治校，擔心在沒有完善典章制度建立之前，會事與願違，教授該爭取的是實現教授們教育與學術理想及堅持學術水準的權利，可以充分討論辦大學的理想做法與改進方向，而不是去爭行政管理權和任命權，因為真正要管的是理想落實與品質好壞，而不是行政細節，只是必須從旁敦促或監督所討論的做法是否有效。如果經常要開會，又開而不會，會而不決，決而不議，議而不行，有學問的教授不願來開會！「行而有果」是要靠制度保護，讓教授可以充分發揮才華貢獻社會，教授在制定制度的過程有參與權，事後有確保執行與監督權，行政工作讓學校去管，只要推選少數眾望所歸，而有遠見理想的教授，進行長期規劃，勢必賣命，也要定期和教授群報告決策過程。在會前做好準備工作，再定期開校務會議，提出解決問題方案，校長再加上這件事的全校背景，如此有依據下討論，才可以做最好的決定，校長實有必要每個月向這幾位負責學校長期規劃的教授參議會代表進行報告，如此每個提案贊成或不贊成，也才有意義。

問：國外一流學府的教學、研究如何進行評鑑與淘汰？又教評會如何發揮功能？尤其現在大學職缺少以致年輕優秀教授也進不來？

柒、聘用教授由全校級教授評議會決定

答：現在美國很多名校有百分之 70 至 80 的教員是正教授，已超過正常比例，年輕教師進不來，系所沒有新血。美國的終身教授聘任制度（tenure system）也造成學校長期缺乏新血問題，現正多方補救，如：一、以特優待遇請資深教授提早退休；二、聘用任何教師格外謹慎，由全校教授評議委員會決定，而非由一系決定，聘任委員會中的人要認真負責；三、教授升遷時，以大學的共識價值觀為準則把關；四、系所主任分配資源如設備、研究生時，特別照顧表現優異而缺資源的年輕教師，對於占用而未善加利用的研究資源，可收回做再調整，如果系主任只當好好先生，不願得罪人或上面行政主管又不採納，就難見效；五、道德力量最有效，讓教授自己深深感到教好書是一項榮譽成就，只要系內一群老師想要建立好的研究風氣，系內研究水準自然改善。記得幾十年前，臺大化學系有一群教授常在國際刊物上發表研究，一旦風氣建立，年輕學者跟著奮進向上，如果一個系有一群堅持學術水準和道德核心力量的掌舵人才，很有志氣幹個幾十年，希望追上國際水準，這個系很容易突飛猛進，這種發自內心的鞭策力最為有效。系所如果只靠加薪、設備等資源分配才上進，最後仍不樂觀！

捌、「士不可不弘毅」提升大學水準

中國和美國大學最大不同的是，中國學者不論在臺灣、香港和中國大陸都有傳統「士不可不弘毅，以天下為己任」的使命感，是我們最大優勢，所以一方面要早點開始迎頭趕上，另一方面也更要有耐心。既然國內難解聘，不如由正面積極鼓勵做法，喚醒系內教授們自發力量，如每週開

學術討論會，教授每學期要做一次研究心得最新報告，系所內教授愈往學術方向追上國際水準，又有道德說服力的身教，自然正面影響力大。若有百分之 20 以上的內在奮進力，此系就有希望，全校有百分之 5 至 10 的高理想色彩教授起帶頭作用，整個大學就有朝氣。天下不需要太多聖人，只要不洩氣，各自盡一份知識分子心力，持之以恆，總有希望。

至於國外的諮詢評審委員會（Visiting Committee）做法，是校長管不好的院，院長管不好的系，對辦不好的系，由校長任命校外諮詢委員，委員可要求系內提供所有資料，作業過程絕對保密，最後直接向院長報告改進建議，作為大學內部的評審，非常管用。此外，大學教授是透過「教授參議會」的組織參與學校顧問工作，各校做法不同，在霍大是每一校區有一個教授參議會，文、理、工學院有四百多位教授，選 15 位教授組成。醫學與公共衛生學院另有一個教授參議會，議會訊息靈活，任期五年，每年改選五分之一，正副教授均有選舉權，但只有正教授可以當選，透過投票，每次選舉要投兩次票，第一次選出每人心目中最負眾望的三位候選人，第二次再選全校性眾望所歸三位人選，沒人競選，當選的人認為是很高的學術道德榮譽，不能拒絕。每星期三下午開會，校長主持，報告近兩週的學校財務狀況與嚴重問題，徵詢教授意見，而不管校內教授的新聘與升等是否由這個學術參議委員會審查，最後均向校長建議，經行政手續，由校長任命。此外，由教授參議會任命兩個常設教育評議委員會（Education Standing Committee），分別負責大學生和研究生教育的長期規劃與品質控制，定時開會。由於教授時間寶貴，學校會派行政人員支援。教授參議會每年要向四百多位教授會議做年度報告，進行雙向溝通，對全校教授負責。教授參議委員很難被選上，一旦被賦予重任，均有很大使命感關心整個大學的進步，他們開會前後十分敬業，校長也十分尊重他們的建議。例如有一年學術參議會的評議委員推薦一位助理教授升上副教授，但沒有推薦終身職，校長無意中給了終身職，引起公論，他在兩週後即公開向全校教授道歉，並保證以後不再做類似事。因為這決定雖在他權限範圍之內，

但違反學校近百年傳統，一場原則性的爭論便很快傳播開來。

問：一流學府的教授升等如何進行？（臺大醫學院教授升等十年難。品質控制有其優點，但有的年輕教師若曾得罪科系主任，就十年沒機會被主任提出升等，而有的學院教授又非常容易升）。

答：做法因各校、各系而不同，精神略同。我們系每年由正教授討論每一位副教授助教授的工作成果，如果表現傑出達水準的，由系主任向院長建議考慮升等，通過後，由院長任命「升等評審會」，三位委員均是正教授，一位為本系，另二位為外系教授，由外系擔任主席，開始向校外（國內外）找同行具學術威望的教授發函，送寄資料，評審委員會根據這些校外審查意見做決定。如果認為合格，由主席送交教授參議會，做最後審議，以確保同校不同系院具有相同水準，作業不讓當事人知，盡量保密，避免人員紛爭。比如說，十年前有一天晚上，院長和系主任拿了兩瓶香檳來敲門，我才知道自己升了正教授。這種作業保密作風，有人認為在國內難行得通。我很感動臺大電機系同仁多認為發表論文是好的共識價值觀而力爭上游。

問：霍大在教育學程上時常求進步，請問他們如何在課程設計上趕在時代腳步之前而具遠見？又臺大有的老師教課時數過多，教師在教學重任與學術研究卓越中如何求取平衡？（臺灣的大學按教育部規定每學期要教滿八個學分，學生也每學期修近十門課，每門學點皮毛或應付考試了事）。

答：「前瞻性」教學非常重要，這裡的做法是：一、因市場迫切需求或社會期望會不斷滋生內在積極應變力，美國大學畢業生回饋時效短，必須隨時掌握時代脈動而有更新，如果這系所學生出去找不到事，或教育內涵比其他大學差，明、後年學生就會少很多（臺大在聯招制度的保障下，好學生源源不斷，沒有這種環境壓力）；二、教學和研究工作均要「追求卓越」，教書時要見分析能力，研究工作做得好，別人向教授請益，教師藉此明瞭社會脈動，如果老師只管教書，很容易和社會脫節，研究工作愈有

新的發現、領悟，愈能帶動教學熱忱；三、大學行政主管協助能力強的教授發展潛力，校長或院長常來關切，若知道那一院系學生不感興趣，會告訴這位院系主任，加強教學或少收學生，在資源分配上，一方面鼓勵認真教師，另一方面也隨時收回調整，些許的增減經費變動能產生很大槓桿影響；四、學校有一個 15 人的「課程規劃委員會」定期聚會討論，密切注意時代變遷。

玖、學校聲譽與教授前途相結合後可以無為而治

在教學上，霍大教授雖每週教書五至六小時，但一週約花二十多小時帶研究生、口試等指導與顧問諮詢工作，研究時間花得更多。不過，忙中仍要把書教好，如果大一、大二基礎課教不好，學生埋怨，校長或院長知道後，馬上需要採取行動，否則明年學生源和經費會出問題。例如在 20 年前數學系教授不太願意教基礎課，那時的理學院院長很精，成立應用數學系，然後通知數學系不必教微積分，而改由應用數學系去教。原數學系的老師堅決反對，因系內經費、教員名額均與開課學生人數有關，沒多久，教學情況大有改進。可見大學應樹立明確的辦校理念，每一行政制度與措施都加強這些理念，讓學校和系內教授的前途相輔相成，長久之後，可以無為而治，如果大學制度不合理，個人和群體利益嚴重衝突，對師生與學校聲譽都有不利影響。

壹拾、培養學生終身主動學習

大學在知識爆炸時代，對教授的寶貴時間要充分加以運用。一個 22 歲的大學畢業生要在未來工作 50 年中保持觀念不落伍，而科技知識是每四至五年翻新增速兩倍，50 年下來幾乎是 1000 倍，即使學生學遍所有知識，出了校門不學新知，十年之後，怎能趕上時代？所以只有替學生打下自學的廣度和深度基礎，才是上策。所以很多大學規定學生系內選課不超過二

分之一、四分之一是本院外系課,另四分之一是外院課,培養學生多學門的思考過程。教學內涵固然重要,學習過程與自學能力更重要,讓學生自己發掘問題和尋找答案。

國外開課做法,和國內不一樣:一、同一門專業碩、博士課不分開開設,又有些系如物理和化學的許多課可以合開;二、不針對不同的每個系開課。如此節省教學時間,又增廣大學生的學習對象,不只向教授學,也可向不同學長和不同科系同學學,讓他們在大學結交一輩子朋友,中國大陸許多大學同系同學吃住上課在一起,沒機會與其他專業相互切磋,如果住宿規定混合選課與同系不可同住一房間,處事能力可以相對提高。(中正大學大一開始曾如此規定,後來大二同學熟了,又有偷換房做法)。

問:霍大在起源與首任校長吉爾曼(Daniel Coit Gilman)十分注重學術研究有關,請問該校在學術追求卓越中,行政給予哪些支援、協助與規劃?

答:吉爾曼校長在1876年以十個系和20位教授創校,每系聘一位在全國執牛耳的教授當家,這些名師去找其他的好老師,並以優厚獎學金招收50位研究生和20位大學生,所以一時之間,學風很盛,很多原要到德國留學的美國年輕人,卻被霍大以卓然一流師資留住,不久又成為教研的骨幹,所以學校行政可以對大學聲譽發揮大影響力。

大學在長期規劃上永遠要面臨「未來挑戰」,只有:一、「把握現在」,不能空談;二、建立制度,重質不重量,寧可少教,但要教研均傑出;三、校方可以設多項「前驅計畫」(pilot project),發展該校特色。因為很多新做法要在全校每個系所推動,阻力太大,不如每年有兩到三個自訂方案,突飛猛進,可以帶動風氣,能力與企圖心大的系進步快,自然得到資源多,彈性發展機會又大,如此其他系所會有「迫切感」。

問:您曾任職香港科技大學副校長,所遇最大困難是什麼?新大學如何贏得競爭力?您也曾經常奔走臺灣與中國大陸各大學,請您以親身經

驗，說明香港與大陸有那些好的制度或正在他處起步改革長處，值得臺灣借鏡？您認為大學要行政推展順利及提升到國際水準時，最需要考慮的重點是什麼？

答：香港科技大學籌備三年，在 1991 年創校，現已四年，初期校舍有 300 萬平方呎、四學院與 19 學系（每系有所），所有尖銳問題都碰過。辦校初期最難的是抓方向，如設那個系所，每年各系招多少學生，要預測五至十年後的社會需要而做教育前瞻規劃，的確不容易，有時純憑經驗及判斷規劃，然後再加驗此系統的靈敏度，隨時修正，尤其香港的變化速度又比臺灣快。

拾壹、以學術顧問委員會提升水準

其次是聘請最頂尖的師資陣容，全校 250 教員中，百分之 90 來自國外，這些老師是學問好、富遠見、有影響力的人才。有好老師，才可以建立完善進步的典章制度。每個學院學術顧問委員會，如理學院顧問 12 人，工學院也十多人，顧問是各門專業中的美國國家院士或英國皇家院士的一流學者。校長和副校長對每位顧問親自奉為上賓招待，給最好的禮遇，顧問有權去調某系所的資料，提出書面報告，包括院長、教授、學生水準與未來該努力改進處，並隨意和副校長單獨懇談。每位顧問任期三年（每年改聘三分之一），均向學校主管學術的副校長負責，雖花約全校教員千分之一的薪資，但可保持大學品質，建立該校在當地的新威望。校方也安排顧問和香港總督會面，總督見了這些名重士林之後，體會大學的素質和重要性，官方更加支持大學財源。顧問們提供校方許多客觀意見和個人失敗經驗，這種做法在當地是首創，如同工廠需要品質管制，頂尖學府必須保持一流學術水準。臺大人和教師有不服輸的個性，雖臺大的環境和問題可能不同，但多花心力去提升大學品質，仍是最重要的事。

大陸和臺灣所面臨的問題是大同小異，中國大陸的會計權與學術審查

權還在國務院。中國歷史三千多年的中央集權做法，很難滿足今日多元化社會的時代需求，尤其是這種動態而非靜態的社會變遷，如審查或核准太慢，即使通過，推動出來也落伍了，應該盡早分權負責，所以各大學爭自主權前，尤其要建立責任在身的觀念。大陸十多億人，規定教條繁瑣，但是令人佩服的是各大學在 1978 至 1979 才開放，馬上全心建立研究院，博士水準很高。中國大陸知識分子在文革後，決心辦好教育，再加上他們在 50 年代的基礎科學底子比臺灣紮實，絕大數儀器也自製（臺灣多外購），累積不少寶貴經驗，雖然國民收入趕不上臺灣 30 年前，但他們一磚一瓦地參與建設，所以這幾年大陸的不少基礎研究均有突破性進展。只是三十、四十歲以下年輕學者是生活在文革後價值破壞的時代，成長過程是處在是非不定的社會，於夾縫中求生存，情況很不同。所以未來大陸的大學不可能走回 50 年代的路，必須放眼未來。

問：您是臺大校友，臺大各系教師的「近親繁殖」問題嚴重，已對大學造成很大傷害，請問有何改進妙方？您對臺大如何躍升國際一流大學有何具體誠摯建議？

答：一個人如果一直在同一個系唸大學到副教授下去，系中老師會一直把他視為學生，就很難獨立，缺少開創精神，毀了這個優秀人才前途。所以老師收了學生之後，要對得起這個年輕人的才華，否則四世同堂，非常複雜。由遺傳觀點知「近親繁殖」容易出現缺陷。國外學府通常是不收自己的畢業生。

臺大難得的長處有：一、各學科齊全；二、學生素質優異是辦校大本錢；三、教授水準大致很好，常聽到許多教授很精闢的見解；四、設備也相當不錯，可以做不少研究。如果每年有百分之幾的系所「力爭上游」，未來十年的進步就非常可觀。

我想臺大目前值得在下面幾點上努力：一、全然發揮大學教育理念或大學導引社會進步的功能；二、以透明化的決策過程或充分討論，慎重決

定達成大學使命的典章制度是否適合當前或未來時代需要；三、學校行政應層次化充分授權，並付予重任，任何一個系所長把系所辦好，對全校貢獻很大，讓教授們積極致力於提升大學學術水準；四、行政工作要遠處著眼，近處著手，努力一分，算一分，一年有三至四個系所做大幅度改進，就很有希望。坐而言，不如起而行，一定要有務實的決心、目標，縮小問題，定期評鑑改進，由教師自身著手，不要等別人告訴我們要如何做，這種自發上進力最重要，雖然不可能隔夜改進臺大，但如同病人感到有病要醫，就可以有影響。臺大有很多教授，若以「知其不可為而為之」的精神為理想而努力不懈，在追求更好體制上，臺大一有些微變化，對全臺灣高等教育就有導引作用。

臺大電機如何追求學術卓越
專訪許博文教授

⊙金傳春

問：最近訪問前臺大校長虞兆中教授時，他提到**電機系的學術發展已有令人刮目相看的國際水準**，不亞於國外一流大學，請問你們是如何辦到的？

答：虞校長十多年前曾告誡我們：「電機系不肯做研究，只有敬陪末座」。這一句話對同仁刺激很大，覺得是一種恥辱，開始奮發向上。今年國科會傑出獎得獎的臺大教授共 77 位，電機系占缺者有 54 位老師，傑出獎 9 位，優等獎 13 位，其中傑出獎占全校近八分之一，為全校最高。系裡教授著作多在國際著名學術期刊發表，如**國際電機電子工程師學會（IEEE）底下共二十多個學會的每種學刊，都可見到臺大電機系教授的著作**，虞校長兩年前來參觀電機系，看了全系教師著作彙編（近五百多頁）之後，相當地震驚，因為**我們的學術研究發表成果直追美國前十大電機系**，近年已引起美國許多知名大學注意，紛紛來問我們是如何辦到的。

臺大電機系沒人要當系主任

我們力爭上游的做法是：一、十年來延攬二十多位**年輕而有學術潛力的各個重要領域教授**；二、首創論文記點制度，每年編印教師著作目錄，凡是沒著作的老師也打出名字、放上照片、留下空白，自然會開天窗，教授們在此無形壓力下，均以榮譽感為導向而奮發向上，看別的教授在進步，知道自己不努力是不行的；三、電機系的徵聘教授與教師升等全排除不當人為因素，所以沒有任何派系問題或人事紛

爭，有的教授沒升上，也以高度信服力加倍努力，或深覺還不夠水準而不敢提升等，不會責怪他人，大家全在忙自己的研究工作，如果不用遴選制度，電機系會沒有人要當系主任，所以**臺大電機系是臺大最早一個科系採百分之百遴選系主任做法**，全無投票、拉票，三年行政工作對個人研究是很大犧牲，周末都不敢休息；四、平常**每週星期五舉行教師午餐會談**，時間一到，系主任先提最近學校動向，同仁交換不同想法，系主任綜合意見後裁決，邊吃邊談，大家再忙也會抽空，系主任出國，由副系主任代理，十多年下來的傳統，所以我們**辦事很有默契，系內決策全部透明化**，不出席者也由會議備忘錄知如何裁決，所以**每位老師都很關心系務**，也學會聆聽別人意見，再與自己想法客觀比較，**很有雅量接納他人意見**，系務會議六十多人卻一團和氣，是校務會議約三分之一人數，卻沒有校務會議中吵不完的問題。所以臺大電機系已是一長久高度系內共識的科系，系務推動的助力也相當多。

在制度上排除中國人人性困擾處

問：請問電機系的教授升等中的教學評鑑如何做？

答：工學院有教學評鑑統一做法，供各系參考，系主任收到評鑑資料後，並不對外公開，只有該教授、系主任和院長知曉，內容是**告訴老師在教學上應加強處**，而不是只在評分，希望老師們自我鞭策，同仁都能接受，沒什紛爭。教師升等時，可以依此提出有利證據，也避免引發反彈，我們盡量在各種制度上排除人性最困擾地方。目前的電機系教學已在每個領域設有核心課程，以 63 位專任與 24 位兼任教師的理論與實務經驗，開出國內外最完整的電機領域課程，同時鼓勵老師教必修、必選課，有的甚至吸引外系與外系同學、工業界人士來聽，**改進教學與提升研究成果是齊頭並進**。

問：電機系同仁間的合作研究情況如何？

答：剛開始，大家各做各的研究，近幾年的研究群增加很多，是自然形成的，主要由**各個研究組織的資深教授帶領**，年輕教師均樂意參加，以吸取寶貴經驗，也有不少外校教師前來參加，合提研究計畫的。近年來，合作研究計畫包括產學計畫、整合型計畫、群體計畫、國防科技合作計畫等每年均超過十多個。**同仁間的合作研究能蓬勃發展，主要是因帶頭的教師研究成果豐碩，研究能力能令人認同所致**。

電機系自發性力爭上游

問：臺大醫學院在陳維昭院長時代曾以「解聘」做法進行改革，您們電機系十多年經驗有何寶貴心得？

答：電機系的制度是「自發性」，而非「強迫性」，改革靠的是前面提到的論文記點制度與出版教師研究彙編所造成的無形壓力，表示**在好的「榮譽感」制度下，任何人都可以辦得到**。國外大學喜用淘汰解聘制度，但這種做法很不適合中國人習性，電機系的教學也不用量化評分，教授可以升等與否也看你個人能力，不妨礙任何人自尊心，我們是**希望同仁彼此間「互助」**，而不是讓一方被「比下去」。這種無形壓力比有形爭吵還容易推動大幅度改革，沒有自上而下的強制性，**完全來自內在力量**。

如果只有解聘辦法，一定有人「不甘心」，反而易陷於混亂，**評估是有必要的**，但要考慮被接受性。我們電機系教授的拼勁全是內在自發力量，如此升上教授還會更拼，如今國際學刊邀請我們寫「綜論文獻」（review paper）已大有人在，可見事在人為。

問：請問電機系主任如何遴選產生？

答：系主任遴選委員會由七名教授組成，委員由系務會議選舉產生。候選

人可以自行報名，聯名推薦，或由遴選委員自系內、校外推薦。**遴選過兩次的結果是無人報名，也無人接受聯名推薦，最後均由遴選委員會指定二至三人強迫參選。**再就候選人的學術成就、領導能力、行政能力、品德、操守及是否公正等對全系教師做問卷調查，遴選委員會根據調查結果決定是否向院、校推薦。由於辦法規定須向學校推薦二至三人，且無投票，故無排名，最後由誰擔任則全由校、院長商議決定，校、院長如有詢問，可由遴選主任委員向校院長報告問卷調查結果，由於**系主任難求，故辦法中也不規定任期及連任等事**，但因為系務繁重，重擔難扛，已經有**連續五任系主任均在不滿一任三年時間，就紛紛自動求去。**

第二篇
課程改革

透視臺大

臺大課程的全面改革

⊙黃武雄

一、大學的課程結構，有沒有明晰的教育哲學或教育目的，作為它底層的基礎？而在實踐上，大學提供給學生什麼樣的課程品質？這是大學教育的核心問題。

從 22 年前，我回來臺大教書，同事之間，批評學生不讀書的聲音，便沒有間斷。這幾年學生的逸樂取向與無心向學，更成為同事間共通的感慨。但我們提供了什麼樣的課程品質給學生？課程背後的教育理念是什麼？相對於我們責怪學生讀書態度時的憤慨激昂，很少有同事願意檢視授課本身的問題，更不用談課程背後的教育哲學。

事實上，我們每一個人都有無力感。系裡的課程有了問題，但因同系教員朝夕相處，很多時候礙於情面，對同事彼此的授課品質，不敢多置一詞，頂多只能在課程結構上做些調整。一般像數學系這樣關係緊密的教員組織，是不易透過組織內部的自我改造，去改善課程品質，只能依賴外來的壓力與衝擊。這種困境是普遍的，臺灣如此，西方的大學也如此。當然臺灣的鄉愿文化，使困難加倍。

至於全校性的課，臺灣各大學由於幾十年來都無自主的課程規劃權，所以唯一的全校性的課，便是教育部所掌控的共同必修科。共同必修科的課程過去一直都帶有思想控制與工具化的色彩，這幾年雖然有些改進，例如國文課程之多樣化，但畢竟我們不曾一起回來思考大學教育的目的，再重新建構大學的課程。共同必修科的改進，無法從學生進來大學應該得到什麼樣的大學教育，作根本的變革。另一方面，臺灣各大學長久以來，一直被視為職業訓練或專才培育的場所，可是職業訓練與專才培育，是不是

大學教育的唯一目的？我們是否應該在課程設計上，給予學生比較開闊的知識視野，使他在寬廣的現代知識基礎上，培養出獨立思考與成熟判斷的能力？

二、依據大學法第一條，大學在法律規定範圍內享有自治權。大學依法已擁有完全的課程自主權。教育部不能再透過大學法之下的施行細則，來規範各大學共同必修科，牽制各大學之課程規劃，其理至明。事實上教育部也明白繼續掌控各大學的共同必修科，是違反大學法的。但它又不肯放手，於是在施行細則上動手腳，規定由教育部邀請各大學相關人員，共同研訂各大學間的共同必修科（大學法施行細則第二十二條）。這樣一來它就擺脫了直接掌控各大學共同必修科，剝奪大學自治權的罪嫌，把共同必修科的規定，推說是各大學自己要的，而且是大學自己擬訂的。

各大學如果明瞭大學課程自主的精神及大學法保障大學自治權的意義，便應該公開譴責教育部這種模糊是非的作風。臺大可以拒絕派出人員參加共同必修科的擬訂。只有這樣，我們才能夠掙脫教育部對共同必修科的控制，才能夠擁有較大的自主空間來共同思考大學教育的定位，在校內逐日形成的共識中，為臺大的課程作全盤的規劃。

為什麼大學的課程要有完全的自主權？為什麼我們會如此強烈的反對各大學間的共同必修科？我們當然明瞭教育部仍想藉由共同必修科的規定，來為軍訓及政治思想課程護盤。除此之外，一旦各大學接受共同必修科的規定，我們便無法在課程結構上，反映出各大學不同的特色與條件。

以臺大來說，臺大是全科大學，各方面的專業師資皆比較齊全。比起臺灣其他各大學，臺大也有較為自由的學風。進行全盤規劃未來課程結構的同時，我們應該善用這些有利的條件，例如給予學生在人文學、社會科學與自然科學三個不同領域內的科目清單中，分別選修一定學分的課，以發展通才教育。這張科目清單我們需經事先討論，悉心規劃妥當。各科目的任課教師也可以自由的規劃教材內容與教課方式，不必像過去控制學生

思想的課程那樣，只能綁在限定的教材內容上，被要求十年、二十年重複教授一門令人昏昏欲睡的課。

我們可以透過多元活潑的方式，拓展學生的知識視野，深化學生的思辨能力。如果我們接受各大學間共同必修科的規定，我們不只失去了重新思考大學教育的功能與目的的機會，我們也被迫與其他大學，找出各校師資條件的最小公約數，制訂共同必修科；而我們的教師原本生動而深具啟發性的教學活動，亦被迫窄化在同一規格而沒有生命力的共同必修科中。[1]

三、當我們爭取到校內課程完全的規劃權，便要重新思考大學教育的定位，並使它在校內形成共識。昨日（1994年10月8日）校務會議中，主席陳維昭校長曾以口頭報告承諾由課程委員會作通盤規劃。

但以目前課程委員會之組織，要負起如此重大之責任，會有它本身的局限。課程委員會之成立有其特殊背景。今年（1994）1月，校務會議通過軍訓與護理課改為選修。4月，校務會議為落實此項決議，乃成立課委會，規劃軍護課及其他全校性課程。因此，課委會非學術性的成份太高，有濃厚政治考量的傾向。軍訓總教官、護理人員、體育人員以及其他行政人員，皆為出席委員，導致10月1日課委會所作軍護課延緩實施一年之建議案，與1月校務會議之決議抵觸。如果要從根本去探討大學之教育哲學與目的，應排除這些非學術性因素，而純粹以學術立場為基礎。目前課程委員會之重組是必要的。倘涉及舊有共同必修科之教學，則可邀請其相關

---

[1] 在本文發稿之時，臺大剛開過本學期第一次校務會議（1994年10月8日），會中由大學教育改革促進會本校成員及作者提案，經討論後決議：「本校應自行決定共同必修科之開設，並建請教育部廢除施行細則第二十二條之規定」。唯此項決議文猶有模糊地帶尚未釐清，在施行細則第二十二條尚未廢除之前，本校該如何因應，以校務會議的體質及其一貫的議事方式來看，尚存留有難以預期的變數。事實上，臺大自行決定本校之共同必修科，不去參加各大學共同必修科之研訂會議，與施行細則並無抵觸。施行細則規定共同必修科由教育部邀集各大學相關人員共同研訂，臺大拒絕受邀，亦不接受實施其研訂之共同必修科，並無違反施行細則之規定，同時亦為其母法大學法第一條所保障。

人員列席,以提供意見。

新課委會成立,應積極舉辦全校師生座談會,共同討論大學教育的新定位。經逐步達成共識後,再擬訂全校課程通盤規劃之方案,請校務會議及全校師生認可或選擇。

這是一項重大卻不能不做的功課。目前通識教育小組[2]的工作,已為這項功課跨出第一步。有關通識教育小組所提出的領域規劃案,最近正在各系流傳。規劃案之詳細內容,已由通識教育小組會同教務處課務組聯合編印於「臺大通識教育實施手冊」中。全校大一新生及所有教師,將在 10 月中旬收到手冊。大家的閱讀與了解,將有助於共識的形成。

四、最近外在的大情勢,也快速在轉變。教育部已宣布 85 學年度起(即 1996 年秋天起),大一大二將不分科系。數學系的同事張海潮與翁秉仁最近在系裡,時常提到可以預見的一些重大變化。過去各系都有自己的子弟兵,各系也對他們實施一種「牧養式的教育」(翁秉仁語),給他們專業訓練,要求他們按照系裡教師設定的方式學習,甚至還為學生畢業後的出路操心,把學生日後的專業表現等同於系本身的榮譽。可是未來五年十年之內,學生入學之後便不分科系。學生是流動的,各系的教員則像在擺攤子一樣,提供課程吸引學生來讀。套句張海潮的話說:「過去我們是在教自己的兒子,以後我們便在撈別人的學生來教。」

這種轉變,無疑的會衝破各系原有的課程結構,從外邊對各系的課程及其教學品質,施以強大的壓力。另一方面,新課委會應該迅速因應即將到來的轉變。大一大二不分科系之後,最明顯的弊害是:學生在升大三前多了一次類似聯考的「選系競爭」,還會嚴重扭曲大一大二的教學,扭曲所有我們試圖為大學教育重新定位所做的努力。分數主義將襲擊大一大二

---

[2] 通識教育小組由本文作者召集,於 1993 年秋天成立,負責通識教育的全盤規劃。但保守勢力依然抗拒改革,在變動的局勢中,試圖維持共同必修科保有思想控制的既有地位,自外於通識教育。本文係在這樣的背景下書寫。

的所有課程，這可怕的後果必然會出現。新課委會應協同各院系，攜手研商臺大往後的學制。為紓解學生升大三前的選系競爭，原有的科系制度必須打破，改為主修制度或學程制度，以學生的選課性質來界定他們的專修領域，使各領域的名額更具彈性。另一方面，臺大應認真考慮職業取向的熱門科系或學院，如法律系、醫學院、管理學院等，在數年之後停止招收大學部學生，而全力發展其「後學士班」或研究所。只有打破科系制度，並取消熱門科系大學部之後，大一大二不分科系的新學制，才不致造成多一次聯考的災難。

　　許多事情都在變動之中。在臺大，大學教育如何重新定位？又大學教育的新定位，如何透過課程，加以落實？這些大學教育的核心問題，在我們掙脫教育部長期控制之後，留下來的便是我們全校師生要嚴肅面對的大事了。

共同必修科與誰「共同」？
校長會議決議的商榷

⊙賀德芬

　　教育部透過大學共同科目的制定權來掌握大學教育的實質內涵，是從民國以來就使用且愈形嚴密的手段。在舊大學法時代，教育部規定必修課程的法源，是由教育部在大學法授權之下自行制定的「大學規程」。大學規程僅規定體育、軍訓為各學系之必修科目，至於其他科目，則再從大學規程引申出「大學共同必修科目表施行要點」，由各大學奉行不渝。直到新大學法在民國83年1月8日正式施行，大學規程隨之廢除，「共同必修科」的餘音卻仍在校園中盪氣迴腸。

　　共同必修科的內容是如何味同嚼臘，淪為營養學分，平白浪費了年輕學子的寶貴青春，壓縮了學術自主的空間等等弊害，是早有的認識。無奈，威權體制給予校園的壓抑根深蒂固，縱使「共同必修科目表」的法律依據不足，大學規程已超越大學法的授權，更有違憲法保障講學自由的精神，卻在保守的氛圍裡難以撼動絲毫。

　　為了爭取課程的自主權，民間倒是極早便開始在積極的奮鬥。除了78年6月，有各大學八百餘教授簽名連署，向立法院請願全面修改大學法外，完全針對大學必修科的議題，亦曾做不斷的努力。80年3月，由大學教育改革促進會發起，有五百位教授發表聲明，要求將必修科的制訂權歸還各校，並反對教育部指定零學分的體育與軍訓為必修科。

　　不僅如此，為了徹底挑戰科目要點的非法性，雖然明知在法律上，因為缺乏當事人適格，和非行政處分並不能作為訴訟的標的，我們（學改會當時的常務理事，劉源俊、王九逵、邱守榕、莊淇銘及本人）還是在81年

4月提出訴願、再訴願的行政救濟程序，以突顯法律上的缺漏。當時的最終目的是期盼能經過大法官會議解釋，確定大學規程及科目要點的違憲。這項行動直到制定了「大法官審理案件法」，立法院得經由三分之一委員的連署，提出聲請解釋案，而在83年12月由翁金珠等立委，為我們達成了願望。

教育部對這一連串的民間籲求所做的回應，首先是在79年7月，由共同科目表修改委員會第三次會議決議，政府自80學年度起將四學分的「國父思想」課程，更改為「憲法與立國精神」領域。其他國文、外文及本國歷史亦改為核心課程，各校得在此領域內開設科目群提供學生必選。

此項改變只不過稍事鬆綁已經僵化的28個學分，讓學生有多一丁點的選擇空間，但在大領域內，仍脫不出教育部掌控的緊箍咒。即使如此，仍引起國父思想基本教義派教師的一片撻伐，以至拖延到82學年度，才能付諸實行。

新大學法施行後，明定大學有自治權。大學規定隨之廢除，連非法的依附亦告消失。按理課程的自主權，應從此歸還學校，然而，教育部並不願撤出其校園權力，乃在大學法施行細則中創設出所謂「校長會議」，將教育部的意旨經由該會議予以貫徹，終而有「共同必修科維持原領域，開設科目及學分數由各校自訂，然每領域不得少於四學分，總計不得低於28學分」這樣的規定。

校長會議的決議了無新意，不過將既存現實和具正當性的理想規劃，再做一次和稀泥式的折衷，並未能展現作為一個校長所應具備的教育理念及宏觀氣度。譬如軍護課程改為一年必修，其法令依據何在？教育理論是否融貫？對學生權益利弊如何？幾乎全無交代。據說校長們考量的重點僅在：如果軍護改選修，教官人數遞減，則住校值勤、協助處理學生事件的工作由誰取代？只不過為了牽就現實利益，竟可不顧由軍人擔任學生訓輔工作所產生的反教育效果，及教育資源的錯置。如此沒有原則的決議，難

怪要招致臺大、清大等校長對其效力的質疑。

共同必修科之所以要由各校自主，不僅涉及學術自由的基本理念，重要的還是讓各校能有更大空間，就通識教育做統籌的規劃。領域的強制規定，事實上便侵犯了各校的自主性，壓縮了通識教育的完整性。

校長會議的法源來自大學法施行細則，該規定既非強制性規定，且已由大法官會議審議其是否違憲。臺大經校務會議，決議軍護課改為選修，共同必修科則自行研擬。臺大校長亦一再保證，臺大會以校內決議為準，清大沈君山校長更直言，校長會議的效力不大，清大自有對策改軍護為選修。這才是大學校長最起碼的風範！

教育改革不應和稀泥——
論大學法施行細則踰法被退事件

⊙賀德芬

　　大學法施行細則被立法院教育、法制委員會的聯席會議，以「踰越母法，不當之處甚多，應退回行政院，並要求行政院恪遵大學法學術自由與大學自治之精神，重新擬定，確實修改不當之處，再送院審議」。隔兩日，立委翁金珠又發起提出施行細則是否違背學術自由精神的釋憲案。縱使施行細則自公布時生效，教育部亦嚴詞要求各大學依照此項頻受質疑的行政命令行事，但教育部的公信力及公權力已因之大大的受了折損。

　　大學法施行細則違背母法之處甚多，不只在5月間有41位法律學者，就其大要提出箴言。7月15日，廖永來等27位委員即就當時的細則草案，羅列了18點缺失，正式提案於院會，要求行政院確實遵照。而這其間，由民間向行政院的陳情、立法院的請願、監察院的檢舉，都未曾間斷過。無奈行政院執迷不悟，死抓住權力不放，致使行政權之威信喪失，也是咎由自取！

　　然而，真正受害的卻是無辜的年輕學生，無所適從的行政基層和最關緊要的法治原則。教育部並不敢大聲否認細則的違法性，只以需要時間為調適，並安排既得利益者的前途，甚至起草的諮詢委員也坦承「法令修訂有一定程序和歷史背景，不能一下子180度大轉變。」如此在在都顯示了教育部只為了少數既得權益者和不願面對教育改革的潮流，寧可犧牲法治的威信。

　　事實上，這些理由也都很難自圓其說。通識教育的要求，始自73年教育部的命令，若不同時變動共同科目的規劃，又怎能畢竟其全功？軍訓

教官存在校園,在戒嚴時期就有責難。解嚴這麼多年,教育部完全無讓他們歸建軍中的心理及現實準備?如今卻認為是突然的大轉變,不是昧於實際,就是巧言辯論,如何能令人心服?

命令不得違背法律,本是最簡單的法理,卻被教育部打亂了方寸。在這樣一個無法無天,價值混淆的年代,臺大若能中流砥柱,堅持法治精神,那才不愧是一道清流。

我們千萬不要成為教育部的共犯
課程應由本校自行規劃並儘速成立通識教育中心

⊙張則周

大學法修訂後，師生都期望著本校能發揮自己的特色，把課程設計的更充實，更多元化。未料教育部為了繼續掌控各校的部分課程，不惜違反大學自治精神，在大學法施行細則中增添了許多逾越大學法的規定，使教授們不但喪失了訂定課程的自主權，而且都成了違法的共犯。由於事態的嚴重，各校法律系教授火速發起連署向監察院糾舉連戰院長及郭為藩部長違法。

本校在82年度第一學期第二次校務會議已決議將軍訓及護理課改為選修。但在本年7月29日課程委員會卻以本校學則第四十五條之規定「軍訓成績各學期均須及格始准予畢業」為由，重新討論是否應列為選修，並又進行了一次表決。委員們似乎忘了校務會議是全校最高決策機構，也疏忽了新大學法通過後，現有的規定如違背大學法者無效。更荒謬的是大學法中並無「軍訓室的主任應由教育部推薦職級相當之軍訓教官二至三人由校長擇聘」之規定，但卻在大學法施行細則中出現。這明顯地是教育部軍訓處想繼續以往用命令的方式干預大學人事與課程的自主權。

再者本校去年即根據校務會議的決議，成立通識教育小組，該組已對通識教育近程部分規劃完成，但由於課程委員會認為大學法施行細則第廿三條第三項中規定「各大學共同必修科目，由教育部邀集各大學相關人員共同研訂之」。所以通識教育小組建議的40個學分的通識課程，仍無法落實。根據大學自治，課程理應由各校自行規劃，大學法施行細則的這項規定明顯地又是一項違法。

所以希望要把本校課程規劃的完善，除了各位教授要認清教育部於本

年 8 月 26 日所發布的大學法施行細則，對軍訓室及共同必修科規定的違法外，並應對大學的定位取得共識。大學教育究竟應該是以專業為主？還是應該致力於培養現代社會中具有主體意識、宏觀視野、能整合跨領域知識，有批判、判斷、創造能力的下一代為主？如果認為是後者，我們必須積極地加強通識教育的規劃，並應儘速成立通識教育中心。在此我們要特別一提的是課務組洪主任及梁組長，由於通識教育小組的權限不明，校方又未提供助理人員，無形中增加了兩位額外的負擔。對他們為推動全校通識教育，任勞任怨的精神，在此致上最大的敬意與謝意。

由大學通識教育觀點談如何陶鑄領導人才

⊙金傳春

　　臺大醫學院北美校友會於 1993 年 8 月在芝加哥舉行年會，主題為「領導人才」，本人以教育部及臺大通識教育規劃小組委員的身分應邀與會演講，內容包括：（一）大學教育的理想；（二）中國與歐美大學在培育領導人才的努力；（三）當今臺灣各大學教育的通病；（四）臺大醫學院教育的改革努力與潛在危機；及（五）「全人教育」的領導人才培育通識觀。在目睹臺大校長選舉怪象、第十一任醫學院院長選舉風波與任職爭議及紅包問題之後，站在教育立場，內心無比沈痛，反省惕勵之餘，加入一些新資料，希藉此文誠摯地共促臺大制度上的改革，以一流師資的教育理念，陶鑄二十一世紀中國領導人才。

壹、大學教育的理想

　　大學教育的理想是模鑄健全的人。英國高等教育研究會在 1990 年出版的《獻身高教》（*Commitment to Higher Education: seven West European thinkers on the essence of the university*）一書中，指出 1851 年創辦天主教大學的紐曼（John Henry Newman）曾談到：「大學是傳授通博知識（universal knowledge）的場所」。這位牛津大學學者再三強調大學是經由「教育過程」，培育宏觀人才，為全人類做最佳服務，一語點出當今大學與研究中心的不同，在其發展知識之外的教育功能，尤其是養成「健全的人」。因此紐曼的學程規劃是包括德、智、美、體四育的均衡發展，以薰陶通達成富修養識見的全人，這種古典的大學教育理念，仍深鉅影響往後任一所國際性一流大學在課程改革過程中，為知識分子所堅定不移的理想。

1930 年代，西班牙學者加色特（Jose Ortega Y Gasset）有感於本國內戰而四處呼籲大學的使命，他認為：「如果高等教育做得好，人類歷史會馬上向前躍進」。因此他主張大學的行政管理應首重「課程改革」，尤其是要推出一套嶄新的核心課程，以教導當代文化思潮革變（包括哲學、社會學、歷史、物理學、生物學），讓下一代深切明瞭人類過去如何在戰亂災難困境中迷失，又如何經得起時代考驗，他強調教育過程中的「全人的氣度培養」，避免只學習專業領域的支離破碎的知識，讓大學在歷史文化傳承中能肩負時代使命。

第一次世界大戰後，年輕的德國教授耶士培（K.Jaspers）眼見德國大敗窘境，竭力呼籲：「大學應有其獨立性，不該參與政治活動，提倡學術自由。」這位曾在大學時厭惡考試成績與個人事業前途的教育家，在其 1947 年出版的論著「大學的理念」（The Idea of the University）談到：「大學是一個師生相互參與，追求真理為志旨的社群，這個真理包括科學的自然屬性和智慧的人生，涵蓋物理學、化學、心理學、社會學、歷史與人類學。」顯然地，大學是知識分子真知灼見交會的唯一理想殿堂，藉此與教育體系核心的精神相繫，培育一代又一代熱衷追求真理與敦促人類福祉的人才，大學的生命才因此得以延續。所以耶士培主張大學是教學、研究與傳遞文化三位一體功能的社群，且教學應特別著重基本知識的邏輯思維、認知分析與通用信度（universal validity），讓智慧火花可以生生不息往前推進。

毫無疑問的是紐曼、歐爾提伽與耶士培勾畫大學的理想藍圖，指引當今高等教育首重創新、革變及導引時代進步，因此美國一流大學如哈佛大學、芝加哥大學、史丹福大學等，在二次世界大戰之後，均殫精竭慮由學程規劃上重視課程改革，尤其是通識教育的全盤規劃隨著時代進步而加速更新，其中哈佛大學前任校長波克（Dr. Derek Bok）在近二十年努力中，特別推動：（一）社區服務；（二）通識教育核心課程；（三）醫學院新教

學法;(四)法學院畢業生加入非營利組織所亟需的法學素養;以及(五)強化教育學院以提升未來中小學的教師與行政人才素質,最受人矚目。換言之,大學教育的學程規劃有其特殊時代使命,必須盱衡當代各層面嚴重缺失、年輕人的抱負與徬徨、未來數十年後社會國家所期盼何種氣質人才,經由教育理念,審慎規劃。

中國大學教育的理想,承襲孔子的「己立立人,己達達人」的哲學觀,與大學一書所強調:「大學之道,在明明德,在親民,在止於至善」的宏遠抱負,與西方哲學家柏拉圖所說「為了理想社會而育才」,以及亞里斯多德的「備妥一個人可迎向充實的人生」正是不謀而合。然而,中國近百年政治的紛亂,雖有政府資助的北大、庚子賠款的清大與私人興學的南開大學,曾在復國建國烽火中,發揮其育才的應盡職責。然而大陸失守後,海峽兩岸高等教育的學程規劃由於政治意識形態束縛、教育部的不符合時代潮流規定和管理,以及多數知識分子的獨善其身而降低關心度,迫使中國大學教育的理想在實踐層面上遠輸於先進國,不但造成嚴重人才流失,更遑論大學陶鑄領導人才與導引時代進步。

貳、當今臺灣各大學的通病與臺大的歷史任務

近四十年來,臺灣各大學被嘲笑成「僅有教育部的一所大學」原則下,不但難以發揮國際一流大學的特色,反造成臺灣大學院校均有下列通病:(一)大學教育全以「智」育為核心,德、智、體、群、美的五育在聯考競爭之後,仍未得以均衡發展,在近年研究所考試競爭與高考補習班林立之際,學生人格成熟度已較降低;(二)缺少健全的淘汰教授制度,尤其是人格缺失的教授以「身教」導引下一代急功近利;(三)學生只為考試而學「已知事實」,甚少有「開創未來」的志氣磨練;(四)「通識」教育沒有紮根,年輕的「理想」經不起社會誘惑的「考驗」;及(五)教師在專業研究競爭的時間壓力與教育部毫無彈性發揮空間的共同必修規定之

下，對大學教育的理想與社會功能已漸趨「模糊」，各校課程雖「百花齊放」，卻沒有教育哲學貫穿的精心設計鴻圖！

至今，臺大的教育學程規劃改革有黃俊傑、黃武雄、黃榮村三位教授在孫震校長時代著手的通識教育核心課程規劃與小班教學，蘇仲卿教授挺身而出與校友石家興聯合努力的生物技術與生化相關課程規劃。至於未來二十一世紀的臺大人應具備何種氣度，對聯考制度缺失而產生的臺大學生優缺點應給予何種教化引導，以及十年後海峽兩岸政經巨變前如何趕緊著手育才的前瞻規劃，掌握時代契機等嚴肅課程的做法，甚少認真全盤討論。在六月校務會議討論的課程委員會委員組成，常因事件政治化而「小動作」多，見樹不見林，這種鴕鳥作風若再延續下去，讓每年上千臺大人畢業對社會國家的宏遠影響「棄之不顧」，若干年後可預見北大、清大、復旦等大學終將在歷史趨流中超越臺大，肩負培育中國領導人才重任。

參、結論

二十一世紀的領導人才，不僅要具備跨領域的專業知識，更重要的是「努力為公」的「大我」服務人生觀與熱忱態度，化知識為推動社會、人類福祉進步的力量。如果臺大年輕的一代愈富理想、愈有朝氣，愈勇於「為所當為」，臺大的教育才有趕過牛津、哈佛、史丹福、柏克萊加大的一日，臺大的教師才會更令人尊敬。

對通識教育推動的一些看法

⊙葉啟政

臺大開始推動通識教育，大致始於民國70年虞兆中教授接任校長之時，迄今已歷十三年頭而有餘。回顧這段期間臺大對於通識教育的推動和執行，依我個人的意見，可以說是失敗的。以臺大在臺灣學術界的歷史地位、校方所擁有的人力資源、學生素質等等條件來看，推動不力而致失敗，毋寧地是一項莫大的恥辱。

綜觀這十多年來臺大校方的種種作為，個人以為，通識教育之所以推動不力而致失敗，有幾個因素是不能不關照到。首先，推動一開始，即因執政當局對某課程內容及授課教員之言行「不放心」，以迂迴而間接的「威脅」方式對校方進行干預與杯葛。幸賴當時的虞校長全力頂扛下來，終能順利開課。然而，此已為通識教育在一開始推動即種下了不利因子，至少使得有關課程的安排（尤其授課教員）不得不屈服在政治的壓力之下，規劃起來礙手礙腳的。我始終懷疑，當孫震教授接任校長之後，校方當局即未盡全力，且以應付的態度來執行通識課程（特別是被認定具政治敏感性的課程，如《社會科學概論》），恐怕與此一來自政治方面之干預因素的考慮不無關係。

除了此一特殊之個別性的因素之外，校方行政當局本身對通識教育的認識不足，無法充分體認通識教育對整個大學教育的基本意涵，是使得通識教育推動失敗的另一個因素。一向，人們都視大學教育為專業職業教育，教育的目的是培養學有專長的專技人才，甚至以為，教育的內容應只局限於專業課程。而且是愈專業愈好。這樣的教育觀不僅為一般人深信不疑，甚至大學教授（尤其校方行政當局）也深以此為辦校的鵠的。結果，在本位主義的作祟下，專業課程愈設愈多，經常是疊床架屋，以致總是讓

學生過度地學習。這不但作賤了學生的時間與精力，而且也極盡浪費校方的人力與物力資源。

或許，在某個程度內，專業主義的信條下與通識教育的理念是互相扞格著，因此，以為推動通識教育純然是浪費學生的寶貴光陰與學校資源，而被否定、輕視，自是可以理解的。顯而易見的，在無法獲得校方當局與教授群中之大多數人的普遍認同與支持的現實情況下，通識教育自然難以充分而有效地被推動著。一旦通識教育被法制化而不得不實施時，敷衍應付於是就跟著發生了。尤其，在學生本身也沒有充分認識通識課程對自身所具的意義的加強作用下，敷衍應付的情形自然就變本加厲了。

總之，一旦教者無心、且學者無意，通識課程自然成為營養學分。加以校方本身不予以重視，也不知如何重視，於是乎出現了校方要求各系都得自開一門（或數門）通識課程的做法。結果，出現了諸如寶石鑑定、寵物保健、法律資料處理……等等課程被歸類為通識課程，而且學生爭著選修，這可以說是極其荒謬而怪誕。平心而論，在臺灣的學術界裡，臺大不但歷史最悠久，也具有最完整的學科分工架構，按理，最有條件把通識教育辦好的，如今，對通識教育，竟有著如此一般的認識與做法，毋寧地是一大諷刺，充分地顯示出學校行政當局的無知、無心、和不負責任。當然，這更說明著四十多年來整個臺灣社會的教育基本上是徹底地失敗，至少就人文教育的素養而言是如此的。

這麼的批評似乎有一桿子打落水的嫌疑，把臺大所有的教授貶得一文不值，實際的情形當然並不是這個樣子的。在虞校長任內，校長即請託哲學系的郭博文教授領頭，組了一個有關通識課程的推動小組來規劃課程，而且，事實上，已規劃了一套初具規模的課程，雖非完美無缺，但是，至少是相當具有整體感，確實能夠展現通識教育的核心精神。遺憾的是，虞校長的任期過短，未能有充分的時間全力地予以貫徹。孫震校長上任後，不知何故（依我個人的意見，乃因官方之有關「上層」有了「關心」的緣

故），整個規劃工作停頓，直到孫校長任內的後期，在當時校務會議，由某教授再度提出，才正式地通過了通識教育的規劃。在責成由教務長郭光雄教授負責執行的決定下，規劃再度復活，並由數學系的黃武雄教授實際負責。

　　回顧十多年來臺大通識課程規劃小組所草擬的計畫，平心而論，大體上是掌握了通識教育的基本理念，而且實際課程的規劃也堪稱有著一定的水準。當今，整個的問題並不在於規劃自身，而是如何實際落實實踐的問題。就此，個人以為，當今之規劃小組的推動進行，早就可以透過校務會議具體地予以制度化而實際執行了。至於制度化，校方應當正式成立一超越學系的通識課程處，並委由一個委員會獨立地來統籌課程規劃與規範、以及教師名額的分配。如此，才可以避免當前由各系自行開設所謂「通識課程」的亂局，讓通識教育的基本精神與理念得以有恢復的契機。

臺大「通識」與「共同必修科」

⊙張海潮

通識教育在臺大一直未受重視；雖然去年 4 月正式成立通識教育工作小組——隸屬於教務處之課委會——但目前似滯留在規劃階段。上學期該小組將規劃結果送交各系「複決」，結果有 30 個系反對參加，贊成的只有六系：醫學、牙醫、醫技、園藝、經濟、和地理。

小組在規劃過程之中，並非沒有嘗試廣徵博議。只是在歷次的說明會、公聽會中，參加的教授寥寥無幾，並且來參加的幾乎都是老面孔，因此也談不上真正的與反對者溝通。雖然如此，我們多少可以了解反對者對「通識」所存的刻板印象，這些印象一部分來自於對「通識」的誤解，認為通識教育代表一種「樣樣通、樣樣鬆」的教育，一旦實施，勢將培養出無基本踏實訓練的臺大學生。刻板印象的另一來源是看到現行的通識課程：譁眾取寵者有之，公然賣書者有之，學生競相以營養學分視之，有所謂廉價販賣學分之譏。

以上所見，部分確是事實，除非真有好的通識課程，逐年開立，撰寫教材，獲得好評，否則誰也無法單以文宣扭轉這些印象。

但是目前倒是有一些外在環境之調整使得我們費心，那就是共同必修科的廢除實施已迫在眉睫，教育部已公然宣示它的底線：國文、外文、歷史、和憲法這四大領域，但科目及學分數均不加限制（見今年 1 月 4 日各報）。再加上本校在去年 10 月的校務會議中通過的自行開設共同必修科決議，預計在 85 學年度，本校各系將多出 28 個學分，這 28 學分正是原來部定的國文六學分、外文六學分、歷史四學分、憲法四學分、和通識八學分。臺大將如何自行設計這 28 學分？是交由通識小組「由上而下」呢？還

是交由各系「由下而上」？

　　我們最不願看到的就是各系將這 28 學分「收歸系有」，在現行的專業課目之上「變本加厲」，將大學教育推向職業教育。雖然原通識小組規劃的「通識 48 學分」遠遠超過共同必修的 28 學分，但若扣掉本系原領域可代換的學分數，其實只多出十學分左右。但至少，我們希望各系能體認「當前過分專業分工的大學教育，將這 28 學分條件捐出，交由一個超然的通識教育委員會來仔細規劃。各系是否能有此共識，相信是本校通識教育理想落實的重要關鍵。

課程通識，與不分系

⊙張海潮

今年3、4月間，教育部決定廢止「大學各學系必修科目表」，改由各系自行訂定，但希望顧及幾個原則：第一是各校之間相近系所能有協商取得共識；第二是一方面要維持學系專業水準，但也應保持一定的彈性，照顧到學生的興趣。

4月中，教務處在會議中定了幾個簡單的原則，希望各系能儘快的訂出必修課程。結果，可能是因為時間太過倉促，我猜，沒有一個系真正檢討了現行的系必修課程。教務處的原則基本上只有一條：就是系訂必修科之學分總共不能少於50學分；原來教務處提出的草案是不能少於60學分，但在教務會議中討論後修改為50。至於畢業總學分仍維持最低128的規定。

教育部主動放棄對系必修科目的管轄權，可說是向前邁進了一步。本校教務處雖然訂了50學分的下限，但想來絕大多數的系，目前必修學分都超過50，因此或有少數幾個系覺得這種「50下限」的規定其實是多此一舉。以本數學系為例，我們覺得必修科目幾乎已經降到最小可能，目前仍有52學分。所以我在會議中主動要求將原提「60下限」改為「50」或更低，基本上我們是主張連下限都不必訂的。至於上限，這是談都不能談的問題，許多學系規定的必修科目太多，要他們減少，就好像割他的肉一般，表面上的說辭是要顧到學生的專業水準，以法律系為例，聽說學生要148學分才能畢業，如此一來，實在無法與同時本校要推動的通識教育配合，仍然是以職業教育的心態在辦大學教育。

8月下旬，教育部決定自85學年度開始各校可以進行大一、二不分系

的調整,這一個決定想不到竟引起大學教授兩極化的反應,大專聯考這個制度宰制了我們40年,這一代的精英幾乎無一不感念這個制度,覺得正是這樣優美的制度才能讓一個高三的學生立刻一步登天,飛鴻騰達,享受進入臺大的優生社會地位,而遑論他的真正興趣和能力。許多系,幾十年來不必做任何改進,只要依付聯考制度,和臺大的招牌之下,就自以為可以收到好學生,過去,為了使招生更加合理,教育部容許各系在某些科目上加權計分,以調整應考各科的比重,但實施以來,當然免不了會降低最低錄取的原始總分,因而影響考生對該系的印象。最近,許多系又主動取消加權,認為這是提高最低錄取或聯考排行榜的不二法門,在各系各懷鬼胎之下,目前還看不出將來如何適應聯考但不分系的新辦法,特別是目前各系主權高張,學校也不願自討沒趣,強行干涉各系所定的必修科目。自然也很難主動推行不分系的做法。

這一波高等教育的改革,其實是大學的定位問題,如果將大學定位在全人教育,那麼職業訓練色彩濃厚的系應該關門,將資源用以一方面提供通識教育的核心課程,和基礎訓練的基本課程;另一方面擴大研究所,在碩士班中培養職業人才。以目前這種結構,許多系只能徘徊在通與專之間,不是無所適從,就是猶抱琵琶半遮面,只是依附在臺大這塊招牌之下,讓學生覺得進來以後至少還可以轉系罷了。

對這些事情最清楚的莫過於學生群眾,他們處在教育系統的最底層,只可惜當他們在高中時無法親眼看到大學部經營的理念,熱門科系是一個餌,吊在驢子的眼前,大部分的驢子都吃不到,即使進了這樣的系,正所謂黃袍加身,但是不是就真的變成了皇帝呢?如我們可敬的法律系,一年收三個班,然而最後有幾人變成了律師?當我們中間的許多人在談社會正義時,能不能也談談教育正義呢?教育正義第一條:不可以用虛幻的遠景來欺騙未成年的學生!因此,讓他們成年以後再選系吧。

通識教育與科學教育——
注重人文與科學的相互交流

⊙牟中原

在討論「通識教育」理念時，常提到「人文與科學的整合」。斯諾（C.P.Snow）在《兩種文化》（1959年）中提出現代社會中兩群對社經問題有極大影響力的人，——人文學者與科學家——他們所受的教育迥異，以致幾乎沒有共同語言與價值，無法溝通。

斯諾談論「兩種文化」的方法含有冷戰時期的基調：自由民主國家應發展科學技術以取得對抗共產國家之勝利。但今日大學人文與科學的互不相通仍是個主要問題。不同的興趣與目標只更強化兩群人之隔閡。彼此以裡外之分，甚至隔絕。應以更廣遠的視野再審視「兩種文化」。

按斯諾的看法，解決之道相當簡單。我們要使所有人在受教育過程中對社會、人文與科學三方面的各領域都學到一些最基本的瞭解。如果做到了，可以降低誤解，甚至可以互通一些價值，以達「創造」之境界。

然而，通識教育不只是理念問題，也是實踐問題。在實踐時，科學與人文的融合是有一些根本問題。困難來自於目前「社會人文」與「科學」兩邊教育與研究的方式，及各領域自身興趣走向。本文的目的只是就「科學」一方的經驗及角度，提出一些問題，並予以初步分析，期望將來有人文學者可以提出另外一些不同的看法，相互溝通。

從「科學教育」來看，不外乎科學和教育。但兩者在一些基本價值目標取向上，就隱含了一些內在的對立。一般認為教育是整合性、大眾性與文化性。但目前科學的發展是明顯地走向分割性、菁英性與技術性。

因為科學教育都是由科學家來教導,「科學教育」就易被窄化為「未來科學家」的訓練。近十年來,臺灣科學研究迅速發展,多數科學家極端認同「研究」。這種傾向就更大大強化了。在這樣的環境下,要大學中的科學家認同「通識教育」,是有相當的困難。臺灣和英國不同。英國有悠久的科學文化傳統,斯諾還能悲嘆「兩種文化」的對立。在臺灣,「兩種文化」如同暗夜中兩條悄然行駛中的船,「對立」都談不上!

壹、整合與分割

科學的發展以「知識」為取向,人對知識的追求無止無盡,科學漸走向「分裂」的局面。今日許多科學家從事的領域,在二十年前根本不存在。他們也許對那時流行的課題也沒興趣。另外科學家獎勵方式是強調「原創性」,他們就努力在細微分枝上搶第一,因而忽視溝通面整合,連帶也可能下降教學能力。如此在科學中可能兩個極為接近領域的同事都缺乏溝通整合,更不要提兩種文化的溝通。

大眾對菁英在科學研究,只有第一才算數,跑第二和跑第一沒有太大差別,科學家也講究「名」與「利」,但他們並不是很有興趣在大眾中成名,有興趣的是在專業中成名。最得意的是成為專業中的專家。如果他有什麼成果或故事,最高興講給那個「第二名」聽。對於大眾,他們主要的要求是支持科學研究。「科學傳播」被認為是少數人的事,而且是應站在宣揚科技成就以取得更大研究經費支持的角度。互動式的對話是他們所不習慣的。「科學教育」通常是權威性的,是菁英向大眾教化。臺灣由於30年前,社會的菁英多學習理工,就更傾向單向發展。

貳、文化對技術

現代科學與技術密不可分。近年科學研究的技術取向也越來越重。科學家的工具理性遠超越文化反省取向。政府發展科技是為贏得國際經濟競

爭地位，科學教育乃淪為濃厚的工具性格。

科學家討論學問時幾乎可以不看歷史（科學史），未來取向較難看到文化傳承。今多數科學家是以英文發表論文，他們的中文文筆可能比英文生疏，也就更難參與本國社會化議題之討論。

以上對立點是目前大學推動科學通識教育之基本困難來源。本文就事論事，毫無苛責科學家之意，畢竟多數人在科學研究及本行教學是很盡責且卓有成就。

上面所提的問題是期望以更多的溝通來改善瓶頸。大學中的科學技術學者同時受兩方面影響，專業同行與校園文化。前者是透過國科會的支持與獎助來強化，目前占有很大的影響力。通識教育的推行則需有更強的大學自主意識。大學重要的功能之一是提供各領域誠懇溝通的場所，只有「兩種文化」進行接觸溝通，才能推行通識教育。我們不能只思考學生的課程，而忽視人文與科學相互溝通的校園文化。

通識教育──社會科學領域核心課程的初步規劃與設計

⊙陳明通

　　民國73年在虞兆中校長的倡導下，首次成立推動通才教育的工作小組，規劃13門通才教育選修課程，每一大學生必須修習四至六學分通識課程，方得畢業。本校臨時要求各系加開一門通識課程，供不同院系學生選修。由於事先未做完整的規劃，以致開出的課程五花八門，「寶石學通論」、「寵物營養」都上了大學殿堂，成為同學們口耳相傳的「營養學分」，完全喪失通識教育的目的。

　　因此，課程委員們有了新的計畫，將通識教育分為：人文學科、社會科學、生命科學、物理科學等四大領域，總共48個學分，各系學生須向其他領域修習24至42不等的通識學分。例如物理系學生須修習人文學24學分、社會科學12學分及生命科學六學分等三個領域共42學分；經濟系學生須修習人文學科24學分、物理科學六學分、生命科學六學分，三個領域共36學分，外加納入社會科學領域的共同必修科「本國憲法與立國精神」四學分，總共40學分；外文系學生須修習物理科學六學分、生命科學六學分、社會科學12學分等三個領域共24學分，外加納入人文領域的共同必修科國文六學分、外文六學分、本國歷史四學分，總共40學分。針對新規劃的課程需求，除了評估現行課程，選擇適合者增加通識教育成分，以納入通識的選修，並將設計足夠數量的通識教育核心課程（core courses），以期真正落實通識教育的目的。

　　法律學領域將規劃設計「憲法與人權」、「民主與法治」及「生活與法律」等三門核心課程。其中「憲法與人權」課程目的在於提昇學生憲法知識與人權意識，以促使人權保障的持續落實於日常生活，不再成為具文。

課程設計的重點首先強調人權的重要性,並探討人權的起源與演進,其次說明人權的具體內容、功能、限制、說明人權的具體內容、功能、限制與救濟,最後再以各種方式引介,諸如人身自由、言論自由、出版自由、學術自由、以及財產權等切身的人權在憲法上的規範與實際之運作情形。

「民主與法治」課程的目的在陶冶現代化文明國家公民,特別是大學生必備的民主法治知識、情操與修養。設計重點首先在闡釋民主的概念、內容、類型,其次引介實施民主的一些法律規範,如選舉法規與制度,最後對臺灣實施民主法治的實際情況提出討論與批判。「生活與法律」課程的目的在普及學生權利與守法意識。設計重點首先引介與一般日常生活息息相關的法律制度,其次介紹這些日常生活的法律救濟途徑。主要分為民事與刑事兩大部分,前者包括買賣、租賃、借貸、婚姻、繼承等具體法律規範內容,後者包括一些刑事法上常見的犯罪構成類型。

政治學領域將規劃設計「權力與政治」、「民主政治」及「戰爭與和平」等三門核心課程。「權力與政治」課程重在探討政治科學中的核心概念「權力」,並運用各種解釋途徑來探討權力的概念並分析權力的根源。就前者而言,首先要廓清的是權力與能力的差別,探明權力表現的形式,分析權力的心理基礎,從微觀的角度來看政治權力。就後者而言,要從經濟、文化、國際、和精英等四個途徑來探討權力的根源,同時介紹相關的重要學說。整個課程的內容包括:一、權力的概念面,分別探討什麼是政治權力?權力和能力的區別與關係、權力的心理基礎(即人為什麼會服從)、強制性權力、規範性權力、利益權力等主題。二、權力的根源面,分別就權力的經濟決定論、文化決定論、國際環境決定論、菁英自主論理論來解說權力的根源。三、權力的實作面,分析權力在政治生活中的角色,以及一個社會到底需不需要政治權力等。

「戰爭與和平」課程是從全球的、區域的、和未來的眼光來分析國際關係,將包含四個主要面向與篇幅。首先在導論篇中將探討:戰爭與和平如何成為推動人類歷史的雙手,戰爭與國家機構的出現,國際體系中的衝

突管理與多邊合作機制。其次,現代世界篇中將探討:戰爭、民主主義與現代主權國家的興起、一次世界大戰前的世界政治秩序、兩次世界大戰對人類歷史的影響、二次世界大戰後的國際體系、後冷戰期的新世界秩序、國際競爭與世界資本主義的發展。第三將從我們所身處的東亞地區出發,探討:歷史上的中國帝國體系與東亞國際秩序、帝國主義及戰爭對現代中國及臺灣歷史的影響。最後二十一世紀篇中將探討:亞太地區衝突管理與多邊合作的展望、全球性合作體制的變遷與展望等課題。

「民主政治」課程設計的目的,在於了解民主生活的歷史演進與當前發展。擬從思想與制度兩方面著手,而在討論時也兼顧理論與實際。整個課程主要從四個面向出發:首先從民主思想的歷史演進面向,以思想史的方式分別介紹古典時代及啟蒙時代的民主思想;其次介紹當代民主政治中重要的辯論課題,包括對自由主義與社群主義式民主、民主與社會正義、民主與個人自由等課題的討論;第三是從政治發展的理論與實際,探討民主政治實踐;最後則分析政黨與選舉在民主實踐過程中所扮演的角色。

經濟學領域將規劃設計「政府與經濟」、「政治經濟學淺論」及「認識臺灣經濟」等三門課程。「政府與經濟」課程將從經濟分析的角度,探討現代民主國家政府在各種事物中所扮演的角色。例如政府為什麼要對教育的干預?為什麼要對國防安全負責?要管制環境污染?以及要透過證照的發放,對各種專業或非專業活動進行管理與監督?「政治經濟學淺論」課程在介紹自亞當斯密斯以來的各種經濟學理論,包括古典主義、新古典主義、重商主義等等。「認識臺灣經濟」課程將介紹近百年來的臺灣經濟發展,從日治時代臺灣經濟談起,其次解析國民政府撤守大陸前後的經濟情勢,並對過去四十餘年來的臺灣經濟發展經驗提出分析與批判。

社會學領域將規劃設計「臺灣的社會變遷」、「性別與社會」、「社會問題與社會福利」三門課程,另加一門跨領域的「臺灣的社會心理與文化現象」課程。這四門課涵蓋當前的社會分析與社會議題,課程內容將涉及性

別、階層、家庭、人口、犯罪、文化、溝通媒介、社會政策等當前人類主要的關懷。

「臺灣的社會變遷」課程，對正面臨「社會變遷」的大學生來說是一門知識，也是認識。對於成長的環境應有相當認識，不僅基於鄉土之情，更奠定臺灣未來發展良好基礎，以「鑑往知來」，使大學生的專長能和社會有較適切的配合，以發揮更大的作用。這門課的設計，除了對臺灣過去的發展進行社會學理論的分析，也將配合資料與紀錄，呈現臺灣過去多方面的發展脈絡。透過客觀的科學分析方法，了解變遷的機制或影響變遷的社會人文因素，並以批判的角度來看為什麼變遷會發生，以及如何發生。課中將包括，諸如人口、家庭、經濟、教育、職業、族群、福利、環境、宗教、政府、法律等議題。這種多元內容配合多元角度的探討，將能拓廣學生的視野，培養理性的思考能力，使學生有機會了解不同文化與尊重不同族群，進而去反省自身的文化，以提升其內涵及包容力。

社會的基本組成是人，而人最基本的分類是性別，因此「性別與社會」課程所探討的是人類自古以來最基本的現象，是一個能夠兼具微觀與宏觀的知識體系。然而課程的知識主軸並不在於探討男女有別的生物基礎，而在揭開文化中的男女性別意義，及所關聯的男女不平等現象。課程的重點首先探討男女社會性、經濟性或政治性的差異，以及造成這些差異的社會化因素和過程。由此而進一步延伸到對所謂「父權社會」與「男性沙文主義」的介紹與批判，並對當前所流行的「同性戀」、「婚姻暴力」和「性騷擾」等議題，進行歷史過程和內涵的解析。最後，透過歷史和泛文化的比較，及對不同的理論介紹，來認識「性別中的社會」與「社會中的性別」，摒棄一些性別「刻板化」印象，以期建立一個兩性相互尊重、學習與包容的多元化社會。

「社會問題與社會福利」課程主要在討論臺灣社會因為工業化、都市化、政治民主化、以及國際化所衍生的諸多問題。透過課程的安排，將帶

領學生進入「社會」，及早看到人類社會非完美的一面，承認人類社會的弱點，培養學生面對社會的能力，增加對社會的現實感。課程設計教導學生分析上述社會問題的能力與觀點，培養學生以開闊的視野，接觸社會中不同生活條件、行為特質的人群。並在課程當中將以社會政策的角度，討論各種解決社會問題的方法，讓學生了解當前社會中的諸多社會福利方案措施的內容。最後並評估這些方案所可能對人的行為、社會制度、及社會發展所帶來的影響。

「臺灣的社會心理與文化現象」主要在分析社會中的一些基本文化現象，如符號、語言、價值觀、規範、制度、物質文化、流行等，尤其針對當前臺灣社會的次文化的形成、影響及變遷進行討論。而社會心理的分析包括集體行為、媒介溝通、社會抗爭、團體互動、宗教現象、社會化過程等，希望學生不但具有基本分析社會現象的能力，也能開闊視野，尊重個別差異。特別是當前的臺灣正面對著本土、外來文化的衝突、整合過程，以及因為世代差異、族群、階級等因素所造成不斷湧現的社會現象，如能培養受課學生具備對臺灣社會心理與文化現象的理解與分析能力，將有助於消弭諸多文化上的偏見。

人類學領域將規劃設計三至五門課程，課程名稱則將在最後確定。傳統上，文化人類學的研究範圍多以異文化及異社會為主，也就是以「知彼」為主，二次大戰後，逐漸出現「知己」的研究。而隨著二十一世紀的即將到來，人類社會因為交通訊息發達，各種媒體資訊快速傳播，而形成全球一體的局面，任何一地的政治社會經濟變動都會牽一髮而動全身。我們可以看到目前大眾文化中充斥著外來文化，隨著跨國性企業倍增，以及官方所訂定對外發展的政策，更增加對異文化的接觸機會。因此培養青年學子在未來的歲月中，以及在全球性文化正在形成之際，如何能夠以自身文化為本，不迷失自己，又能適應全局，同時兼具適應文化差異及應付變遷的能力。

整個課程的設計在人類學知識的推廣與應用，設計的原則，將從強調整體觀為經，進行泛文化的比較與說明；再佐以認識人類文化及其演變為緯，探討人類社會演化的過去、現在與未來。讓同學能強化對自我文化及異文化的認識，並學習與他人或異文化相處之道，順利適應未來的快速文化變遷。

上述法律、政治、經濟、社會、人類學領域的課程設計，主要是針對各領域所屬的內涵來規劃，但是學科的分工是為了教學研究的方便，而人所存在的社會是一個總體面，各種法律、政治、經濟、社會及人類學上的問題，往往是同時存在且彼此相互關連，因此仍有設計跨領域的整合性課程的必要，例如兼顧人文與社會面的課程，或同時處理國家與社會面的課程，使得學生能夠整合各學科的重要概念、理論與方法，對同一個問題能夠同時從幾個角度去思考，如此才能對人類的社會與行為具有全面性與基礎性的瞭解，因此另有社會科學整合性通識課程的設計。

整合性社會科學通識課程的規劃設計，主要是從三方面著手。首先是社會科學領域內部的整合課程，例如政治與法律、經濟、社會，社會與法律、經濟等等。其次是社會科學領域與其他領域的整合課程，首先的重點擺在社會科學與人文學科的整合課程。第三是區域性的整合課程，先以臺灣本土社會出發，再擴及東亞區域，以至世界其他區域。由此而設計「人文思想與社會學說」、「國家與社會發展」、「代議政治與臺灣選舉」等三門整合性社會科學通識課程。

「人文思想與社會學說」課程，主要是從如何培養跨世紀的臺灣學子，成為愛護鄉土、瞻望世局、恢弘大度的現代國家公民為出發。因此課程的設計將首重人文主義的體認、人本思想的闡揚、以及人道精神的發揮。除介紹古今中外的宗教、哲學、倫理、文學、語言、文化、歷史之外，兼研討現代公民立身處世所涉及的個人家庭、學校、職業、社團、社區（共同體）、法律、政治、經濟、國家、地域、以及整個世界的變遷情

勢,期待學習者藉由教材、教師的講解、師生的對談,乃至同學間的討論獲取見解、知識與判斷。

「國家與社會發展」課程,主要在探討國家、經濟、與社會的相互關係。將分別從國際與國內層次,以及歷史面向來加以討論。課程的設計首先將探究國家與社會經濟發展的相關理論與實際,討論範圍包括政治結構、經濟結構、與社會階層結構,也同時涵蓋了先進國家與開發中國家。其次,將由實際的歷史發展出發,分析由早期前工業社會到工業社會與後工業社會(或者由前資本主義社會至資本主義社會)的轉型過程中,國家組織之出現與發展、經濟生產方式的變化,以及社會分工與社會階層化的形成。最後將探討戰後臺灣地區的國家與社會經濟發展,即所謂的「臺灣經驗」,選定其中一些主題做深入的探討。例如,臺灣的政治制度、國家財政、公營企業民營化、企業組織與社會、社會運動(如勞工)、原住民、婦女、環保運動、與兩岸關係等。

「代議政治與臺灣選舉」課程的設計,分別從古典民主理論及經驗民主理論說明代議政治的原理原則,及其間所發生的演變,其次探討選舉在代議政治中所扮演的角色,各種不同的選舉制度(包括選票的計算、選區的劃分)對代議功能所可能造成的影響。最後則探討選舉在臺灣實施的經驗,它與代議政治的理想有無差距,對整個代議制度的理念究竟發生了怎樣的增益減損作用。同時選舉與代議政治的實施對整個臺灣政治、社會、經濟、法律又造成怎樣的影響。

整合性社會科學通識課程並不是一般所認為的社會科學概論性質課程,而是更進一步地整合各相關學科(包括社會科學與人文學科、以及社會科學內部的政治、社會、經濟、法律)來研究與分析當前人類行為。這種科際整合的方式提供了學生另一個反省與學習的機會,不但可以加深其在社會科學上的分析能力,而且也可以擴展其心胸與視野。此種科際整合在國外,已是當前的趨勢,如哈佛與芝加哥大學,在國內尚為初創,相信

對提升國內通識教育的水準定有莫大的裨益。

本校實施通識教育自民國 70 年代初期起，已走了一段相當漫長的艱辛路程，通識教學的品質遲遲無法改善，通識教育的理念一直無法落實。這一方面固然由於整個社會通識教育環境不良所致，但是校內教師及學生之間對通識教育不夠重視、缺乏瞭解、甚至誤解，更是主要原因。因此，如何喚起校內師生對通識教育的關懷與重視，實為刻不容緩的百年績業。改革是艱難的，教育改革卻是艱難中的艱難，但唯有完成教育改革，其他的改革才可能持續穩固。

臺大推動通識教育相關大事紀	
日期	推動事項
70 年 8 月	虞兆中接掌校務，開始推動通才教育
71 年 6 月	成立「通才教育」工作小組
72 年 8 月	通才教育小組提出 13 門核心課程
73 年 9 月	開始實施十三門中之四門
74 年	教育部要求各大學學生必選四至六學分之通識教育課程（是通識教育淪為營養學分之濫觴）
81 年 6 月	校務會議通過規劃本校通識教育
81 年 9 月	校務會議通過成立通識教育規劃小組
83 年 1 月	規劃完成
83 年 1 月 10 日	教育部委託臺大文學院舉辦「大學通識教育的理論與實際」研討會，陳維昭校長發表談話，支持通識教育
83 年 4 月	教育會議成立本校課程規劃委員會，下設通識教育工作小組
83 年 6 月 11 日	校務會議陳校長：「將來如有必要，再將此小組擴大為固定的組織」（校長所言此小組乃指通識教育工作小組）
83 年 7 月	課程規劃委員會議將通識規劃案付諸實施
83 年 8 月	教育部計畫自八十五學年度開辦大一、二不分系
83 年 9 月	校務發展白皮書草稿（第十頁）2.2.6 成立「大學通識教育委員會」……未來將建議學校，確立通識課程規劃單位之層級，以發揮整合規劃之效果。
83 年 10 月 8 日	校務會議第三案決議本校自行決定應開設之共同必修科，……
84 年 1 月 4 日	教育部由中正大學主持之共同必修科研究小組決議「改為國文、外文、歷史、憲法與立國精神四大領域，不再規定科目及學分」

資料來源：臺大通識教育規劃小組設立「通識教育委員會」計畫草案書

臺大通識怪現象

⊙賀德芬

　　通識教育的目的在於培養一個於現代社會中具有健全人格、通識宏觀的胸襟，以及關懷社會、宇宙與人類情懷的「全人」。簡單的說，也就是除專業能力之外，尚須具備在複雜的現實生活中，認知其他基本生活條件的能力，更高一些的要求，便是具有人文素養，以提昇生活品質。因此，通識課程的規劃，莫不在人文、社會、自然等學科領域中設計出核心課程，由學生在這些核心課程中選修一定科目，構成完整的通識體系。

　　通識教育的完成，依哈佛、芝加哥、東京等大學的經驗，至少要占有大學全學程的四分之一，才有可能。可是，教育部在73年通令各校發展通識教育，都只給四至六個學分，而全國一致由部定的共同必修科目，反倒占了28個學分。這些障礙，使得通識課程徒具形式，白白浪費學生時間，還造成「營養學分」等投機心理。

　　臺大自從中止前校長虞兆中的通識教育規劃後，即任由各系開設通識課程，完全不見策劃。不但「寶石鑑定」、「寵物營養」、「法律資料處理」等都成為熱門科目，甚且傳聞有以買書換取高分的情形，真令有尊嚴的臺大人情何以堪！而學生未能正視通識課程在其受教生涯之重要性，亦可見一斑！

　　臺大對通識課程的討論已經歷兩年有餘，都始終在理論研討階段，未能付諸實踐。甚至設立「通識課程中心」之議，也被行政會議緩議，爾後又被「課程規劃委員會」弄得天翻地覆，毫無進展。連教育學程也開課不成，對學生權益實有很大傷害。

　　而今，共同必修科既經校務會議決議由本校自訂，則正是好好全盤規

劃的時刻。希望為了臺大的學術發展，為了學生的權益，該通盤的，有效率的來完成，不能再有一丁點的蹉跎了！

通識教育之教與學──「藝術概論」之經驗

⊙陳振陽

醫學院為推廣通識教育，在謝博生院長的努力推動下成立了「通識教育規劃小組」以規劃通識課程。本學期並由本人籌劃「藝術概論─表演藝術」，分列如下。

1. 任蓉：聲樂、合唱及西洋歌劇
2. 謝婉玲：鍵盤樂器及其音樂簡介
3. 張正傑：管弦樂器及其音樂簡介
4. 陳舜政：平劇及崑曲
5. 蔡振家與劉秀庭：北管與歌仔戲簡介
6. 吳正德：布袋戲簡介
7. 任蓉：中國歌謠簡介
8. 孫德銘：臺灣鄉土歌謠簡介
9. 游好彥：舞蹈藝術簡介
10. 胡耀恆：舞台劇簡介
11. 沈小鶯：電影藝術

迄今除10及11兩個主題還未上課外，其餘均已授課完畢。

由一個旁觀者的立場來看，每個上課的老師均以最認真的態度來準備及講授。其內容之精彩不在話下。大部分的學生（或許百分之80吧）也能以充實自己人生的態度努力學習。但是，還是有不少學生是以營養學分的心態來選此課程，並且常有缺席之情形。

作為課程之籌劃者，在旁觀的立場，因為這是一個選修課程，希望讓同學們有自動自發的態度，然而仍有這麼多不是很負責的學生，卻也是一種遺憾。

通識課程的修習心得

⊙法學院學生

　　通識課程的本意，自己仔細思考後，應該是為了培養通識的學生，而非局限於自己所學的專業領域吧！但是，每學期初，一拿到選課單時，每個人對於通識課程的看法，我想大部分人都偏離其本意。

　　在提筆寫下這心得之前，曾與幾位室友閒聊到有關通識課程的意見。甲學長說：「我已修過三種通識科目，分別是寶石學、理則學、政概。」據他宣稱。考試加上課時間只花了他六堂課。六個小時的時間就輕鬆拿到八個學分，還有什麼比這個更經濟實惠的。因此，他不時向我們推銷這幾門課，但是，他們還是有些不滿意，因聽說有其他人只用了四小時而已。丙學長是我們寢室最用功的，正在準備研究所的他發表了一些看法，他對於通識課程的選擇是次於系上必修課和研究所考試科目有相關的課程，所以，在他將這些科目排好之後，再去找些可以安插的通識課程來補齊學分。

　　不過，他有一點是可取的，就是不管這些通識課是否合乎自己的興趣所在，他從不曾蹺課，而且也做筆記。這也難怪本寢室常有一些爭辯出現，原因是來自兩個學長對通識科目有不同的價值觀。而同年級的乙呢？和我一樣深受兩學長的循循善誘，但我們還是有自己的看法。乙覺得他對通識課程的選擇是這科目對他要有吸引力，給分標準較寬，上課氣氛輕鬆，老師口才好，如果能不點名就更完美了。綜合各種標準後，再決定修哪一個科目。然而他並非那種因興趣或對知識有求取慾望才去修某門科目的人，至少我們三人如此認為。

　　而我自己呢？曾經因聽了甲學長的話，而去修了理則學，原本想發憤

圖強，好好學點邏輯觀念。可是，仍抗拒不了學長的「忠告」，「記得上課要繳上課證、買書」、「買書至少有八十分」、「考試前將考古題背熟就好，不用上課」、「考古題很難，只要那題問你試卷號碼的寫對即可，其他就隨機抽號碼吧！」就在這樣的耳提面命之下，再加上自己不是很有興趣，上課人數也少，理則學的時間讓我拿來當休閒。現在回想起來真有點浪費學分。更重要的是邏輯思考真的有助於社會科學的分析和研究，我卻不知珍惜，心裡有點後悔！可是，經過一個漫長的暑假，再修習通識課程時，不知自己的態度會不會因而改變？

前幾天，系上有做一份問卷調查，是有關於對自己曾修過的通識課程有何看法。事實上，在一般人心目中，通識科目和營養學分是劃上等號的，甚至只為了學校規定的四至六個學分，這些觀念都需靠學校的宣導來改正。近來曾聽說，學校要將系上的選修學分減少來提高通識科目的學分數，我認為這作法不當。大一、大二所修的課幾乎都是本系的基本科目。而且與管理學院極類似，若不在大三、大四多修習這些本科系之選修科目，很難突顯自己所學及經濟系之特色。況且，更多的選修學分，可能會造成同學更大的困擾，不知要選哪些通識科目來填補學分。

對臺大通識教育的一些感想

⊙理學院學生

在提出對臺大通識教育的針砭和諍言之前，要表明的是，我不代表臺大任何師生的意見，只代表我自己身為一個臺大人來看二年半所受的臺大通識教育。每個人對通識教育都有些許期待，尤其是上半學期參加教學委員會的學生代表，先感謝他們的努力，再來談對通識教育的一些看法。

壹、對受通識教育的感覺

在我接觸的眾多同學中，很多人選修通識教育課程的原因，為要強力「稀釋」在本學期功課較重的感覺，而非真的願意要在自己專業科目之中，多加一些生活經驗或獲得更多特別領域的知識。不可否認的，通識教育的確應該是我們在本系所開的必修科目外，可以獲取較輕鬆或較感興趣的部分教育，但不應該成為任何同學的營養學分，或甚至修來作為怕被二一的擋箭牌。在這方面，學生自己的學習心態，可能要負較大的責任。

貳、考試和作弊的問題

學校曾經發生過：學校行文給某通識課程的老師，要他注意在舉行考試時，學生的應考行為。這是十分荒謬的事情。今日無論一個學生考試前是否準備充足，他在應考時就應本著自己良心去應試。又在通識課程中，有老師甚至誘導學生作弊觀念：作弊沒關係，別太囂張即可。使得通識課程給許多同學的感覺就是「太累就蹺課，考試偷吃步」的想法。有老師甚至給分數是以學生是否買教科書來評斷，也有學生因老師是 99 或 100 而選這門課，完全不是通識課程的目的，不過，這種作弊的價值觀是值得心理

學家仔細分析的。

參、對校方通識教育改革小組改善通識教育的看法

記得上學期,教學委員會的學生代表們曾參加通識課程改革之公聽會。許多同學都提供許多的意見和問題。然而,在公聽會上,陳校長授權的通識教育改革小組和學生在公聽會上的角色關係如執政黨和在野黨。改革小組的教師一定堅持他們要將通識教育分成四大類,不屬於這四大類中的課程,將可能被停開。這也造成老師自己的意見分歧。而學生則提出他們希望開課的方式,但卻沒有一樣被任何老師接受。這公聽會的宣示意義大於溝通意義。處於真正想學習的學生,只能循著改革小組充滿理想性的烏托邦藍圖來走。我們總是希望陳校長的用意是在採取另一種更民主的架構和模式,而不是獨裁的手段,交由另一個組織來執行。不過改革總得一步步地來,觀看通識課程已有許多不一樣更活潑的課程,這便是值得高興的事。

肆、對學校聘請老師政策對通識教育的桎梏

其實學校對於老師的聘請,有較嚴格的規定,這是無可厚非的事。最主要臺大校方是希望真正有實才實學的人,來教導學生,以免學生權益受損,學校的苦心可以理解。

然而因通識教育跟一般系上必修選修有極大的差異性。所以聘請老師的制度運用在通識教育上就略嫌保守。在民間,社會上有許多的藝術學者、文化學者、工作坊學者,在經驗上及體悟上,絕對不輸專攻藝術史,文化史的碩、博士教授。也許民間人士並沒有較高的學歷,但他們所知所會的東西可能對許多唸太多教科書的同學來說要有興趣得多,然而因為制度上的關係,無法到臺大教授課程,臺大學生也無法獲取更多的社會知識

和經驗,永遠活在教科書的象牙塔中。

　　現在有許多老師為彌補此不足,即採講座式教授,每一堂課由不同之題材、由不同之領域來教授,卻也發揮了部分的功效。

　　對通識教育我們總有期待,但都需要校方老師、學生來一起努力。

我對臺大通識教育的看法與期待

⊙工學院學生

我目前是工學院四年級的學生，回想起曾修習過的臺大通識教育課程，坦白的說，並沒有什麼較深刻的印象，同時我也不認為修了一兩門的通識課程之後，能夠達到通識教育應有的目的。這其中的原因，一方面是自己並沒有在這裡面下過功夫。再加上原先對於通識教育所抱持的偏見，以致於投入的精神不多；另一方面，則屬於客觀條件的限制，比如能夠選擇的課程太少，系上必修學分多且內容很重等等。

然而，我很高興能夠在這通識教育課程改革呼聲高漲的此刻，以一個工學院學生的身分，在我的認知範圍內，對於臺大通識教育提出一些看法和期待。首先，是整個學分結構的再檢討。到底我們大學教育的目標何在？我們希望大學是一個職業訓練所，或是培養現代知識公民的學校？這是通識教育的根本問題，也是目前工學院的學生普遍遭遇的問題。如果這樣的問題不能釐清，則通識教育就很難產出新的氣象。

目前的情況下，對於工學院同學而言，每天要去面對繁重的系上必修課，實在很難再去挪出時間準備通識課程，也因此許多人對通識課程的認知就停留在「營養學分」、「大補丸」之上。在動筆寫這篇文章之前，我曾做過簡單的查訪，有些同學甚至表示通識學分是「救命學分」，亦即修習通識課程是要使他們免於「二一學分危機」的。

這樣的基本問題是我們不得不面對的，如果大學教育真的是要培養具有宏觀視野的現代公民，光靠八學分左右的通識課程是不夠的。

其次，是要致力於形塑教師及學生對通識教育的正確認知。如前所述，許多學生對於通識教育的看法並不正確，這樣的情況似乎也存在於一

些教師之中。我們應該透過推廣、宣傳及討論的方式,逐步凝聚大家對通識教育的看法,一旦基本共識凝聚之後,對於整個通識課程的推動將有助益。

最後,我希望臺大通識教育能夠採用更開放的精神和形式,在這種開放的世界觀的基調之下,通識課程將會向一個良善的方向發展,或許十、二十年之後,能夠為臺灣的社會做出一些貢獻。

他山之石──東京大學農學部的改革

⊙賴光隆演講
／郭華仁整理

日本的農業生產相當封閉，向來對國內農業的保護極盡其能事。但是由於近來國際間對農產品進口障礙的排除已有相當進展，日本在這方面更是首當其衝，因此社會大眾對於農業的前景不抱樂觀，家長學生對於農業科系的興趣逐漸低落。另一方面由於世界人口不斷地快速成長，而糧食生產的進展卻趨向瓶頸，因此在即將來臨的二十一世紀，農業技術的發展更形重要。日本的國立大學有鑑於此矛盾，因此在農學部門就有改制之議。日本學界龍頭的東京大學農學部經過數年的研究討論，在 1994 年開始了新制的試行。

東京大學創立於 1866 年，原名帝國大學，是當時日本唯一的帝大，後來因為日本政府在京都設立了京都帝大，因此在 1897 改稱東京帝國大學，戰後才於 1947 改稱東京大學，對日本的政治、文學、及科學等各層面的貢獻非常深遠，在許多方面都能開創學風之先，農學部的改制也不例外。東大的教學組織分為九個學部及一個教養學部，14 個研究中心以及 12 個研究所（專作研究）。大學生在一二年級時不分科系全部在距校本部（本鄉，Hongo）半天車程的駒場（Komaba）校區上課，即是所謂的教養學部。教養學部行通才教育，學生僅分成理一（工學）、理二（生物、農學）、理三（醫學），及文一（經濟）、文二（法政）、文三（文學）等六種領域上課，學的是基礎課程，僅在二下時允許修一些專業課程，以便能逐漸適應將來的專門學部。教養學部的課程通過了才能到本部繼續就讀三年級。本部包括大學生唸的法學、醫學、工學、文學、理學、農學、經濟、藥學、教育等九個學部（即臺大的學院），以及研究生唸的大學院。全東大在 1993 年

5月有大學生16,408人、碩士班3,844人、博士班3,415人,共計23,667個學生;而同時期全校的教授1,183位、副教授1,123位、講師(即助理教授)169位,以及助教1,532位、附屬中學教師35位、以及行政人員4,007位等,總計教職員約八千人。

在1993以前,東大農學部包含八個學科(即學系),有農業生物學科(學生每年招收35人,講座十個)、農藝化學科(75人,16講座)、林學科(25人,八個講座)、農業經濟學科(35人,五個講座)、農業工學科(30人,六個講座)、獸醫學科(30人,14講座)、水產學科(20人,六個講座)、以及林產學科(25人,六個講座)等,其中農業生物學科再分為農業生物專修以及綠地學專修,而林產學科則再分為材料工學專修及森林biomass專修。東京大學採取講座制,各學科內設有若干講座,每個講座有教授一位、副教授一位、以及助教、職員等一至二位。以農業生物學科為例,該學科包括農學第二(作物學)、農學第三(栽培學)、園藝學第一(果樹、蔬菜,花卉)、園藝學第二(綠地)、植物病理學、養蠶學、育種學、生物測定學(統計學)、害蟲學、及放射線遺傳學等十個講座,幾乎包括了本校農藝、園藝、植物病蟲害等三系。

以舊制而言,雖然講座制有其優點,但是其缺點除了升遷機會較小外,主要的是在講座不易增加的情況下,面臨新興學科的應變力不足,由於這個原因,加上「農業」名詞的社會形象欠佳,因此東大農學部才決定改制。改制的原則是:一、大學部學生的教育彈性化,相關科目的領域要廣泛修習;二、大學院(研究所)的教育及研究要深化;三、大學教育的社會化。改制的方式是大學部:(1)將八個學科所包含的71個講座給予合併,重組成19個講座(每講座的教授數增多,因此教授職位不變,但可以裁減行政人員),使講座大型化。(2)大量去掉農業的名稱,強調生物、資源管理等名詞。(3)取消個別學科(即我們的學系),將原來的八個學科重新組合為五個學程,分別是應用生命科學(每年擬招生35人,以下同)、

生物生產科學（90人）、生物環境科學（60人）、地域經濟、資源科學（50人）、以及獸醫學（30人）等。學生分別在某學程修完前期課程（大三）後，才於最後一年就各學程中再選讀某一專門科目，履修畢業論文實驗；專門的科目常是由兩或更多的講座聯合支援。例如第四個學程「地域經濟、資源科學」有三個專修分別是：(1) 農業構造、經營學、(2) 國際間農業、(3) 開發政策、經濟學，其中修國際開發農學學生由五個不同講座來授課，分別是：(1) 開發政策、經濟學講座、(2) 農業構造、經營學講座、(3) 水圈生產環境科學講座、(4) 森林資源生命環境科學講座、及 (5) 應用生物學領域講座。而應用生物學領域講座除了負責國際開發農學的課程，另外也分別對修習應用生物學（屬於應用生命科學學程）及環境生物科學（屬於生物環境科學學程）的學生開課。

農科的大學院（即研究所）則重新組合成27個講座，由三個（有些是兩個）講座負責一門「專攻」（可說是研究所的學程），來培養碩、博士人才。整個研究所共有十個「專攻」，分別是 (1) 生產、環境生物學：糧食與綠地的培養、(2) 應用生命科學：探索人與生物共存共榮之道、(3) 森林科學：研究將來人類與森林的關係、(4) 水圈生物科學：海洋生命的探索、(5) 農業、資源經濟學：綠色的經濟學、(6) 生物、環境工學：以先端科技來調和生物與環境、(7) 生物材料科學、(8) 應用生命工學：生命現象的基礎與應用、(9) 應用動物科學：基於人類福祉由變形蟲到宇宙生物、以及 (10) 獸醫學：高等動物的比較生物學等。全院所招收的總學生數每年碩士班238人，博士班126人。研究的中心課題有三大方向：一、糧食的生產；二、國土資源的維護與管理；及三、環境的保全。因此在研究所這方面還是維持各所負責指導自己學生的方式。

以上是東大農學部因應農業新局面所做的學制調整，雖然其成敗尚待觀察，由於我國農業也是面臨相同的困境，因此東京大學農學部改革的方向，仍可以做為我們的他山之石。

通識教育之重整

⊙藤原正彥教授／東京御茶水女子大學
⊙張海潮譯

到今天為止，臺大的通識教育可說是失敗了。無論支持通識的學者怎樣辯護，都掩蓋不了通識即營養學分這樣一個刻板的印象。

然而，通識教育的失敗與由數學系教授黃武雄所領導的通識小組並無關係：道理很簡單，臺大的通識教育始於教育部的一紙命令，臺大在倉卒之間用了最便宜的方式，即無規劃，也無想法，教務處即要求每系開一個通識課來滿足大量的學生。如此一通數年，通識小組才成立在一個課程委員會之下，這時，通識小組便糊里糊塗的變成了通識教育失敗的罪魁禍首。

黃武雄去年生病請假之後，我因同事及兼行政工作之便勉為通識小組的代召集人，其間不停的聽到對通識及通識小組的責難。尤其是把通識教育當前等同於營養學分的現狀都推給通識小組。其實當年教育部若不急於強迫各大學開始實施，而只要求做短、中、長期通識教育之規劃，通識就不至於陷入今天這個攤子中。通識小組的同仁，雖不見得個個均是該領域的高手，但也不應該在當前通識的爛攤子中受一些老師的嘲諷，尤其是通識小組中沒有一個教授曾經開過爛課。要他們為通識之失敗負責實在是莫名其妙。

現在，通識小組的任期已滿，組織章程也提出了共同教育委員會來掌理通識教育，值此退休之際，特翻譯日本御茶水女子大學教務長本年4月在臺北對通識教育的演講以供本校老師參考。

身為御茶水女子大學教務長，主管學生課務和生活，本人親身參與了本校通識教育之重整。本人希望能向各位說明日本大學教育的情形及我們所做的努力。希望這些經驗能對其他大學通識教育的改進提供一些提示或幫助。

壹、日本實施通識教育的歷史

明治天皇親政以後，日本的大學教育深受德國的影響，強調職業教育。在戰前，通識教育主要的施行對象是高校的精英分子。二次大戰的終結劇烈的改變了我們的教育體系。終戰後，美國立刻派了一個教育使節團到日本調查我們的教育體系，一般相信這個體系曾經將日本帶向軍事侵略。占領軍下的日本只能傾聽他們的報告和接受他們的建議。我們於是放棄了我們原有的 5—3—3 學制，即五年中學，三年高校和三年大學的系統而改採新的 3—3—4 學制。教育使節團也指出日本大學缺乏通識教育。簡言之，這篇報告強迫我們採用美國的教育系統，他們相信這套系統比較理想。戰勝者是正確的而戰敗者是錯誤的！

由於該使節團的團長是哈佛大學校長，因此他們推薦 1945 年哈佛所實施的通識教育，這套模式終於在戰後風行日本所有的大學。在這個模式中，它強調從人文教育出發來完成一個好公民的全人格教育。全日本大學的一、二年級學生接受了歷時長達 45 年的通識教育。這些通識教育主要包括一些集數百學生大班上課的講演，諸如哲學概論，心理學概論，物理學導論等等。

雖然通識教育的理想崇高，但是它始終與日本的大學格格不入，而其效果也相當貧乏。結果是對通識教育的批評日增，並且要求教育部放鬆對通識教育的管理。經過 40 年的討論，到了 1991 年，教育部終於宣布放寬管制，而將重整的計畫交由各校自行決定。亦即，各校均可基於他們自己的教育理念，自由地設計他們自己的通識教育。這是大部分的學校所期待

已久的，但是……。

貳、通識教育為何失敗？

一、通識教育的題材與中學教的東西類似，因此對學生缺乏新鮮感和吸引力。通識課程的一個典型的景象是在一間大教室裏，半數以上的學生蹺課，無精打彩的學生私底下聊天又讓授課的先生心情極為惡劣。

二、在經過長年的升學競爭之後，大一的學生心情上相當疲乏，並且沒有足夠的動機來享受知識上的刺激。在經過兩年的通識教育之後，學生只是比以往多知道一點點東西，與全人格教育的完成一點關係也沒有。

三、大部分對研究工作投入的教授們，很不幸的，根本看不起通識教育並且對教這類課程沒有興趣。只是為了盡責任而毫無熱誠的教書當然使學生厭煩。這類老師的態度從學習的角度看來經常使學生的動機與期望幻滅。

四、日本的大學生不再是精英分子（同一年齡層有超過百分之四十的人可以接受包括大學及二年制學院的高等教育）。許多學生的閱讀及書寫能力不行，主要是因為他們花了太多時間在背誦各種事實，而不曾閱讀偉大的作品或練習寫作。可想而知，他們非但極不成熟，並且無法邏輯思考或是區分事物的現象與本質。他們之所以進大學並無特定的目的。這些所謂的「通識學生」把大學生活看成是介於艱苦的中學生活和現實的社會生活之間的「由你玩四年」。

五、任何人都很難對上述的學生開出有吸引力的課程。大部分的教授都覺得無法在知識上來拉拔這些學生，除非是一些具有特殊本事和人格特質的老師。於是，頭兩年的大學生活總是令學生失望，他們起初其實對學習是有一些天真的期望。

六、通識教育提出通過廣博的認識知識及文化來完成全人格教育。這

樣崇高的理想一點也沒錯,只是窒礙難行。實行的時候,淵博的知識成了未經深思的零碎資訊,而所謂寬廣的文化也無法在短短的一兩年中吸收。這種理想與現實的矛盾似乎已成了所有老師和學生下意識中對通識教育的感覺。

(一)我們的想法

我們仍然相信通識教育的崇高理想。在高科技主導之下,這樣一個瞬息萬變的社會中,我們益發的需要對人文和社會更加深化的理解,以及對道德與價值判斷的恰當認識。通識教育之弊並非它的理想而是課程的設計不當。這也是我們思考通識教育重整的起點。整個想法的重心是代表本校特質的一個三角形:

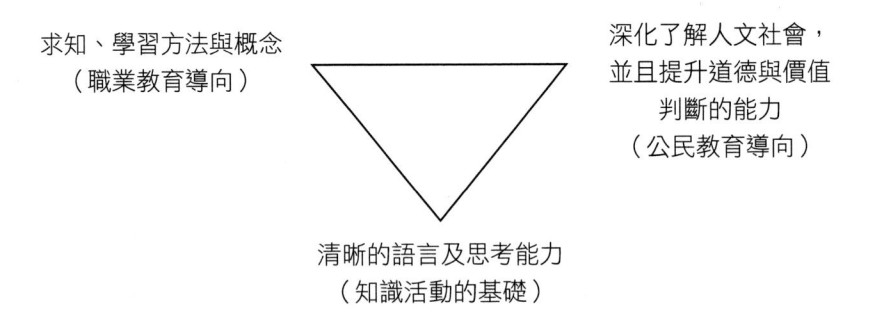

```
求知、學習方法與概念              深化了解人文社會,
 (職業教育導向)                 並且提升道德與價值
                                  判斷的能力
                                 (公民教育導向)

            清晰的語言及思考能力
             (知識活動的基礎)
```

從上面的「三合一」中,我們試著強調我們的學術傳統並且與職業學校、文化中心、和空中大學的功能區分開來。我們堅信教育的理想不應是空談,而是必須藉由恰當的課程來落實。我們以下面的三角形來說明落實的方式:

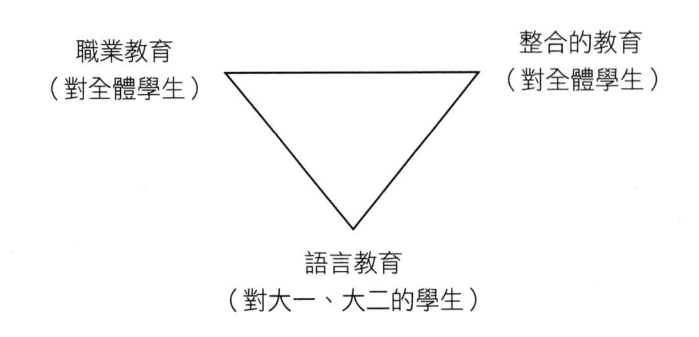

```
  職業教育              整合的教育
(對全體學生)          (對全體學生)

            語言教育
         (對大一、大二的學生)
```

在建立實際的課程時，我們謹記住下面幾個原則：

1. 整合通識與職業教育。這一點曾經是本校理學院的強烈主張。

2. 空中大學的出現，這個大學主要實施通識教育而且很快的它的學分將可抵免一般大學的學分。這逼使我們改變通識教育的品質。

3. 人口降低：從 1992 年到 2000 年 18 歲的人口將減少百分之 30。我們必須要建立一個新的體系來展現本校的特點以此向申請的學生訴求，來渡過因人數銳減的招生危機。

（二）我們所遭遇的困難

表面上，日本的大學是獨立，自治的機構，其間教授們有充分的自由來進行教育和研究。但是，這些自由必須屈從於教育部的嚴格管制之下。實際上，在所謂的「大學設置基準」框架之中，體制外的改造幾乎是不可能的。從某些觀點看來，這個基準固然壓制了改進大學教育的種種努力，但是它在維持日本大學的高水準和淘汰有問題的學校上確實發揮了作用。

1991 年，在對大學教育的全面批判之下，教育部只好放鬆了對大學的管制，而將改造教育的權力交還給各個學校。所有的大學都歡迎教育部的決定，但是很快的他們就發現不行。原因是他們幾乎對如何重整既無經驗又無對策。

我們可以看到各種對課程的缺失報告和分析，但是我們完全不知道要建立什麼課程和如何建立這些課程。因為本校早在 1986 年就期望教育的鬆綁以進行改革，其他大學起步比我們晚很多，因此我們也找不到可以模仿的典範。

我們所做的是：

1. 研究所有相關的報告。

2. 思考本校的現狀、特質、理想及存在的理由。

3. 落實到實際的課程。

4. 成立一個有權力的委員會。

5. 調整我們的計畫並使它更加周延。

6. 說服保守的教授──這是最困難的一步。

7. 成立一個有權力的委員會使新的課程能毫無阻力的實施。

通識教育開展學生未來潛力
專訪黃武雄教授

⊙金傳春

一、校內師生及社會大眾都沒有意識到今天臺灣的大學教育不只是水準趕不上西方各國較好的大學，大學本身的定位也出了很根本的問題。負責任的各系教授一心還在想著：「怎麼樣從我們的指縫間培養出本科的子弟兵？最好學生多學一點本科功課。最好他們畢業後都有較好出路」。但現代大學不只是要關起門來造就一批專業人才，更要著眼於提供學生在當代較佳的知識基礎上，養成一種因應未來社會的變局，批判並協同其他人去開創未來社會的能力。太技術性的專業能力應延到研究所去訓練，大學階段較重要的是打開學生現代知識的視野，養成獨立思考的能力，大學的專業課程目的在讓學生接觸較深刻的知識，以免流於浮泛。可是今天各系的教授很少有人真正關心大學教育的重新定位，許多雖在國外一些現代大學完成專業訓練，但從未了解大學部教育的內涵；回來後，更積極要加強大學部的專業訓練，聽到通識教育，心中不免排斥。全校師生，尤其教授間的共識沒有形成，通識教育很難推展。

二、戒嚴時期留下來的政治包袱，也是不容易排除的阻力。大學要重新定位，課程須做結構性的改革，軍護課與共同必修科這些課程一提到改革，便須面對龐大的壓力，目前陳校長並無積極的意願來處理這些問題，支持臺大課程做一全盤規劃。缺乏行政方面的強力支持，臺大的課程結構不可能做什麼較大幅度的改變，課程結構不改變，通識教育便無法有效推展，有時要踏出任一腳步都非常困難。通識教育不能孤立來辦，限制在八學分的課程範圍內辦通識教育，只用來應景不會有什麼效果。在芝加哥、哈佛、自校長起的行政方面，給予百分之百的支持，像羅索夫斯基（Dr.

Henry Rosovsky）在哈佛大學推動核心課程計畫時，他擔心的不是行政的授權，而是沒有教授間的共識，核心課程計畫必然失敗。臺大在這兩方面都沒有條件，行政方面沒有充分授權，教授間沒有共識，是通識教育的最大阻力。

問：您認為未來能不能突破這些瓶頸，又應如何突破？

答：我以為課程與學生受的教育，對學生一生的影響，確有切身的關係，應當尋求學生的參與。對學生會合辦座談會，邀請教授與校長來參加，在公開場合討論其重要性，促發學生的自覺，也引起教授與校長的重視。校園氣氛很重要。我在去年秋天教務處發行的通識教育實施手冊中，寫過一篇「與大一同學談通識教育」，目的也是想讓學生了解大學的定位，鼓勵他們參與。

問：現已知自由參加通識教育的科系很少，工學院、公共衛生學院、管理學院與農學院為零，您認為未來通識教育應積極努力方向為何？

答：目前通識教育工作小組的領域規劃案，在第一年由各系自行決定是否參加。如果前面所說的說明會辦多了，文章寫多了，校內氣氛慢慢熱烈，那麼應在近年的校務會議中提案，看看能不能通過全面實施。不然就由「通識教育中心」接手去推展。

問：臺大有些通識課學生過多而效果不彰，未來推廣要如何改進？

答：「領域規劃案」的構想是由各系正規課程來幫助通識課程，吸收學生修通識學分的大量需求。在這種規劃下，就不致有大量學生被迫湧向少數通識課程的現象發生。當然一門很叫座的通識課或很深奧的課，都可能有許多學生想去修，這時應有名額限制。好的通識課教員可以預先要求學生寫報告，看報告寫得好壞來篩選學生。

臺大課程自主向前行
專訪張則周教授

⊙賀德芬

（本刊專訪）對大學改革致力甚深的農化系張則周教授，當知悉「軍訓及護理課改為選修」及「共同必修課由臺大自行決定」兩項重要議案，在校務會議幾經波折，最後終於通過，感到十分欣慰。他表示：教育部訂定共同必修科及軍護課列為必修是違反大學法第一條第二項「大學應受學術自由之保障，並在法律規定範圍內，享有自治權」之精神。教育部所頒之大學法施行細則規定全國各大學都要接受教育部訂定之「共同必修課程」，顯示教育部不願放棄掌控大學教育之權力，仍想利用行政命令來箝制大學學術自主之心態。

張教授表示，現代各國主管教育之最高機關，對於其國家教育皆是站在協助、協調以及分配教育經費的位置，而不是掌控教育之發展。然而我國的情形，不但教育部懷有權威的心態，連身為臺灣自由風氣之首的臺大，都還習慣於受人控制，實在是很可悲。今年1月，校務會議通過軍護改成選修之決議，竟在8月就在教育部頒布大學法施行細則之後遭到駁斥，接著課程委員會向校務會議提出「軍護課選修暫緩實施案」，實在不合理，因為課程委員會在校務會議之下，應該做的是執行上次校務會議的決議，設計軍訓選修的辦法，而不是反過來提出要校務會議討論暫緩實行軍護選修的議案。

張教授又說，其實共同必修課可以廢除。共同必修科目起初是蔣經國時代為了要控制學生思想所設計的一種手段。就連國文、英文等科目也都可以透過課程的安排，達到控制思想的目的。其中軍護課程講述的，主要是要學生忠黨愛國，甚至也包括總統訓詞一類的內容，而且都是由帶有軍

職的教官來講授，已違反了憲法一四〇條：「現役軍人不得擔任文官」之規定，所以共同必修科目在今天已不該再存在了。因為只要課程多元，除專業必修外，學生可自由選擇，不一定要列為共同必修，強迫學生修課。

張教授指出，軍訓課其實也可以改成「軍事課程」，將其中精采部分，如孫子兵法等納入選修，請退役的教官來開課，只要講得好，照樣可以留在校園中，否則教官走在校園，受人指指點點，心裡也不好受。只要教官退役，並且經由正常管道，都可以回來教書。

從軍訓教育的緣起、內涵、師資、編制與影響看軍訓教育的存廢問題

⊙劉毓秀

壹、軍訓教育的緣起與目的

軍訓教育係創立於民國17年北伐的時代。高中軍訓課本第一冊說明：「政府播遷來臺後，先總統　蔣公鑑於大陸失敗的慘痛教訓，於民國40年恢復軍訓以來，國家雖然面臨各種橫逆衝擊，以及中共的惡毒統戰，然而我們各級學校的校園始終保持祥和寧靜，學生不受共產邪說污染誤導」。但是，在民國82年訂立大學法的此刻，臺海兩岸的局勢和關係已經大大不同於往昔，共產主義在世界上也已成為人人喊打的過街老鼠，軍訓教育已經失去存在的任何理由。今天仍然贊成軍訓教育的各方，係分別出於他們各自的方便或利益。

貳、軍訓教育的範疇

根據高中軍訓課第一冊的說明，軍訓教育包括：一、高中一年級至大學二年級，每週二小時的軍訓護理課程；二、為期六週的成功嶺集訓；三、學生生活輔導。其中，高一至大二為期五年的軍護課，佔學生鐘點數，耗費教育資源甚多，在教育部實施學分精簡政策，與社會各界要求教育資源重新分配的比例，軍護的效益與存廢亟需全新與全面的重估。

為期六週的成功嶺集訓、單方訓練男學生，有至為明顯的性別差別待遇之嫌，且它致使每年大一正式上課時間整整晚了一個月，剩下的三個月並不足以讓學生充分進入任何一門正式的大學課程。男生單方的軍事集

訓，使得四十年來，大學新生都有一個「殘缺的開始」，軍訓教育對大學教育的傷害，於此可見一般。

至於學生生活輔導，40年前由軍訓教官擔任或許是不得已的權宜措施，但是，今天我們已有為數眾多的心理系、社會系、教育系與相關科系畢業生，擺著這些學有專長的人不用，卻制度化地限定由軍方背景的教官負責學生輔導，不僅犯了「學用不符」的錯誤，更且難脫軍人搶奪百姓的正當飯碗的嫌疑。

參、大學軍訓護理課程的內涵

大學軍訓包括「陸、海、空軍概要」、「武器發展簡介」、「領導統御」、「政治作戰概要」、「中共統戰陰謀的認識與對策」、「臺灣戰略地位之研究」、「孫子兵法概要」、「戰爭概論」、「中外戰史」等單元。其中為期共14週的「政治作戰」與「孫子兵法」教導學生黑白兼施以尋求勝利，或方便統御，意義極為可疑；尤其是「政治作戰」部分教導學生以卑鄙、反民主的方法對待敵方和己方人民，此種教育全面施於大學生，對學生人格、社會風尚都顯然會有負面影響。

軍訓護理其餘的單元，除了不合時宜之外，也都有粗淺、教條化傾向，是否值得或適合大學程度之學生學習，實在令人懷疑。

軍訓護理課除了上述缺點外，還犯有嚴重的性別差別待遇。軍訓課敷衍女生學習（其中不包括「領導統御」等教導領導的單元），剩下百分之40鐘點數，則規定女生用以修護理課。護理課分為「健康生活」、「心理衛生」、「健康家庭」、與「疾病預防」四個單元，內容主要在於教導女學生單方負責照顧他人，經營婚姻與家庭，其目的顯然在於要求高學歷婦女在擔當重任、貢獻才能之餘，也要一肩扛起傳統女人的所有職責，過超人（非人）的生活。大學軍護課程出於「軍護二分」、「男女有別」的基本理念，所設計出來的課程在教育體系堂堂正正地實施著性別區隔與歧視女性

的教育。

此外,大學護理與大學軍訓一樣,教材傾向於粗淺、教條化,而且充滿了落伍、訛謬、形式化,甚至不知所云的論說。

而最荒謬的是,現行大學護理課完全不涉及戰地護理:它跟軍訓扯不上任何關連。更甚的是,該課跟護理真正有關的「疾病預防」單元,僅僅占該課鐘點數的五分之一。其餘的部份中,「健康家庭」屬於心理學的範疇,「健康家庭」講的是兩性關係與家庭倫理,而「健康生活」的單元甚至有一章講的是「公害防治」。所有這些,不僅跟軍訓無關,甚至也跟護理無關!但卻由護理背景的師資擔任教學,而且隸屬軍訓處管轄,其荒謬的程度,相信已經超乎任何正常人的想像。

肆、大學軍訓課的規劃與師資

前面所分析的大學軍護課,係由教育部軍訓處負責規劃與教學。教育部軍訓處管轄中等以上學校的軍訓課,但它既不隸屬於中教司,也不隸屬於高教司;它是獨立於常態教育體系之外的一個單位,它的成員跟常態教育體系來源不同、互不流通。軍訓處謝元熙前處長於82年11月9日教育部舉辦的一項座談會中透露,現任護理老師中,具有大學教師資格者僅有28人,軍訓課的情況可能更糟,提得出合格的學歷與論文來的人數,據估計可能遠少於護理課。

對此,軍訓處謝前處長提出的解釋是,軍護教育是常識教育,無需由專業學者教授。但是,大學裡的「常識教育」,諸如通識課程與部分共同必修課程,又有哪一科不是規定由專業學者教授的呢?而且,大學軍護課並非實習訓練課程,而是知識的講授,絕對不宜由不具大學教師資格者擔任。事實的情況是,由程度不夠的師資擔任規劃與教學的結果,一方面使得軍護課完全不適合大學程度與年齡的學生學習,另一方面,也產生種種扭曲教學、矮化知識的現象,諸如由護理老師教心理學、兩性關係,甚至

公害防治,又如未受過護理教育的男教官也在男生軍訓課程中教起性病防治與急救術等等。

伍、軍訓教育的影響

軍訓教育的影響可分為學生、教育體系、與國家三個層面來討論。

首先,軍護課是大學校園裡公認最沒有意義、而又最容易混的一門課,據悉,學生認真聽課的比例甚低,而考試作弊的比例頗高,比如,此刻普遍養成學生冷漠、敷衍、不誠正的一面習性。此外,它所教導的刻板女生角色,對高學歷女性的人生有極大的負面影響。

軍訓教育確實發揮了控制學生的作用。筆者於臺大所教的男學生一致認為軍訓課乏味、欠缺意義,但他們寧可忍受它。至於原因,有些男學生承認是由於「怕以後當兵會有麻煩」;另有一些男學生則拒絕說明,其拒絕說明的行為,筆者認為一來可能表示寧可接受軍護二分、男女有別的傳統刻板性別角色,以便保住男性特權,二來也可能是冷漠、敷衍態度的表現。此外,軍護課所教導的教條是一元化思想,也無疑影響了學生的思考模式,使之傾向於制式思考,習慣性地接受任何制式安排。

我國教育一向採行落伍、錯誤的威權式與集權式「國家教育權」(而非較進步的「國民教育權」原則,嚴重忽略學生、家長與地方的需要,而且往往違背「政治中立性、禁止不當干預、男女共學之原則……」等等基本法則(見周志宏著「教育行政法制之研討」)。軍訓課無疑是我國教育上此種缺失的最嚴重例子,而此課程所造成學生冷漠、敷衍、性別歧視等等弊病,也已嚴重到必須立刻加以改革的地步,因為冷漠、敷衍、缺乏公德,正如孟德斯鳩於「法意」一書中所指出的,正是民主社會的致命大敵。

軍訓教育本身以身作則,以其所教授的「領導統御」、「政治作戰」、「孫子兵法」等訣竅管理大學校園,黑白兼施,御學生於股掌之間。這套

辦法滲入教育體系已久，使得整個體系習於依賴它，以致教育界主管們莫不極力想要保留軍訓教育與軍訓教官。

至於軍訓教育對國家和政府的影響，則可分兩方面來說。一方面，前述的「敷衍」、「詐欺」教育不僅影響教育者和教育體系，也經由全面性、長期（持續四十年來每人五年）的軍訓教育，而深入於國家的每一個角落，以致國民和政府官員往往習慣地進行敷衍和欺騙。另一方面，軍訓處管理校園，而且藉此吞吃非軍事預算，此種現象，正如政大傅立葉教授所指出的，使我國有「政府軍事化的嫌疑」（見《我國政府支出的政治經濟分析》，頁 19）。

陸、結語

軍訓教育是我國過去思想封閉、政治不民主、兩性不平等的威權時代的遺留，它的繼續存在，不僅使校園處於「軍政時期」，更是一則警訊，提醒我們；臺灣並未真正民主化！

軍訓教育施行的是不折不扣的父權教育；它教育男人統御女人，居於上位的男人統御居於下位的男人。迷信男／女、統御／服從之二分的一整套軍訓教育，阻礙著人與人的平等和互信，以及男人與女人的平等和互愛。因此，筆者強烈呼籲，現行軍訓教育，包括軍訓護理課、成功嶺集訓、軍訓教官負責學生輔導，應當早日全面廢除。

在現行軍訓教育廢除之後，學生輔導應走向專業化。至於醫護知識、兩性關係、環境保護等課題，在今日社會中有其迫切的需要，在大學中應由學有專精的教師就其專業範疇自行設計通識課程，開放讓男女學生自由選修。關於軍事知識，亦可由各校視其需要，以兼任或專任的方式遴聘具有大學任教資格的專家，開設選修課程。

「軍護選修」、「共同必修科自訂」完全合法！臺大站得住腳，不必害怕

⊙賀德芬

臺大校務會議，再度確定軍護課改為選修以及自行規劃共同必修科的二項決議，不僅維護了臺大的尊嚴，保障了學生的權益，更突破了將近五十年的禁制，取回憲法所保障的學術自主權。但盼臺大爾後能以學術為唯一指標，策劃出適合臺大學風，樹立臺大特質的學術發展方向。若進而能推動臺灣高等教育的重大變革，則臺大亦不枉高居這幾十年的龍頭地位！

這次改革能否成功，還有賴臺大行政當局的堅持和據理力爭。此次校務會議中，我們對教務長主動提出刪除臺大學則第四十五條第三款「軍訓成績各學期均及格，始准予畢業」的意見，甚表敬佩。而校長會後表示，絕對遵從決議，不再改變，也不再參加教部共同必修科目的小組會議，必要時將申請大法官會議解釋的態度，全校師生更應給予最大的支持。我們期許臺大能在民選校長的領導之下，同心協力為樹立臺大守法、求真理的精神而努力！

至於，教育部近日所提出的數點反對理由，都不足為慮。為讓全校師生釋疑，特提出以下說明，臺大的決議是完全合憲合法，合情合理的！

壹、違法與違令

新大學法保障大學在法律範圍內享有自治，又規定，校務會議為校務最高決策機關。

大學法施行細則是行政命令,行政命令不得與法律牴觸,是憲法所明文規定的。大學法施行細則有無違法,現正在立法院教育、法制兩委員會聯席審議中,其效力仍有爭議。即有爭議,臺大以「法律」為準,正是法治的表現。若遵從行政命令,卻違背了「法律」,則自亦難脫違法之罪嫌。

貳、新法與舊令

法律經總統明令公布生效,與之牴觸的舊法、舊命令便應同時失效。共同必修科規定於「大學必修科目表施行要點」,該要點之法源為「大學規程」,大學規程又經明令廢止。所以,共同必修科目表早就不存在了,豈有「皮之不存,毛將焉附」,還用舊的「要點」之理?

法學上「法律保留」、「新法優於舊法」、「母法優於子法」等基本原則都是鐵律。否則,總統公布生效的法律,將是虛文,一紙行政命令,便可以橫行無阻,所謂「法治」,蕩然無存!

參、新大學法及學位授予法都授權由大學頒授學位,當然包括確認學生成績及格,准予畢業的認定在內。

刪除舊法「須經教育部複核無異」的規定,更可證實新學位法條文的原意。至於能否出任公職或教職,是屬考試院的職權,能否充任預官,是國防部的職權。教育部太過膨脹自己,而告越位了!

肆、核定與報備

憲法第一六二條「全國公私立之教育文化機關,依法律受國家之監督」。因此,教育部對各級學校只有監督之權,而且是依法監督,不得濫權。大學法及其他相關法規,有規定某些須報教育部核定的事項,教育部亦只能在法律範圍內加以核定,並不能超越法律,甚或要求各校為牴觸法

律的訂定。

至於核備，不過是知會的性質而已，教育部並無權逕行核駁。

臺灣是個法治國家，政府更是口口聲聲「依法行政」。教育部既是國家最高教育「行政」機關。怎能不以身作則，示範法治教育？反倒要求各大學違逆法律，以教育部的違法命令是從？各大學不願做教育部的違法共犯，就該理直氣壯的爭取法律所授與的自治權，不應再畏首畏尾，拋脫學術尊嚴，自我矮化為「下級」機關了！

軍訓室應何去何從？

⊙賀德芬

　　3月11日，本校舉行臨時校務會議，即將進入組織規程條文討論。除各種行政組織的配置之外，職權和等級的規劃應是第十三條的重點，而有關軍訓室的地位，更會是爭議焦點。

　　大學法僅將「軍訓」室與其他重要單位並列於第十一條，並明訂軍訓室負責軍護課程的教學與規劃，不但對軍訓室的職權有十分明確的限制，也並無軍訓室即屬「一級單位」的暗示。

　　臺大修訂組織規程，在研修小組時代，恪遵大學法規定，將軍訓室還原為教學單位本色，隸屬教務處，使之統籌臺大課程的規劃。但到了所謂「整理委員會」的手中，竟獨採秘書謝繼芳及學生事務處和軍訓室的意見，將之自教務處析出，成為獨立單位，而置其他建議於不顧。不僅如此，整理委員會還超越「整理」的權限，在並無任何人建議下，擅自授與軍訓室負責「學生軍事訓練」及「服務」的職權。

　　軍訓室為維護既得利益，學生事務處向來仰賴軍訓教官執行業務，自甘放棄其督導角色，都不足為奇，其意見之公權力及採信度本當有不同思量。謝秘書是臺大一員，自有發言權利，也很感佩其對臺大事務的關心參與，但其發言具有如此一言九鼎之功力，實要令人刮目相看。其中奧妙，只要還有眼睛的人，都能洞悉其蹊蹺詭異之處。

　　整理委員會之組成，成員、運作均缺乏法律基礎，更違逆校園民主規則，整理委員會之用心舉措，及擅自越權的行為，應向臺大師生提出交代。

　　臺大向執高教之牛耳，即使白色恐怖最為淒厲的戒嚴時期，也都以「自由風氣」傲世。而今臺大正邁向民主化，竟有人自我要求軍事訓練，

還不惜以國家制度、資源、青年學生為犧牲品。如是駭人聽聞，讓人豈止有今夕何夕之迷惘與忿恨！整理委員會的成員有在事後推託並不知情，或從未參與之藉詞，那末，究竟誰是幕後黑手？校長既為主席，整理委員會銜其命而組成，成員由其挑選，能不為臺大歷史，臺灣高教成敗負責？

新生軍護課選修之過程評析

⊙駱尚廉

　　歷經兩次校務會議，均以超過半數（實際上也超過三分之二）出席代表同意，將臺大軍護課改為選修，並刪除本校學則第四十五條第三項規定「軍護成績各學期均及格，始准予畢業」後，陳維昭校長也公開向媒體宣布，校務會議的決議不可能再做任何改變。

　　隔週，大一新生開始報到選課，有超過七成的大一新生選修了軍護課程，終為大學學術自主權跨出了第一步，令人可喜。但令人擔憂的是，不論新生是否選了軍護課程，好像大部份的新生仍很難真正做到「自主」。

　　有位選了軍訓課的男同學表示，他是接到父母親從南部打來的長途電話，緊急地再三告之，臺大「軍訓室」有一封信寄到家裡，不修軍訓課程可能不得畢業，一定要修軍訓，以免以後權益受損。另一位沒選軍護課的女同學表示，反正祇要修兩年，大學有四年，以後再說，以免現在就修了，被同學恥笑沒有勇氣。

　　這次有關軍訓課程的文宣相當多，校方有「大一學生修習軍訓課說明」、署名軍訓室寄發的「致貴家長信」與兩則中國時報的剪報、對83學年度第一學期男、女生軍訓課程內容簡介之「大一學生選課說明」、學生會的「反軍訓必修、救臺大自主」海報、及一份沒有署名的「請你思考」函。校務會議對軍護課程雖做了決議，但對新生與家長並沒有做一詳細的解釋說明以釋其疑。因此，各種未經授權或校務會議認可的說明與信函，是否有扭曲決議與當初提案之精神？以及是否涉及恫嚇對法律不熟習的學生與家長？都應做一檢討，並深究其責。

　　軍護課改選修後，臺大校方即表示在大一新生選課時會提供「背景資

料」，一旦學生權益因未選修軍訓而受影響，臺大將據理力爭。陳校長也表示，將請校內法學教授研究大學法施行細則與大學法牴觸的部份，如果教育部仍無法接受軍護課程選修的事實，必要時將請大法官會議解釋。至今，臺大法律系教授與參與各相關法規修正的教授均表示軍護選修完全合法；臺大「鏡社」也在第二期專文說明臺大的決議是完全合憲合法，合情合理的。

校方這次提供之「背景資料」即為「大一學生修習軍訓課程說明」（見附件一、二），共有三大點及一行結語，前兩大點註明是「課程委員會」建議之說明，另一大點及結語則不知是誰的主意？第一大點為「本校將軍訓課程改以選修開設理由」，為其法源及修改過程，應無爭議。第二大點分為兩項，分別為「本校已修訂與修習軍訓有關之規定」，及「教育部頒布與修習軍訓有關之規定」，列出這些規定據課程委員會之說明是：「⋯⋯唯有些現行規定是教育部及相關單位頒布的，不因本校軍訓課程改為選修後而修訂或廢止，且這些規定攸關同學權益，為盡告知之義務⋯⋯ 」。第三大點則將學位授予法第二、三條條文及一「教育部宣稱」列為其他相關規定後，自行斟酌是否選修軍訓課程，以免遭致權益受損情形。

這份背景資料列舉相當多「規定」，用意雖為「盡告知之義務」，但從法的觀點仍有許多瑕疵。例如將「法」與「教育部宣稱」也並列，對於法學上基本的「行政命令不得與法律牴觸」、「母法優於子法」、「新法優於舊法」等原則都沒有弄清，卻要學生詳讀說明並瞭解相關規定，此對剛經升學考試壓力的新生，簡直就是一種錯誤與不負責任的教育。其次，校務會議與校方之原意，表示「一旦學生權益因未選修軍訓而受影響，臺大將據理力爭」，但這篇說明之結語卻為「自行斟酌是否選修軍訓課程，以免遭致權益受損情形」，兩者的意思完全相反。原決議是臺大會積極保護未選修軍訓學生之權益；說明卻是帶有「警告」意味，並且完全沒有臺大會保護學生權益之意。

新大學法及學位授予法都授權由大學授予學位，這次校方的說明卻把沒有法源的「教育部宣稱」也列入，其中所列「……學歷的認證仍在教育部，如果未選修軍護課程的學生，將來要擔任公職或教職，而教育部不認證其學歷的話，學生權益將受影響」，真不知教育部所指認證為何？學位證書如何分辨是否修了軍護課程？擔任公職或教職亦屬考試院之職權，而且，完全合法的國立大學學位證書，認證會不通過嗎？另，課程委員會在本次校務會議所提「軍護選修暫緩實施」案，不僅被主席裁示撤銷其提案，其委員會組成的合法性亦被爭議，此時，校方引用其建議之說明實為不智之舉。

軍護課程改為選修事件，反應最激烈的當然是臺大教官。其實，大學課程本來分成必修、必選、選修等多種，許多原來在各系所為必修的課程，也常因時代需求的不同而被改成選修課，而且教選修課也有許多好處，例如，學生是自願來選的，上課比較專心，人數也比較少，正是改善教學品質與善用教學資源之機會，從此次「軍訓課程之選課說明」也可看出，軍訓課程的內容也比過去要吸引人，這就是進步。

但這次由「軍訓室」寄發的「致貴家長信」及所附剪報資料看來，臺大教官對軍護課改為選修一案仍未能釋懷。不僅用雙線標出「造成教育部法令與本校決議嚴重牴觸」、「在現階段軍護課程仍是一、二年級必修，不及格者不得畢業」等語句，更在文末指出「本校決議與國家相關法令嚴重牴觸，在此法令混沌不明之際，……」。軍訓教官以不成熟的法律觀點去解釋法令及決議，又發函給新生家長，誣指校務會議決議與國家相關法令嚴重牴觸，校務會議實應查清此舉是否有違背校方決議，甚至恫嚇新生及家長之嫌？

至於「請你思考」一文，所持修軍訓課理由繞著「有用」、「沒用」打轉，並把史地、數理課程等說成「在日常生活中也沒有用，我們難道都不修了嗎？」令人懷疑寫此文的人是怎麼受教育的？因其沒有署名，祇能列

入「黑函」之列算了。

　　軍護課改為選修雖已成了事實,但真以新生權益的立場來看,校務會議、校方及軍訓教官似都未盡到責任去做好這件事。校務會議的決議必須要有小組去對相關事項執行程序做一詳盡的考量與規劃,否則光有決議是容易被扭曲解釋與眾說紛云的。校方人員及軍訓教官對法律、行政命令等基本法學原則,似應儘速加強培養,自己先弄清楚後,恐怕才有能力去整理說明,對大學還完全陌生的新生去進行輔導,樣樣不分輕重,所列資料沒有法律層次,如何要大一新生「自行斟酌」呢?

附件一

貴家長鈞啟：

首先恭賀貴子女以優異成績考取全國最高學府——臺灣大學。相信貴家長已從媒體得知十月八日臺大校務會議決議將全國性大學共同必修科目自訂，及「軍護課程改為選修」，並將校內有關必修軍訓始可畢業之學則予以修改，造成教育部法令與本校決議嚴重抵觸，因此，為顧及貴子弟相關權益之維護，實有需要向貴家長詳實陳述有關規定，並請協助貴子弟以最穩當之判斷與抉擇，修習軍護課程，以免爾後相關權益受損。

一、教育部相關法令

1. 依據大學法第一條末段「大學應受學術自由之保障，並在法律規定範圍內，享有自治權。」及第卅一條規定「本法施行細則，由教育部擬定，報請行政院核定之。」（為委任立法）

2. 依大學法施行細則第廿二條：「各大學共同必修科目及各學系專業（門）必修科目不及格者不得畢業，（軍護為共同必修課目）各大學共同必修科目由教育部邀集各大學相關人員共同研訂之」。教育部於八十三年九月廿四日依法邀集各大學校、院長座談，並決議成立各項專案小組，有關軍護課程未來調整方向由東海大學校長阮大年先生負責召集研訂。在有關新研訂之各大學共同必修課目表完成前，除大學法及大學法施行細則另有規定外，其餘事項仍暫依現行要點所定「原則辦理」。因此在現階段軍護課程仍是一、二年級必修，不及格者不得畢業。

3 大學法施行細則第廿九條:「大學學生保留入學資格、轉學、轉系(組)所、休學、退學、成績考核及其他有關事項之共同處理規則,由教育部邀集各校研訂,並由各大學列入學則,報請教育部核備後實施。」目前由清華大學校長沈君山先生召集研訂中。

4 大專以上學生軍訓分為「在校軍訓」(學科)與「暑(寒)期集訓」(術科),兩者一體之教育,在校軍訓於一、二年級內完成,每週授課兩小時,「暑(寒)期集訓」由教育部商請國防部代訓為期五週,結訓後可享有折抵爾後役期卅五天,如未修在校軍訓其役期之折算將有所影響。

5 本校決議事項:

二、本校務會議決議,將軍訓改為選修,並將學則第四十五條第三款「軍訓成績各學期均及格」始准予畢業之規定,予以刪除,同時決議「將修改之學則」,不再送教育部核備。

依現行預官考選辦法,須有學生在校軍訓成績總平均應達七十分以上始得報考。

本校決議與國家相關法令嚴重抵觸,在此法令混沌不明之際,請 貴家長明智判斷,並即與 貴子女連繫,輔導其修習軍護課程,以免爾後權益受損。尚此

安康

順頌

軍訓室敬上
八十三年十月十日

附件二

請你思考

當那些自己報考預官，卻叫你勿修軍訓去當「大頭兵」的人，當那些自己修軍護課程畢業證書確定沒問題，卻叫你勿修軍護，而將來可能教育部不認證，無法報考公職或公費留考時，你能放心的相信嗎？

有人說修軍訓課「沒用處」、「浪費時間」，是嗎？天下只有「沒學到」的知識，沒有「沒用處」的知識，

——不是很多人將軍事原則原理運用於商業、貿易、人際關係、選舉、生涯規劃上嗎？如果不信隨便走進一家書店看看便知。

——記的嗎？天安門歷劫歸來的記者，登山迷路脫險的學子說：「幸好學過軍護而逃過一劫。」

如果說是「實用」，那有些史地、數理課程等在日常生活中也「沒用」，我們難道都不修了嗎？

女生修軍護課的內涵

⊙文學院女生

　　83年12月間我和另外七位同學為了寫通識課程「女性主義思潮」的報告，而訪問了四位大一女生，詢問他們為何選修軍護課，以及上課情形與內容。出乎意料的是，許多學妹選軍護課是出於懼怕，或受到父母的壓力。軍訓室發函給他們的父母，令他們出於擔憂而強迫女兒修軍護。這些信函，我們也收集到了，底下便是訪談結果與分析。

壹、軍護課本之內容

　　老實說，我早忘記大一、大二軍護課本到底寫了些什麼東西，經過這次訪談，我才有「一點點」知道軍護課本到底有了什麼（天啊！可見很多大一、大二的學弟妹們沒在上軍訓課）因為軍護課本的乏味，使得我們在訪談時，也增加了不少的困難（因為他們根本也不大曉得軍訓課本在寫些什麼。）

　　軍護課本之內容，不外乎是陸軍概要、海軍概要、衛生保健、急救包紮，乃至於老人之安養與照顧，林林總總，令人眼花撩亂。然而，總結起來，我們會發現其實只有幾點思想可談。一言以蔽之：忠君愛國。在軍訓課本的字裡行間，隱約透露著：三民主義萬歲，及忠黨愛國。甚至不少軍訓教官亦灌輸此思想。此為落後國家控制學生最佳手段（必須聽話，否則會被扣上黑五類的大帽子），然而，亦有部分軍訓教官表示其教職之無聊，在上課時多發牢騷，令人覺得國家實在是有浪費人才之嫌！軍護課本之禁錮性別角色是不消說的，最明顯的例子是，為何只有女生需要修軍護（護理）？難道男性們都不會跌倒需要包紮嗎？難道男性們沒有阿公阿嬤這些

老人需要照顧嗎？它擺明了態度，就是說女性是需要做這些事，且一定要肩負起這些任務了。

貳、為何修軍護

在訪談過程中，我訪問到一個令人毛骨悚然的案例：一個政治系一年級的學妹：說她本來是不想選，因為母親在公家機關任職，母親最近要評考績，升職升等。其母親苦勸他一定要修，只有一個原因，若不修，其會在升職等上有嚴重之「操行」問題。

學妹用「操行」這兩個字是有原因的，因其母親所服務之機關，每年考核時，連高中操行（德育）成績亦會再從頭拿出來參考！

歸納其他之選修原因為：

一、學歷認證之問題

二、任考公職之問題

三、父母之勸導

四、又沒什麼損失，反正上課時人在心不在

五、忠君愛國派

從以上可發現臺大的學生缺少自覺性。但也不能全然地怪他們。因學歷認證、考公職之與否，的確是很令人擔心的。並且男孩子們若沒修軍訓，以後當兵服役時是會很不好過的。但由此亦可深深知道，我們的政府努力地控制著我們，且無所不在！

但若是基於三、四、五這些理由的人，真是不可饒恕了。他們甚至覺得：護理課是在教導女同學遵循傳統女性價值行為模式，並沒有什麼不好。他們大多是乖乖牌高中裡的乖乖牌學生，剛上大學，對我們這些「反派」（反派這兩字容後再述）學長姊們多嗤之以鼻、不以為然。碰到這種人，我們不曉得該說些什麼。

經過訪問，我們發現軍訓教官是不大被排斥的。大概是高中時大家都覺得教官是可愛的大哥哥，且有不少的他們對教官心存幻想，更有趣的現像是他們都很討厭女教官，他們認為女教官真不像「女生、女人」。他們認為女教官：「龜毛、兇、不講理、沒女人味」。原來大家對於性別角色亦是持「傳統」之看法，遇到這種人，我們亦不知應如何說？

　　女教官是沒女人味，沒人要，隱藏的男性靈魂在女體內；隱藏的⋯⋯女同性戀。我想有一天若來了一位溫柔的男教官，一定會倒盡大家胃口的。原來我們所受的軍訓教育是教導我們來如此強烈地認定性別角色。（造就了多麼可笑的道德感）。

　　至於下年度、下學期修或不修？上學期之修原因為一、二、三、四者，不少人仍持觀望態度。但有些人已打定主意不修了，反正以後大三、大四時還可以再補修。啊！這是學校多麼周全的設計。

參、結論與感想

　　做訪問是困難的，大多數的學弟妹對我們都存有戒心。然而，在訪問中，你可發現，即使是在臺大，同學們的自覺性很少，他們覺得你是在策反。從政治意義來看他們會覺得你是在動搖國本。從社會意義來看，他們覺得你是做大動亂，顛陰倒陽。然而我們也只能同他們說：失去了聽另外一種聲音，進而尊重、接受別人的機會。

　　然而，每個人都是懶惰的。反正修了軍護也不會死，那就修吧！人的惰性、缺少了改革意識。但他們卻不知道那浪費了多少社會資源。教官該回到軍隊，好好盡一份心力，把這節課還給大家，即使是做些戶外運動，也總比上軍訓課好多了。且可以減少書本之編輯，減少學生對上課之不耐。然而，大家都是溫吞的，睜一隻眼、閉一隻眼就過了，人類的浪費。

　　並且我相信軍訓刻意強化了多少年來可笑的性別劃分思想。但沒人

（很少人）發現了這種迫害！就連大部分的女性（最主要的受害者）乃一點自覺都沒有，反而認為你有點怪怪的。甚至「變態」！但他們又喊著男女平等！必須原諒我們說這種有點情緒化的話，只是覺得氣餒。

且臺大的校方立場亦有問題，他們應該挺身而出，說：不修沒關係，學歷、考公職一定沒問題。但臺大卻沒這樣做，亦不能全然地怪他們，他們是可憐的夾心餅。

我還是相信孫中山的那一句話：「革命尚未成功，同志仍須努力！」在軍護改革尚未成功，我們必須努力，期盼在努力下，軍護全部改為選修，且能上得有趣，打破性別迷思。

透視臺大

教官在臺大……

⊙賀德芬

　　教官這幾年在校園，可真是風雲人物。多少人力、時間消耗在討論他們的去留之上。而臺大的教官更是偉大，呼風喚雨，儼然是唯我獨尊的決策者。

　　自從臺大校務會議決議將軍護課改為選修課，臺大教官就更積極的在校園活動，尋求翻案。包括以笑面打動某些教授，連署荒謬的文件；拿翹的棄守其原來（非法）的職務（但薪水可是照領無誤！），或者要脅由教授去擔任舍監等等。近日更是動作頻頻，先是以「軍訓室」名義（臺大現仍以舊組織規程運作，似乎無「軍訓室」的編制），慫恿教務會議提議翻案。一計不成，再運作課程委員會，幾乎釀成臺大校園近年來的最大危機！

　　據傳總教官、主任教官以及校長近日更大宴賓客，遊說校務代表。如果這是真的，聯絡情誼固是好事，但以之干預校務，敗壞校園風氣，恐怕大為不妙，而且令人不得不質疑，這些宴客鈔票從那裡來？

　　教官在校園翻雲覆雨，由來已久。許多人基於個人情誼，或礙於教官近年來刻意突顯的弱勢形象，或想利用教官的勞力，反而寄予同情，甚且為之背書。但純然以私害公，著重個人問題，則十分不利於教育理念和教育體制的正常化。至於教官使用教育資源，在校園中進行反教育，則總被人忽略了。

　　國立學校的教官是完全納入學校編制內的，分享學校的人事經費及其他各項福利措施。以臺大為例，48名教官，八名兼任護理教師，其經費完全由臺大30億的人事費用當中編列支出。而這48人，依照行政院90年1

月 9 日臺九十人政給字第 210000 號函修訂「全國軍公教員工待遇支給要點」（屬行政命令），竟比照教員領取基本薪俸、學術研究費、主管職務加給及實務配給。總教官月入將近十萬，還配住臺大的職務宿舍。教授們也許並不在意，但別忘了軍人免稅的規定，這些純收入，甚且連兼課的鐘點費（夜間部）都比專業的教師要優渥太多。

軍訓教官占用臺大資源，但任命卻絲毫不能由臺大作主，因為教官是由國防部甄選，教育部任命。依照教育部公布的大學法施行細則，軍訓室主任是由教育部向校長推薦，由校長從中擇聘。剛好與校長遴聘辦法相互呼應，不過程序恰恰相反，真是滑稽之至。

總教官的名銜更是奇怪。大學法只設軍訓室，負責軍護課程的教學和規劃，施行細則只稱軍訓室置主任一人。臺大組織規程既還未修訂，並無軍訓室之設。翻遍所有法令，也不見「總教官」之職稱。而臺大竟有「總教官」者，以現役軍人的身份，高踞在臺大各種會議（包括校務、行政、教務等會議）的主席台上。更怪異的，總教官竟可不受校務會議決議的約制，擅自以私人名義，發函給大一新生，扭曲法令的意義，誣指校務會議決議違法。好在，臺大人事室還算明理，暫時凍結了主任教官的員額，並不發給總教官以副訓導長的聘書，不然隨著系所的增加，這種校園包袱，還真會越揹越大，未來更難放下。

軍訓教官的存在，是極權統治的遺跡。以現役軍人在校園中負責授課、輔導，既違背教育人員任用條例的專業要求，也是民主之恥。臺大若能以此經費聘用專職教師及心理輔導人員來協助學生，必能使學生獲益良多。至於教官的出路也應由國防部妥加安排，並非我們臺大的責任。臺大讓他們占用了幾十年資源，縱使對維護校園安全有功，也應該可以扯平了。

從事教育工作者，難道不是該以教育目的和維護學生權益為最高理念？軍護課改為選修，正是改善教學品質，維護學生權益，妥善運用教育資源的政策，不該以任何藉口加以拖延的！

師資培育與教育學程

⊙黃榮村

在當前推動教育改革的大環境之下,為真正促成教育多元化、人性化、與提昇教育品質,必有待於讓較大規模的民間興學與小班小校,能在國民教育體系中付諸實現。但小校小班制的推行,不祇涉及教育經費的大幅增加,更存在有師資供應上的瓶頸。若不儘速解決師資供需的瓶頸,則不易實施小班制;若小班制無法積極推動,則國校體系對新設校的需求就不是很殷切,民間自亦缺乏誘因投入興學行列。所以小校小班、民間興學、與師資培育,實係三而一、一而三的混和體,其中師資培育則是關鍵所在。

本文先以列舉方式指出當前各級各類師資的供需問題,再檢討一般大學如何藉機辦理各類教育學程,來達到真正師資多元化的目標,最後則不可避免的觸及三所師大與九所師院的轉型問題。

壹、目前師資供需問題

一、在高級中等學校(含高中與高職)部分,因涵蓋類別多,相較之下,正式師範大學畢業師資在公立學校約占百分之40左右,比國民教育系統為少。在私校部份,試用及代課教師則往往超過百分之30。

二、職業學校部分則類別繁多,包含工、農、商、管理、家政、生活科學、海事、護理等類科,三所師大及政大相關科系極度缺乏這些類科,難以因應,師資來源泰半來自一般大學。

三、國中部分合格師資來源較不虞匱乏,但國中係最需實施小班制者,若在五年內降至每班35人,十年內降到每班30人,則馬上面臨師資

不足問題。

四、國小師資部份極為欠缺。目前九所師院所培育之小學師資，僅足供自然替換（如補充教師退休或離職），無法提供因實施小班制後之師資需求。據估計，若國中小實施每班30人的小班制，則因之增加的師資需求約達兩萬人。

五、目前推動幼教普及率，擬再提高就園率，且目前未立案幼稚園可能高達2,500所以上（教育部統計之83學年度立案幼稚園數為2,484所，其中私立部份1,669所），故合格之幼教師資極為欠缺，九所師院無法應付。

六、在部分接受身心障礙特殊教育學生（約占所有人數的百分之44，計有33,000人左右）的師資組成上（約占中小學教師總數的百分之2），祇有百分之30左右係來自三所師大與九所師院的特教系或相關學系特教組。若大力推動特教且採小校小班，則師資需求定當增為兩倍以上。以民國84年為例，約需增聘四千餘名身心障礙類教師，但目前正規培育師資每年最多僅有約260人。

七、民國57年延長九年國教後，因中學師資缺乏，准臺大、政大、中興、成大四所大學開設教育學分以培育師資。但民國68年『師範教育法』通過後，限由師範校院培育師資，四所大學除了政大因設有教育系可適用「師範教育法」外，皆停開教育學分，形成師資培育一元化局面。

八、民國83年2月通過「師資培育法」，84年6月公布「大學院校教育學程師資及設立標準」後，准由一般大學申辦各級教育學程（包括中學教育、國小、幼教、特教四類），開始師資培育多元化。但依目前狀況，一般大學申辦者多為中等學校學程（只有少數大學另設幼教學程）。

九、84學年度第一學期通過辦理中等學校（含高中、高職、國中）教育學程之一般大學，共招收一千四百餘位學生，若再加上第二學期與85學年度新開辦校院，每年可能達三千人。教育部擬在一年內進行評鑑，以當

為各校院擴大辦理之依據，擴大後在三年內應可達到每年四千人以上之規模。若再加上三所師大每年約三千人畢業生合計，四、五年後師資市場上每年將有七千餘人，競逐不到兩千名正式師資名額。此時三所師大勢必面臨轉型或減班的問題。

十、中等學校師資來源雖然無虞，但一般大學皆未申辦小學與特教學程，致使小學與特教師資的嚴重需求未獲滿足，亟待給予誘因辦理。

十一、「師資培育法」尚未准一般大學辦理學士後教育學程；「大學院校教育學程師資及設立標準」則對各校開設之課程作相當嚴格的限制，各校難以發揮特色；「中學各學科教師本科系及專門科目學分對照表」則規定相當不合理。凡此都是亟待修法、修改規定之處，才能使一般大學真正的能以個別化、自由化、現代化的精神，來培育各級師資，大學與學生也才有意願來申辦或就讀小學、特教、與幼教學程，而真正的師資多元化才可能達成。否則以目前狀況而言，是無法做到全面性師資多元化的。因為依目前在嚴格限制下，且祇培育中等學校師資的現況而言，距離師資培育全面多元化的目標，尚有長路要走。

貳、一般大學如何在申辦教育學程中做到真正的師資多元化？

一般大學若祇是申辦教育學程，純為學生就業考量，而不能以大學為主體來表達與實踐其教改的觀點與作法，則祇能做到師資「來源」多元化，而非師資「風格」（或內容）多元化，則對未來世紀的教改並不能起根本的促進作用。比較理想的作法，應是搭配底下的措施：

一、教育學程之申辦不應以一個為限，宜搭配兩種以上的教育學程，如此比較能對教育內容有更全面的關照。

二、國小教育學程可能是一般大學在辦理中學教育學程之後，最可能續辦的學程。很多大學生在某些意願調查中亦表示有志做小學老師。但小

學教育學程是否能順利開辦，以解決嚴重的師資供應問題，有待於底下幾個問題的解決：（一）小學學程需修 40 學分，較之中等學校教育學程的 26 學分，多約一半，故宜酌增專任師資員額給公立大學（若中等學校學程給三名，則小學學程宜增為五名），有助於提高誘因。（二）目前小學原則上採包班制教學，但一般大學生除非先已有完整的五育均衡訓練（依目前大學聯考獨重智育的作法，不可能作到這點），或有較長期參加藝能類社團的經驗，否則容易望而卻步，故在政策上是否能修改為局部包班制或學群制，以利更多學生樂意來申請修習。（三）申請就讀小學學程，學生必須繳付 40 學分的學分費，且至少延畢一年，在一年教育實習時亦無正式待遇（僅領最低工資待遇或必要之生活費或甚至為無給職），則為了取得小學教師資格（不一定獲任用），需比一般大學生多付出約三年幾近無償的額外努力，可能會對本有意願者產生嚇阻作用，亟待解決該一困境。（四）偏遠地區師資培育，除由師院以公費生培育外，亦可給予一般大學小學學程公費生名額，讓具有社會責任感與服務精神者申請。

三、特殊教育學程之申辦，亦有與小學學程類似之困境，且學程開辦時之教學師資較小學學程更為難求，若無特別獎勵措施（如給予公費生名額，或增加教學師資員額），則開辦難度更高。設有醫學、復健、心理、語言、藝術（與戲劇）、理工之大學，應較有條件開設以身心障礙與資優教育為主之特教學程。該類大學不在少數，若能給予較大誘因，或准予以學士後學程方式興辦，則尚有可為。

四、宜加設教育研究所，以對教育基本問題做多元深入之研究，並彰顯各校對教育的專業觀點。

五、從事地區教育輔導或附設中小學，以實踐大學對教育改革的理念。

六、興辦學士後教育學程（若修法成功，或已設教育研究所），以招收較成熟與具社會責任感之人才予以培育，並可因之代訓試用及代課教師。學士後教育學程尤其適用於特殊師資之培育。

七、應舉辦教師進修課程或計畫,讓中小學老師與簽約實習學校(包括學程教學實習與畢業後一年教育實習之學校)之教師,得以到大學進修或提供教學實際經驗。這種計畫係屬互惠之作法,也可使各校之教育學程與師資培育得以改進與落實。

八、各類學程招收學生時,因申請人數必數倍於可供容納之額度,故除學業成績之要求外,另宜採教師適性測驗方式予以甄選。該類適性測驗以著重與教師工作表現有關之職業興趣、性格、性向、與能力之測量為主,並應就信度、效度、與常模等項標準予以改進,以期透過該作法,選取較合適之人選以供培育。

九、中小學與特教師資之來源,除依現行培育方式(含師範體系與教育學程)之外,亦可考慮是否給予一定配額,容許辦學者自各行業或民間中挑選有特色之人才(但未經過正式之師資培育過程),進入中小學校任教,以另一套評鑑系統評估其適當性。該一作法在大學法第十八條第三項已有前例:大學延聘研究人員從事研究計畫,及專業技術人員擔任教學工作。在身心障礙與資優教育的特教師資需求上,若能提供給若干未修過教育專業課程,但具有特殊才能或人格特質者,得以進入特教體系教學,可能具有相當程度的正面效果。現行採專業及技術教師辦法亦可進用,但進用標準宜再檢討,進用時亦宜避免副作用發生。

參、師大與師院之轉型

師資培育多元化後,三所師大勢必面臨轉型壓力,故宜利用其師資陣容與經驗特別強調教育問題研究、師資進修與訓練,而逐漸解除過去所負之師資培育責任。三所師大亦可嚴肅考慮轉型為一般大學,此時則宜大幅調整系所與內部師資。

由於目前一般大學尚甚少申辦小學、幼教、與特教學程,故九所師院面臨之轉型壓力較小,但未雨綢繆,亦宜與一般大學多合作(如跨校修習

教育學分、考慮合併為一般大學之教育學院等)。今後若能實質鼓勵一般大學興辦小學、幼教、與特教課程,則增加師院數目或編制的機會不大。小學與幼教師資極為短缺,一般大學在法令與政策環境之改變下,勢必會先參與培育小學與部分特教師資,故師院與一般大學之合作乃屬雙贏策略,自宜早作定位。

師大與師院之轉型需有一緩衝時間,由師範系統本身自主引發內部討論,以確定採取那種方式因應,如與一般大學競爭、專作師資進修與地方教育輔導、或朝向功能多元化發展。當發展目標在校院內有共識後,即可具體規劃,在校院內增班增系、轉型為進修學院、與其他學校合併或合作等方式中,擇有利之發展方向,當為整體教育改革行動中的一個重要環節。(本文係應國策中心邀請報告文之修正稿)。

教育學程要教育誰？

⊙史英

那一天，學生活動中心的大禮堂擠得水洩不通，連走道上都坐得有人。然而，這不是文化表演，也不是名家演講，甚至不是任何「學生活動」，竟是臺大開辦教育學程的說明會。

這當然是破天荒的事，哪有學校開課還辦說明會的？而說明會又能如此熱鬧！僅此一點，就標誌著四十五年來壟斷式師資培育的結束；而負責回答問題的兩位教授常常答不上來，也就預示著師資培育的將來的無限可能。

這樣的場面，讓人不能不感慨萬千。四十五年以來，面對封閉的、僵化的、壟斷的、通天入地的師範體系，誰能想到終於會有這樣的一天？

這樣的心情，不知道現場的年輕孩子能感受多少；他們急著提出「切身」的問題，怎麼實習？怎麼銜接？怎樣才能修完？……，只是，懷著那種「心情」的人，總難免還想問點別的：

壹、將來需要怎樣的教師？

把臺大的教育學程看成「師資多元化」重要的一環，把師資多元化看作「臺灣教育改革」的關鍵步驟，我們應該思考的，就不僅是一般性的「教師的條件」，而是，在目前「臺灣教育現實」下的條件。

把「臺灣教育現實」當作思考的大前題，有現實的意義，舉例來說，教育部多年來非常自豪的一點，就是我們中小學教師的「水平」居世界之冠；若是集合全世界的數學來考一次數學，我們的成績保證名列前茅。然而，「臺灣教育的現實」告訴我們，臺灣數學教育問題的嚴重性，已經到

了「毀滅性」的地步，而毀滅性學生數學潛能的，大半都是他們的數學教師。

所以，現在我們來培養教師，或許著重點應該和過去稍有不同；特別重要的，不能像教育部那樣，以所謂的世界「水平」作為拒絕改變的藉口。說得更清楚一點，教師個人的「學業能力」（academic ability）固然是非常重要的，但這個重要性，要建立在他不會以自己的「程度」無理要求學生的假設上；若其不然，也許教師沒有什麼程度反而更好一點。所以，當外國人一再喊著「追求卓越」的時候，我們也許反而應該追求「愈卓」（且不管它是什麼意思）？！

那麼，從「臺灣教育的現實」來考慮，我們需要什麼樣的老師呢？

一、「反省與批判」的能力

所謂「反省與批判」的能力，有兩層意思在內。一是作為一個知識「內省」功夫；一是對現在教育環境的重新認識。

人，不可避免地，是自己所受教育的產物，也許已經讓他認識了許多事物的真相，或假相，但無論如何，很難讓他認識自己所受的教育。俗語說「人貴自知」，最重要的自知，就是知道「自己之所以成為自己」的那個過程，也就是至今為止的教育，因而是難能可「貴」的。

證據就是，雖然大部分的人對過去的教育抱怨極多，但輪到教育自己小孩的時候，卻完全無法想像另一種可能，而必須重複過去的經驗；但依賴重複練習，仰仗威逼利誘，眼裡只有分數，手上只有棍子。

有一位老師說，雖然已經當了老師好幾年，但經過學校訓導處的時候，心裡仍難免忐忑不安。這表示他對過去的教育有所不滿，但是當他教訓現在的學生，遇到學生「不肯」嚇得發抖的時候，卻不滿得更甚，說什麼「現在的學生竟然不怕老師」。

然而，他是一位認真負責、學問優異、甚至敏感細膩的老師，否則也不會查覺自己對訓導處的反應。問題是出在，他的「查覺」並未深入到「反省與批判」的層次，他的思考也未進入「內省」的境界，所以就無法查覺自己的矛盾。

無法查覺自己的矛盾，怎麼可能為將來提供一種身體力行的解決？

總而言之，反對既存體制，並不就當然地能開創將來的體制。必須把這些「反對」提升到「反省與批判」的層次上，人才可能進入「實踐」的領域。而我們期待一位教師的，不正是實踐嗎？

二、「成熟的人格」和「理解人的能力」

人們喜歡談教師的「愛心」、「耐心」，好像談的是南丁格爾，但是，我們並不期待老師做照顧病人或嬰兒的工作，相反的，無盡的愛心與耐心，對於一個人的成長，未必見得有益，甚至可能引起厭煩。

事實上，教師根本不應該「有耐心」，更正確地說，不該有需要耐心的時候，不該讓自己有需要忍耐的機會。這意謂著，老師要足夠成熟，並深切理解學生，以致可以當然地接受學生現有的一切，而提供適當的協助。

這需要相當成熟的人格和一種對人的普遍理解能力。人是複雜的，不可一概而論的；成長中的人又是和成人「不同」的，充滿無窮可能的。教師的工作以人，特別是成長的人為對象，他不能不深刻地理解人，也同時「展現」一個成熟的人的風貌。

教師對於他的學生，首先應該是理解，其次是接納，再其次是欣賞（欣賞一個生命，一個人的生命），再其次是支持與協助，然後，才是所謂的愛。這與父母的愛不同，父母和子女之間，有太多無可避免的情結（即使不提佛洛伊德），除非有相當的智慧，或特殊的人格，否則很難處理得當（這也是家庭不能取代學校的重要原因）。

教師的愛，相對的則容易得多。它是以理性為質，以「認識」為始，

以自己的人格為助力，因而是可以「培育」的。不是培育「愛」，而是培育「愛的能力」。

當黃武雄舉出兒童的特質為：辨識異同的敏銳、探索嘗試的勇氣、免於偏見的自由，對教師而言，這意謂著什麼呢？一個小孩捉到一隻蟲子，「非常殘忍」地將之分屍，一旁的老師頓時花容失色，也許掩面而逃（這是實習老師），也許大聲斥責（這是校園名師），但他們的心情都是一樣的，是恐懼、是厭惡，當然還有鄙視（就像任何一種沙文主義之下的心態）。

這時走來另外一位老師，拍拍那個小孩的肩膀，輕聲說「你要不要試著問問它，會不會痛？」，這個問話未必能立即制止那項行為，但可以引發後續的許多可能，例如，痛覺對人的意義（自衛機制）、麻醉藥品的用途、解剖學的必要、生命的價值（玩具必須是無生物）……。

在這個「小孩撕蟲」的故事裡，教育與非教育的差別，絕對不是教師的愛心或耐心，或什麼輔導技術，而是教師的人格（人生歷練）與對兒童的認識。

三、理想與熱情；勇氣與操守

教師應該有教育的理想與熱情，好像是無庸贅言的事，但如前所述，在「臺灣教育的現實」裡，這一項期待還有另一番意思。

經過長期四十五年來的官僚統制，配合著整體社會的腐敗墮落，臺灣的教師群已經充分「小市民化」了。今天的教育界，幾乎找不到幾個人以身為教師為榮，因而也不能以身為教師而「有所為、有所不為」。

這使得所有關於教育的討論變得很困難：談到惡性補習或升學主義，教師就說「家長壓力」；談到威權與體罰，教師就說「無法管教」；談到教學，教師就說「教材太難」；談到「小班小校」，教師就說「怎麼可能」……；即使談到「教師權益」，多數教師也不想要罷教權。

最後這一項，最能發人深省。根據一項訪查，對於多數教師而言，「罷教權」是「不切實際」的，太過麻煩，實行困難；至於受到不合理待遇時怎麼辦，則是消極抵制，或找議員幫忙。

某一位國中教師在報紙上投書說：「不過是混一口飯吃，還要被學生打，還要被移送法辦（指蘭雅國中手銬事件）」……，哀怨之處固然值得同情，但公然地把教育工作說成「不過是混一口飯」，則反映了相當深層的問題。

問題就是，典型的小市民心態；沒有尊嚴，也不求尊嚴；不堅持公義，也不相信世間還有公義。對於教育而言，教師的這種現況，是非常嚴重的。它延伸的結果，是整個教育環境裡缺乏「道德勇氣」、因而欺下媚上；缺乏「風格操守」、因而無所不為！

人們喜歡把現在的教育問題歸於聯考，但了解實情的人都知道，聯考只是問題的表象，問題的根源其實是藏在教師文化裡的。大家都知道日本的升學壓力不遜於臺灣，但很少人知道，日本的中小學校園基本上保持了一定的合理性（惡補等事只在家長和補習班之間，而與學校老師無涉）。我們以為，根本的差異是在日本的學校教師有著相當的進步性；超過半數教師參與的「日教組」，基本上是日本社會的一個進步團體！

教師，作為一個創造將來的人，總不能眼睛裡只有現在。突破這種目光如豆的格局，唯有依靠理想與熱情，才能孕育風格與操守！

既然將來需要這樣的教師，那麼，現在該有怎樣的「教育學程」？

貳、目前設計了怎樣的「教育學程」？

說到這兒，許多讀者可能會覺得「以上所說的雖然都不錯，但似乎陳義過高；即使不是過高，恐怕也超越了教育學程所能影響的範圍」。然而，這是大家過去對「課程」的印象，印象裡，課程只是「知識的賣場」。果不

其然,上面所說的「反省與批判能力」、「成熟的人格」,乃至於「理想與熱情」、「勇氣與操守」等等,當然就與課程無涉了。

然而,臺大的教育學程,只能是「換個教室」的「教育學分」嗎?既然都是「那些」教育學分,在哪一所學校開課還不是一樣?奮鬥了這麼久的師資多元化,難道只是此校搶奪彼校專賣的飯碗?

所以,在開辦教育學程之初,理想就要高,心胸就要大,眼光就要遠。不能還沒出門,就以為反正跑不了幾步;相反的,教育學程真的必須發揮「教育」功能;不能僅是提供知識,也要能「變化氣質」!

以下是目前臺大的教育學程:

必修課程(20學分)

教育實習

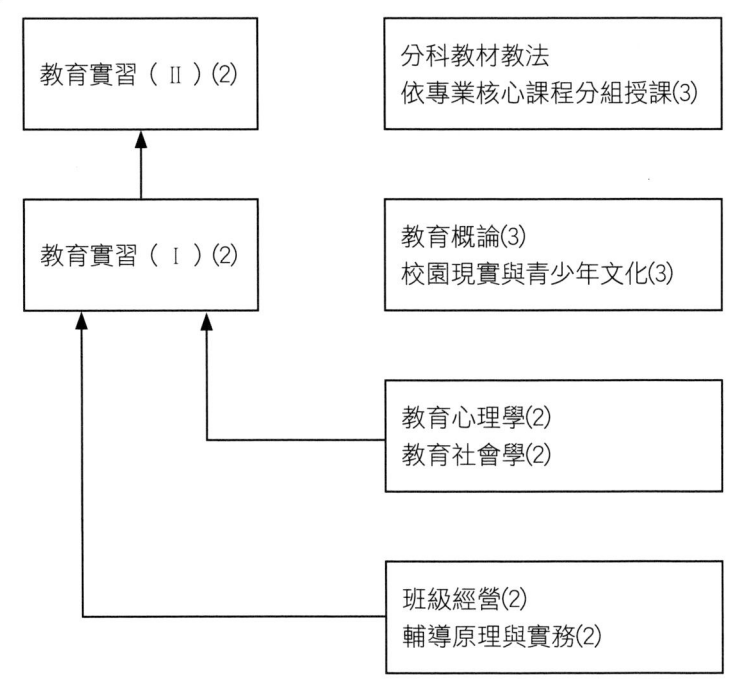

```
教育實習(Ⅱ)(2)
   ↑
教育實習(Ⅰ)(2)
```

分科教材教法
依專業核心課程分組授課(3)

教育概論(3)
校園現實與青少年文化(3)

教育心理學(2)
教育社會學(2)

班級經營(2)
輔導原理與實務(2)

選修課程（至少六學分）

教育理論與教育史	教育哲學	現代教育思潮	人本教育
青少年心理學	發展心理學	教育經濟學	專業科目教學法
溝通訓練與實習	教育測驗與評量	教育與學校行政	教學原理
教育人類學	教師之權利與義務	職業類科之分科教材教法	

（取自「國立臺灣大學 84 年度申請設立教育學程計畫書」）

從這個表中，很明顯可看出主事者的心意；無論講什麼理論，都必須回到現場實習上來。這是非常明智的想法；理論誰都會說（過去的教育學分，難道說得少嗎？），只有在實務工作上，才能檢驗到底說到「要害」沒有。

事實上，實習課的設計，頗有一些特色。首先，它是分兩階段進行的，第一次的實習，是在修畢「校園現實」、與「溝通課程」或「青少年文化」之後，這表示總要先有一點認識之後，才能上場；第二次實習，則必須在修完所有其他必修學分之後，也就是說，是見真章的時候了。

這樣的安排，不僅是讓學生不要脫離現實，更重要的，是要迫使整個教育學程都和現實緊密地關聯起來。我們相信第一次實習回來的學生，對於他接下來所修的課，一定有很不一樣的感受、和要求。那一位開教育學程的先生，想要天馬行空地放言高論，就得面對學生由實習中帶回來的質疑與挑戰。

實習課的另一個特色是，參加實習的學生，必須接受他的學生的評鑑。一個學期的實習有三次學生（教學對象）的評鑑，第一次的評鑑僅作實習者個人的參考，後二次的評鑑結果，就會列入實習成績，或者更可能是實習成績的主要基礎。

至於實習還包括「行前課程」、「綜合討論」與「實習檢討」，則是大家都可以想像得到的。但是實習還有第三項特色，就是，實習成績沒有「分數」，只有通過與不通過兩種結果，而且沒有通過人數的限制。教育

的立場來看,這是非常「有觀念」的,正如「計畫書」上所說:「我們對實習課的重視,表現在訓練過程的嚴謹,而非實習評量無意義之嚴苛」。

另外,在基礎課程方面,把「教育概論」和「校園現實與青少年文化」並列必修,當然是「意味深長」。那個深長的意味就是:概論云乎?且看現實面!我們可以想像,學生一、三、五聽先生的口沫橫飛地講著自古以來偉大的教育理想,二、四、六則仔細「揣摩」臺灣現在的教育和青少年現況;冷暖相間,美醜並陳,遠山與近水則犬牙交錯;「鍛鍊」一個學期下來,學生或許就有一點「反省與批判」的模樣了。

「教育心理學」和「教育社會學」這一組,是必備的基礎知識;「班級經營」和「輔導理論實務」,以及「分科教材教法」,則是非常實際的專業智能,這些都理當列為必修。這樣,再加上實習的二加二學分,就構成了必須的20學分。看起來,必修學分已經降至最低,這也是非常之對的。

其他林林總總的相關課題,全都列為選修,而規定至少選修六學分以上,這也充分地兼顧了學生的興趣與自主。由教育部已經設定教育學程至少包括26學分,所以,這樣的安排大概也是無可挑剔的了。

當然,人們會懷疑,前面說得那麼大聲,怎麼課程看起來也「不過如此」?

這是因為,以上只能就課程的結構來看,真正重要的,是課程的具體內容和教學方法,但這些都不是從書面上能看得到的。也許正因為看不到,前面才說了許多大話,代表著殷切的盼望。

參、誰來開課?

本文一開始記述了教育學程的「說明會」,在那個會場上,學生的問題不斷,但聽起來,其中唯一有意思的問題是「師資那裡來?」。黃榮村教授給了一段「也很有意思」的回答,大意是「本校人材濟濟,也有許多專

攻教育的老師,所以我們原則上盡量聘請校內的老師,但有些課程,也不排除外聘」。

外界一直有一種看法,認為臺大有「門戶偏見」,從某些角度來看,這種批評或者也不無道理。但在教育學程上「盡量內聘」的原則,卻有不得已的苦衷。主要的原因是,在過去長期的壟斷之下,如今學教育的人,至少是那些擁有教授資格的人,幾乎(當然也有例外)都已經納入了師範體系。

一、學位上的「教育」二字

比如說,教「教育經濟學」或「數學教育」的老師,如果一定要看他們的博士學位上有沒有教育二字,而堅持不肯從校內的經濟系或數學系去找人,其結果就一定是從現存的師範體系聘請兼任。這麼一來,臺大的「教育社會學」很可能是由師大該課的同一位先生來開,即使不是師大的同一位先生,大概也是其他設有教育系所的學校(即師範體系)的某一位先生。

本文毫無排斥或輕視師範體系的任何一位先生的意思,相反的,我們深知他們都是極為優秀的人材,因而已被師範體系網羅在先。如果師資多元化的理想真有落實的必要,而各校開辦「教育學程」的目的,也並不是要請師範院校在其他各校開設「分部」,那麼,以目前的狀況看來,就不能要求老師在學位上一定要有「教育」二字。

沒有教育二字,是否就一定不懂教育(這才是教育部多年來的門戶偏見)呢?準備要開「教育經濟學」的張清溪先生和朱敬一先生,不但是「行政院教改會」和「臺北市教審會」的成員,也是民間團體「人本教育基金會」的董事和資深諮詢委員;要開「分科教材教法」的黃敏晃先生,更是投入「板橋教師研習會」數學科教材教法研究長達數十年;暫定名單(見附錄)裡其他諸先生,大半也都如此。

總而言之一句話，學位上的教育二字，也許可以證明擁有者的教育專業，但它絕不能證明沒有此二字的任何事情。

當然，問題並不就此了結。人們會說，不錯，學位上沒有教育二字誠然不能證明什麼，所以也就不能證明他一定適任教育學程（真是很好的邏輯）；更進一步來說，即使現在的師資都如上述的是一時之選（質問的人總是善於展示他的「客氣」），但將來增班擴張之後，又到哪裡去找更多的師資呢？

這是一個好問題，正是在這個問題上，本文要討論內聘原則的意義。

二、內聘原則

依據「計畫書」，內聘原則是一個暫時性的措施。計畫書上說：「學程中心草創階段，師資來源以校內現有師資為主，另視需要酌聘兼任教師。學程中心正式成立運作後，在寧缺毋濫前提下，逐年擇優外聘專、兼任教師。」，看起來，這是一個無懈可擊的說法，特別是再加上接下來的一段「所有新聘師資必須具備教育博士學位、教育專業素質、與優良研究成果……」，更可以讓教育部無話可說。

然而，「內聘原則」並不僅是過渡時期的權宜，它有著更深一層的意義。本文曾在「一、將來需要怎樣的教師」裡，提出對教師的幾項基本期望，這些期望，當然也適用於開設教育學程的教師；如果我們希望教給，或引發修習教育學程的學生某些特質，負責教給或引發的人，恐怕必須先有那些特質才行。那麼，類似「教育博士學位、教育專業素養、優良研究成果」這種條件，對於尋找「那些特質」是有利還是不利呢？

利與不利當然難說，比較可能的是，既非不利亦非有利，而是沒有什麼太大的關係；換句話說，一位教授是否特別具有「反省與批判」的能力、「成熟的人格與理解人的能力」及「理想和熱情、勇氣與操守」，與他是否專攻教育，二者之間應無必要的關係。

教育學程的目標是培養「將來需要的（中學）教師」，並不是要做「教育學」的學術研究。一個「活力充沛」的教育研究所，如果肯用心的話，當然可以培養出優秀的教師；但是，為了培養優秀的教師，卻完全不必設立一個高水準的教育研究所。這也是「師資培育法」裡開放各校設立教育學程的基本精神。如果忘記這一點，動不動拿出「專業」、「學術」、「學位」的帽子，一意地要往別人或自己的頭上套，那就很有一點「蛋頭」的危險。「蛋頭」近於「學究」、「學究」近於「學閥」！

把這些考慮放在心裡，我們可以看一看「外聘」可能的情況。依照教育部目前的心態，新聘和外聘，必然要有資格的限制，也就是必然要聘「學教育」的。這有兩種，一是聘臺灣現有的人才，一是聘國外學成的年輕學者。若是聘臺灣現有的人才，又有兩種可能，一是聘師範院校現任教師為兼或專任，結果正如前述，就是把臺大的教育學程弄成師大分部；若是聘現有學教育而尚未被師範院校聘請者，那是否意謂者臺大只能做「第二選擇」？

所以，比較可能的走向，是從國外物色人選。這當然並無不當，但是，也正是在這一點上，突顯了內聘原則的意義。這怎麼說呢？

如果我們還記得，教育學程的師資首重某些特質，那麼，能夠選擇的範圍當然是越大越好，若是內聘，由有現有師資是涵蓋各個領域的，雖然也許少了教育類，但比起外聘受限於只能從教育類中去找，當然是比較有利的。

所以，本文絕非認為「內聘」一定優於「外聘」，而是很明顯的，外聘可供選擇的範圍受限。當然，這個觀點的前提是，教育學程的師資本來就無須完全受限於學位上的教育二字（因為它的重點並非學術研究）。

另外，無須贅言的，所謂內聘原則，僅只是原則，絕不排除在「見獵心喜」的機會之下「外」他一下子，包括聘個老外來也無不可。

三、師資的根本問題

無論讀者是否同意上面的觀點，本文都不能逃避更近切的問題，那就是，「內聘原則」的「原則」。依據「計畫書」，目前內聘的對象是「曾任教過中小學者」、「曾獲師範院校學位者」、以及「曾經或正參與相關之教育研究與活動而具經驗者」這三大類。

從「暫定名單」上，看不出來哪幾位是來自前二類，似乎大半都是來自第三類（或者也同時兼屬第一或第二類？）。這是很好的選擇，因為，以這三類資格看來，當然是第三類的條件比較重要。

事實上，如果僅以「曾任中小學教師」為主要考量點，大概並不妥當。一方面這種資歷一定是在多年之前，那時的中小學環境和今天大有不同，更有甚者，那時的教育觀點大概也已經落伍。某先生也許在現在的專業領域裡學富五車。但他老人家印象中的中小學教學，可能只剩下「給我坐好」一句獅吼而已。如果僅以他曾任教中小學，就請來教將來的老師，誰能不擔心？

然而，話說回來，僅僅是曾任教中小學（而對教育並不關心）的現職教授，會對教育學程有多大的興趣？正是在這兒，我們發現內聘原則有一個意想不到的「擇優機制」。由於內聘的老師，既非尋求新的職位，又無額外的鐘點收入，更沒有其他任何「好處」，或者還有耽誤本行工作的壞處，自然地，除非對培育師資有著特別的理想或熱情，是不會主動爭取開設教育學程。這與外聘不同，除了教育學程本身的吸引力之外，沒有其他誘因。自動篩選的結果，會讓合適的人自動出現。

然而，也正是在這一點上，隱藏著將來的隱憂。如果真如「計畫書」的計畫，將來需要多至 26 位專任的教育學程教師，那麼，想必會有很多「心不在此」的先生們，會被半請半託、半無所謂，或者半請託人、很有所為地拉扯進來。到了那時候，目前的這種理想性極高的局面，就很難維持得住了。

所以，從最根本上來說，無論是內聘外聘，都需要一個建全的聘任委員會。關於這一點，在「計畫書」上毫無著墨，我們當然相信是由於「言之過早」的原故，而不是主事的先生們並不重視。

四、教育學程要教育誰？

關於教育學程，可談的當然極多，本文從前面一路說來，涉及了目標、課程、與師資種種問題，最後，必須談一下教育學程的主角，也就是關於學生的部分。

今年七月份，教育部發布新聞，透露已申請教育學程的有那些院校。當學生們發現名單中竟然沒有臺大的時候，曾引起不小的聲浪（事實上，校務會議早就通過了設立教育學程的草案，不知道為什麼教育部沒有收到臺大的申請。趕忙補件，又經過被教育部「程序退件」，修改了部分必須課程之後，才匆匆忙忙地開始「招生」。）；再從本文一開始所記述的說明會盛況來看，預估有三四千學生要選課應該不算誇張。

但是 10 月 1 日的測驗，卻僅有 900 位學生參加。到底是什麼原因造成這種落差？誰也無法確知。然而，有一種推測，可能不無道理。那就是，「上學期成績必須在本系排名前百分之 40」的限制，也許要負主要的責任。

(一) 教育學程首先示範了「分數主義」

姑且不論以上的推測有多少真實性，即使不看報名人數的落差，「前百分之 40」的限制，也是沒有什麼道理的。

我們都知道，「以價制量」的方法，在任何公共事業來說，都有道德與倫理上的可議之處；就培育師資的目的而言，「以分數制量」恐怕只有更是不堪。這與入學甄試不同，入學甄試要看過去的成績，為的是確定所學具備必要的預備知識，並以其預備知識的程度，做不得不然的篩選。然而，修習教育學程需要什麼預備知識呢？

如果真有那樣的預備知識，而以那種預備知識的成績來設限，也許還勉強說得通。但是以原科系的成績設限，又是為了什麼？也許原科系的成績與他能否任那一科的教學有關（所以，也許可以作為他將來應聘該科教師的參考），但硬要說與他能否修習教育學程有關，那就非常的曖昧了：修習數學的教材教法，要有多少大學的數學知識？

這是就學生的需要而言的，若是從「將來需要的教師」的角度來看，「分數設限」很可能從根本上壞了大事。臺大的學生之中，雖然也許不是很多，但頗有一些特立獨行之士，或醉心於社團，或沈迷於興趣，甚至完全付出於某種社會運動。這些人有一個共同的特徵，就是不在乎現實的利益，就學生身分而言，就是不那麼關心成績與分數。

這些寧願為了某種「念頭」而放棄現利的人，如果能有志於教育，就正是將來需要的教師。前述的「理想與熱情」等等，當然都是可以培養的（這就是我們對教育學程抱著期望的原因），但是，培養這特質的最大阻礙，正是功利之心。一個人，若是沒有什麼功利之心，總是比較容易接近「理想」。

我們當然無意宣稱成績不好的都是「無為的理想之士」，相反的，許多學生「被當」反而都是因為「大有為」地開創某種「事業」去了的原故。但是，這些人即使願意來修教育學程，自然應該被學程本身所淘汰，正如他在本科系所遭遇的情況（除非教育學程僅是「營養學分」；但現在的分數設限，卻是不給人被淘汰的機會，無論他是不是那些將來的教師中最需要的「特立獨行」之士。

反過來講，成績好的學生，當然也並不盡是「功利之士」。若他不是由於看重成績，而成績又能自然地不錯，那就意味著他對本科系有著相當的熱忱或執著，那麼，教育學程又怎能希望吸引到他呢？

目前開設的教育學程，從目標、課程、到師資，基本上都在水準之上，只有這個成績設限，最是莫名其妙。我們很能體會主事的諸位先生，

在強大的預估供需壓力之下（教育部只核准 150 名），不得不做某種事前設限，但是這個設限的方法，也實在難逃「分數主義」之譏，足見「過去的教育」中人之深，一旦時間緊迫，不及細思，教育的烙痕就浮現出來了，竟連極為開明先進的諸先生亦不能例外。

然而，主事的諸先生們到底並非等閒，他們只以「前百分之 40」為初選資格，而沒有採取「在校成績排名法」，或者「合併在校成績五等第計分法」，這就比許多「教育專家」高明的遠甚。

至於複選，現在設計的辦法倒是深具遠見，就是舉行「職業或教學性向測驗」。

（二）性向測驗，測驗什麼？

據側面了解，10 月 1 日的考試內容，包括了類似「某某基金會是什麼性質的團體？官方機構、國外機構、民間教育改革團體、……（大意）」的選擇題。這是很有意思的，目的顯然是在測驗應試者是否關心國內的教育改革活動。

現在的問題是，很難看出想要修教育學程者的動機。是因為喜歡小孩？喜歡教書？喜歡一個比較單純的環境？還是為了多一條出路、拿到一個鐵飯碗，甚至為了把小時候被打的委屈打回來（這當然是笑話，但是真的有許多小孩立志當老師，是為了將來可以名正言順打許多小孩）。

什麼是「職業或教學性向」呢？這是很難回答的問題。但是，我們可以非常肯定地說，「搶鐵飯碗」或「混一口飯」、乃至於凡是跟「飯」有關的「性向」，都是不合適當老師的。並不是說人不可以關心自己的生計，只是，在臺灣教育現狀裡，生計已經被關心得太多，我們需要更多一點比較「擺脫」的人來當老師。特別是從「師資多元化」的角度來看，就讓我們多此一元不是比較好嗎？

教育廣播電台曾有一個「教育交流道」的節目，筆者曾抱著極大的熱

心專心收聽,想要知道人人在教育上交流些什麼。結果大失所望,原來都是現職的教師詢問法令規章,而由教育官員們做一些官樣文章的回答。那一天的「說明會」,也讓人有類似的感覺,好像當老師的,和想當老師的,都是同一類人。

記得大學時代,班上明顯地有兩類人,一類是從大一開始就準備考托福,並想盡辦法把成績單弄得好看一點,另一類是整天過自己的日子,從來不去計較將來能怎麼樣。現在的學生之中,第二類人已經越來越少。這也許受流行的「生涯規劃」之賜,弄得許多人長大了還在寫「立志」的小學作文。這也許並沒有什麼不對,但是,能不能有一些不那麼「實際」的人去當老師呢?

教育學程的「計畫書」上,提到要研究「教師適性量表」,並且有一個「教育學程申請者綜合評估量表建立」的研究計畫。但是這個研究計畫,很是令人擔心。

研究計畫裡說,「具備適合教職特質者,較易勝任教職,對工作滿意度可能較高,從而影響其自我概念對工作和生命的熱忱,較不易離職,減少社會資源之浪費」。這個說法初看起來,也不過是老生常談;但細加品味,總覺得味道不對。原來所謂「適任特質」所要保證的,是對「工作的滿意度」,而不必管在現在的教育環境裡能發揮什麼作用。人們不禁要問,一位教師在現在環境裡,竟然還能滿意自己的工作,進而「不易離職」,那會是哪一種老師?

記得在立法院討論「師資培育法」的一次公聽會上,師大訓導長說「大家不能老是想打破師範體系,要知道目前留在教職上的老師,百分之70是師範畢人,不像其他大學的人,做沒幾天就要走,所以師範體系對教育的貢獻是很大的」(大意)。這是非常典型的欠缺反省力的表現,如果留職的人多,就叫做貢獻,那麼鐵路局的貢獻不是更大?問題是,留下來是不是適合的人。如果適合的人都走了,不適合的人反倒「老神在在」地動

他不得,那就表示整個系統都要翻修。

用「工作滿意」、「不易離職」作為「適任」的目標,是要假設工作系統無須改革。然而,現在教育的問題,最根本的就是「好人不能出頭,壞人不能下台」,而教育改革的任務就是改變這種現象,現在不去研究好人壞人的特質(即所謂「適任特質」)到底該是如何,卻反過來只關心他將來能否滿意工作,這不是倒果為因嗎?

再看接下來的「研究方法」,就證實了以上的看法。這個計畫的研究方法,居然是要從現任的中等教師中去了解「教師工作環境與身心條件」,雖然說要從其中挑選與「工作表現」攸關的重要特質,但大前提已經是承認現狀了,能挑出些什麼?

依照這種方法做出量表,只能量出現在這樣的老師,充其量是現在的比較好的老師,卻完全未必是「將來需要的教師」。所以,我們的建議是,應該走另一個方向,從教育改革和教育本質的立場,先找出有助於成為「偉大」(這之所以前文說「理想要高」)教師的動機和人格特質,而完全不必管現在的教師是如何。之後,也許可以拿現任教師樣本試測,看看先前所建立的指標能否有助於「多元化」。至於測量這種動機和人格的方法,當然也是必須另行研究。

結語

本文試圖以目前臺大的教育學程計畫書為藍本,提出一些觀點與建議,希望能安慰主持大計諸先生的辛勞,也為臺灣教育改革盡一點力。

教育學程與一級單位

⊙張海潮

　　教育學程中心的籌設，一方面是為了讓本校的學生能夠修齊 26 學分的教育課程，用以具備將來任教中學的基本資格；另一方面則是本校為了響應中等學校師資來源的多元化，將臺大的辦學理念帶入中學教育。

　　由於「學程」將來必須聘專人授課，又必須設計課程及安排實習和追蹤考察，因此本身就像一個系、所，分明是個教學研究的單位（而非行政單位），它固然需要教務處在行政上給予支援，例如如何讓學生選入該學程，安排上課的時間、地點，甚至必要時酌收選課費用等等，正如教務處對各系所的支援一般。

　　但奇怪的是在 84 年 1 月 14 日的校務會議中，代表們卻把該「學程」一腳踢進了教務處，變成了直屬教務處的一個單位，真是不知道代表們心裡想些什麼？

　　「學程」進入教務處之後，如何在該學程中聘請老師呢？就算解釋得過去，就硬聘請進來好了，它與註冊組、課務組之間的關係又如何呢？它站出來與各系的關係是怎樣呢？就算這些都可以說得過去吧！中心主任現在變成教務長的直屬部下，不要忘了教務處是一個行政單位，中心主任任何對外的行文都要經過教務長才出得去，不僅費時費力，並且別的系所都可以獨立的行使專業的功能，此一中心反而無法獨立，真是情何以堪呢？

　　原因其實並不複雜，代表們其實也無惡意，主要是代表們不願意該「學程」直屬校長，變成一個所謂的「一級單位」，什麼是一級單位呢？在我看來，這是一個有待釐清的觀念，我認為它只是代表一個直屬校長，而非直屬院或教務、學務……的單位，但是如果有一個系或所，在目前的

分類上它無法屬於任何一個院,那它就只好暫時直屬校長,但這並不表示它就和院平行,它的主任也不是「一步登天」就等同於院長,同時,也不代表主任就可以參加行政會議,或是一定要跟校長一起吃飯吧。

　　這「一級單位」四個字如果再不說清楚,繼續下去還不知道要害死多少「單位」呢!

師資培育多元化的過去、現在與未來

⊙邱守榕／彰化師大

也是懺言：

首先，請相信我，我是既沈重又害怕地來面對這個需要高度的理性與敏銳的感知才能心平氣和地談論的問題。我為這本《教育報告書》呈現出的現象所惑，頂著激動的情緒、撐著疲憊的耳目、披上唐吉訶德的甲冑，一路殺上陣來。停下來的時候，我問自己……，走到這裡，要請教各位：我的風車在哪裡？是假想敵呢？或是殃及池魚？我最害怕的莫過於做了親者痛而仇者快的事，然而這恰恰是唐吉訶德與全世界為敵的幻象所不能超越的。

我在這裡一面挑剔《教育報告書》，一面想，呵，撰稿的人並不是什麼部會首長！撰稿的人原皆是同胞手足，是誰陷我於相煎的不義？要怎麼才能意識到自己曾受過的「教育」之苦，「教化」之害。要怎麼才能讓下一代的學童與教師免於無妄之災，使得他們的感知與理性自由自在地發展？

也是主張：

若不細察中、小學欠缺了什麼老師？學生需要什麼樣的人師與經師，來帶領他們成長？好的老師應有什麼樣的教學知能與態度，老師自己又需要什麼樣的學習經驗與成長環境去求知，那麼「師資培育多元化」只是在形式上讓大學可依「法」（標準）設立教育學程而已。師資培育的內容與方法，若未經徹底的檢討，未做開發性的實驗，把行政規定看成標準（聖旨），那麼就難免不步入「教育專業人士」所預言的「必然降低教學品質」的境地，而成為復辟「一元化」的藉口。

本文以《教育報告書》師資培育第八章中的說詞為證據。揭示教育部

在不自知、故作不知、或強不知以為知的心態下，對改善師資培育的必行措施，革新師資培育的現代理念，所表現出的迴避、排斥、汙衊歷史、混淆是非、魚目混珠、汗牛充棟的行為。且不說以「紓解升學壓力」與「教育自由化」為教育改革的經緯是不是得當，試想，誰才是「紓解升學壓力」的主力，誰已成為神話升學，拱抬壓力的代表槍手？試想，為什麼深受教學環境惡質化所苦的大、中、小學教師們，還要連帶受責難？確實「教育自由化」絕不等同於鬆綁，學習的自由是開釋創造力，解放生產力的必要條件，爭取自由為的是培養自律能力與自我意識，且求自主與自在，即隨心所欲不逾矩，這天人合一的氣度與修持，需要怎樣的老師帶領去認識天地間物我的關係與小我的成長？

　　本文分別從整體與局部兩個角度，來解析教育部提出的師資教育「改革構想」的內容與理念，忽略、混亂了什麼？及可能引起的誤會與產生的誤導。

　　《教育報告書》第八章費力地申述已通過的法案的規定，如「師資培育法」：已規劃的委員會；擬增設的單位的功能，如教師研習中心、特約實習學校的實習指導委員會，在職教師進修學院等。整體說來，正是一連串的宣揚德威，宣揚如何審議、審核、控制、指導、監督、輔導、設定等，以達擴權之實，應護盤之需。卻看不到檢討師資缺失與師教不臧的文字。在中小學校及幼稚園團任教師人數統計表（121頁）中，有五個學年度、六類學校教師人數，卻不提師資在質與量是否欠缺，情況又如何。

壹、自我矛盾的現象處處皆是

　　一、教育部一面把師資培育法的修訂說成「因應未來社會的多元化與中小學教育發展與師資需求量增加」，且也言明要考量（43頁）地方政府財政負擔與師資培育之配合，卻未相對在調整教育經費結構時（192-194頁），特列一項以支援地方政府。如此又倒過來把降低中、小學班級人數

的問題與「教職員工員額編制標準」扯在一起。這不就是挖東牆補西牆嗎？

若說「紓解升學壓力」是教育改革的主軸，那麼學童為什麼要承受升學壓力？這壓力含有什麼內容？在升學壓力下，孩子學的是什麼？得到什麼輔導、啟發？誰給孩子輔導、啟發？誰來裁決、撤銷、或轉化、分解壓力？當然，就是老師，但是好的老師也常不能面對不合理的壓力的。若要改革師資培育，不論是否包容多元化的制度，都非得考慮：如何培養出能「承受合理壓力，對抗不合理壓力」的教師。我們欠缺的是這樣的教師及培育教師的學程與制度。教育部明明就是政府中訂定相應教育政策、籌措必要施政條件的最高單位，怎麼把諸項教育措施，如師專改制，成立教育研究所等等（120頁）推托為「政策」之「配合」。師資培育的改革壓力對教育部來說似乎確有不得已的苦。

二、第八章的前言（119頁）說的好：「如果沒有好的老師，則一切的投資都將枉然」。如果「好的老師」，或「優良師資」這個基本概念無須商議、澄清，那麼在以量的擴充（4頁）來歌頌教育的長足發展之時，繼以教師學歷的統計量，作為質的提升的申明（14頁），就是自欺欺人。學歷是不能與教學品質等同的。

提高教師的學歷是一種教育投資，就是在師資教育上的投資。准此，我們必須說：如果師資教育未能產生「好」的老師，則學歷的提高，即為「枉然」，事實上，不論各項統計數字有什麼意義，中、小學教育的失調與脫序，已是不須諱言的了。中、小學教育的失調與脫序，大半與教學品質低落有關。而教學品質低落正是師資教育不臧的明證。由於師資教育不臧，且多年來師資教育由師範校院獨攬，才有「打破師範校院專賣權，師資教育多元化」之議。只有師範校院放棄專賣權，師資教育多元化才有可能，目的則在培育優秀教師。

由於師範校院與教育部源出一門，要師範校院放棄專賣權，就等於要

縮小教育部的直轄區，削減直接掌控教育資源的權力。若不是學界極力爭取，且得到師範校院內部有反省能力，以教學品質為志的開明人士的同情與響應，又經立法院教育委員的嚴厲諮詢與監督，教育部怎會輕言棄守？

明明師資培育多元化是民間力爭的結果，報告書卻把這寫成教育部在師資教育改革上的第一大重要措施，這不是汙衊歷史嗎？明明師資培育多元化只是原則，只是手段，如何建立多元化的制度還在議論中，還有待實驗研究，改革的方案還未出爐，教育部卻號稱已有措施，豈不是有意模糊改革工作的主要課題嗎？在這兒我們不禁要問：在師資教育方面，誰才是教育改革的主要對象？

三、師資教育改革的首要大事在重新規劃職前教育學程與實習教育。為此必須探詢教學知能成長的條件，必須檢驗優良教師或「師資的素質」這一個概念。在第八章中皆未加討論，也許正是經不起檢驗而諱疾忌醫。但「只准州官放火，不許百姓點燈」的心態仍依然故我，教育部一面不敢檢討師範校院所培育出的師資是否有好的素質，一面以效法美、日、英、德之師資培育學程皆經審核或審查為由，要規劃成立「師資培育審議委員會」，對大專校院申請設立之教育學程的品質加以審議。在聲稱教育自由化、大學自主（123頁），各校可自行訂定必修科目及各類課程之時，為了「齊一」而「管制素質」（122頁），豈非顯著的矛盾。此更顯出教育部不懂得把師範校院看成雖與醫學、工程學不同，亦只是一種培養特殊專業的大學院校。如果大學校院新設的教育學程有待審核，何以師範校院開設的教育學分課程（或科目），是否符合中、小學各學科的教學需要，不加檢討？

四、事實上，師範校院畢業生，有很高的比例棄教改行，亦有不少在校生早無執教的意願。原有的師範教育法，明文限制一般大學校院的畢業生執教的機會，卻又限制師範校院學生的出路。為此，師資培育多元化的意義並非單方面地去破除師範校院的專權，而是積極地打開師範校院向綜

合大學發展的空間。因之，在新大學法公布，師範校院已全面提升至大學階層之時，師範校院只要秉持師資培育多元化的精神及大學自主的理念，即可議決是否繼續擔當師資培育的工作。

師資培育法充其量只是新大學法的一個子法，師資培育法作為法源的功能是多餘的，只要有了教師（130頁），對教師的培育、證照、進修、權利與義務等問題有所規範，師資培育法已無存在需要了。但是教育部卻罔顧這個思考的邏輯性，一意孤行地在立法上為此法的存在護盤。用意何在？

教育部擔心什麼呢？擔心師範校院忽略其師資培育的主要職責嗎？還是擔心師範校院無法「面對激烈競爭」，未知「何去何從」，因之，積極予以協助以保存其特色？（124頁）師範的師生們同意嗎？

如今此法果然可作為「四、發揮師範校院特色，加強教育研究功能」的法源。所謂「教育研究」，各大學原皆可依新大學法逕自進行，師範校院需要教育部已宣稱以「教育自由化」為改革之緯，何以這樣地對待師範校院，另一方面又要成立依法無據的「師資培育審議委員會」，控制一般大學的師資培育學程，如果新設的教育學程有待審核，何以師範校院歷來不臧的教育學程卻不加以檢討，反倒要特加協助？至此我們不禁要問：是培育師資重要？還是培育師範校院重要？是師資有待培育？還是師範校院有待培育嗎？

五、實習教育的重要性，似乎受到教育部的注意：《教育報告書》第八章用了最大比例的篇幅在談這個問題。教育部擬建立嚴密的網路、體系、委員會、教師中心、特約學校……作為改革的施力點，也想要避免實習教師教學不當所可能造成的傷害（127頁）。但是如同其他規劃案一樣，教育部完全忽略了人的因素，忽略師資的師資、教師的指導者、督學、實習指導委員等的來源與素質。若說應提防知能不足、態度不善的實習教師，可能傷害到學童，那麼，何以不提防不適任的指導人員會帶引未來教

師產生什麼樣的信仰與價值觀？也許「不適任」的指導人員，亦是師資教育的改革對象。

與長久以來一元化的政策，一言堂的作風相生的，是各據一方，自立山頭，我行我素的視導圈。要不要像英國一樣建立「女皇陛下的監察員」制度，是教育部在自求改革中必須仔細分析的，專業的事項，民眾無從置喙。現任的教育視導人員，多由考試選拔，不少未有足夠教學經驗，但在行政機構中握實權，若任其指導實習教師，受傷害的將是整個教育圈。

貳、結語

教育部用最近出版的《教育報告書》來表達「改革構想」，宣稱自己已踏上旅程，一面在世紀列車上觀察車外的變化，展望廿一世紀教育遠景，一面告訴民眾，教育體制「何去何從」。我們則把這本未經上級審查核定的報告書，看成教育行政部門經過研議後總結而成的想法與做法，隨而據以診察教育部在研訂政策與實施方案之時，情不自禁地表現出的各種思考模式所下的結論，美其名為教育改革，不但將亟待改革的教育措施掩蔽了焦點問題，更動搖了改革的方向，渙散了改革的力量。

從來各先進國的教育報告書，不論東洋或西洋，不論經過法定程序與否，都是直言不諱，自我鞭撻，數說理想。英、美教育報告書中，少見歌功頌德，自詡成就的章句。都是把兒童看成國家未來的主人翁，把教育看成繼往開來的事業，不吝於教育投資，不滿意已有的設施，把從現實走向理想看作生命的目的。理想不是景，無所謂遠近，理想是心中的價值，不是窗外的景觀，不幸的是……。

不幸的是，已踏上旅程的郭部長，只能坐在疾馳的車上觀望。在車中能做什麼？難道沒有下車的自由嗎？難道沒有辦法紓解體制的壓力？難道教育部與教改會之間有主權領域的分立問題？我們需要開發這樣的智慧來展望師資教育的未來。

師資教育問題在於師資不足，教育改革需要典章

⊙邱守榕／彰化師大

要辦好師資教育，首先要辦好教育學程，要辦好教育學程，就必需要了解師資教育出了什麼問題、有什麼困難、有什麼匱缺。討論師資教育的問題，必須由結構加以評析，並做類型上的解析、策略性的批判及起源性的追究。由於篇幅不允許，僅在此以附會維根斯坦（Ludwig Wittgenstein）的方式，寫下一些局部的理解，是東施效顰，也是瞎子摸象式的告白。

壹、師資教育問題及其背景

遲至這幾年，師資教育，才在一般教育問題之後，成為一個可由公眾討論的問題，值得注意的是師資教育問題及其演變的背景。

在師範教育一元化的專營年代，教育嫡系對圈外人士的批評，如教育學分課程、實習教育、教師甄選等的內容與方式，皆不予理會。

由層出不窮的校園事故，顯出教師之不才與無能，是造成中小學生未能得到基本品質的教育，學校教學過程失當等等問題的重要因素；教師似乎無法負起改進教學的責任。這種種讓人質疑：教師自身所受到的教育，是否品質不良？

早在十年前就有學者指出：師範院校受到「師範教育法」的保障，壟斷培育師資的權利，獨佔資源與市場，在師資培育過程中，沒有競爭對手，成果亦不由人檢討批評，因此不求改進，不進則退，以致於教育品質益加惡化。

在新師資培育法頒布之後，教育部把此法作為其改革師資教育的成效，(見教育部編：《教育改革報告書》)。同時教育部握緊拳頭地使用防衛機制，遏止學者專家們的異議與批評，組成所謂的審議委員會，唯恐失去對師資教育以至於師範校院的管理權。師資教育在教育解嚴的攻防線上成為教育嫡系最後的籌碼，無怪乎師資教育的品質問題總在如來佛的手中翻來翻去。

雖然師資教育備受責怪，但近來九所師專改制為師院，師資教育已全部提到大學學院的層級，議者認為：師資教育應視為大學教育中的一門職業教育，與醫學教育、工程教育、農業教育等等並列，並應受大學法的規範。

雖說師範教育法已無單獨存在的必要，但是總有人訴諸懷古之情，講述師範學校的光榮歷史，把先人的努力說成是自己的成就，諱言後來者的不肖與抱殘守缺；或是用合法性抵制合理性，甚至在新師資培育法頒布之前，倒因為果地說：如果開放師資教育，讓各大學都自行開辦教育學程，將來教師的品質，必然因不受控制而低落。

貳、師資教育之品質

師資教育的問題，本質上就是教育內容的品質問題。

若要指望師資教育能培育出良師，(俗氣地說，就是「良師興國」的良師)，那麼一定要做假設性的逆向思考。先問自己：我們期望什麼樣的下一代？再回頭替他們盤算：他們需要什麼樣的老師？然後，才能有憑有據地討論：師資教育必須具備什麼特性？什麼規模？什麼結構？含有什麼類型的內容？採用什麼策略？

如果我們期望下一代能指出我們的缺失，不重蹈我們的覆轍，能以開明的態度來定義社會公義、仲裁善惡，為有所作為而活，勇於負責、堅持

理念，那麼，他們的老師就必須有接受批評的雅量，知過即改的能耐，可以肯定孩子冒險犯難的開明態度，孩子犯錯，能用寬容的心讓孩子為其行為辯解，讓孩子體驗：生活的意義不在追逐物質，學習的目的不在考試得高分，讓孩子樂意與人合作，也有膽識單槍匹馬地獨立行事。如何才能培養出這種孩子所需要的老師？

我們的孩子，每一個孩子，都像海倫凱勒一樣，需要老師的帶領走向成人，步入大自然，進到自己的內心世界，認識自己的潛力，認識水的柔、風的輕、聲的波動。倘若不再有這樣的老師；孩子不聾，但耳不得聰，孩子不瞎，目亦不得明，又懵懵懂懂地過了半生，再生出失聰失明的下一代，自己成不了好老師，子女恐也難遇什麼恩師。文化註定要衰退，社會註定要敗壞，大自然註定要喪失生機。

接著我們必須問的是：這樣的老師需要怎樣的教育？這樣的老師需要怎樣的老師？現行的師資教育能造就幾位像海倫凱勒的老師一樣，也會啟發我們的孩子的老師？或許，好的老師是天生的，是由不得我們來造就的，海倫凱勒的老師受過什麼師資教育嗎？但是，如果改進師資教育的措施，無法約聘到他們所需要的老師，那麼，師資教育的品質還有提昇的希望嗎？

就以數學教師為例，未來的數學老師需要具備怎樣的教學知能？他知道學生數學思考的發展與數學的發展之間，常有相應的規則嗎？他願意包容學生的迷思概念嗎？他能洞察學生的錯誤類型嗎？他能在肯定學生的知識結構之時給予補救教學嗎？他知道現有數學教育措施的缺失及其理論基礎嗎？他知道自己在學數學的過程中曾是受害者嗎？他知道學校教的常是數學贗品嗎？他知道自己需要多學一些「好的數學」，需要有學「好的數學」的「好的經驗」，才能夠帶領孩子進入數學世界嗎？依目前惡惡相因的情況看來，數學師資教育的品質，難在短期間內得到改善。

參、師資教育之制度及典章

同時我們認為師資教育的問題還包括制度的問題。

別以為建立了師資教育多元化的制度，就算是一併解決了師資教育問題，還要天真的認為師資教育的品質也會自然而然地隨之提昇。

新頒布的師資培育法中，明文規定了師資教育多元化的精神，似乎帶來改進師資教育的希望。然而，師資培育法是在政治角力的立法院中，倉促之間討價還價得來的小勝，原可在多元化的精神下充分揮灑的時空，卻被教育部公布的施行細則逐條割據。已經獲准開辦教育學程的每所大學校院，不是有意識地勉強在壓縮的屋簷下挪動身軀，寄望於未來，便是與現實條件妥協，以求適者生存。新法下編組的教育學程，可以說只是舊體制的擴編，一切都必須按照「規定」，才算合法。「惡法亦法」的現象，在此亦無人敢指責。這就是制度。

新辦教育學程的大學校院，是如何看待自己在師資教育改革中的地位與功能？對於師範院校多年績效不彰的經驗是否有所警惕？大學院校有權為自己的學生，爭取修習教育學程的機會，也有能力自行開辦教育學程，但是，大學校院所應該爭取的，絕不僅止於開辦教育學程的權利而已，應該是要提供師資來培育未來中、小學的良師。師資培育的問題，一方面是中、小學師資不足的問題，一方面是師資培育機構內師資不足的問題。大學校院若為了前一個問題而開辦教育學程，則必須檢視；作為師資培育的機構，自己是否有充分的師資？如何善用已有的師資？如何讓現有的師資，在教學相長的環境中，學習如何成長成為未來教師所仰望的良師？否則，未來師資品質的低落，多元化的制度，難逃為一元化師資教育復辟者爭相指責的對象。

針對教育問題，每位自詡唸過書的人大都認為自己懂得不止一點，更是隨時隨地勇於發表高見。然而，在各說各話卻溝通不良、對話貧乏的大

環境中，很少人能超越本身所受的教育，所謂「取法乎上，僅得乎中，取法乎中，僅得乎下」的情況，十分普遍。當教育的精神愈渙散，教育的過程日益粗糙，青出於藍的例子自然愈為稀少。對於許多求得高學位的士紳們來說，學而優則仕，而轉往仕途中奔波的士紳們，卻無法好整以暇地為了教育問題來參與溝通、對話、調查、批判……等工作，以至於教育問題說得愈慷慨，論得愈激昂，得到的共識卻愈單薄。大多把箭頭一致地指向中、小學教師，把教師當作教育改革的主要對象，對於教師的困難與需要，並沒有深入透徹的理解，也未與師資教育的問題相連繫，這樣如何能在擴編教育學程之時，對品質細加琢磨呢？

師資教育的品質問題還牽涉到典章的問題，也是人的問題，制度與典章是相對的，沒有典章的制度，就沒有內容章法與憑據，只有空架子。師資教育需要有好的制度當架子，需要能表現實質的典章，更需要能開創、落實、且隨時修正制度與典章的人，才能產生正面的效果。

教育學程在職前師資培育階段，必需有什麼內容、原理、方法……，所談論的題材是否關照到中、小學學生學習的需要，是否與專門學科相聯繫，實習教育如何增長未來教師的教師知能，教師檢定的辦法應當如何設計等等，皆是典章的問題。大專院校必須靠原有的師資來制定典章，在制定時，有必要參考師範院校過去的經驗，並在試用中修正、充實。只有師資教育機構對本身師資不足的問題能有所認識，敢於在求知之中自我提昇，師資不足的問題才可能得到改善，師資教育才有改進的可能。總之，師資教育不是個開天闢地的工作，卻必須能夠承先啟後，繼往開來。師資教育如何開創新局面，有待大家共同努力不懈。

透視臺大

第三篇
校務行政

淺談校務會議與校長的定位及職掌分際

⊙許宗力

校務會議爭執多，是陳校長上任以來，臺大校務會議的特色。民主的會議出現爭執，乃正常現象，原不足為奇，不過觀諸經披露的校務會議記錄，卻發現有許多情形，爭執往往是因為校務會議代表與校長，或校務會議代表相互間，對於校務會議以及校長的定位與職掌分際產生認知上的差距所致。如有次臨時校務會議，校長還有部分校務會議代表，曾就校務會議是不是臺大的立法機關，有不同看法，就是一個例證。所以釐清校務會議，與以校長為代表的學校行政單位兩者的定位與職權分際，實有必要。

稱校務會議是臺大的立法機關，這個說法絕對沒有錯，因校務會議確有審議學校預算、組織規程與各種重要章則之權（參照大學法第十四條）。但若進一步稱校務會議是相當於立法院的機關，則就有所不妥。因大學法第十四條賦予校務會議的權限，基本上固與立法院所執掌者（憲法第六十三條）類似，但在組成結構上，兩者則無法相提並論。理由是，立法院純係由民意代表所組成（憲法第六十二條），校務會議組成份子則除是教師代表、研究人員代表、職員代表與學生代表等不同校內「集團」的「民意代表」外，還包括校長、副校長、學術與行政主管等行政人員（大學法第十三條）。此外兩者間還存有一項更大與更重要的差異，即立法院雖然是國家最高立法機關，但基於與其他國家權力（特別是行政權）平等分立的原則，尚不能自詡國家最高決策機關；然根據現行大學法第十三條，校務會議卻是「校務最高決策會議」，其決策地位，基本上還在校長之上。所以將校務會議類比為立法院，反有自我矮化之虞。但無論如何至少可以確定的一點是，校務會議與校長是臺大這個自治組織體（因根據憲法保障學術自由的精神，以及現行大學法第一條的規定，臺大，以及所有其他

的公立大學,都擁有一定範圍的自治權)的兩個最重要機關,前者負責決策,可說是意思機關;後者固亦非無部分決策功能(後述),但基本上則是負責日常校務與決策之執行的執行機關。除掌執行外,校長另擁有對外代表臺大的權限,自不待言。

校務會議與校長,一掌決策,一掌執行,表面看來似乎涇渭分明,實則不然,兩者爭權,殆難避免。這主要是因為,校務會議除掌大學法第十四條各款所列舉事項外,另還掌有議決其他列舉外的「校內重要事項」(大學法第十四條第四款)或「校務重大事項」(大學法第十三條)之權;而另方面根據大學法第十五條,屬學校行政系統,以校長為主席的行政會議掌「本校重要行政事項」,兩者範圍可能重疊的緣故。在此最可能出現的爭執態樣是,某學校重要行政事項,校長與行政會議認非屬「校務重大事項」,而未提報校務會議審議,就逕付實施,校務會議則有不同認知,認校長不尊重校務會議,侵及其權限。由於校務會議為校務最高決策會議,所以「校務重大事項」的認定,當然是應以校務會議認定者為準。在此情形,校務會議固可就同一事項進行「翻案」,但倘若涉及對第三人的信賴保護,或造成的既成事實具不可逆性,校務會議基本上就只能徒呼奈何。當然,如能增加校務會議開會的次數,或增加罷免校長的設計,或能將這類情形的發生減至最低。

校長如認為校務會議決議違法,可否拒不執行?校長倘不執行校務會議決議,校務會議又當如何?這是兩者權限分配上的另一項值得正視的問題。這個問題,在行政法學上又稱之為(校內)機關爭議,如何解決,現行大學法並無規定。不僅沒有如省縣自治第二十二條(省府認為省議會決議窒礙難行,得送請省議會覆議,省議會須以三分之二多始能維持原決議),或第二十一條(省府延不執行或執行不清楚,省議會得請省府說明理由,並報請自治監督機關邀集有關機關協商解決)的規定,也沒有如德國般承認有機關訴訟的可能。事實上,校務會議既為大學「校務最高決策

會議」，所以在法無明文的情形下，校長自無移請校務會議「覆議」的權限，理當執行。但即令貴為「校務最高決策會議」，只要沒有罷免權，對於拒不執行校務會議決議的校長，校務會議基本上亦只能束手。雖理論上校務會議非不能以罷會或杯葛校長的提案為手段對抗之，但為免癱瘓校務，仍應慎採行。當然，由於憲法第一六二條規定，全國公私立教育文化機關，「依法律」受國家之監督，所以既然爭執的兩造尚非不能報請教育部為適法監督，以解決爭端。只不過教育部究將如何行使監督權，大學法並未設相關的落實規定。即法無明文，則教育部任何監督措施，無論是支持校務會議或校長者，相信都將因欠缺法定基礎而無法獲得另一方的認同。在法律未能彌補此一漏洞之前，只有靠兩者發揮其「政治」智慧來化解衝突了。

本校組織規程的制訂始末

⊙賀德芬

壹、修法依據

大學法在今年（83年）1月5日經總統明令公布，1月8日開始全面生效。各大學在新大學法生效後，最迫切的工作，乃是依照大學法第八條的規定：「各大學應依據本法，擬訂組織規程」，使大學能依新大學法的精神運作。

然而，臺大的組織規程，迄今距新大學法施行已歷時十個月了，卻連初稿都還未曾送校務會議審議。蹉跎之下，臺大何時能完成校內憲法，徹底改革校務，仍屬未定之天。

臺大之所以會如此拖延訂法工作，主要是因為，教育部曾於1月17日以臺（83）高字第002747號來函，要求各大學須在教育部擬訂的施行細則公布之後，再依據施行細則修訂組織規程，但教育部的施行細則卻遲至8月26日始行公布。因此，各大學未能正視大學法的明文規定，只能依循舊例，屈從於教育部的一紙手令，延遲了校內組織的重整，固是主因，但，組織規程須經教育部核定後，始能實施，也正是教育部仍能箝制大學命脈的關鍵。此項規定和大學法第一條所謂「大學在法律範圍內有自治權」的精神並不相符，大學法固然本身未臻健全，但依理，教育部亦只能就不合法部分予以駁回。依大學法制定之組織規程，教育部若不予核定，即已逾母法所授權限了。

退一步言，縱使大學習慣於聽命教育部，必須待教育部施行細則公布之後，才敢修訂各校組織規程，但內部作業其實可以先行完成。臺大也不

是不無準備，何以拖延至今尚未初步經過校務會議審議，亦未正式舉辦過一場公聽會，其正式的立法程序，可謂尚未開始，反而交由行政官僚組成的「組織規程修正意見整理委員會」去操作，其間奧妙只有行政當局才能夠答覆。

貳、草擬組織規程的過程

臺大組織規程的草擬是所有大學中最早開始的，這要歸功於前任主事者的高瞻遠矚。據悉是由前教務長郭光雄教授所提議，早在81年1月即由第1765次行政會議通過，成立本校組織規程研修委員會，以配合大學法之修正，並針對本校組織發展及實際需要，進行先期的規劃研修工作。

組織規程研修委員會於81年1月17日即告成立，由前任校長孫震邀請朱炎、羅銅壁、袁頌西、黃伯超、陳俊雄、蘇遠志、張鴻章、廖義男諸位教授，及人事室馬雩主任共同組成。因為所有成員都德高望重、事繁責重，所以在還未正式開會前，即有朱炎、袁頌西及廖義男教授出任官職，暫離臺大，而改聘林子儀、尹建中、蔡政文教授遞補。以致遲至5月5日才能召開第一次會議，會中決議委請林子儀教授負責起草修正議案。

經林教授起草完成後，再度於8月24日，召開第二次會議，開始就草案做大體的討論。此後，研修會議雖緩慢，但還順利而有序的進行著。或許因立法院討論中的大學法進度停滯，立法的動向亦十分不明確，導致研修委員會有些意興闌珊。但諸位委員們公私兩忙，難以全心致力於此，卻也是事實。不過，總賴幾位委員始終熱心參與，而使此項工作不致中斷。

82年7月新校長上任。我個人因長期關注大學改革事務，深知大學自治的精神必須依賴校內的改造方可落實，所以，這兩年積極投入會議，推動校長民選及軍護課程選修議案。但是，最根本的法制解決，仍在組織規程的修訂。基於這種認識，乃三番兩次催促新任校長積極推動，而致有7月中旬的改組行動。當時已進行至第12次會議，草案的逐條討論亦已部分

完成。此後的半年，共舉行了 13 次會議，終在 83 年 2 月 3 日，完成全部討論，並委請林子儀教授做最後的整理。此項草案據說在 4 月方才送達校長室。

大學法既在 1 月 8 日開始生效，組織規程的訂定便有其急迫性。然而，4 月 23 日的校務會議，校長並未主動就組織規程事宜提出報告，也未將草案交予校務會議代表。當時在會議最後，曾有提案要求授權由原研修小組繼續徵詢各院意見，並辦理公聽會，負責說明。此項決議並獲通過，但在校務會議記錄上，竟不翼而飛，無影無蹤。

6 月 2 日，校務規劃委員會中，文學院夏長樸教授再度提出要求了解組織規程的進行情況，這才使校規會委員會能取得草案。然而，在 6 月 11 日的第二次校務會議中，校長又避重就輕未提緊要。經幾度詢問，校長竟否認 4 月的決議，而以原召集人羅銅壁教授拒絕繼續擔綱為由，無從由校務會議進行彙整修改的工作。

然而，6 月 21 日又突然改由行政會議通過，成立組織規程修正意見整理委員會，28 位成員包含：各級行政主管（校長、三長、各院院長、主任秘書、人事室主任、會計室主任、夜間部主任、圖書館館長、推廣教育中心主任、電算中心主任、總教官）參加，占了絕大多數的 20 人。各院僅由院長選派一名教授代表（分別為夏長樸、陳益明、吳忠吉、王正一、許博文、王亞男、唐富藏、陳建仁諸位教授，其中值得注意的是：凡是曾參與原組織規程研修委員會的成員，甚至包括組織章程的原起草人，全部被排除在外，而且沒有任何學生代表參加。）縱使如此，此委員會，據聞亦未曾開過會。組織規程的修訂工作延宕迄今。

由於組織規程未能迅速依大學法修訂，以致本學期校務會議代表仍依照舊的組織規程選出，嚴格地說，這是違法的。而新大學法通過後，課程並未有新的規劃，學生輔導工作並未有所調整，軍護課雖由校務會議改為選修，但選課說明上卻要初入鱟宮的大一新生，自負因政策不確定所可能

產生的責任……。教育部卻又在自行延宕了八個多月才訂出施行細則後，竟要求各大學必須在明年 1 月底前訂定組織規程並報部核定。在短短不到三個月的時間，當局又只安排 2 次校務會議，最後是否會以時間緊迫，就以行政人員組成的整理委員會的報告為版本而做包裹表決？這是不得不令人驚懼的！組織規程是臺大憲法，若以如此倉促、草率的方式為之，對臺大可能產生的混亂和危害，恐怕是難以倖免的！

臺大組織規程草案簡介

⊙賀德芬

註：本校組織規程的訂定過程，曾在本刊創刊號做過詳細的報導，現在離限期完成的期限愈來愈近，校務會議竟還未開始討論，將來結果如何實在令人擔心。鑑於組織規程就是一個學校的根本大法，關係學校之績效成果甚巨，故本刊自本期起除在第二版開闢「臺大憲法專欄」來做系統的討論與介紹外，本期並以之為主題，先行推出本校、政大與清華大學草擬中的規程簡介，以使同仁有一通盤了解，進而為本校規程的訂定提供卓見。

本校組織規程草案由組織規程研修小組委員會，在今年2月完成起草工作，4月印行交付校長室。全案共七十四條，分列七章，體系依照新大學法規定的章節內容編排，以符合新大學法的要旨與立法精神。但為求體系之完整，乃增列「職員及工友」及「校園安全及使用」兩章，並在附則部分規定大學組織規程的修改程序，及針對本大學組織規程修正通過正式實施後，其他規章應如何處理的過渡條款。

此外，草案的擬定，以符合本校長期發展之需要，具體落實新大學法所宣示的自治精神，保障教師及學生權益為目標。條文則力求簡潔，組織配置力求精簡，兼顧民主與效率的要求，其要點如下：

（一）明確規定本大學校本部地址（第二條）。

（二）建立大學傳統，將本大學校訓正式納入規程（第三條）。

（三）明訂本大學各組織設置及變動的程序。譬如院（系、所）、夜間部及各項中心的增設、變更和停辦的程序；各行政單位的設置、校長的選任、以及教師評審委員會的組織等等，使之都有一定規則可循（第五條

至第九條、第十三條、第三十五條、第四十五條、及第四十六條等)。

（四）**明訂被授權制定細則或辦法的單位**：由於本草案只做原則性規定，為符合法治原則，必須明文授權一定單位在實際運作時，其具體的細則或辦法。大體上，如單位的增刪、校務、教務及總務會議的組成、召開；校長遴選辦法、副校長同意權行使、學生獎懲辦法等，都由校務會議來制定。各學院、系、所主管的選任，交由院系決定，教師之聘用、申訴，則由各級委員會負責（第五條、第七條至第九條、第十三條、第二十七條、第二十八條（甲案）、第二十九條、第三十條、第三十二條、第三十四條、第三十五條、第三十九條、第四十二條至第四十六條、第五十四條、第五十五條、第五十八條、第六十條至第六十三條、第六十六條、第六十七條、及第六十九條至第七十一條等)。

（五）**精簡組織並保持未來變動的可能性**：盡可能地只對必要的組織加以規定，並保持本大學為因應未來需要，得增設必要的組織，如各種研究中心、行政單位的設置，教務處、學生事務處及總務處、秘書室、人事室的編制，以及校務會議非常設委員會及專案小組設立，都留有彈性空間，以應實際需要而調整（第八條、第十三條、第十六條至第十九條、第二十條、第二十一條及第三十四條等）。

（六）**教學研究單位與行政單位加以區分**：並將教學研究單位置於行政單位之前（第二章第一節、第二節），行政單位又區分為院、系、所行政單位，教學研究行政單位、及輔助教學研究之業務單位等三類（第十二條、第十三條及第十四條），其用意在於突顯教學研究為本大學核心目的，各種行政皆是為了支援及輔助教學研究之目的。

（七）**組織合理化**：為使本大學組織清楚及合理，本草案規定所有學術研究性的附設機構及專業性研究單位應附屬於大學，而為與學院平行之單位（第八條）。同時，由於新大學法將軍訓室及體育室設計為教務行政單位，因此，本草案即將其劃歸教務處之下，除為簡化組織外，也為使本大

學所有教務行政的權責能夠統一（第十三條）。此外，新大學法規定大學應視其規模，設置一至二位副校長，本草案鑑於本大學之規模，認為可設置副校長二人，並明文規定其職權，以免副校長形同虛設（乙案第十一條）。

（八）**組織民主化**：本草案對重要合議性組織成員之選任，均規定應以民主程序產生（第二十九條、第三十二條、第三十五條、第五十八條、第六十五條），並應依民主原則決議（第三十條、第三十七條、第六十一條及第七十二條）。重要行政主管，應經民主程序產生（第三十五條、第三十九條、第四十二條）。

（九）**行政效率的兼顧**：本草案為兼顧行政效率，以權責分明的責任政治理念，規定行政主管權限，明確規定校長為本大學的行政主管及其與校務會議間之關係（第十條、第二十八條及第三十二條）。賦予校長對副校長及三長以外之行政主管的任命權（第四十條）及對行政主管的免職權（第四十一條），明定校長任期（第三十五條）。

（十）**強化校務會議功能**：為貫徹大學自治的精神，本草案對校務會議的功能做了相當的強化。除了根據新大學法的規定外，將校務會議訂為本大學最高決策機構（第二十八條），明定校務會議職權（第三十一條外）外，並設置校務會議常設委員會（第三十二條），規定校長有執行校務會議決議的義務（第十條），行政會議的決議應送校務會議常設委員會備查（第二十四條）等，加以強化校務會議的功能。

（十一）**實踐教授治校的理念**：本草案依新大學法規定保障教師在校務會議及校長遴選委員會中之最低比例，賦予各學院、學系、所對下列事項的自主性：院務、系務、所務會議的組織（第九條），院長、系主任、所長的選任（第四十二條）；教師評審委員會（第四十五條）、教師的解聘及不予續聘（第四十九條）。

（十二）**保障教師權益**：為保障教師權益，設置教師申訴評議委員會（第五十三條），並規定應與當事人表示意見的機會及申訴評議的效果（第

五十四條）。

（十三）**規定職員及工友的權利義務**：本大學職員及員工之任免、服務及獎懲等，另有法律規定，本組織規程原無規定的必要。但因職員亦為本大學組成成員，在其輔助本大學教師之教學及研究，及學生之學習時，應維持行政中立的原則（第五十七條）。此外，身為本大學成員，自應保障其參與校務的機會（第二十七條、第二十八條、第二十九條、及第五十八條）。

（十四）**保障學生權益**：明確規定學生的基本權益，並保障其參與校務的機會（第六十五條）。同時設置申訴制度（第六十七條），使學生對不服關於其權益之決定，有申訴救濟的機會，並給予最低程度的程序保障（第六十八條）。

（十五）**保障及輔導學生自治及從事課外活動**：明定大學應輔導本大學學生設各級學生自治組織（第六十一條），本大學學生有參加學生自治組織的權利及繳納有關費用的義務（第五十九條），學生團體具有使用學校設備及公平接受補助的機會（第六十三條），成立學生自治團體及社團輔導委員會（第六十四條）。

（十六）**建立校園安全制度**：增設第七章校園安全及校園使用之規定，以給予設置校警及管理校園使用法之基礎。

（十七）**提升校務會議議事效率**：本草案為提升校務會議議事效率，以使校務會議能正常發揮功能，落實大學自治理念，於是本草案第二十八條提出乙案，擬革新校務會議組織，精簡校務會議代表人數（第二十八條乙案）。

釐清校園內立法權與行政權之糾葛

⊙賀德芬

在大學的王國裡，誰是最高的決策者，不但關係著大學發展方向，教學研究品質等等一切大學的事務，也影響校園內權位的消長，利益的分配。無庸置疑地，這當然是大學組織中最關鍵的課題。

過去，大學事務實際上是掌握在教育部等國家機器手中，校務會議不過徒具形式，校長則多空享盛名，等待入閣。學校一般事務的處理，談不上什麼規格或制度。

現在，大學法不但授予大學自治權，並明訂校務會議為最高決策機關。然而，大學法公布生效已將一年，卻無任何人，包括教育部，認真的當一回事，以至這一年來校務會議的決議不是被毀跡，就是被扭曲，甚至根本不理會。事實上，操控決策大權的仍是以行政為主體的行政會議。

壹、行政會議權力忒大

就以最近的幾個案子為例，校務會議已通過了課程委員會的組織結構，教務長卻以行政會議的形式，要求加入總教官、學務長及夜間部主任（1867次，83年4月26日）。校務會議通過組成組織規程的研修小組，校長卻不予理會，而後快速交由行政會議，組成行政人員的整理委員會（1875次，83年6月21日）。又如，臺大在77年就經校會決議，本校專任教師只得借調擔任政府機關或公立學校專任職務，可是1885次行政會議（83年9月6日）卻擅行將其放寬至依法登記的學術或醫療機構。

類此任意推翻校務會議決議的事，真是不勝枚舉。許多校務會議決議又大都交由行政機關研擬。譬如出版社、性歧視防治小組等的成立，都可

以再經行政會議,一拖經年,甚且毫無下文。而行政會議權力之大,可以決定是否加開校務會議、校務會議成員比例、審核各院系的組織章程、評審辦法,乃至於校園基金的設立、董事的聘請等等。究竟什麼事該送校務會議,什麼事可由行政會議決定?既缺乏明確的規定,也無任何單位可予監督。長期來,行政會議就是校長領導下的太上部會。

貳、行政會議究由哪些成員組成?

包括校長以下的三長、各院院長、各中心主管,以及會計會、人事室、秘書室、圖書館的主管和總教官。除了院長現在是由民主方式產生外,其餘一概都是由校長或政府任命的行政人員。院長的流轉性高,對行政會議的事務似乎並未能全盤掌握,也可能不是那麼關心,代理出席的情況便很普遍。

現任校長在擔任醫學院院長期間,就有由總教官代理的記錄(1783次,81年6月9日,見附件)。按理,院長出席行政會議應是報告院內事務,並做全校性的諮商討論。自己不出席,代理人總要實際參與院務,至少是熟悉院務者,竟由不相干的總教官代理,這種輕率不負責的態度,令人匪夷所思。由此亦可知,行政會議的決策大權事實上早已淪陷在行政官僚手中,而教官在校園中竟可以成了最高的決策者。

參、校務會議形同虛設

校務會議一學期召開兩次,人數超過200人,議事環境與品質都極為不堪。沒有追蹤管道,又缺乏監督體系,校務會議早就形同虛設,行政單位因而為所欲為。縱使大學法明文規定校務會議是學校最高決策機關,又能奈何?

要落實大學自治精神,使校務會議能成為最高決策機關,惟有從結構

上著手：

一、縮小校務會議的編制，例如系所主管既已參加了其他業務會議，便不必為當然代表，但可競選為互選代表。如是便可精簡一半人數，利於會議進行得明快順暢，代議功能大增，效率自然提高。

二、校務代表應保留部分名額由全校普選產生，以避免過度的本位主義，並建立出全校整體性的共識。

三、代表任期應加延長，並採新舊交替的方式，以使議事能夠持續，不致全然陌生。

四、設立常務委員會，在不開會期間，監督決議執行情況。另設各種委員會，勤於參與校務，並對校務會議負責。

五、行政會議的決議必須向校務會議常設委員會報備，以釐清彼此之間的權責關係，防堵行政體系專擅弄權。

六、應建立複決制度，校務會議果真能成為大學的最高決策機關之後，校務代表責任重大，須對其在會中言論負責，因此，全校師生不但要理性、審慎選擇校務代表，校內師生對校務會議重大決議不同意時，應在一定條件下，進行複決。

至於校務會議程序的安排，紀錄的確認等等技術性細節，過去都在無法無天中任由秘書室操控。校務代表如不甘自廢武功，不願意淪為中華民國的國民大會及立法院，以臺大人的才智，豈有解決不了的，唯看是否願為臺大奉獻，有心建設臺大為一流大學罷了！

附件

來函照登

〔本刊訊〕法律系賀德芬教授曾在本刊第四期〔台大憲法專欄〕中提出現任校長在擔任醫學院院長期間，竟有由總教官代理出席行政會議的記錄（1783次81.6.9）本月二日秘書室函各單位，更正該項紀錄原文如下，「主旨：本室印發各單位之本校八十一年六月九日第一七八三次行政會議記錄（出席）名單部分有誤，特更正重新印發，請查照說明：檢附第一七八三次行政會議記錄原稿之部分影本供參」。即兩年前印發之紀錄為陳維昭由韓懷豫代，現更正為韓懷豫代劉瑞生出席。

釐清行政權責才能建立互信

⊙賀德芬

長期以來,臺大內部,有很大部分教授對於行政部門,抱持著疏離與不信任的態度,主要原因在於過去校長及行政主管都由官方指派,教授即使表達意見也不易受重視。

陳維昭校長以第一任民選校長的身分主持會議,教授與行政部門的疏離,甚且對立的情況理應有所改善。然而,從本學期校務會議的情形看來,混亂、失序、無效率依舊。校務會議討論臺大組織規程時,校務代表之間往往爭辯不休,每次會議只能通過兩條條文,效率極低。其中固然有因理念不同的教授互不相讓,而部分教授對陳校長及行政主管的不信任,仍是主要原因。

此種不信任感若未能得到適當處理,在校園自主的大趨勢下,將使得臺大原本低落的行政效率更加惡化,嚴重影響師生研究與教學的品質。此種現象當然不能完全歸咎於陳校長與行政主管,然而做為學校的領導者,校長有責任盡最大的努力,釐清行政體系的權責,來建立校園的互信。在此提出兩項建議:

壹、行政部門應重視行政「效率」,而非「權力」

本學期校務會議之所以充滿不信任感,主要原因在於行政主管強力介入組織規程之擬定工作,在原先之研修小組提出草案後,行政會議又另行組成「整理委員會」,大幅修改原草案之精神與條文,同時又否定在校務會議之下成立整理委員會之提議。

大學校園,雖由教、學與行政部門構成並互為主體,但,行政部門究

屬輔助、支援單位,其最重要之責任,應是保持行政作業的順暢,讓教學與研究工作能順利進行,並配合環境變遷的需要,提高行政效率,而非與校務會議爭奪權力。

目前的行政部門仍有多項工作等待積極進行,例如制定「長程校務發展白皮書」、檢討各單位資源分配與年度概算的合理性、快速興建校園新建房舍、管理與行政電腦化等。行政部門應將努力重點放在推行這些事務上面。

以各單位資源分配與年度概算的合理性為例,校方原先向校務規劃委員會提出的 85 年度總預算為 68 億 6 仟 8 佰萬元,其中研究、教學、行政等經常性支出就占了約 66 億 6 千 3 百萬元,只剩下約 2 億零 5 百萬可用來做新建房屋建築、整修建築、家具設備、資訊設備等。

然而每年 66 億的經常性支出是否合理?各院間的資源分配是否妥當?教育部核定的預算金額是否合理?校方都有審慎評估與進行檢討的必要。

上述反應的只是學校資源分配效率的問題,其他像新建校舍進度嚴重落後、施工品質不良、白皮書內容不夠周延等,都是行政部門本份的工作,行政部門若能將行政效率作為施政重點,必能減少與教授間之衝突。

貳、校長應尊重教授對行政主管選任之同意權

重要之行政主管若能經校務會議同意任命,可增強教授與行政部門間之互信,有利校務之推動,此項道理至為明顯。因此,研修小組所提出之草案第三十九條規定:「副校長、教務長、學生事務長、總務長由校長自本大學專任教授中提名,經校務會議無記名投票同意後,由校長聘兼之」。不意,行政會議卻否決此項提案,固可使校長在行使職權時更為「方便」,卻可能因此帶來教授之反彈及不信任,使未來校務之推動變得「更沒有效率」。

沒有效率的校務會議，已經使很多教授對行政部門產生疏離感，相信校長也不樂意見到這種情況繼續惡化。唯有校長及行政主管主動釐清行政權責，謹守行政本份，才能加速改善這種現象，建立校園互信，有利校務之推動。

校務會議曲解民主真義，
臺大精神危矣！殆矣！

⊙賀德芬

最近一期的《遠見雜誌》，以臺大幫為封面，對臺大各方面的發展，及對社會的貢獻頗有微詞。姑不論其就貢獻之定義是否公允，然而，11月26日的校務會議，無論校長或與會代表們的反民主表現，都為該篇報導，提供了最實證的說明。

11月26日的臨時校會，主要即為討論關係臺大最為深遠的組織規程的修訂，其重要性不言可喻。而且，由於校長屢違校務會議決議，不顧校務會議代表審慎審查草案的籲求，逕交行政會議處理，頗有逾權之嫌。而行政版之組織規程又多處違大學自治、校園民主之精神。校務會議代表為維護最高決策機關之尊嚴，理當有義正辭嚴的捍衛才是！

然而，奇怪的是，除了極少數代表就程序委員會擅將上次校務會議所提，另組「研修小組」的議案，認無必要，予以取消，提出程序上的質疑外，竟充斥著認為校務會議非立法機關，行政應享有大額權力的護航聲音。而校長自稱出身醫生，不諳議事規則，卻再三以強力的裁決權，直斥發言代表。並在議事專家的指導下，對各種發言，均不予處理，逕行裁決進行由校長所提出議案的討論。如此專擅的議事技巧，與會代表均如痴如醉，毫無異聲。

大學法賦予大學有自治權，而落實自治權，唯有以民主方式貫徹之。說穿了，民主理念行之於政府體制，不過制衡的道理而已。大學法又明定校長綜理校務，校務會議是校務最高決策機關。以政府組織形態比擬，正是一為行政，一為立法，兩相對峙。立法決策，依法行政，實在是最簡單

不過的民權初步，透過如是運作，大學自治方能實踐，學術自由方可期待。

臺大開創臺灣教育史，首先突破箝制，推出民選校長。孰料以民主制度產生的校長，竟企圖推翻民主基本精神。不但制定「陳維昭條款」以確保其六年任期，免受校園民意檢驗；還進而要凌駕校務會議為最高決策機關的地位，校務代表終將淪為其橡皮圖章。此種策略美其名曰「秩序」、「安定」和「效率」，其實，已近於法西斯思想的復辟。臺大一向標舉自由大纛，民選校長卻有如此行徑，寧不諷刺！？

李鴻禧教授在校會中說得好，行政沒有不自以為是的。再完美的行政也要建立監督體制，民主政治於焉誕生！校園是一個具體而微的現代社會，推行民主是一條無悔的道路，臺大尤其肩負引領潮流的重責大任。校務會議是否要自絕於民主歷程，自甘作為獨裁者的幫凶，就看校務代表如何善自珍攝了！

透視臺大

審慎修訂組織規程，為臺灣高等教育負責

⊙賀德芬

陳維昭校長主導行政單位所擬訂的「臺大組織規程」一經披露，就引起了校內輿論一片大譁。

在大學法明確還給大學自治權，校園普遍追求開放民主之際，由我們歷經艱辛所奮鬥得來的臺灣第一位民選校長，竟對影響臺大至深且鉅的憲章大法，逆天行事。只為迎合頑強的既得利益，及其權位的鞏固，不惜訂出如此違法荒誕的條款，陷臺大於不義。不但有負當初競選時，建臺大為第一流大學的承諾，更彰顯其私心，難令全校師生不痛心疾首！

行政版組織規程最不可思議者，為大學法明訂軍訓室僅負責課程之規劃與教學，整理委員會竟採用秘書謝繼芳一人之建議，另賦予軍事訓練及服務之任務。偷天換日，擴張軍事權在臺大的作用，令人髮指。

其次，大學法為落實自治原則，以校務會議為最高決策機關。然而，既有的校務會議，組織過於龐大，議事效率低落，與行政會議職權劃分不明，根本無力擔負起最高決策的責任。行政版不積極努力去改造校務會議的體質，竟變本加厲更形削減其功能，刪除各種常設委員會，坐令行政體系獨大。校長欲操控校務會議之私心，經此披露，乃世人皆知也！

最令人哭笑不得的是，組織規程既是臺大憲法，必使之可遠可大，豈有為一人立法之理！校長版草案將校長任期改為六年，本是有待公議之處，現更為陳校長能穩坐六年寶座，竟立下唯有對其一人適用之條款。即在大學法施行前，即已任職之校長（空前絕後，即陳維昭一人是也！）在大學法任期三年屆滿時，直接由教育部續聘其為校長至屆滿六年為止。這種條款與當年毛澤東在中共憲法中指定其接班人的手法，更尤勝之。

校長版組織規程不只實質上多處違法濫權，校長在主導整件事的程序上，亦有不可原諒的違失。

既有校務會議決議成立研修小組，校長置之不顧在先，復又濫權交由行政會議去運作，終於有此等內容的草案提出，實已在預料之中。固然，草案須經校務會議審議，但以如此繁雜的法規，僅交由一至兩次的全體大會審議，連立法院尚有各專業委員會把關的程序都不如。

事實上10月8日的校務會議即再提由校務會組審議小組的提案，亦被技術性擱置。校長有意規避審查，企圖包裹表決的居心，其實早已昭然若揭！

面對如此的攪局，我們只有再三呼籲，組織規程是臺大建制上最重要的大事，絕對不可草率任由行政體系操控，不但校務會議應慎重的組成專案小組逐條審查，更該由全校師生共同參與意見，公決定案。茲事體大，全校師生切勿掉以輕心！

校務會議要負起責任來

⊙賀德芬

臺大校務會議曾經獨領風騷，開創臺灣的教育史，突破舊大學法的禁錮，首開民選校長之風，並第一個爭取課程自主權，將軍護課改為選修。就因為臺大在臺灣的獨特地位，雖然教育部原令各大學應在今年1月底前完成組織規程的修訂，卻能特允臺大以茲事體大，須審慎為之而予以延期。然而，臺大卻是以何種態度來對待如此關係重大的修憲工程呢？

上學期四次專案校務會議討論組織規程（第一次校會及三次臨時會），每次動員人數超逾兩百，費時至少三個鐘頭。結果只通過了九條條文。

如果這種效率代表認真、審慎、倒也不負各方期許。但是真相卻是，這九條條文有如帽飾，美則美矣，卻無關宏旨。只要稍具重要性，如第三條的宗旨，第八條研究中心的設置，便爭議不斷，連付委的過程都波折迭生、沒完沒了。

其實，幾乎整個議事都陷在無窮的杯葛、程序干擾之中。某些代表（代理？）甚且咆哮議堂。權宜問題、程序問題、秩序問題的干擾幾達歇斯底里的程度。連兩度提案由校務代表組成研修小組審慎研修的提案，原本是最正當的議事程序，也被杯葛到底。這種少數代表捭闔縱橫會場，為反對而反對的態度，議事品質墮敗至此，亦是預料中事。

我們很為絕大多數誠心實意參與校會的代表叫屈。但綜觀會議紀錄，未能積極發言，縱容少數代表操控會議，不也要擔負助紂為虐的共同責任？尤其系所主管不親自履行責任，主席無心掌控議事，使之進行順遂，恐怕都要在臺大史上留下紀錄。

本刊再三懇切呼籲校會代表珍視為臺大把脈，開創臺大歷史的重大使

命。同時也為臺大師生請命,在如此粗糙的程序下所完成的修訂案實難令人信服。我們呼籲,在審議中不斷召開公聽會,喚起師生參與關懷的熱誠,並廣納民意。同時,再經二讀、三讀程序全部完稿後,還應交付全校複決。必須如此審慎從事,才能為臺大爾後的發展負起責任來!

最後,本刊仍要提醒校務會議代表,絕對不能以「整理委員會」所提出之草案為審議的唯一版本。既稱之為「整理委員會」,想當然只能整理各方意見,提供校務會議參酌。然而,就以軍訓室的職權地位為例,即使事關本身利益,應當自行迴避的軍訓室,都不曾要求擴張其業務及於「學生軍事訓練」及「服務」兩項。尤其,整理委員會成員組成乃以行政人員為主,代表性不足,而且倉促於兩周內組成,竟能擅自增列出上項大違臺大傳統及教育理念之條文,其動機及公信力便大受質疑。其餘如「陳維昭條款」之訂定,當亦可想而知。校會代表豈能不洞察明辨其間之原委,而自陷於不義?實不得遽以蕞爾小事等閒視之!

應儘速舉辦研修臺大組織規程公聽會
校務會議設常務委員會絕對必要

⊙張則周

　　臺大是最早根據新大學法之精神，草擬臺大組織規程的大學，組織規程研修委員會於81年1月17日即告成立，82年7月陳校長上任後更積極推動，前後歷經兩年共開了25次會議，終於在83年2月3日完成全部討論，4月初草案已送達校長室。但4月23日的校務會議，校長並未主動就組織規程提出報告。會議最後，曾有代表提案要求授權由原研修小組繼續徵詢各院意見，並辦理公聽會，負責說明，此項提案獲得通過。然83年1月11日第二次校務會議，校長竟否認4月的決議，1月21日又突然由1875次行政會議通過成立「組織規程修正意見整理委員會」（以下簡稱整理委員會）。會中28位成員中，只有八位是教授代表，其它皆為行政主管，原組織規程研修委員，竟全部被排除在外。

　　臺大組織規程即臺大憲法，影響臺大未來的長遠發展甚鉅。教育部在今年1月8日新大學法生效後，延宕了8個月才訂出施行細則，卻要求各大學必須依照多處踰越大學法的施行細則，在明年1月底前訂定出組織規程並報部核定。實際上教育部已經很清楚，短短三個多月時間，是無法訂出一部完善的組織規程的。更不幸的是「整理委員會」並沒有把徵詢後各條文不同的意思並列，甚至將組織規程研修委員會經詳細討論慎重起草之許多關鍵條文也任意刪改。其中最關鍵之增列部分如：第十三條軍訓室負責「軍事訓練及服務」。大學法中軍訓室僅負責課程之規劃與教學，「整理委員會」竟採用軍訓室之建議，另賦予軍事訓練及服務之任務，顯然欲擴大軍訓室之權限。第三十四條有關校長任期：「在大學法修正實行前已聘任，而任期未達六年者，於任期屆滿後，報請教育部續聘至任滿六

年為止。」研修小組版所訂「本大學校長任期六年，不得連任」，尚有待公議，現在則為陳校長一人訂立特殊條款，實有違立法之原則。至於刪除部份如：一、第二十四條中「行政會議之決議應送校務會常務委員會備查」，二、第三十二條及三十三條有關校務會議常務委員會設立及職責之規定。大學法明訂校務會議是校務最高決策機關，但由於校務會議通常每學期只開會兩次，無法完全盡到審議與監督的責任，因此真正的權力中心早已落在行政會議。為落實教授治權，必須在校務會議下設常務委員會，才能有效監督校務會議之一般或特殊委員會會務之推展及行政會議之決議。如今整理小組竟以校務會議「常設委員會之設置，不僅疊床架屋造成權責不明，亦影響效率。」為由，刻意扭曲事實，甚至有的校務會議代表公然宣稱校務會議並非立法機關，以配合行政會議之擴權，實令人錯愕。既然校務會議代表仍對於校務會議及行政會議職掌及定位在認知上有偌大的差距，何不及早舉辦公聽會，由起草人向與會師生說明組織規程立法之基本精神，並進行公開討論。這樣的修訂過程可能稍費時日，然一部未使大多數教授及學生參與訂定的臺大憲法，如何能使大家認同。何況多數校務會議代表開會前並未對組織規程詳加研究，僅靠會議中少數人發言，倉促以投票定案，所訂條文之周延性可以想見。為了落實大學自治，並能訂定一部完善的臺大憲法，使臺大今後能真正走向校園民主，學術自由之路，全校的師生們不應再沈默了。

透視臺大

研修臺大憲法，請貢獻您的智慧

⊙張則周

　　臺大組織規程可視為臺大憲法。臺大的組織是否有開創性與前瞻性？臺大校務是否能按照臺大的理想與特色推動？端賴這部臺大憲法是否制訂得完善。遺憾的是新大學法實施已歷時1年，臺大組織規程僅有五條在校務會議中審議完成，臺大何時能完成校內憲法，徹底改革校務，令人心焦。更使人擔心的是本刊每期雖以一半以上的篇幅刊登有關組織規程的專文報導，但一直仍未引起師生廣泛的重視。

　　三年前臺大即根據新大學法的精神成立了組織規程研修委員會，於83年2月3日完成全部討論，4月將「修正版」草案送達校長室。但4月23日的校務會議，校長並未主動就組織規程提出報告，卻於6月21日突然由1875次行政會議通過成立「組織規程修正意見整理委員會」（以下簡稱整理委員會）。成員中多為行政主管，原組織規程研修委員，竟全部被排除在外。結果經整理委員會整理的「行政版」組織規程，不但未能彙整各系的不同意見，反而刻意擴大行政權，削減最高決策機關之校務會議的功能，遠離了新大學法的教授治校自治精神。由於校務會議代表，終日專心於教學與研究，對組織規程常缺乏深入思考，加上部分護航代表希望趁機能將「行政版」之組織規程迅速通過。於此關鍵時刻，遂有多位代表建議成立校務會議之組織規程研修小組，密集進行全校公聽會，本刊亦連續為文呼籲儘速召開公聽會，廣納師生意見，但至今未見任何回應。

　　由於時間之迫切，鏡社同仁決定於下學期開學前，主辦第一次公聽會，邀請全校師生出席，共同討論關係臺大命運的臺大憲法。我們並將函邀「修正版」組織規程的起草委員，及制訂「行政版」組織規程之整理委員，說明起草及整理的依據與經過。在此意義重大的公聽會召開之前，我

們願意對各位關心臺大校務發展的校內外女士先生們提出幾點期望：

一、與會前請詳閱並比較「修正版」及「行政版」之組織規程內容，並廣徵師生之意見，妥備增刪或修訂條文。

二、隨時將臺大組織規程的修訂意見投書臺大透視，以達相互批評與補正之效。

三、我們應積極但需審慎研修組織規程，千萬不要為了急著將組織規程送教育部核定而草率從事，以致忽略了我們對研修組織規程應盡的責任。

最後希望由於本次公聽會的舉辦，能引起全校師生對校務關心，以及對研修與制訂關係校務運作的基本大法的積極參與，早日制訂一部符合新大學法精神的臺大憲法。

我們對校務會議代表的幾點期望

⊙張則周

　　自從本刊公布校務會議的發言記錄以來，師生反應熱烈，尤其過去從來不關心校務的同仁也開始關心起來，這使本刊編輯委員感到非常欣慰。當初之所以要公布錄音記錄，主要是希望全校師生瞭解校務會議中，各項議案辯論及決策過程，同時也可檢視代表們的發言是否反映了選舉人的意見。從本刊五、六兩期所刊登的會議記錄來看，我們發現校會對多數議案的決議及臺大組織規程條文的修訂，皆能透過理性的辯論接受與自己見解不同的決議，頗令人欣慰。不過有時主席的強勢作風使極少數代表僅根據自己的立場與感覺反覆發言，一心希望整理委員會所整理的臺大組織規程能迅速通過，充分表現了腐行的心態，而且這些代表中竟有連續三次代表系主任出席會議，難免使同仁心生疑慮。

　　校務會議是全校的最高決策機關。全校師生對校務會議的議事及決策品質都寄予最高的期望。校務會議代表是由不同領域的專家學者組成，個人的意見與思考方式不同是自然的事。為了使校務會議能充分發揮意見交流及達到高品質的決策功能。我們願意提出幾點建言，供校方及校務會議代表們之參考。

　　第一，各位校務會議代表身負重任，都應為臺大的發展著想，我們究竟希望將臺大發展成怎樣的一所大學？要達成怎樣的一個目標，我們應積極的研究及推動哪些方案？我們對合理的意見要有包容與接納的心胸，不要因人廢言，對不是自己專業的知識應抱著謙虛及學習的心。這樣才會使會議更和諧、理性、更能發揮效率。

　　第二，希望秘書處能提早將校務會議開會資料分發各單位，校務會議

代表尤其是選任代表，應在與會前廣徵同仁及學生的意見，不要僅代表個人或特定利益團體發言。並且在開會前能將議案詳細閱讀，必要時查閱相關資料，做好開會之準備。否則臨時出擊，難免有思考不周之虞。如遇會議中不易決定的議案，應交付由校務會議選出的委員審議，以免浪費開會的時間。

第三，新大學法中只規定校長召開校務會議，並未規定校長為會議之擔任主席。今後主席是否為各院輪流或於會議進行前由選舉產生。這樣既可分擔校長的辛勞，又可避免代表們對校長在擔任主席時的一些誤解。

第四，各級主管如任校務會議之當然代表，應盡量親自出席校務會議。尤其是公選的各系所主任是代表系所同仁，且對全系所的現況與發展最能全盤掌握，故不宜長期由他人代理。

本學期校務會議的重點是審議臺大組織規程。我們切盼各位代表為了臺大的將來都能摒棄私見，謹慎從事，千萬不要把臺大組織規程修訂的像臺大長程校務發展的白皮書一樣。心理系黃榮村教授曾說：「我們認為這份白皮書會使臺大轉型成為一所世俗的大學」。長程校務發展白皮書應是研訂組織規程的理論基礎。我們目前既然缺乏完整的長程校務發展規劃。各位校務會議代表們更應審慎的訂定臺大組織規程，千萬不要為了急著將組織規程送教育部核定，而草率從事，忽略了組織規程的品質。因為臺大組織規程就是臺大憲法。也唯有能制訂出一部有開創性、前瞻性的臺大憲法，將來臺灣大學成為一所理想大學的長程規劃才有實現之可能。

組織規程中行政架構的版本比較

⊙郭華仁

　　大學的體制中，教學研究單位為主體，行政單位為附屬是再淺顯不過的常識，因此在討論新的架構時，對行政單位的討論不宜花費太多的時間。不過以校務會議對組織規程修訂草案逐條審查的方式而言，要求在短期間內能有結論恐怕不樂觀，而且難免瞻前忘了顧後，因此有必要先對各種版本的行政架構加以比較。

　　表一至三分別將現行的、修正版（原研修小組）、以及行政版（整理小組）的行政架構分別表列，其中各院系及夜間部等教研單位則省略。並陳三個版本，可以得到如下的印象：

　　一、現行版中軍訓室為一級單位，體育組在學務處之內，行政版將體育組升級為體育室，與軍訓室並列為一級單位。修正版則將兩個負責學生上課的單位皆列在教務處之下。

　　二、學務處現行是四組二室二中心，修正版為三組二室三中心，而行政版則改成七組二中心。圖書館現行有五組，修正版增加為六組，行政版則增到九組之多。會計室在現行版及修正版皆為三組，行政版增加了基金組。教務處在現行版及行政版皆為四組，而修正版除了前述體育軍訓兩室外還增加了資訊組。

　　三、現行版中學務處與軍訓室算是性質較為接近的兩個一級單位，這兩個單位在行政版中明顯的擴充成三個一級單位，而且體育軍訓兩室更各分設三組。

　　就由以上所陳列的事實，至少有兩點問題可以討論：

　　（一）行政版將體育部門列為一級單位是否恰當？是不是為了掩護軍

訓室而作此調整？軍訓室增設軍事訓練及服務，與大學教育的宗旨有何關係？

（二）行政作業在辦公室自動化推行後，所需要的人力理應縮減，有無必要加以擴編？

校務會議針對行政單位審查組織規程時，若能先討論整個架構重點，然後再行細部的推敲，是不是比較合理的程序。不知代表們以為然否？

【表一：目前組織架構】

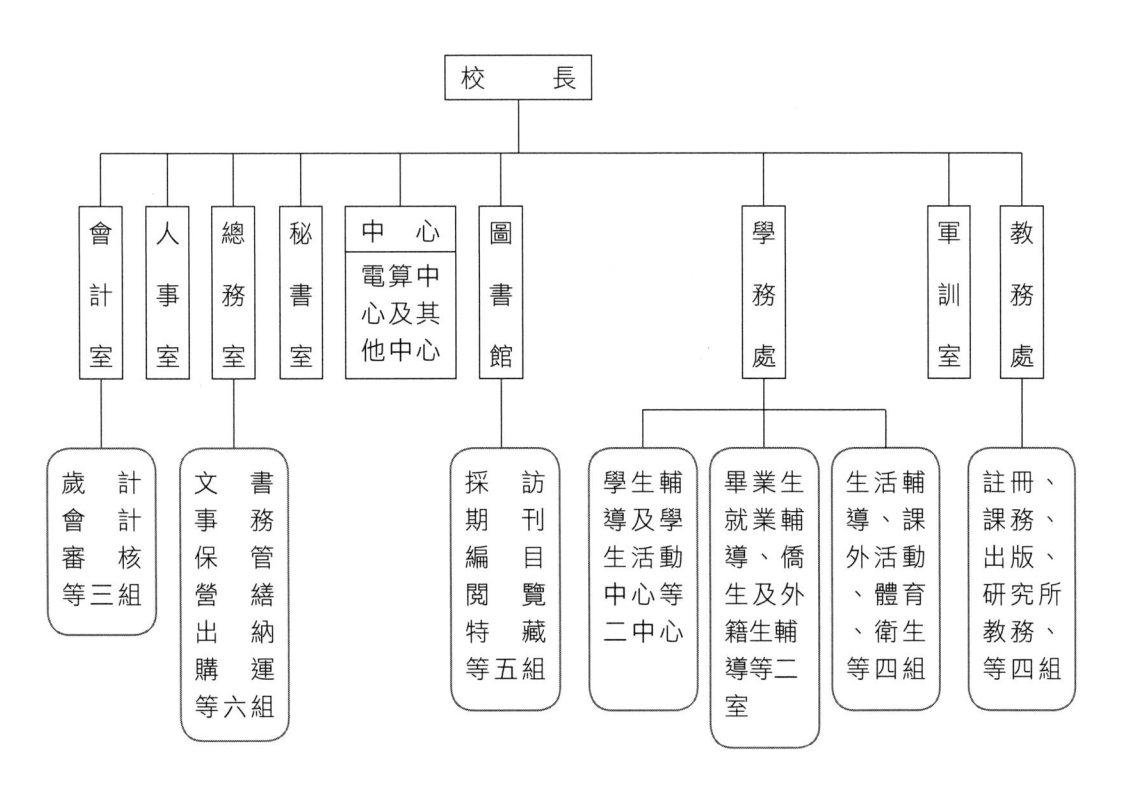

```
                          校　長
 ┌────┬────┬────┬────┬────┬────┬────┬────┐
會計室 人事室 總務室 秘書室 中心  圖書館 學務處 軍訓室 教務處
                         電算中心
                         及其他中心
 │         │           │      ┌──┼──┬──┐        │
歲計       文書         採訪   學生 畢業 生活    註冊、
會計       事務         期刊   輔導 生就 輔導、  課務、
審核       保管         編目   及學 業輔 課外    出版、
等三組     營繕         閱覽   生活 導、 活動、  研究所
           出納         特藏   動中 僑生 體育、  教務、
           購運         等五組 心等 及外 衛生    等四組
           等六組              二中 籍生 等四組
                               心   輔導
                                    等二室
```

【表二：教授提出之修正版】

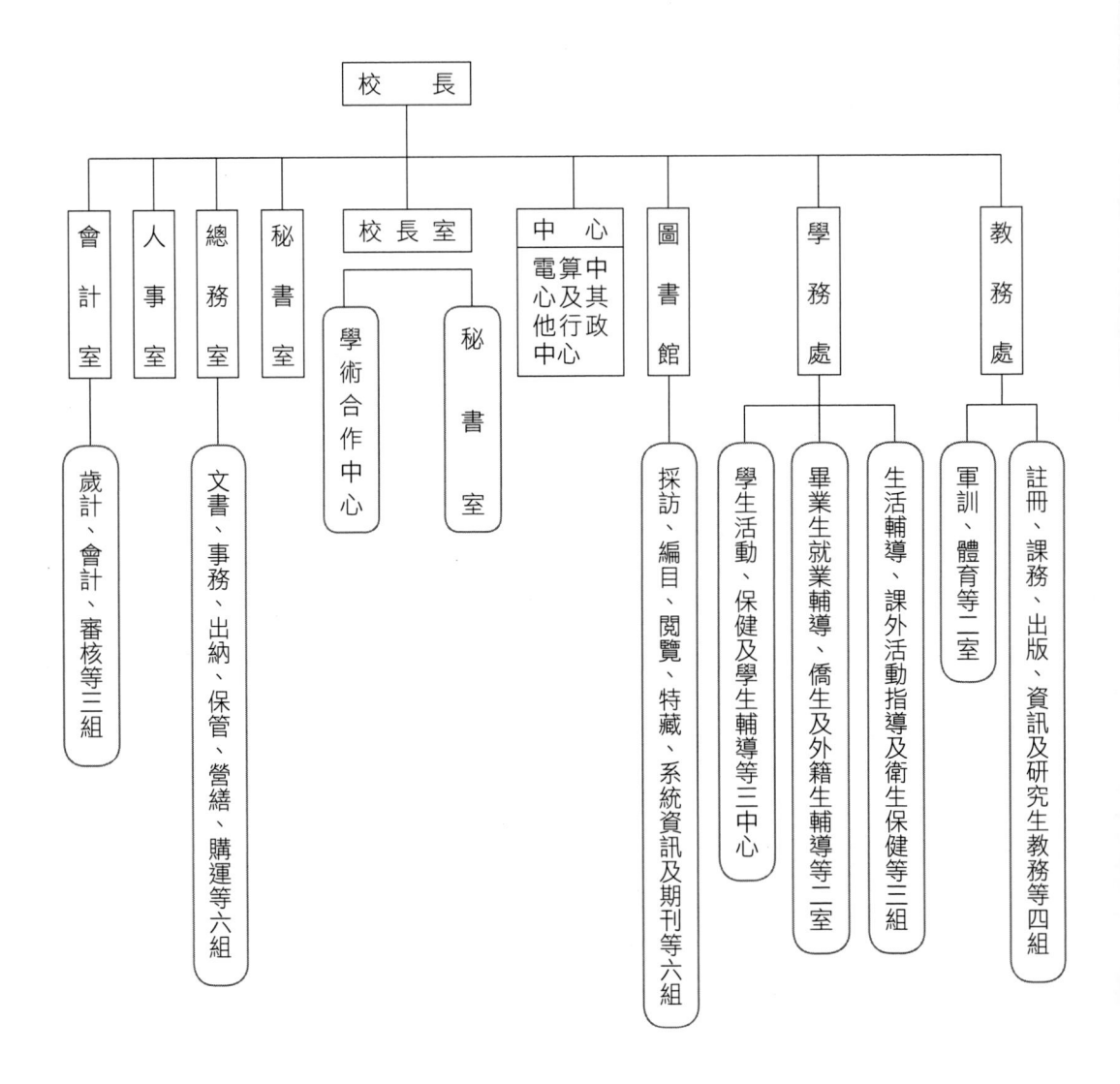

```
                            校　　長
    ┌────┬────┬────┬────┼────┬────┬────┬────┐
  會計室 人事室 總務室 秘書室 校長室 中心  圖書館 學務處 教務處
                          │    電算   │    │    │
                          │    中心   │    │    │
                          │    及其他 │    │    │
                          │    行政   │    │    │
                          │    中心   │    │    │
                      ┌───┴───┐
                   學術合作  秘書室
                    中心
```

會計室	總務室	校長室—學術合作中心	圖書館	學務處	教務處
歲計、會計、審核等三組	文書、事務、出納、保管、營繕、購運等六組		採訪、編目、閱覽、特藏、系統資訊及期刊等六組	學生活動、保健及學生輔導等三中心；畢業生就業輔導、僑生及外籍生輔導等二室；生活輔導、課外活動指導及衛生保健等三組	軍訓、體育等二室；註冊、課務、出版、資訊及研究生教務等四組

220

【表三：行政版】

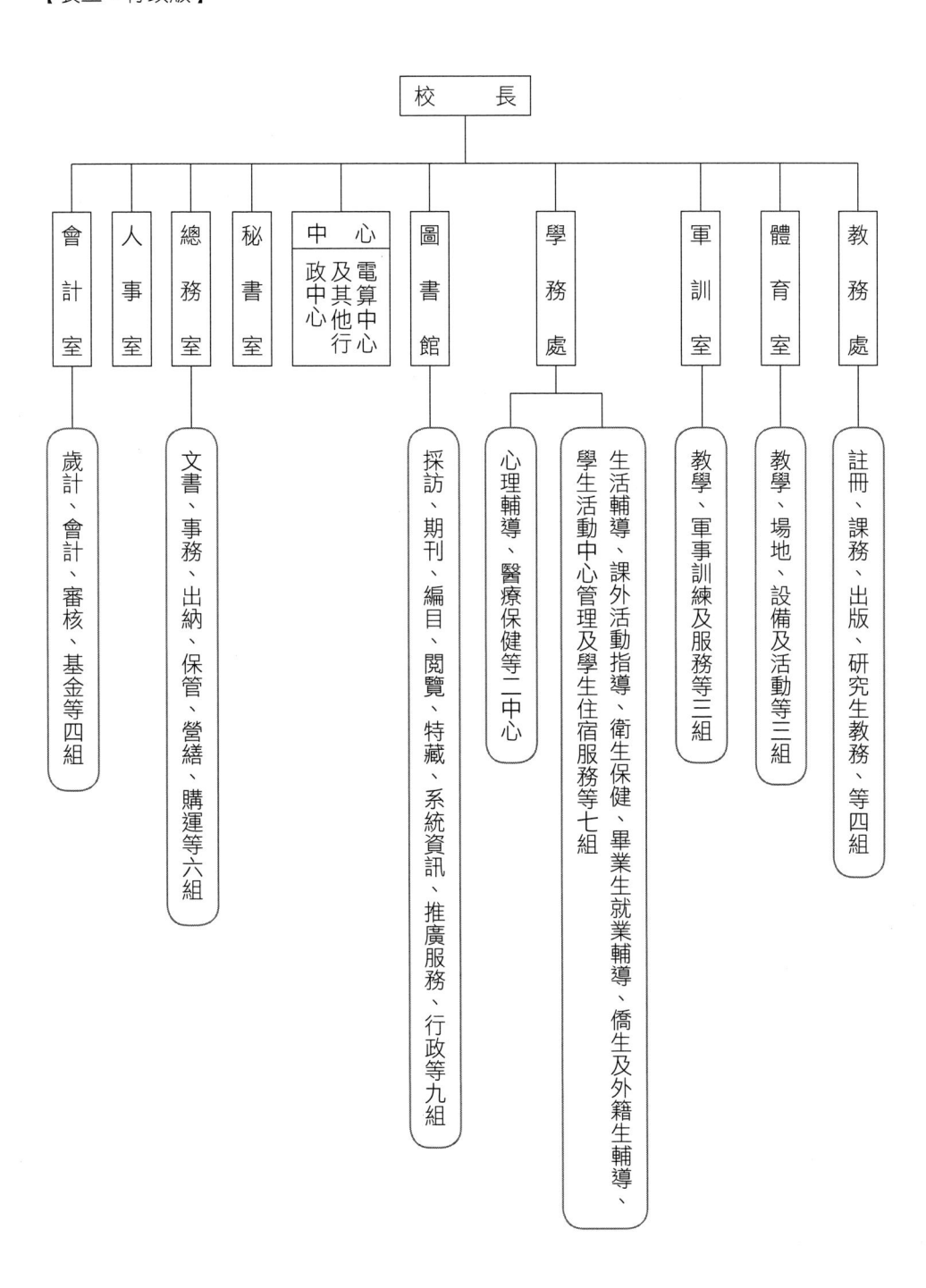

```
                              校　長
  ┌──────┬──────┬──────┬──────┬──────┼──────┬──────┬──────┬──────┐
會計室  人事室  總務室  秘書室  中心   圖書館  學務處  軍訓室  體育室  教務處
                              心電及                ┌──┴──┐
                              政算其
                              中中他
                              心心行
                              　　政
  │              │              │      ┌──┴──┐     │       │       │       │
歲計、         文書、         採訪、  心理   生活   教學、  教學、  註冊、
會計、         事務、         期刊、  輔導、 輔導、 軍事    場地、  課務、
審核、         出納、         編目、  醫療   課外   訓練    設備    出版、
基金等         保管、         閱覽、  保健   活動   及服    及活    研究生
四組           營繕、         特藏、  等二   指導、 務等    動等    教務、
               購運等         系統    中心   衛生   三組    三組    等四
               六組           資訊、         保健、                  組
                              推廣服務、      畢業生
                              行政等          就業輔導、
                              九組            僑生及外籍
                                              生輔導、
                                              學生活動中心
                                              管理及學生
                                              住宿服務等
                                              七組
```

221

透視臺大

會議紀錄不容擅改不得扭曲

⊙陳振陽

　　眾所矚目的臺大憲法──（臺大組織規程修正草案）終於在 11 月 26 日，以校長交議之形式，提交 83 年度第 1 學期第 1 次臨時校務會議審查。姑且不論此種以大會取代委員會對法律條文做二審之適當性，以及是否能達節省時間的目的，只就其中「提案說明四」扭曲程序委員會結論，作一簡單之討論。

　　「提案說明四」之內容如下：

　　「四、83 年 11 月 11 日校務會議程序委員會討論，認為本學年第一學期第一次校務會議未討論議案之第五案，建議成立組織規程研修小組，進行組織規程研修工作，與本校組織規程研修有關，惟經各委員充分討論，多認為本校組織規程修正，自 81 年 1 月起即已組成研修委員會進行修正工作，草案完成後曾廣泛徵詢本校各單位及同仁意見，教師聯誼會也曾舉辦公聽會，進行程序尚屬審慎，而各方意見在整理後亦經詳細討論，為儘快完成本校組織規程之修正，以期早日落實大學法之精神，議案第五案，建議成立「組織規程研修小組」，似無必要。因此，程序委員會會議依據提案排定之時效性原則，排定本次臨時校務會議專案討論組織規程整理委會所提之「國立臺灣大學組織規程修正草案」。上次校務會議未討論完之其它議案，留待 83 學年度第一學期第二次校務會議中再繼續討論。」

　　從該「提案說明四」，好像程序委員會認為一個經由校務會議代表依法聯署的正式提案「似無必要」，即可將此提案撤銷。然而，程序委員會是否曾被賦予如此大的權力？答案顯然是否定的。程序委員會之職責，應是排定議案之先後次序，提交大會同意，如大會不同意，提案之次序仍可更改。（見國立臺灣大學秘書室印製，會議規範第八條，(一) 之 (3)）。

11月26日,臨時校務會議在校長做簡短說明後,竟然沒有任何一位程序委員會挺身而出,糾正該「提案說明四」。(註:社會系林主任曾在會中提出質疑,但校長置若罔聞)好像程序委員會們均默認該內容,認為自己有權否定校務會議的正式提案。可是,當我們翻開83年11月11日程序委員會之會議紀錄時,就會發現原紀錄與「說明四」有相當大的不同,顯然是「校長提案說明四」,擅將程序委員會的意見加以扭曲,使委員們背了黑鍋,然而又不能(敢?)提出糾正。

茲將該會議紀錄之「討論結果」照登如下:(1)、(2)、(5)、(6)略

(3) 本學期第一次校務會議未討論之第五案,與本校組織規程有相關性,為避免發生疑議,建議請校長於臨時校務會議開會時先做說明。

(4) 請秘書室先擬出一份本學期第一次校務會議,第五案所提之「組織規程研修小組」之工作時間表,以因應臨時校務會議。若決議要求「組織規程研修小組」時,能確實掌握小組工作時效,以免影響規程之修正時效。

請注意「(4) 請秘書室事先擬出一份本學期第一次校務會議第五案所提出「組織規程研修小組」之工作時間表,以因應臨時校務會議。若決議要求『「組織規程研修小組」時,能確實掌握該小組工作時效,以免影響組織規程之修正時效」與「校長提案說明四」之建議『成立「組織規程研修小組」似無必要』是完全相反的意思。換言之,委員會並沒有認為「似無必要」,而是認為很可能在臨時會議組成「研修小組」並要求秘書室先做準備工作。然而「提案說明四」似乎有意以在各院倍受尊敬的程序委員來背書不成立「研修小組」的想法,誤導校務會議代表們之意向。

臺大校務會議代表一向對校長相當的尊重,個人過去一向也對秘書室工作同仁的敬業精神十分肯定。然而,自4月份校會同意由原研修小組進行聽證與修改工作的決議(有錄音為證)被剔除與否認後,不免對秘書室工作的公正性起了懷疑。11月9日臺大透視報導「主任秘書林政弘先生專

訪記—行政中立，是他的承諾」。言猶在耳，馬上就有扭曲會議紀錄的事實出現，令人痛心。

大學在求「真、善、美」。盼工作同仁，務必謹守中立，以免陷主任秘書、程序委員乃至校長於不義。

校務會議烏龍記

⊙賀德芬

　　參加了兩年校務會議，除了推動校長民選及軍護課改選修兩項議案有具體成效外，真是感慨良多。校長案在前孫震校長的主持下，議事終能順利而堅定的進行，縱使大學法還在膠著狀態，未能立法通過之際，臺大就能突破重重關卡，達成大學自治的第一步。但到第二年我參加的校務會議，卻從頭到尾都是一場場荒謬劇，其無趣、無聊，真是不參加也罷！

　　校務會議，向來都是人數多，空間窄，會議疏，任期短。何等事務應送校務會議討論，那些事在行政會議決定，甚至由主事者私下解決，其實校務會議代表都無主導權，更甭談追蹤會議的實踐。這些都是結構性的問題，由來已久，也並非這一年校務會議所獨有。然而，在這一年五次的校務會議中，卻發生許多不可思議的烏龍現象。

壹、會議議程的排定，向由秘書室一手主控。

　　排定的標準，由彭主任一人認定，往往將重要議案殿後，在會議進行得人疲馬乏之時，不是以清點人數不足，即是提議散會，做策略性運用而加以吃案。這種技倆在今年1月8日第一學期第二次校務會議中表現得最為淋漓盡致。

　　該次會議有兩大議案，一是就醫學院院長在外開業進行調查案；另一是軍護課改選修案。該兩案分別被排為第十、第十二案。會議之初我即提議做程序上的調整。然而，表決未能通過，只有靜觀其發展。

　　果然，好不容易討論完第七案已經下午三點，正當大家重振精神準備慢慢進入彰顯臺大自主精神，影響學生課業至鉅的重要議題時，忽地一聲

「散會」動議響起。在一陣錯愕，兵荒馬亂之際，主席也立即回應，宣布散會，挾著包包離席，現場一片譁然。也有代表以疲累為由，要求散會，甚至提議下學期再說。幸虧，還是有些同仁以本學期的事應在本學期討論，才爭取到 1 月 15 日再加開一次會議，繼續討論未竟的議題。

民選校長玩弄封建時代的議事技倆，掌握精髓的程度不遑多讓。只是令人不解的是，重大校務能以此規避、拖延的手法，獲得圓滿解決嗎？而這等程序問題，也只有在四月時決議成立程序委員會才可能略獲改善。

貳、行政當局對議事的規則、程序的掌控，幾已出神入化

這一年來的決議，幾乎無一是明確而被執行的。甚至對重要議案，一再想盡辦法翻案。議事文化之惡劣，較諸立院、國大，只有過之。譬如，討論醫學院案時，有因質疑主席深涉案中應該迴避的提議。以臺大校長所享社會清譽及地位，理應自行避嫌。校長對此質疑，竟然以交付表決，未過半數而予以否決。校務會議中的行政人員占據半數，表決結果本可預期，只不過我們對主席如此發揮校長角色，只有歎息！

醫學院案的表決過程，更是離奇。對於一個是否成立調查委員會的簡單議案，依理應採相對多數即可，主席卻堅持引用模糊不清的議事規則，要絕對過半數始能通過。依法行政，這也算言之成理。然而第一次投票已過半數，卻由彭主秘宣布，出席人數及投票人數都計算錯誤。再有人提議重行投票，終於獲得了他們認為理想的結果。臺大因之失去一次自清的機會，待紅包案再度爆發，醫學院長被起訴法辦，縱使尚未最後定讞，臺大形象卻已跌至谷底！

參、決議竟可擅自竄改、藐視，乃至否認

本來校務會議的決議紀錄由秘書室製作，主席又從不在當時明確複誦決議定稿，議事錄的確認，總是得等待下次會議。尤其荒謬的是，六月校務會議的議事錄，竟要等待10月，下年度新代表來確認，校務會議決議未被尊重，其來有自，更遑論校代確實監督決議的執行。

決議被否認、竄改都有事實依據。4月校務會議，我因心懸組織規程的進度，在最後要求議決授權原研修委員會進行聽證，整理。雖然過程倉促，但經通過確是事實。然而，6月發下的紀錄竟不見此案，校長答覆為羅前教務長不願接受，而否認此案的存在，甚且要求驗證當時錄音紀錄亦不可得。

1月15日，校務會議在140人在場，96人贊成的決議下通過軍護課改為選修，細節則交由校務發展規劃委員會研議。校規會遲至3月5日才行召開，竟將此案再度踢回校務會議，以致我必須在4月的校務會，再度提案成立課程規劃小組，以就共同必修科、通識課程、軍護、體育暨教育學程為通盤的規劃。當時，與校規會案併案的結論是成立課程規劃委員會，由各院推薦一人，通識課程四人，軍、護、體各一人，通識教育規劃小組三人及學生代表二人共同組成，請教務長擔任召集人。

教務長執行的結果是，指定各院院長參加，略去通識課程的四人，而請總教官作為軍訓課的召集人。當大學法中並無「總教官」之定位時，臺大總教官依然高踞各種重要會議之上，還負責軍訓課的規劃，不知校方究竟置大學法於何地？

這種作法顯與決議不符，因此6月確認議事錄時再起爭議。公衛系金傳春教授曾質疑，既將軍護課改為選修，豈有以總教官任召集人之理？於此簡單邏輯，竟未獲理會。而當次會議，由經濟系張清溪教授提議由我參加軍訓課規劃小組，並獲在場同仁鼓掌通過，雖然未必合宜，我意願也不

高，但教務長公然對外宣稱無此決議，這正顯示其對校務會議的汙衊與輕視。

一年有五次校務會議，校長次次都有絕招，諸如決議不被尊重、議而不決的情事，俯拾皆是。單以4月校務會議，校長寧棄二百餘代表於議事堂，先行參加新聞所的頒獎，即可窺知校務會議在校長心目中的地位。一年來，組織規程未有正式討論，課程規劃拖延不決，校園紛擾不斷，最無爭議的性侵犯與性別歧視防治小組，都無下文。大學法縱經總統明令公布，亦被棄如敝屣。然而，校務會議畢竟是全校最高決策機關，校代們身負重任，如何對臺大歷史及全校負責，能不深思？

肆、烏龍校務會議補記

由於忙得腦袋都昏了，只記得每次校務會議都會給氣得折壽許多，竟把這一年來五次校會的細節搞混淆了。待慢慢再整理思緒，所有的印象便鮮活起來。事實比我所能記得的更荒誕、更無效率。因此，在創刊號上的記述，必須稍做更正補述，不然真對不起校內同仁。

校長第一次主持校務會議，大家心裡雖有許多期待，但都抱持著寬容、欣賞的心情。其實，10月的校務會議，也並無什麼重大議題，只有校長因承受了校內外及來自立法院的壓力，主動提出組「哲學系事件調查委員會」的建議，還真博得一片喝采。但是調查小組的組織太過倉促草率，未能取得雙方當事人的認證，以致定位不清，至今都未能做出完整交代。

第二次校務會議，正是1月8日，大學法施行生效之日。學生會要求依照新大學法規定，以一定比例的學生代表出席會議。前幾日，已因學生質疑校務會議的代表性，而與訓導處發生過衝突。學生懸掛在行政大樓前的布條被下令（據傳是彭主秘之令）拆除，靜坐學生被驅趕。因此，這天的校務會議可真形勢緊張，劍拔弩張。這也算開了臺大校史上的新頁，不過是新校長主持的第二次校務會議而已。

由夜間部職員高喊散會的高潮戲,是在 1 月 15 號加開的校務會議中上演的。8 日的會爭執良久,後來在學生抗議退席後草率結束。重要議案都留待 15 日再行討論。那天會議,為了醫學院組調查小組自清事件,折騰到下午將近三點。其間的曲折奧妙,只有在場與會者深自體會。當然,最精采的乃是校長反應敏捷,一聽散會號召,即快速處理,而後挾著包包離席的一幕。臺大新校長的風格,至此表現得淋漓盡致。

這樣的鬧劇至 4 月校務會議竟然想再重演一遍。當時我已不想再多言,靜觀其發展,到底臺大教授仍有一貫的風骨,輕易的就擋掉此風波,臺大的尊嚴才得以維繫。

軍護課改選修案在驚濤駭浪中,終以 140 人在場,96 人贊成,在 1 月 15 日的校務會議中通過。猶記得當時許多大報都以頭版頭條,譽為教育史上的大變革,更讚揚臺大是第一個實行課程自主的大學。

沒料到將近一年來,這項決議案被百般的拖延屈辱。校方完全不願執行,所謂行政執行上有困難,只不過顯示行政的無能和惡意。不僅如此,竟還能容有翻案的聲音,怎不令人為臺大的坎坷命運傷悲。(完稿於 10 月 7 日,本學年第一次校務會議前夕)。

「全體委員會」係蝦米碗糕？
校務會議荒謬一籮筐

⊙賀德芬

　　校務會議所發生的糗事及幾位重頭角色經常性的脫線演出，真是族繁不及備載。就在11月25日的臨時會上，又有新戲碼，令人一頭霧水，但盼主席特聘而來，高坐主席身邊的議事專家，能為全體師生釋疑。

　　當天會議主題進入第三條校訓抑或宗旨的討論，好不容易在極其無謂的程序爭議之後，終於拍板敲定，以在場141人，82人贊成，通過「付委」案。然而，立即有代表發言反對、質疑。學生代表李逸元先生更直言付委不可行，再提案成立「全體委員會」審查。

　　雖然議事規則中有所謂「全體委員會」，但既由全體人員共同參加，則與大會無異，只不過討論特定重要議案而已。臨時校會已具全體委員會之意義，「付委」則顯然要再交付更小規模、業有專精之少數人先行研議，再提交大會。兩者相衝是很明白的事。

　　因此我們不解的是：「付委」議案，既經表決通過，何以立即可由兩三人、三兩下就唏哩嘩啦用完全意義不同的提案，彷彿移花接木似的將之推翻？那麼，要覆議程序做什麼？主席為何接受？專家為何不說明？有教授提出質疑，主席為何不處理？反而逕行附議、表決？故意陷會議於如此紛亂，其用心如何？開校務會議意義為何？乾脆依主席意旨辦事，不是省了大家麻煩？

　　太多太多的疑問，令人難以理解。不過以此水準，尚能在短短的一個學期，不過三、四次密集的專案會議下，通過九條條文，縱使都是些毫無

重要性的規定,也要讓我們忍不住驚呼詠嘆校會代表們的勞苦功高,英明偉大了!(註:校長特聘之議事專家為本校三研所博士班研究生劉有恆先生)。

陳主席的議事特技大觀

⊙賀德芬

參加了一年半,共六次校務會議。只感受到毫無效率,幾乎未曾有過明確決議,縱有決議也未曾執行。如此的校務會議,如何能作為大學法所指定的校務最高決議機關?不禁令人疑竇叢生。

仔細觀察深思之後,這才恍然大悟。學校行政當局正要癱瘓校務會議,才能維繫過去極權專擅的局面。誰要校務會議有效率?誰在乎校會決議有無執行?只是太過天真的理想主義者才有的妄想吧!

不過,分析校長主持校會的高深技巧,倒也十分有趣,從中窺得政治術的奧妙,更是不亦快哉!

會議主持人控制會場,左右結論,是議事進行成敗的關鍵人物。因此臺大校長,幾次即使是事件的利害關係人,亦不肯依大家決議,依例迴避,倒反操控會場,掌握他要的結論。這一年半來校務會議幾至癱瘓,主席有幾項能耐,功不可沒。

壹、裝聾作啞

例如當有人舉手請求發言時,主席可以視而不見,聽而不聞,及至舉手人自慚形穢自動放棄為止。至於能蒙幸榮獲點召發言者,當然,誰都可想像得出發言的會是誰,發言的內容為何了!

主席另有一絕妙裝聾作啞的高招,即任憑好不容易取得發言權者說得口乾舌燥,理由也十足充分,主席最多讓他一逞口舌之快,絕不會做任何處理。最後只要說一句:「我們進行下一議案。」便將一切難題化解得雲淡

風清。發言者若再堅持，不但有損學者斯文形象，更恐遭人喝斥之辱，只有隱忍了事。此所以校會決議始終不明確，或根本沒決議，大都只能依主席意旨討論的根本原因。

貳、裝瘋賣傻

如上述種種不做明確決議，或擾亂議事程序，導致會場一片紛雜，甚至動輒以散會來規避問題時，主席總以不諳議事規則為藉詞，輕易原諒自己。與會代表更不忍深責，否則以下犯上，乃大不敬也。其實真相恐怕不然！陳校長雖是醫生出身，但向來以甚具人文素養自詡，更以曾通過新聞專業考試而自豪，在連體嬰分割小組中，亦以其圓熟特質而榮膺對外的發言人。事實上，校會議題早在主席掌握之中，也一直依著主席的意志進行。否則連簡單的會議都無能力主持，又憑什麼榮舉為一校之長呢？但臺大校務豈不也就岌岌可危了嗎？

參、裝腔作勢

當校長與校會的蜜月期一過，再也不能以不諳議事規則飾詞，便端出了權威架勢。諸如喝斥教授未經點名，縱使舉手也不得隨便發言，或狂言校務會議不是立法機關，大有唯我獨尊之勢。尤其，不時祭出裁決權更是威震全場，如此裝腔作勢，果真把整個校會制得服服貼貼，任憑宰割。

至於有某系主任屢次以特定人物代理出席，此君不是高喊秩序有問題，打斷他人發言或拍桌怒斥他人干擾其發言，便說別人有水喝，有冷氣吹，有什麼權益問題等等，縱橫會場。此種妙言妙語，我們當然不會以為是主席所安排導演的，但會前有些校代能蒙寵招宴，也是事實。這種種會議奇觀，唯臺大校務會議有之，恐怕連立法院諸公都要向臺大學習，全校師生能不與有榮焉！

校務會議完全照主席所交付提議在進行著，行政權力集中龐大了，而行政效率的「牛肉」又何在？如此作踐臺大，也只有總教官還能在會後對著記者直呼「校長睿智！校長睿智！」。

旁聽校務會議側記

⊙張則周

　　九點鐘不到，第一會議室門口兩旁已拉起白布條，學生向每一位校務會議代表分發對延緩軍護課選修提案的抗議聲明，鏡社指控課程委員會違法的傳單早已放在各代表的桌上，會場內真是烏雲密布，散發著一股詭異氣氛。這時會議室旁不到一坪的準備室，也已擠滿了各媒體的記者。我在靠近會議室最近的側門旁占到一足之地，為的是能清楚地聽到或看到會場發言的情形。

　　由於今天的會議頗受重視，鏡社特派一位資深女記者來採訪，她坐在電話桌旁，一面聚精會神的聽收音機，一面疾筆直書，寫完一張馬上就有人拿去複印，分發給其他記者。坐在我旁邊的一位男士，看起來不像是記者，因為他既不寫新聞稿，又不用大哥大或電話與外界聯絡，可是碰到表決時，他立刻站起來向會場瞭望，心想這位該不是黨鞭吧！

　　會議共用了六個小時，但只討論了三個議案。第一案因質疑課程委員會是否有資格對校務會議的決議提覆議案，討論近兩小時，最後由主席裁示撤銷。第二案教務處提建議軍訓選修本年度暫緩實施，經濟系陳師孟教授說，這像是分娩的人，醫生應盡速決定是用自然分娩或是剖腹產，而不是不准懷孕。實際上，臺灣醫學進步神速，不但可使已懷孕的變為沒懷孕，像校務會議鼓掌由法律系賀教授擔任規劃軍護課的課程委員，在會議紀錄上卻消失了，也可使沒懷孕的進行無性繁殖，使大學法沒有規定的，大學法施行細則中則怪胎百出！

　　第三案是建議共同必修課由臺大自行決定，這個提案的插曲最多，首先許多聯署人表明對本案之意旨及精神非常同意，但事先並沒有看到提案

全文，於是有人建議此案應撤回，幸虧朱敬一教授立即讀一段議事規則，大意是提案一經主席接受並進行討論，不得撤回，因此得以繼續討論，由於此案亦與軍訓課有關，據聞有兩位教授甘冒被開除黨籍之危險參加聯署，實令人欽佩。也有人認為共同必修課得由臺大自行決定是違抗「上級」（意指教育部），會造成校園的亂源，是對學生不良的示範，數學系黃武雄教授則說，最早倡議修改大學法還是由學生向立法院請願的，說明「上級」是可以反對的，這點反而是學生為老師做了良好的示範！

旁聽這次的會議，實在很累，但比上一般的通識課有意思多了。會前大家看到各院選出的校務會議代表名單，都認為反對軍訓選修及共同必修課自行決定的一方動員成功，未料在經過雙方激烈辯論後，對每一案的表決，與會代表們絕大多數是為大學自治與校園民主著想，理智地投出自主的一票，使我很為臺大的教授們感到驕傲，心想我當年選擇轉學的決定是對的！

最後想在此向校務會議提出幾項建議：

一、校務會議兩三百多位代表像沙丁魚一樣的擠在不到六十坪的房間裡，受到空間壓力很大，容易影響情緒，建議儘速另覓較寬敞的會議室開會。

二、建議校務會議設旁聽席，開放定額旁聽席次或開闢一兩間有閉路電視（監視器）的教室，使師生能看到校務會議對議案決議的全部過程，藉以引發師生關心與參與臺大校務發展的意願。

三、校務會議每學期只開會兩次，決議事項是否已推動與實施，無人監督，影響校園民主改革甚鉅，建議設立校務會議常務委員會，以發揮監督的功能。

四、目前校務會議代表是由各院選出，建議一部分名額可由全校選出，避免代表們只注重各院的利益，而影響全校校務的發展！

臺大校長遴選之回顧與前瞻

⊙賀德芬

壹、但開風氣不為師

大學校長由校內民選產生，在臺灣曾經是不可思議的事。即使在國外，學風鼎盛的地區也未必普遍採行。

在大學法尚未修訂完成，草案有被教育部推翻的可能，且內外壓力十分巨大，各方面都須妥協的時候，臺大首開風氣，在艱困中創立制度。在這樣的情況下，當然一切未能趨於完美，且受社會惡質選舉文化所波及，遴選過程有所瑕疵，選舉結果不盡理想，以至使得許多院士學者紛紛以國外大學為例，認為普選不可行。所幸，還沒有任何人主張要恢復過去官派校長的模式。連向來最保守，否定一切革新議題的人，也不敢公開發出不如官派的聲音。可見，這幾年推動校園民主化的成果已具體呈現，校園民主化已成普遍的需求，只不過對民主的方式還有所質疑，不能信任而終有所反彈吧！

在整個大學改革的過程中，從大學法的修正，到校園的實踐，大學校長由校內自行產生，是最終必須貫徹的結果。應該承認我們對大學的理想性賦予了過高的期許，也過度愚騃天真的夢想著能選出一個直追胡適、蔡元培的臺大校長。完全沒有預料到會有如是難堪的流弊發生。

我個人雖然也強力主張，校園不該有如此濃厚的選舉氣息，同意不如以菁英組成的遴選會，主動挑選校長人選，或許更具效率，更能符合學術要求，但那終究是人治的思維，不符民主去除絕對權威的要求。

尤其，臺灣社會是非價值十分混淆，權威或菁英的形塑有其相當世俗

化的因素,將校園權力移轉至新權威手中,只有使學術與政治更密切結合。若不能同時建立相對等的責任機制,是很難期待一定會產生絕對理想的結果。反而不如交付全校參與,讓校長擁有堅實的民意基礎,以強硬的肩膀來排除官僚體系的非學術性干預,以期先行回復學術的自由自主性格。只有先靠制度的確立,藉以提升校園文化,才能袪除不良的弊端。只有當校長不再成為政治工具,也不再享有龐大的權位,校園中的決策能以平和、理性的民主運作時,校長以什麼方式產生,便不再是重要的議題了。

尤其,在現階段,無論就民主的形式,或民主的實質,都需要更加用力推動,教育官僚體系更有待突破的此刻,校長普選有其特殊的時代意義,遠遠超過挑選一個好的經理人而已。

只可惜,因人謀不臧,少數幾個人的私心自用,壞了多年來大家拼命努力的成果,讓大學教育的改革功虧一簣,甚而毀了臺灣的高教理想,那才叫人痛心疾首!

不過其中種種因緣,或者反映當時折衝的危機,或者反映民心的演變,即使在過程中所犯的種種失誤,還是很值得借鏡警惕。尤其臺大首任民選校長任期將屆,應否續任?再遴選的辦法,該如何改進?亡羊補牢,認真的檢討改進,或許還能挽救高教於一二。

貳、臺大推動校長民選的過程

過去,臺灣各大學校長,無不由當局挑選黨政關係良好、黨政信念堅貞的人士出任(見臺灣高等教育白皮書,1993,時報出版)。其中,臺大校長地位尤其特殊。因臺大一向被視為精神前線,居高等教育之首,匯聚著社會的頂尖菁英,社會也期待臺大延續著北大、五四時期的自由精神。臺大校長人選,當然格外受到當局重視,都要最高當局首肯才得任命。

在長期封閉的氛圍裡,1986 年尚未解嚴之時,臺大教授就在校內籌

組教授聯誼會，意欲突破重重禁忌，使教授在校園中的地位抬頭，進而參與校務。只有達成教授治校的目標，始能期望學術的解放。校長由教授選舉產生，正是校園民主的具體實踐，形成風潮，促成參與，達成普遍的共識，應是現階段校長民選的初步功能。

臺大校長的選舉和結果雖令許多人失望（就在校長人選揭曉的當天清晨，一位醫學院教授來電，不肯報知其姓名，僅以蒼老的聲音，有些憤怒的要我為臺大歷史負責。其實，此項結果，在遴選會決定五位複選人名單時，我即已料知。對老教授的指控，我惟有黯然，無言以對），但一舉突破陳腐的觀念和體制，讓民選校長成為必然的趨勢。其他各校無不一一跟進，迫使教育部必須改變態度，這是臺大無需愧疚的成績。在當時，臺大此舉若未能成功，官派校長再一任九年，則勢將阻抑教育改革的潮流，連大學法也不知會被保守勢力修改成何面目。所以，我們在推動當時，每一環節都關係重大，只許成功，不許失敗。細節的妥協，遷就，亦在所難免。

1991年6月，孫震校長9年任期只餘一年屆滿。孫校長入閣的消息又時有傳聞，若不於此時展開校長民選的工作，恐將延誤大事。但，大學法一讀後即被擱置在立法院中，能否通過的命運未卜，要想推動，欠缺法律基礎，只有靠幾年來已漸成氣候的民主意識和民氣可用。所幸，頗孚眾望的李鎮源院士一向關心臺大發展，對臺大校長的異動更是關切，願意借重其聲望，先行凝聚臺大內部力量，並號召海內外校友支持。

時間已相當急迫，雖在暑假期間，我們還是密集的召集各院熟識的同仁，開了三次內部會議，形成以下共識：臺大校長關係臺大前途甚鉅，其學術地位，教育理念，行政能力都該列為重要條件，選任辦法應以立法院已審查完成的大學法一讀草案為原則，由民主方式產生，並交由全校教師複決，不再接受教部的指派。

如此的共識，只在少數人中形成，必須獲得全校多數同仁的支持，才

是推動的力量，也是民主的基石。因此，自七月中旬開始，由 32 位教授做發起人，發表「臺大校長應由校內遴選委員會產生」聲明，迅即獲得校內六百多位教授連署。再以之為基礎，由 35 位校務代表，提出於 10 月 17 日召開之八十一學年度第一學期第一次校務會議，要求成立專案小組，進行遴選校長事宜。

校務會議原則上接受提案，但決議先成立工作小組，參考連署意見，以擬訂遴選辦法及遴選委員會的產生方式。爾後在第二次會議中，通過「臺灣大學校長人選推舉委員會組織章程」，據以成立「臺大校長推舉委員會」，由現任校長及各院代表十五人組成並立即展開遴選作業。

「臺大校長人選推舉委員會」在五個月內，密集召開 18 次會議，更在各院舉辦師生座談會，出席候選人茶會，加上各種準備作業，真可謂「宵衣旰食」，備極辛勞。尤其在第一階段之前，對資料的搜集，背景的考核，標準的建立等事務上都十分用心。只可惜在最後的投票上，流於意氣，以致功虧一簣，所有的苦勞也都付諸流水。

如今平心檢討，當初臺大設計的遴選辦法其實已經兼顧實質的遴選，以及民主的普及。推委會謹慎的從 19 位候選人，先擇出十人做進一步的考慮，這其中有人退出（黃崑嚴教授自忖不敵行政系統，堅持退出，我還曾致電請求其參與至最後，然未獲應允），有人去世（張昭鼎教授），慢慢縮小了抉擇範圍，短兵相接，其困難度自然也相對提高。此時，因競爭激烈，乃紛紛突顯了個人立場與本位利益，而激發了推委會內部的衝突，再參雜來自外界緊張的壓力和種種非理性的流言，終也造成推委會的失控。若非最後的失策，推委會始終維持最高水準，挑選出三至五位無瑕可擊的人選，再交由校務會議，給予最高的民意基礎。則任憑誰當選，豈不都是兩全其美，不但為臺大，也為臺灣高教奠下最完美的典範。

參、雖不完美，仍有可觀

先且不論臺大推委會是如何馬失前蹄，寫下的是不完美的句點，但至少臺大此次獨領風騷，有幾項創舉，值得記錄：

一、臺大堅拒出席教育部的遴委會，並由校務會議決議。遴選辦法排拒了大學法草案的規定，全由校內教授組成，雖不免有流於門戶之議，但對大學自主權的爭取，有絕對正面的意義。

二、首度為大學校長訂定資格標準：學術成就、國際聲望、教育理念、行政能力及具有國籍都是必要條件，固不足論。表明不得參與黨政職務，則是對校長功能重新定位，斬斷過去黨政控制的根苗，矯正學官合一的歪風。對學術專業化的導向是最受肯定的宣示。此後各大學遴選校長標準，幾乎都不出此範圍，其影響不可謂不大。

三、遴選辦法採極寬鬆的推薦方式，並在海內外報紙刊登求才廣告，即展現了開放門戶，杜絕後門援引的胸襟。真正適當又有意願的人選，其實極易被網羅在內。推委會不主動推薦，主要是為了對其他候選人保持公平，否則難獲信服。至於本身並無意願，如李遠哲院長（李鎮源院士曾兩次敦請其參與遴選，為臺大樹立典範），實在也強求不得。太過矜持於士大夫身段者，恐怕又缺乏未來擔當重任的肩膀。

然而，面對校內民主要求的熱情，卻又為了保護當事人的隱私權益，凡事要求秘密進行，則似乎又有違民主精神，不禁就又陷進了權威的窠臼。

肆、該有的檢討

當然，臺大的推選最後是不被讚許的，這其中的錯誤，我們必須坦誠承認，且不諱言檢討，才能提供為再次遴選的參考。

一、遴選委員的產生過程太過粗糙，甚且有學院以通訊選舉方式，又落入崇尚權威的舊習。15人中，有七人為現任行政主管，毫不避諱，連輿論都立即質疑其適當性，且醫、工學院院長旋即參與遴選，又必須遞補。像如此，即使用選舉方式，尚且難以避免權威的操控，連推委會的召集人，也都在哄舉下，由文學院黃啟方院長出任。

二、捨棄全校複決的原則，改由校務代表票決，使絕大多數師生失卻參與機會與熱情。當然的行政代表居半數的校務會議，利於行政系統的運作，及利益的交換，使校外人士或未曾擔任行政工作者，幾乎沒有入選的可能，此所以有人見機不妙及早退出。而當五位候選人名單揭曉，我們即已能預測前兩位人選不過為幌子，誰最能操縱校務會議，誰就有勝出的結果了！

三、推委會的職務功能定位不明：明著以全權機構自許，連普遍被大家要求的書面理念陳述，都為保護當事人不過度曝光，而以之為作文比賽，毫無意義。時而又自貶為事務機關，當選風惡劣，流言四起時，連出面制止或澄清的勇氣都缺乏，更未建立責任制度，實質上對校務會議負責。最後的報告不過淪為替特定人選書寫頌辭（甚且傳聞，在推委會對外正式公布推薦書的前晚，某位候選人在徵得召集人及主任秘書的同意下，連夜全數更換其自行撰寫的推薦書）。除程序時間表外，一切客觀評價，或審查標準都未向校務會議報告。校務代表在投票選擇時，除了當事人的書面報告及在茶會中表達的理念外，並無其他資料可供參考。事實上，校務代表參與座談會的，屬極少數，茶會更淪為各院動員實力的展現，應與推委會至後期未能更積極負責有關。

四、客觀標準仍難建立，尤其是學術成就、黨政關係與人格特質等等都賴平日之一般模糊的印象，最後仍然委諸自由心證。而每當不同領域都要共同類比時，便很難逃脫個人的本位，好惡和利害。

一向自詡為高級知識份子的臺大教授，竟掩藏不了人性中醜惡的一

面。在最後投票階段,即使歷經幾個月的審查,最後都簡單化,轉成固有的定見。有位年輕委員,後來還貴為中研院院士,事後懊惱萬分地坦承他錯投了一張票,只為了拉平他非常不中意的某人的得票數,故意投給他認為不可能當選的人。以一個統計專家,如此精巧算計之下,竟人算不如天算,造成超乎他意外的結果。儘管事後搥胸頓足,追悔不已,卻已因此改變了臺大的命運,也為整個遴選過程寫下最大的遺憾。只是至今我都還參不透,他持的是什麼樣的邏輯?

至於在遴選後期,因各有堅持,對內拍桌相向,言辭暴烈,對外發表言論,公開辭職相脅,乃至各種荒誕不經的局面,令人不忍回顧。譬如,如果有人強調某教授,對臺灣民主有貢獻,必有反對他的人,反唇相譏,他又沒坐過牢,算得了什麼貢獻?而最最讓人痛心疾首的則是,有委員在推舉會中,也有教授在公聽會上,公然的大聲疾呼,臺大要有一個臺灣籍的校長。最後,果然讓這批人的運作成功,臺灣的省籍魔咒連高等學府都逃避不了。

推舉會希望不要有競選活動的勸告,有候選人嗤之以鼻,把這個重視聲望、品格、能力的校長遴選,當成了社會上烏煙瘴氣的民意代表選舉。以至於黑函、傳單、禮物四處飛揚。更有流言傳開:以學院院長身分參選的候選人,達成協議集體換票(然而一方背信,乃能因此衝高票數)、用行政資源拉攏校務會議代表等等,雖未經證實,但言之鑿鑿,只是沒有權力機關可以處理而已!這樣的氛圍,已再難容絲毫理性的對話。如此的學術高層,更戳破了清流的神話,學界尊嚴被自我作賤到無以復加。

從規劃、推動、提案草擬辦法乃至到最後參與推舉委員會,我深入其境全力以赴,結果不如理想,我自難辭其咎,接受關心的人指責,亦所當然。並非要為自己開脫,只是眾人之事,既標榜民主運作,容納多元意見,乃屬必要。尤其,在創新制度的轉捩點上,幾經妥協折衝,早非原來的構想。譬如以「推舉」委員會取代「遴選」,便有向教育部權威讓步的

強烈意味。但另一方面,慢慢推展開來,也難謂全無半點開明的作為。得失之間,很難以一時來衡量;是非成敗也更要留待歷史來評價。只是如不能從中學取經驗,那麼曾經付出的代價,就一切付之東流矣!

伍、未來的期許

　　總體而言,臺大為開創新局所做的努力是值得肯定的,所建立的制度,亦並非一無可取,基本問題還在於「人」如何去詮釋運用該項制度。即使大學法的適用亦復如是。因此,不管用什麼方式遴選,遴選委員的出任,其實居樞紐地位,臺大再次遴選校長,至少應注意:

　　一、遴選委員應更具民意基礎,由全校專任教師中產生。不過,其先決條件,乃是同仁都能關心校務發展,客觀公正的選出最恰當的人選,而非盲目崇拜權威,或冷淡待之,任由他人去操控。至於院長與行政體系瓜葛極深之人士,尤應主動迴避參選。

　　二、出任遴選委員會委員更應矜持自許,超越本位、私利,以全校大局為考量基準,更不該意氣用事,介入外界的流派爭議。而事後出任重要職務,實有損遴委會清譽,難避瓜田李下之嫌,不妨事前明文禁止。至於與候選人有極親近之利害關係者,似也應迴避為佳。

　　三、遴委會應對全校負責,除涉及個人隱私外,評量標準,取決過程至少應向校務會議常務會務委員會報告,亦可藉之督促遴委會更為用心謹慎,以期公正無私。

　　四、依新大學法須有校外人士出任委員,定要擇聘確實關心臺大與臺大甚有淵源,也了解臺大背景及未來發展之人士。如僅憑虛名或過分忙碌不可能實際參與者,只不過徒佔缺額,扮演背書角色而已。如校外人士能以宏觀,超然角度為臺大,則當更有助於遴選事務的完美。

　　只要遴選能不負眾託,寧缺勿濫,挑選出真正適任的人選,再交付給

全體複決,相信必能維持遴選的品質,民主之精神亦能兼顧,未來校長治校辦學當更能排除不當的外來壓力,完全以學術為最高指標。

校長的選舉,除了各校已爭取到向所未有的自主權外,教育部與大學間的權限,區隔卻並未明朗。教育部自不甘從此撤除對大學校長的主控權,但在民意高漲的此刻,各校亦不容許教育部的高壓干預,因此時生齟齬。政大、中興、藝術學院的校長選任,都曾發生紛爭。

在改制初期,權責仍混淆不清,經過彼此的調整適應,或許可尋到最恰當的平衡點,不過,就在這兩三年的轉變中,已可發現大學法在當初經過強力奮鬥所爭取來的校長二階段遴選辦法,其實已經不符現實的標準,應該再行修改。既然,教育部事實上並不能全然改變各校的抉擇,已無必要再行組織遴選委員會,徒生滋擾。教育部只要謹守憲法所賦予的監督權,為所當為,便是十分得體地捍衛其權威的作為了。

不只大學法又面臨應再行修改的局面,教育人員任用條例中,對大學校長必具行政經驗的硬性規定,在臺大遴選過程中亦曾有過爭議。在臺大的辦法中,只要求有行政能力,而未必是任職於官方系統行政機關的經驗。如果說在舊時代的行政經歷都不可取,固然過於武斷,有無限上綱之嫌,但我們必須面對,學術界確有不為官僚所喜,亦不願屈身於行政系統的清流。再受僵化的規定所侷限,而不重視其實質的能力,則必有遺珠之憾!

臺大現任校長在舊大學法時代,即以民選方式產生,應該是最具民主意義的典範。大學法修正後各校據之修訂組織規程,也應是民主的具體實踐。臺大組織規程在陳校長主持的整理委員會下,將校長任期維持原修訂小組的六年外,還添加「陳維昭條款」,不必再行同意,即可續任三年。此項條文究能否為校務會議所接受,我因負笈海外,不得而知。果真如此,則真是由組織規程整理委員會及校務會議的代表們陷陳校長不義,讓臺灣的首位民選校長沾上了污點。

臺大校務會議這兩三年來，一直為臺灣的高等教育開創歷史。校長民選、軍護選修、軍訓室隸屬於共同教育委員會之下等決議，影響所及，不可忽視，相信「陳維昭條款」必不會為校務會議所接受，如校長任期能恢復為三年，三年任滿，必須接受評鑑，及經全校行使續任與否的同意權，而後得連任至六年，才能使校長連任的改革趨於圓滿。

　　尤其，臺大在擬訂遴選辦法當時，曾保留同意權行使之第十二條。若組織規程已告確定，甚或尚未最後通過，則在校長任滿二年時，即該積極進行評鑑及同意權行使的工作，如萬一未獲同意權行使的工作，如萬一未獲同意續任，亦可有充裕的時間進行下任校長的遴選，這是臺大所有同仁不得不予關注的大事。

以學術良知，把真相還給歷史

⊙賀德芬

　　歷史是人類生活的記載，文明發展的見證，容不得絲毫的虛假，所以二二八事件在事隔 50 年後，我們仍要清查事實的真相，還歷史一個公道。

　　學術追求的是真理，做學問的人也更被要求絕對的真誠，這種至為精純的倫理觀念，正是學術之所以受尊重的基礎。對學術倫理的堅持，在校園中，其實就是教育的重要內涵。

　　由於資訊閉鎖以及國人總是與人為善，不揭人短的美德，過頭就成了鄉愿的習性，即使是臺灣高等學術界虛假作偽的事，也總是層出不窮，而且始終沒有建立起釐清是非黑白的標準，也不曾有過公平合理的處置，學術倫理因此日漸淪喪。

　　就在這一年內，臺大就有商學所，森林所的抄襲剽竊事件曝光。連體嬰分割主持規劃的功勞誰屬，就更是嚴重了。坐骨連體嬰的分割不只是臺灣醫學史上劃時代的成就，即使在國際上也是一件了不起的大事，當時便已轟動社會。對這麼重要的學術紀錄，既有爭議，弄清楚真相，已不純然是個人功過的問題，應該更具有還原歷史的意義。同時，藉著對此事件的釐清，對臺灣學術界學術倫理的重建，說不定還是一次契機，不可等閒視之。

　　從曾參與手術的其他幾位醫生的回憶中，我們可以確定，陳校長自始就追隨他的老師當助手，在四組之間連繫協調，功不可沒。我們也同意，一項龐大的醫學工程，當然是團隊共同努力的結果，榮譽歸大家共同享有，甚至還可歸之於是社會的成就。但是，以醫學界最為嚴謹的輩分倫理關係，以及人命關天的醫事責任，就有必要將之釐清，豈能使助手和主持

者的職責和功能都予混淆，打一場混戰？

陳校長之所以特別得到媒體的青睞，顯然是因為他擔任發言人和負責術後的照顧工作，和媒體多所接觸的緣故。但他在手術中並非主持規劃者，應是不爭的事實。然而，從他最初撰寫的著作，以致這十七年來透過媒體不斷的報導，社會大眾都理所當然的以為他就是這項成就的主持者，並以訛傳訛，深信「陳維昭」三個字等同於連體嬰，早已忘卻了這是集體的功勞。陳校長自始也就微笑著接受媒體替他編織的桂冠，頂著虛幻的光環扶搖直上，不但馬上就獲選為十大傑出青年，以後也連連得獎，做了醫學院副院長、院長，最後還做了臺灣第一位民選校長。

陳校長的成功當然不只這一項因素，可是不能否認「連體嬰之父」絕對是他最大的榮耀。臺大醫學院的教授們和臺灣寄生蟲學會在推薦陳校長參加臺大校長遴選的推薦書，乃至臺大遴選校長委員會送給校務會議的遴選報告，都明白推崇他在連體嬰手術上的貢獻。醫學院的教授們更大方的將集體的成就奉獻給陳校長，直指其為手術的主持人，多少也誤導了遴選委員會的判斷。對爾後臺灣大學自治的發展，不可謂不大。

這十七年來，陳校長有太多機會去澄清其中的誤解，讓功勞與大家分享，但陳校長沒有這麼做；他的老師，真正的策劃人，洪文宗教授在隱忍了近十七年之後，終於鼓起道德勇氣要還歷史原貌，竟被模糊焦點、矮化議題，被曲解為與徒弟爭功，最後要以表揚大家都有功的方式處理。這種和稀泥，完全不講是非的態度，還真讓我們見識到學術倫理已經沉淪到了什麼地步。

學術成就是一個學者的最大追求，尤其是蜚聲國際的紀錄，那等同於他生命的意義。洪教授在垂老之年，珍視這項榮譽的歸屬，應該得到尊重，更何況，學術的殿堂裡，本容不得半點虛矯。因此學術領域特別需要建立尊重智慧財產權，以及客觀的評鑑制度。尤其是集體計畫，是未來研究的趨勢，其成就的分配更要趁此訂定出客觀標準，讓功勞歸屬適得其

所，不只公平，對學術研究也才能產生激勵作用。

不過，話說回來，再好的制度也經不起人的扭曲。校園的問題，最後還是回歸到學術倫理、學術良知的堅持，以及知識份子風骨的展現上。尤其，一個大學校長，是清流的典範，道德的標竿，社會對之自有更高的期許。如果真有以助手身份，獨攬功勳的事實，縱使沒有非常積極的作為，僅是消極的不澄清真相，其學術倫理和良知的堅持，就值得商榷了。

學術的成就，科技的發展，固然都是人類的驕傲，但俗世的糾葛卻斑駁了耀眼的光芒。連體嬰分割手術的成功，使張家兄弟能有今天的生命，但也因為當初手術的延遲、術後照顧的失當，而留下痛苦的後遺症，才真正令人心疼。今天，追究事實的真相，主要為還原歷史，替學術建立倫理規範，卻彷彿是經歷一場真理和權勢的競逐。隨便給人扣上派系、鬥爭的帽子，不僅無助於學術的精進，還作踐了自己，汙衊了校園，也熄滅了臺灣的希望之火。

沒有行政革新，哪來教授治校？

⊙林能白

　　一個正常的大學，應該以教授和學生為主體，行政部門應該充分「支援」教學與研究的需要。過去的行政系統，往往未能有效的支援這些工作，甚至常常干預、控制教授與學生的活動，處理事情時常用行政部門的觀點。由於行政部門對於決策過分的干預，過去的校園改革運動，較著重在決策權的取得，忽略了行政部門的功能與效率問題。

　　事實上，臺大行政效率長期低落，早就嚴重影響教學與研究的效果。在大學教育逐步走向教授治校，財源自主的趨勢下，學校與學校之間的競爭日趨激烈，各大學教學與研究的品質將不斷提高，若不積極進行行政革新，在不久的將來，臺大恐將失去教育界頂尖的地位。然而陳維昭校長上任一年以來，行政效率看不出有什麼改變。

　　行政部門的老大心態與本位主義隨處可見，辦公時間是一個例子，行政部門每天上班的時間從早上8點到12點，下午2點到5點，這段時間正是學生上課的時間，學生要到行政部門辦事，常須蹺課，或者等好幾天的時間。為什麼中午要休息那麼久？為什麼沒有人值班？行政部門顯然忘了他們存在的目的是要「支援」教學工作。

　　再舉個例子，管理學院共有七部影印機，其中四部擺在六樓小房間，由院系的行政人員專用，這些人員合計不超過20人。而二千多位學生與八十多位教授則合用其他三部影印機！這三部影印機且常故障也沒人管。更荒謬的是：院裡有冰箱、電視、健身器材等與教學研究無關的設備，教師研究室的書架設備卻在新大樓使用半年後，即因品質太差，有多間損壞不堪。

行政部門不只是心態可議，做事效率更糟。臺大的研究生很少到圖書館查資料，因為查詢系統很差，期刊不全，圖書很舊。總圖書館單是一個新書登錄的程序，往往就要幾個禮拜的時間，因此學生大多必須跑到中央圖書館，甚至政大或工技學院的圖書館找資料，像這種不合理的事情，也不見學校有什麼改善的做法。

行政效率低落，也使得學校可用的有限資源，未能發揮應有的功能。最明顯的例子是土地的使用與工程的興建。管理學院大樓有十層樓高，是臺大最高的建築，照理說造價也應是最高才對，可是學院大樓每坪的實際造價才四萬九千，同時興建的森林館、農化館工程每坪預算卻都在七萬左右。

再以最近開幕的「臺大福華餐廳」為例，臺大一直缺乏一個像樣的餐廳，來服務臺大教職員與學生，本來是一個不錯的構想，可是現在的「臺大福華餐廳」地處校園偏隅，而且開放對外營業，定價又貴，在收費與服務方面也沒有優待臺大教職員生，因此大部份來用餐的，都不是臺大人，失去了原先的本意。

管理學院還在國青中心辦公室，曾有一個不太好笑的笑話：整棟國青中心裡面最乾淨的地段，就是從電梯口到院長辦公室的那一段走廊，因為工友特別努力清掃那一段路，其他的地方則馬馬虎虎。現在的管院大樓還有類似的笑話。不知行政大樓是否也是如此？

也許因為這樣，才讓高層行政人員感受不到行政革新的迫切性。然而要提高教學與研究的品質，沒有行政系統的支援，是不容易做到的，希望陳校長能立即重視這個臺大的老問題，徹底革新！

「非營業循環作業基金」之影響及因應之道

⊙林能白

教育部要求臺大自下學年度起,預算以「非營業循環作業基金」的方式來運作,必須自行籌足百分之20的預算。這件事情對於臺大的意義不只是募款而已,更是臺大掃除行政積弊,改變體質的契機。為使本校同仁更深入了解這件事情的意義及對臺大可能帶來的影響。本刊乃邀請對此項事件最清楚的總務長陳益明教授,經費稽核委員主任委員夏長樸教授,及會計系主任柯承恩教授參與座談。

主持人:林能白教授/工管系
座談人員:陳益明教授/總務長
　　　　　夏長樸教授/中文系教授兼經費稽核委員會主任委員
　　　　　柯承恩教授/會計系系主任

林:請各位先談「非營業循環作業基金」究竟是什麼?接下來再談對於這樣一個制度學校應如何因應?

夏:關於這件事的前因後果、來龍去脈我想簡單說明一下。臺大是國立大學,原先國立大學的預算是由中央政府透過教育部來編列;但從85會計年度開始,教育部打算在臺灣地區五所大學即臺灣大學、成功大學、交通大學、清華大學與工技學院試辦「非營業循環作業基金」。非營業循環作業基金的意思就是原先金額撥給各大學的預算,將有部分由各校自行籌募,自行籌募比例將逐年增至百分之20。此制度實施之同時,各大學可將原先需繳交國庫之學費及其他收入留用自行處理。也就是說以往經費來源由政府編列預算全額補助,現在大約有百分之20的比例必須由各校自行想

辦法來籌措；相對地，參加試辦的各校也獲得財務自主權，這是依照新的大學的精神所逐步發展的措施。但是我們目前也面臨了一些問題：第一：教育部始終未曾有關於非營業循環作業基金的正式公文告訴我們怎麼做，也就是說我們不清楚可以從哪些方面來取得自籌的部分；第二，當我們轉入試驗後，我們可以達到的目的自主權到什麼地步我們也不知道，雖然教育部的會計長曾經到校說明，但詳細情況如何仍然不是很明瞭。能不能請總務長說明一下上次座談會以後接下來的發展情況。

總：上次座談會後所產生的疑問，我們曾發公文到教育部，教育部至今還未曾答覆，屆時才有辦法了解詳細內容。

夏：教育部有一個「國立大專院校預算及財務運作改進方案」，但這方案並非正式公文，只提供我們做參考。它雖然將循環基金的優、缺點做了說明，但仍有很多問題我們還是不知道如何處理。85會計年度後，臺大就要加入非營業循環作業基金，加入之後的利弊得失部分，上次座談會已討論過，但教育部一直避免做正面的回應，因此我們始終不了解教育部究竟包容到什麼程度。我覺得教育部的尺度並不像它書面上所形容的那麼寬。舉個例子來說，報上曾經刊登教育部長的話：「在未全面實施非營業循環作業基金前，學雜費不得調整」，也就是說，我們藉由學雜費調整來做彈性因應的空間就沒有了，這是一部分。第二，我們若是由公務預算單位變成接受補助單位，這將會對我們的經費爭取增加困難。因為預算除非立法院有刪減，否則是不動的；但若改成補助，則可以補助多，也可以補助少，甚至不補助，因此在政府經費困難時，我們有可能變成被壓榨的對象。此外試辦時間是三年，試辦期間權限如何，試辦完後盈虧如何處理，這些問題我們都不知道。政府在政策改變時，沒有讓參與政策及受到政策影響的單位有明確的了解，這是一種很糟糕的改變方式。

林：現在看起來好像是教育部一方面並沒有給我們一個明確的辦法，但另一方面卻又確定必須要執行，此誠如夏教授所言對臺大造成了困擾。

我想請教總務長，如果勢必要做，臺大要如何因應？

總：第一要節流，哪些該花？哪些該省？必須事先要有計畫。我已事先發出作業基金的訊息給各組希望他們注意。節流包含很多種，第一為水電的節流，包括日常水電的節省以及外借場地水電由其自付等；第二是檢討一些不敷成本的事項，例如消費合作社，我們提供水電、場所、四位工友，每年卻僅收40萬紅利，這合理嗎？諸如此類我已經要求總務處以下單位檢討，因此對於作業基金這件事，總務處已做好了心理準備。

林：看來教育部實施這項制度會對臺大的會計、預算作業程序及管理產生相當影響，該如何因應，請給我們一些意見？

柯：我想從正面的角度來觀察，非營業循環作業基金的推行對學校而言並非完全沒有好處。我們自己當老師的對於目前學校在經費及資源的使用效率也不是很滿意，因此有此制度，才使我們開始警覺這些問題；由於我們要自籌款項，才使我們注意開源與節流兩大問題。教育部推行這項制度的目的有其正面意義，但推行過程中，受試單位參與太少給我們不小的困擾。至於學校如何因應，誠如剛剛總務長所提，節流是個重要項目，我們應該分門別類仔細檢討本校的各種業務當中是否有浪費的現象，這是每一個單位、老師、同仁都應該考慮的問題。在開源方面，學校有許多收入，諸如學費收入、停車費收入、合作社收入及其他周邊事業收入，這些收入以往都處於不賺錢或虧損的狀態，在自籌款項的壓力下，我們要想辦法讓這些收入成為學校籌措財源的來源。本校是個龐大的組織，我希望所有的老師都能投入精神來改善我們以往不具效率使用資源的方式，以使學校維持既有之聲譽。希望藉由這個制度能成為我們自我追求、自我改善的動機，這對臺大要汰換體質，也是一個很好的契機。

總：我很同意柯老師的話，這對臺大是一個轉機，我們不用恐懼。我想再提出一個開源的方向，即是臺大學術基金會的成立，目前正由校友會在著手進行募款事宜。

林：夏教授，您目前是經費稽核委員會的主任委員，您一向也很關心校務，不知您對臺大如何因應有什麼看法？

夏：以目前來說，臺大85年度預算約65億，以百分之20來說，臺大必須自籌約13億。目前臺大可能的收入來源有幾項：一、雜費。二、建教合作。三、推廣教育中心，這是我們相當可以開發的資源。四、臺大實驗林，不過目前是處於虧損狀況，甚至到薪水發不出的窘境。目前全實驗林面積達三萬公頃，但我們能掌握的只有6000、7000公頃。實驗林所帶來的收入並非在於砍伐樹林，而是在於森林遊樂，這方面的收入大有可為，以往由於經營不善，收入僅及山下飯店的十分之一，將來若善加經營，必可帶來可觀收入。關於這方面我想先請管理顧問公司做經營的評估，然後再請專人或其他組織負責經營。五、臺大醫院：臺大醫院由於改建工程過於龐大，因此年年處於虧損狀態，一直到前年才轉虧為盈。若是將來臺大醫院能在醫院管理及營運上配合全民健保的實施做更有效的經營，以其現有一流之醫師與設備，一定能成為自行籌組款項的重要來源。六、臺大實驗農場：將目前的牛奶工廠、麵包工廠，進行工廠登記，使產品正式上市，由校內單位負責研發，增加產品種類，配合廣告宣傳，相信可以成為一個很有活力的機構。七、山地農場：由於經營不善，目前也處於赤字，預計86年然可收回被占部份，將來可從事高冷蔬菜及花卉的耕作。八、家畜醫院：為臺北地區唯一大規模之動物醫院，目前很多人都養寵物，預計未來也能從寵物看病方面帶來許多收入。以上是開源部份，在節流方面我舉一個例子，每月的水電，電話費預算只編列2000萬，然而實際卻有大約一億的超支。超支的原因在於住宿學生非法大量用電、外包之合作社以及外借會議廳及運動場地時使用費未包括水電管理費用等。關於這點，我想落實使用者付費的精神，由超支學生及使用單位負擔水電費用。除此以外，我希望學校向教育部爭取除大學聯考外各種考試之報名費可自行調整，這樣也可為我們帶來不少收入。還有就是工讀生的問題，以往由於是教育部的經費，我們可以雇用大量工讀生，但在日後量入為出的日子，我

們就該考慮各單位正式人力的使用是否仍有充分發揮空間，以減少工讀生的數目。在募款方面，首先必須面對法令的問題，以往外界的捐款必須全部交給國庫，改成作業基金的好處就是捐款我們可以自行留用。不過目前的法令尚未與之配合，我們必須透過一連串的修法才能達到捐款自用的目的。

林：剛剛諸位提出許多因應之處，改成基金這樣一個改變，對臺大而言，一方面是壓力，一方面也是動力，相信會對臺大體質的改善有幫助，不過就剛剛夏教授所建議由管理顧問公司來診斷臺大實驗林等事業單位，由於柯教授是管理學院相當資深的教師，能不能請您發表一下管理學院或管理專家要如何協助臺大改善體質？

柯：公家機關一般存有大鍋飯心態，臺大也在所難免。如夏教授所提溪頭林地外的旅館，這些靠溪頭來過日子的旅館所賺得的收入都比我們溪頭林區還多很多。以公家機構的身段去經營，自然比不過民間企業。當然我們臺大是教學研究機構，而不是私人企業，我們今天經營事業的心態應該是站在不要使資源浪費角度的去發揮，以因應自籌款項的壓力。因此我覺得經營農場、林地最佳的方式是由學校老師監督，交由民間企業去執行。我們臺大有許多具有專業的科系，可以請老師設計、規劃制度，訂定引入民間企業的辦法，再交給民間企業去經營，藉由民間企業追求效率的精神，幫助我們發揮教育目標，達成教育目的。另外學校是個龐大的組織，其中有各式各樣諸如，法律、會計、財務、管理等問題，我們若是將這些問題聯合學生一同解決，如此學生一方面可獲得實習的機會，學習領導、學習做人處事；一方面也可以增加學生的向心力。因此我認為這不單只是財務或會計的問題，事實上也和教學很有關係，我們爭取收入的目的並不是想賺錢，而是以學校現有的財務資源作為幫助學校教育的目標。

總：我覺得柯老師所說有一點很重要，利用這個機會，使我們臺大教職員、學生一同來參與臺大的公共事務，讓整個臺大動起來。

柯：我想談一下節流的問題，管理學院剛搬家時曾面臨工友不夠的問題，但是我們卻有為數眾多的學生，因此當時我就和學生溝通，希望他們把管理學院當作自己的家，負責清掃管理學院的工作。這對我們來說，固然節省了雇用工友的經費，但這對學生而言，一方面可以實習管理的經驗；另一方面，企業界也很喜歡雇用這樣的學生。

總：臺大目前有777位工友，超過編制大約一倍，應該沒有工友不夠的問題，如果將請工友的錢外包給廠商，事實上會便宜很多。我想節流應不只包括財務的節流，人力的節流對我們有很重要，如何妥善運用、規劃人力是我們的主要課題。

夏：臺大其實有很多資源都是浪費或沒有好好利用，我舉個例子：臺大有接近二萬五千個學生、二千多個教員、八百多個職員、七百多個工友，如果我們學校每個星期安排交通工具到溪頭住宿、遊玩，那麼光做我們學校的生意就做不完了，如此既可增加收入，又可解決空房的問題。只要多用點心思，可以利用的地方還不少。

柯：農學院在配合轉型的過程當中，如果能提供休閒農業的話，這對學生又是一個實習的機會，臺大本身能提供學校教育工具的地方太多了，而學校又可藉此籌措財源，我們的確可以多往這方向思考。

夏：我來總結一下作業基金的優缺點，作業基金的優點就是說：一、公務預算支出必須依預算執行，不能夠超支；作業基金的支出可以按作業需要調整，如此對經費可以做最有效的運用。二、以往外界捐款少的原因是因為免稅額度有限且必須受極多的限制，如果我們採作業基金，則這些捐款可以留用，當然相關法令必須做適度的修訂。三、預算執行比較有彈性，多餘的部份可以轉到下一年度，不用繳交國庫，如此可以避免每年5、6月為消化預算而大肆採購所產生的浪費。四、若從長程來看，則未來學校對於經費的使用效率會提高，而我們的財務及經費也可以獨立。至於缺點方面，則為教育部的辦法不明確，有些公務預算才擁有的權利包括退休

金、各類補助以及房貸優惠利率是否持續。此外試辦期滿的虧損是由教育部補足，還是各校自行處理。其實最基本的問題還是：教育部整個辦法沒有很明確的公布，我們所有的資訊來源都是來自於報紙及新聞一些支離破碎的消息。政府對於如此重大的教育政策變革，未曾有任何明確的訊息公布實在是一個很不好的現象。

　　林：今天很感謝各位出席本次座談會，也感謝各位於「非營業循環作業基金」的寶貴意見。就如剛剛各位所提，這件事固然是危機，但也是學校改變體質的轉機，總務長、夏教授、柯教授都提出了不少有關學校可以改進的地方與如何因應的作法。陳總務長雖然上任不久，但行事相當積極，相信應該能很快落實這些做法。「非營業循環作業基金」對學校的衝擊這件事非常的重要，希望能透過今天這個討論會讓臺大教授一方面體認到這是勢在必行的事情，一方面也體認到這件事實行後，大家如何幫助學校一起因應這件事對學校所帶來的影響。今天座談會到此為止，謝謝各位！

該是進行校長評鑑的時候了

⊙賀德芬

在現代這麼一個多元化的社會裡,每個人都有其獨特的個性和專業能力。就一個職務而言,某人是否適合及能否勝任,和他的特質及專業能力有密切的關係。所以,透過評鑑制度來尋找最恰當的人在最適當的位子上,可以使人和職務能夠相得益彰。在學術的領域裡,學生有考試來鑑定;教師有評鑑辦法;校長是否適任,當然也該有所評鑑。這種評鑑完全無關人格價值的臧否,只不過是否適任的認定而已,應以平常心待之。

校長由官派的時候,相信官方自有他們的選擇標準,只是也許不符合學術界的要求,也從來沒有對外公布過客觀的基準,因此往往成為酬庸或政治的工具,對學術發展很是不利,更是受人詬病。

現在的大學校長大都由民選產生,無論是由代表選舉,或採普選方式,都應該建立客觀的基準,才能選出最適任的校長。尤其是已經在任的校長,能否續任,更應依照此項標準來驗證任內的表現,並評估未來的潛力,方能以公平理性的態度,為校擇才。

壹、臺大該甚麼時候辦理長評鑑?

臺大第一任民選校長是在 82 年 7 月上任的,目前正是第三年任上。依照新修訂的臺大組織規程,校長任期四年,連選得連任。現任的校長能否續任須要在任滿前十個月作成決議。如此算來,評鑑工作至遲要這之前半年進行。如果評鑑結果令人滿意,遴選新校長的工作就不必開始。否則,便得積極確定的進行下任校長的遴選工作。確切的說,現任校長的評鑑工作,下學期一開始就該開始積極辦理了。

貳、評鑑標準為何？

臺灣從來沒有做過大學校長的評鑑工作，因此也無先例可循。倒是「大學教育改革促進會」曾經在 80 年替孫震校長做過評鑑。後來，臺大遴選校長，遴選委員會也為校長條件訂定下了一些客觀標準。大致上，對大學校長的評鑑，要從下面幾個方向著手：

一、教育理念與理想

（一）對大學教育目標之理解

（二）對本校辦學歷史、理想與方向之掌握；包括均衡與特色發展

（三）對教授尊重程度（包括對教授治校理念之尊重）

（四）對學生組織與行為之理念與處理方式（包括學生社團經費的分配）

二、學術自由之尊重及維護（包括講學、出版、宣揚學術理念、對大學學術品質提昇之努力及獨立性等）

三、行政能力

（一）人事安排

（二）校務規劃

（三）校產處置

（四）校園規劃與校地使地

（五）經費籌措與校地使用

（六）公共關係

（七）對學校狀況通盤之了解

（八）協商與糾紛處理能力

（九）行政過程民主化

（十）授權之適當性

四、個人特質（包括企圖心、親和力、領導風格及敬業精神）

五、實踐與實際貢獻

（一）制度建立

（二）學術提倡

（三）教育改進

（四）硬體建設

（五）公共形象

（六）社會服務

（七）歷史任務

　　除了上述這些標準外，還有幾件事要特別列為評估現任校長的指標。那就是：1.校長在關鍵性事件中所持的態度和作為，例如，在大學法修訂時的立場；共同課程以及軍護課改選修過程中的態度；在修訂組織規程的運作等。2.對外形象和能力的展現，如和教育部交涉、在校長會議中的表現等。3.校園重大事件的處理能力，如哲學系、醫學院院長選舉風波及紅包案、呂安妮事件等。4.主持會議的能力，尤其是校務會議。5.用人的能力，如副校長、三長及其他重要行政主管成績的良窳，應一併由校長承擔。

　　校長既是民選產生的，那麼，競選時的政見和承諾，更是檢視的最起碼標準。

參、評鑑辦法

　　校長的續任，依照組織規程是由校務會議議決，固然應由校務會議辦理評鑑。但是，僅由校長提出書面校務績效報告，以為評鑑基準，是遠遠不足的。校長關係一所大學的發展，還影響國家學術走向，更涉及兩萬多師生的前途，豈可如此輕率為之？校務會議透過自己訂定的組織規程，如此為自己擴權是完全藐視其他師生公意，不符校園倫理的舉措。更何況，組織規程的訂定，未能經由全校師生的公決，甚且，恐怕絕大多數的師生

都還不知道有這麼回事哩！

奮力打破官僚體制的箝制，爭取大學校長民選，是臺大對臺灣高等教育所做的貢獻。現在已成為法定規範，所有大學都一致遵行。我們期盼臺大在開創制度之餘，仍能堅持良好的品質，審慎來辦理也是國內第一次的校長評鑑。

所以我們建議，應該由校務會議發動，組織成超然公正的評鑑委員會，根據一致可以認同的基準，逐項來評估現任校長的績效。同時要擴大參與，讓全校師生都有表達意見的機會，再作為校務代表行使同意權的標準。

校長的校務措施或是風格特質，本就是件見仁見智的評價，所以我們不同意將一切行為都予以量化。我們也不認為採用問卷是可行的方法，一則，問卷的設計，稍一不慎，就會落入偏差的陷阱。二則，問卷的代表性也容易被操控。我們希望以具體的事實來呈現，經論述後，自然能評價出校長的適任與否。而這期間，校長和行政單位的報告，當然是極具重要性的參考資料。

臺大第二任民選醫學院院長任命爭議事件衝擊之評析

⊙許輝吉

壹、院長選舉與任命爭議事件發生的背景

三年前醫學院同仁以辦喜事的心情，選出外科陳維昭教授為第一任民選院長，在近兩年的任期內，因人事和諧與用人得當，院務推展頗為順暢。在教學改革上有教務分處謝博生教授的全力投入，首開國內醫學小班教學，而教師的再評估在歷任院長長期推動及有志同仁支持下，也在此期間落實，這些成果間接成為陳院長參選校長的動力，而醫學院同仁的團結也是陳校長獲得高票的主因。但沒想到普選的重大缺點卻在第二次選舉時立即浮現，並使醫學院形象嚴重受損。

臺大醫學院長在傳統上，大多由基礎學科的醫科畢業教授擔任。但近來從事基礎醫學研究的教授中，已罕有可任院長的醫科畢業教授，臨床科教授乃成為院長人選的主要選擇。由於國內的特殊環境，臨床科教授在醫病關係上比較複雜，候選人要零缺點，幾乎是不可能的事，我們也不能如此嚴苛的要求。但紅包及違規開業醫事行為，則深受垢病且影響臺大形象、涉及醫德與院規的規範，卻無法等閒視之。由於制度不良及社會文化種種因素，使臺大長久以來始終無法對傷害形象甚深的紅包有具體的改革，終於導致此一件的爆發；而違規的開業行為也正是引爆此次院長任命爭議的源頭。同事多年，若非事態嚴重，同仁們也不致於如此激烈反對新院長的任命。但為使可能的傷害降至最低，除校務會議代表外，完全瞭解真正原因的同仁並不很多。但因此一事件導致醫學院及大學形象及校長聲望嚴重受損，甚至醫學院同仁因理念差異引起的對立，卻不能不嚴肅以對。

一、對醫學院的傷害與影響

臺大醫學院院長任命爭議引發的重要課題，是對是非看法的嚴重差異，及將個人名位置於團體榮譽之上的衝突。醫學院院長是社會重要名器，如果朋友之誼可以在此一重要爭議上扭曲是非，公理將無所依存，而整個團體及社會將必然付出重大代價。更難於接受的是當個人的名位與團體的榮譽發生嚴重衝突時，竟然將個人的榮耀置於優先。臺大醫學院經過此次院長任命爭議後，再也不是過去的臺大醫學院了。除了外在形象的嚴重損傷，也影響院務的運作，連剛落實的教師再評估，也因之中輟。在各種選舉中，都難脫離拉票運作。設若因此失去客觀論事的精神，將是臺大醫學院的另一大災難。

不幸的是又發生紅包事件，更不幸的是由於欠缺明快的處理，使該事件擴大，加深了對當事人及本院的傷害，也使醫院失去展示革除惡習的決心，及維護院譽的機會。而當醫院戴院長向全國同胞表達深切的歉意及改革決心，並歡迎檢舉之時，醫學院長卻發表了未獲病患同意之完整檢舉資料，也無法可辨的說明，誠屬憾事。而對此嚴重影響校譽的事件，陳校長未能以重大突發事件予以有效的緊急處理，本人也深以為憾。紅包事件也凸顯臺大醫院教育訓練及管理的問題。以一所有百年歷史，擁有頂尖優秀學生，並以優良教學與研究著稱的學府，仍然無法使病患相信臺大醫院這個金字招牌下的都是值得信賴的『良醫』，毋寧是怪事。是否我們的制度出了問題？是否現行制度下，年輕醫師的機會被剝奪了，訓練機會少了？該如何加速「良醫」的養成，適度控制「名醫」的工作負荷量，以維護醫療品質，並加重教學以求傳承，應該都是可以且必須努力的方向。

二、對陳校長的影響

由於陳校長出身醫學院，而在這一年中，醫學院卻連續發生這兩件嚴重影響學校形象的大事。巧的是當事人又都是同窗，可以想見校長在處理上所遭遇的公私兩難困境，也嚴酷地考驗雙方的智慧。事件最終均進入司法，不論結果如何，臺大都輸了。這是校長與當事人的最佳選擇？

醫學院院長任命經過長時間的爭議與沉澱之後，聘期一年為止，是許多醫學院同仁可以接受的底線。但讓人無法理解的是，以校長與院長從屬及同窗的雙重關係，有關聘期之事，卻需要透過媒體傳話，時任院長的聲言瞭解校長意思，但仍期待反敗為勝。臨到 7 月底尚未獲院長續任聘書的明顯情況下，竟有「緊急」請一個月長假，而人仍在醫院內的「高招」，其中的互動關係與作為的奧秘，真是令人看得眼花撩亂。8 月份的醫學院公文既無院長亦無院長代理人，而一概以醫學院函具文。這段詭異的時間已然是醫學院無法抹滅的歷史。在事件中，校長所承受的壓力，及迴護從屬同窗的慈悲心是可以理解，但處理模式卻無法苟同。

一個團體的聲譽與形象塑造不易，尤其是教育及學術團體，那是很多人長期的努力與貢獻所獲得的。但我們也清楚的目睹到，毀掉它又是何等容易。民選校長是校園自主、開放、改革的契機，我們期望陳校長的是智慧與魄力。陳校長已然浪費了寶貴的一年，若能因此吸取經驗，體察身為臺大校長具有領導臺灣高等教育改革的使命，處處以臺大為最高最終的考量，相信臺大校務會議同仁的智慧並力行其決策，超越醫學院長任內治績仍為時不晚。10 月 8 日有關軍護問題的表現可圈可點。「臺大透視」會持續而嚴謹的紀錄陳校長的治校成果，但也會是陳校長民主改革的後盾，願就此與陳校長共同努力，促企臺大的進步。

貳、院長任命爭議之良性發展及期望

醫學院長任命爭議雖對學校有重大負面影響，但也給同仁一次更寬廣的思考空間。雖然代表校園民主的院長選舉得來不易，但要選出一位人品端正無瑕，其實是件極嚴肅而艱辛的工作，並不是很多不熟知候選人的同仁能在短時間憑印象，或從政見發表中所得的有限認知，所能達成。校園民主的成功，置基於完善的教授治校理念，與全體同仁平日的關懷與積極參與。院長的遴選除了要有好的制度，更要有好的候選人。我們慶幸醫學院同仁能開風氣之先，率先成功地選出第一任臺大醫學院民選院長，更能

在第二任院長選舉出現併發症之後,能當機立斷,改弦易轍,由普選改為完全的遴選制。

　　前事不忘,後事之師。制度的成功與否,人選始終都是最關鍵的要件,包括候選人及遴選委員。新方法中決定其成敗的關鍵之一是醫學院講師以上同仁選出的七名代表,院務會議代表選出的三位名譽教授,及校長指定的五名社會人士與本校他院教授,是否能全心投入並公正無私的行事。新院長必是醫科畢業教授,但醫學院醫學系之外各系有其特殊問題與需求,需經由這 15 位委員去全盤瞭解,以轉知候選人並諮詢其解決構思,以作為最後考量依據,可見遴選委員工作之重。醫學院經過這場嚴重影響學校形象與和諧的紛爭之後,能否邁入景象一新的里程碑,則端看此次遴選是否成功。期望全體同仁體察其重要性,摒棄個別單位的本位思維,一本醫學院整體利益為重的開闊胸襟,憑良知,選出同仁足以信賴而無私的遴選委員。讓我們期盼醫學院隨醫院百年大慶的來臨,重新出發,再創未來。

選出校長後要鼎力支持
專訪蕭清仁主任

⊙金傳春

問：3月11日校務會議中，經農學院代表建議，決定公布多次未出席校務會議者名單，您已懇請貴系官俊榮教授至少五次代表出席校務會議。**臺大要走上「人人關心校務」的時代，以建立「共識」為促進臺大進一步的基石**，如此下一代因臺大有更健全的組織章程而能受到最好的教育，請問您在開正式校務會議時均出席，但開組織章程的校務會時卻多次未替臺大盡力，請問您的困難是什麼？

答：我對臺大組織章程的來龍去脈不清楚，所以乾脆請同一位教授去代表，如此有整體思路，較順暢。另一方面系主任事多，臺大第一次的組織章程校務會議時間，正是我要到大陸開會，所以就延續找專人去做。

問：來訪您時才知您說話謙遜客氣，與您的代表在校務會議說話口氣完全不同。請問您找同一人代表農經系，是否因他和您的教育或治系理念較近？或是您當時有極大困難或壓力？有經過系所務會議通過後每次找此同一人出席校務會議嗎？您在會前有沒有向您的代理人溝通您對開會條文的意見？又您在會後有關心臺大組織章程進展現況嗎？

答：你看我有那麼多研究報告堆在這房內，已經有不少同仁認為我專心研究而不要命，所以校務會議只好找人出席。農經系的年輕老師多，年長的系主任常希望給年輕教授多些接觸機會，學習說話技巧和人緣之道，因此也常派人開會，**讓年輕老師明瞭實務，辦事更成熟穩健些**。另一方面，我們系的老師都來自全美十大名校，系主任若得罪系內教授，以後推動系務會很不好做！

問：臺大人有珍惜愛護臺大的義務與責任。您對臺大組織章程中最滿意和最不滿意的條文為何？您覺得應該如何修正？

答：我對臺大組織章程不太懂，但個人認為校長選出來後，就要全力去支持他。臺大教授自視高，作風、觀點未必相同，校內政策要待大家同意後，很難做，不如**學中國人「廟中以德服人」作風，增加包容力，接受各方意見。**

問：您是否認為身當臺大農經系主任，應以身作則關心校務，您的治系教育理念與學術發展具體成效為何？

答：我們正在編輯一本《系內概況》和教授們近年著作，6月將出版，歡迎索取參閱。臺大農經系過去偏重某種產品（如稻米）的經濟分析，現重點在兩大方向：

一、整體農業部門的計畫模型分析，幾十年累積經驗後，慢慢修正；
二、走向農業國際化，建議世界貿易模型，如研究奇貨市場、巴西水災對玉米價格影響等。

問：您專長於農業經濟研究，是否可說明一下為什麼臺灣有些農夫常賺不到錢？

答：是價格問題，不是農產運銷問題。也就是說問題在零售商場，不在農業部門。尤其是零售處中原多是經濟弱勢者，若超市化而失業，會造成社會問題，所以常變成經濟效率與社會問題兩難局面！

問：您是否針對這些問題曾建議政府相關部門首長改進意見？

答：我在兩年前郝柏村當行政院長時，就建議行政院可以將零售市場現代化，但要慢慢改進，大公司的企業化經營，講求效率，但未完全注意「社會公平」的解決之道。很多政策要繼續執行多年，才知道成功還是失敗。

附件：讀者投書

讀者投書

1994.12.28

敬愛農經系系主任：

您好！由於您兩次未有時間出席校務會議，而您的個人代表官俊榮教授在校務會議中的發言表現，除了他已在中國時報、聯合報努力撰文之外，當天會議情形，特別在百忙之中讓您知曉（均有錄音帶可查證）。

(1) 本學期第一次校務會議：他發言認為：「別人不准他發言」。事實上陳校長（當日主席）讓他、陸雲與王亞男三位農學院教授發言次數最多，沒有「不准」這件事，台大人相當「民主」。

(2) 本學期第二次校務會議：主要討論組織章程，有的校務代表要一條一條討論，讓爭議中浪費大家寶貴光陰，也有人主張另組研究委員會，為台大長遠來考量，您的代表針對他人所提「權宜問題」聽成「權益問題」，怒斥發言說：「你好好坐著，有茶喝，有冷氣，有什權益好討論」，接著陳校長（主席）馬上採納他的建議而裁決，結果整天三個多小時只討論「兩條」組織章程。更令人訝異的是當哲學系劉福增教授對「台大校訓」發言時，您的代表和另位今年農學院最高票校務代表竟然把劉教授的話用吆喝口吻立即打斷，在場一片嘩然，請劉教授繼續講完。您若愛護台大，應在兩次缺席後，親自來參加校務會議，如此也可便利推行系務；若實有困難，也應敬請一位抱持「教育理念」者，代表您的「理想」赴會。台大校務會議召開次數如此少，許多教授教學研究均受學生愛戴或具國際聲譽者，均犧牲個人睡眠時間而出席。我們深愛台大，更應在會議發言中尊重每一個人的意見，對不？敬請您答覆您未來是否誠願參加校務會議及您選擇代表的條件。

深愛台大的校務會議代表敬上

【註】本函特請「台大透視」發表，讓更多校內教授、職員與學生明瞭台大的重要決策過程與影響人士，即未與會者也可知曉校務代表在會議中代表系、學院對台大的深遠貢獻。兩百餘位代表群聚浪費一個小時，即可化為推動台大進步的「提昇品質」兩百多小時！

✿✿✿✿✿✿✿✿✿✿✿✿✿✿

【編者按】本刊接獲此函後，陸續又有各院同仁來電關切，希望知道農經系主任為何連續三次皆請人代理出席校務會議。本刊曾於十二月十五日去函農經系，十二月廿一日經農經系主任在電話中表示『因該函未具名，難以回答』云云。

透視臺大

主任秘書林政弘先生專訪記
行政中立,是他的承諾

⊙賀德芬

　　秘書室的工作繁雜卻極具重要性,雖說是幕僚單位,卻出席各項重要會議,參與決策。由於其職權並未有明確定位,秘書室主任又是由人事系統直接派下,在過去幾年來,便成為臺大許多爭議事件的焦點。

　　尤其,校務會議的議程安排、會議紀錄都由秘書室一手主持。以往,從未有過制度化的規範,校務代表眾多,並缺乏常務委員會來長期監督,因此竟有上個會期的議事錄,要留待下任代表,幾個月後再來確認的離譜情事。議而不決,決而不行,乃成常態,這對將校務會議定位為校務最高決策機關,落實大學自治,實在是最大的障礙。

　　終於,前主任退休,新主任自10月11日接任。因為這也是臺大從此步入自治制度化的關鍵,我和張則周教授便於10月20日上午拜訪林政弘主任,以期先行了解新人新氣象。

　　林主任原本追隨前教育部次長,也是原本前臺大法學院院長袁頌西教授出任暨南大學的籌備工作,經本校校長強力延攬而來,林主任以家在臺北,也願奉獻於臺大,故乃欣然就任。

　　林主任曾任職財政單位25年,在教育部擔任人事處長亦達八年半。所以對行政事務十分嫻熟,林主任態度謙和、思慮周密,對我們所做的第一項承諾,便是絕對會維持行政的中立。

　　林主任說道,一上任即從部屬處探詢校務會議的實況,亦深不以為然。林主秘表示,將改革會議紀錄方式,每一提案的最後議決文字,都需在會中複誦確認無誤後,再逐字錄音紀錄,記錄人員絕不允許依己意任加

增刪。

　　林主秘並透露將在行政會議提案，建立按月追蹤校務會議決議執行狀況的制度，徹底解決「決而不行」的弊端。

　　在短短的談話中，我們感到林主秘來臺大不過一個星期，但卻已掌握到了秘書室工作的癥結，我們也願全力支持這些理念，但願臺大的行政能在他的運籌帷幄之下，耳目一新。且讓我們臺大人拭目以待。

透視臺大

第四篇
校園規劃

關於臺大第二校區

○夏鑄九

　　或許是過去校務會議中曾經通過提案，希望校方能重視校園規劃，並積極物色未來長期發展的空間。當陳校長上任後，有機會與宜蘭縣游縣長接觸時，關於第二校區及相關系所發展所需的空間一事，雙方都覺得值得一試。在82年9月間，校長及相關人員曾赴宜蘭訪問，並勘查海洋研究所試驗碼頭及場所用地。游縣長不但全程陪同，並歡迎臺大能往宜蘭發展。由於我個人曾正式與非正式參與過宜蘭縣的一些規劃研究案，對宜蘭縣的特殊性有一點瞭解，或許正是如此，陳校長希望我能幫學校一些忙，促成此事。

　　這種事當然是義不容辭的。我義務性地在過去工作的基礎與關係上，整理出些宜蘭縣目前面積較大的公有地，做了一些初步的比較，在校務發展委員會中提出初步的評估。委員會對幾塊大面積土地權屬、土地使用編定、以及交通、區位、地形、景觀等條件有了初步的瞭解後，也很快就有了大致的方向與共識。然後，在4月間，校長、數位院長、教授們再去了一次宜蘭，就三星、頭城、礁溪等處的具體條件，以及校內公衛學院，不同單位的特殊需要，有了進一步的瞭解。之後，在4月14日，校長召開了規劃第二校區的討論會議。

　　在這次會議中，校內各單位參與規劃的個別要求大致如下：

　　一、理學院：海洋所、漁科所及動物系漁生組需要試驗船用碼頭及研究用場所。

　　二、工學院：造船及海洋工程系需要水下作業區，修復處與理學院海洋、漁業系所合併發展為本校海洋研究中心或海洋學院。

三、醫學院：希望設立慢性病醫學中心（可規劃慢性病床500床、急性病床100床）毒理研究所、藥學系製藥廠。並可作為未來醫學院發展之腹地。

四、公衛學院：流行病學需要設立研究中心、社區醫學研究中心及環境醫學中心。

五、農學院：附設農場中畜牧組（牧場）及園藝組，由於安康農場將由臺北縣政府區段徵收，因此希望參與規劃。

（以個人所知，農學院後來又再度赴宜蘭勘查適當的地點。）

到這個階段，校內有特殊需要與急迫至宜蘭發展的單位，大致都清楚地提出了具體的要求，剩下來是與縣政府間進一步地推動落實了。然而，縣政府的期望當然並不只是上述個別單位之對校地特殊要求而已，很容易瞭解，宜蘭縣真正願意提供大面積土地歡迎的是：長程的，臺大未來的第二校區發展計畫。因此，這次會議的結論也很明確，它分為三點：

一、與中央研究院聯繫共同規劃使用宜蘭地區之土地。

二、原則上以各單位需求做最適當之土地利用，並不限使用同一地點。

三、儘速規劃，規劃費請會計室設法籌編使用。

而此階段，中研院李遠哲院長本也打算爭取與這同樣一塊基地的計畫，臺大也願意與中研院合作，共同規劃與利用它，這在技術上是可行的。然而，又聽說李院長的構想在中研院內部的會議中夭折。中研院可能以為附近的軍用地可以就近爭取，以及，或許以為南港未來的環境品質還可以忍受吧。這次會後，校長也明確地期望筆者能夠協助規劃。可是我不敢，也自覺無能力接受「第二校區」規劃案的工作。（最好是本人不參與規劃案，規劃案主持人可以另外推薦，以便筆者現在還方便提出問題，邀請討論）這也是我想借「臺大透視」一角，提出一點看法，與校內同仁、同學溝通，說明一下為何「第二校區」規劃一事刻不宜緩，而為何以目前臺

大的「政治」條件，實在又做不好。

為何「第二校區」規劃事不宜拖？首先，臺大校總區的發展有其空間的限制，甚至在眼前，校務會議中也有不少聲音表示，臺大的發展需考量目前校園承載的限制，來約束各單位的成長了。就長遠發展而言，不論「第二校區」這個用詞恰當與否，高瞻遠矚，未雨綢繆，對臺大有利無害。其次，目前連任的游縣長，基於宜蘭發展的方向在於提高人的素質以競爭未來。對臺大的「第二校區」與中研院遷院，歡迎之至。大家都知道，臺灣的土地問題是當前及未來發展的大包袱，即使是工地，也是地方政府之配合意願、公共工程執行之關鍵。同時，校園周圍之品質端視地方政府對土地投機控制的誠意與能力。「臺大第二校區」對房地產而言，自是利多，此事地方政府只要放任一點，莫說「臺大第二校區」周圍環境不堪設想，就連現在三星鄉優美的蘭陽平野就一去不復返了。因此，地方政府的配合與縣長意志，在已完成連任的游縣長身上，都是最佳組合，這時機稍縱即逝。

第三，有些不明瞭臺灣及臺北都會區發展現況的朋友，以為宜蘭遠為荒野，難以勝任來往奔波。這是過去，以及目前的宜蘭限制，也是還能留下一小片尚未被臺灣近年發展所破壞的難得淨土的原因之一。再等一陣子，北宜高速公路通車，礁溪—南港之間只要30分鐘，宜蘭立刻被納入臺北都會區。那時，再想爭取就不可能了。當然，較之臺北，宜蘭地域也提供了宿舍、住家與小學等地方寧適性的優點，這是不需要再提醒的。

此外，臺灣的經濟發展，產業升級與技術跳躍之瓶頸，正在於研發創新能力。這種全球經濟競爭所策動之下，都是臺灣幾所公立大學發展與提升研究水平的動力來源。臺灣大學若不能把握這種歷史時勢，莫說失去了對臺灣社會的責任，更很可能不復再是臺灣的學界龍頭。為了臺大不夜郎自滿而自我提升，「第二校區」是一個思考臺大長程發展方向的良機。

本來,校園就不只是一個空間的載體而已。它其實就是這個學院社區共同體的表現。若再抽象化,校園的空間結構,其實是大學的社會關係。曾有本校資深教授提出過這樣有啟發性的問題:假如臺大有意提升通識教育的地位,有意將低年級不分系,那麼,是否可以將宜蘭第二校區規劃為低年級住校的通識教育園區?將校總區集中為高年級與研究所的空間,作為要與各部門與社會又更密切互動的都市之教研機構而發展?我想,這一類的問題茲事體大,不論同意與否,都十分值得更廣泛地由各院、系、所同仁參與討論,以未來的臺大遠景凝聚校內的力量。當然,這也更關係著我想提醒同仁們的問題:以今天臺大校內的「政治」條件,這種必要的,不是形式化的,公式化的,複雜的規劃將是一場「惡夢」。

　　「規劃」作為一門專業而言,我願意指出,規劃構想的正確性,或者說,對規劃構想適當的運用,仰賴其本身內部的一致性其實較少,反而是多在於:在特定的社會中,何人、為何、在何時、做了些什麼?這也就是說,在特定社會中發生作用的行動能力才是規劃的關鍵,即,規劃的執行(implementation)是問題的核心,而執行,其實是一種政治過程。

　　今天,校長推動「第二校區」規劃,與宜蘭縣政府的互動也很理想,臺大反應也夠快,似猶勝於中研院。但是,今天臺大校園規劃的構成,卻無力支持第二校區規劃的夢想成真,為何如此?

　　一、臺大校園規劃的決策架構不清,權能不分。

　　今天臺大校園規劃未能由校務會議直接成立校園規劃委員會,獲得授權,扭曲為校務發展委員會中的一名列席人員。老實說,任何的專業者,在當前的行政體系與校務會議的張力間只有「事倍功半」。甚至,自取其辱。

　　二、臺大校園規劃有關的決策體系由於不清楚,所以承襲舊制,不但封閉,而且家長式權威心態很重。

校園環境之相關決策,不要說學生意見,連一般教員的參與管道也十分有限。所以,矛盾累積多了,爆發出來就只有對立性衝突。要談規劃過程的折衝,還不容易有足夠的空間呢。

說到這裡,「第二校區」的規劃關係著臺大校園規劃的過程,而它更關係著臺大校務會議的架構。眾多的代表擠身在難以動彈的空間之內,形式上滿足了代表性,然而卻耗損了參與者的能動性。校務會議變成以無上的否決性權力來宣洩對無參與以及不民主程序的失望。冗長的校務會議變成對代表的一種折磨。臺大確實需要建立一個學術團體所須的開放的,能鼓勵參與的,但是又能夠放手做事的制度。不然,校長「民選」,真是滿足長期威權壓抑下的補償心理。形式民主的遊戲卻無改於現實中的決策與權力結構,也更惡化了決策之品質。最後,耗盡了校長與教師們的心力,也失去了臺大學術升級的時機。

臺灣大學面對變局,「第二校區」規劃是面對改革的好時機。臺灣大學需要有遠見,有想像力的改革者,決策的過程不僅是同意與否的權力遊戲。動員了成員間,經由相互討論而得到的規劃目標,可以有助於塑造臺灣大學校園為一種「創新的氛圍」(innovative milieu)。這是教學研究領域的最愛,也是推動我們前進的動力。校園的政治權力與社會結構單純,這裡並沒有結構性的衝突。若連臺大都弄不好,更遑論臺灣的城市,也不必奢談國土了。

有關臺大校園空間發展的一些感想與建議

⊙王鴻楷、吳瑾嫣

　　臺大校園給外人的觀感是環境維護不善，除了椰林大道沿線之外的空間布局混亂；對於對校務有所接觸的人而言，相信更有額外的疑惑：為什麼各院、系、所之間的區位關係難以看出章法？為什麼許多系所間的空間分配不公平會長期存在？為什麼對大部份系所而言，空間不足的問題長期不得解決，而被校外機構使用的空間卻未能有效收回？與校園空間發展的決策都是哪些人做的？為什麼絕大多數的師生、員工對於影響他們的校園空間決策基本上沒有發言的機會？我們因為歷年來對校園的空間發展有些（雖然可能是零星的）接觸與觀察，上學年又因為做水源新校區（國防醫學院現址）規劃的需要，而與校內許多空間使用單位，以及有關校園空間發展的人士有所接觸，在此願將所見所感作一簡單敘述，供有興趣者參考。

　　臺大校園規劃工作應是在虞兆中校長任內開始的。那時土木研究所都市計畫室（建築與城鄉研究所前身）的夏鑄九教授帶領了一些學生與助理做了臺大第一次的校園整體規劃。在所完成的規劃報告中建議了現在總圖書館的位置，以及包括十三溝面磚之應用在內的一些建築設計準則。該規劃報告雖然未能成為被校務會議採納之具約束力的校園發展準據，但上述兩項建議（尤其是第二項）卻似乎成為約二十年來臺大校園規劃僅有的較明顯效果（雖然這些也許仍有爭議）。建城所的黃世孟教授與他的校園規劃小組於民國84年完成第二次的校園規劃報告，但也未能成為正式的官方計畫。迄今為止，臺大校園空間的「發展」基本上一直是在沒有整體計畫（或共識）的狀況下，以渾沌不明的決策過程進行的。現行的「制度」可說只是消極地設法應付、「解決」空間由於組織擴張、師生人數增加等使用

條件的變化，而自然出現的問題與窘境，而並非積極、有遠見地對有限的空間資源做思慮周詳的經營與管理。

當然，合理而有效的空間發展不可能、也不應該只靠一套僵固的藍圖（雖然這可能是許多人心目中的「計畫」）；但是在像臺大這樣成員眾多、各單位間關係複雜的團體裡，如果決策沒有一套凝聚了相當共識的基本構想為依據，而其過程又沒有足夠的公開性（因而缺乏監督），則其結果不僅將受到挑戰，其可發揮性通常也難以達到較高的水準。

以上述觀點看我們上學期從事水源新校區規劃時所經歷與觀察到的現象，臺大的校園規劃與相關的決策機制至少有下列許多明顯的缺點，亟待改進：

一、系所的空間分配缺乏原則、標準：臺大絕大部份的單位都有空間不足的問題，但是各院、系、所之間的擁擠情況有很大的差別。有些系所擠得幾位教授須共用一間研究室，有些系所的空間充裕到可以提供學生浴室、休憩室，甚或有閒置的場所。由於教學與研究的方式有異，不同學術領域的空間使用型態固然不盡相同，但是除此之外，各系所間的空間待遇之公平性一直未能維持，仍是一不容否認的基本問題。

二、缺乏機動調整空間使用的機制：迄今為止，我們看到的空間使用發展的基本方式是各系所、單位分頭設法擴張本身使用與控制的空間，一旦占據了一個空間（不論是校、院分配的、借用的、經由爭取預算而興建的；不論是房舍或土地），就視為自己的地盤，即使本身空間已有餘裕，也不釋出供其他單位利用。弱勢單位以及新設單位的發展因而大受影響。院、校主管對這些現象若非不知情，就是放任不理、不負起責任。在院長、校長「民選」之後，「選民」寥寥無幾的小、新系所之處境更是堪慮。經由校、院就整體考量，而調整既存空間利用形式的例子少之又少。在這種系所的地盤心態與校院的放任下，臺大校園的空間分配就成了一個不可能具有公平與效率性的弱肉強食的過程。

三、空間分配的決策過程不清晰、不透明,更沒有充分的師生參與管道:在現行的「制度」下,與校園空間分配的決策有關的組織與個人至少包括校務會議、校務發展委員會、校園規劃小組、校長、總務長等。我們在許多案例裡始終看不清楚的是,除了校務會議在理論上具有最高決策權(卻也因而不可能直接參與所有的空間決策)以外,其他組織與個人的權責在不同重要性的空間決策過程裡如何劃分、承接、接受監督。另一個相關的重要缺點是現行的決策過程,不論如何運作,不論議題如何重大,絕大部分承受後果的師生都沒有參與(甚或知曉)的機會。這種使用者參與管道的缺乏,不僅有損決策的正當性,也可能因此形成資訊交流的障礙,而影響決策的品質。因為空間的使用對師生各種活動的影響重大,參與不足是一嚴重的制度缺陷。

四、沒有具拘束力的計畫與準則作為依據,決策的任意性過高:歷次提出的計畫及建議(雖然本身也有許多問題,例如對很多重要的發展取向與限制未能仔細檢討、交代;對系所的空間需求未設標準、未做檢討,致使需求過分膨脹;空間配置不夠詳確;各建議間常有矛盾等)基本上均未受到校務會議重視或採行,因而未能發揮指導決策的效果。易言之,缺乏全校長期發展的規模與性質以及整體空間配置架構的共識與想像,是一深遠影響空間發展決策的根本問題。臺大的相關決策因此可以因人、因時而異,並無持續的規則或目標可言,當然也沒有逐步發展、漸趨理想的可能性。

五、對校園所處之社區持封閉心態、對地區發展全無構想:一個大學的良好運作與發展需要當地社區的多方面支持,而像臺大這樣一個大型學校對四周地區的影響更是巨大。所以,無論是為了臺大自身的利益或為了負擔應有的社會責任,如何維持、促進與周圍社區的相互合作關係,都是一個校園規劃必須認真處理的重要課題(光是被動地提供校園讓社區居民晨跑、打球是不夠的)。很遺憾的,在水源新校區的規劃過程中,我們看到的是學校對社區的封閉、漠不關心的態度。

六、校園規劃小組對學校的認識不夠、權責太小而且不明確：校園規劃小組雖然已設立、運作多年，但是它應該扮演何種角色、發揮何種功能，並未詳細檢討、設計。以目前運作的情形來看，它雖然是與總務處平行的單位，實際的功能倒像是總務處的幕僚，但是它與該處之下各單位的關係如何，又不清楚。另一問題是小組的人手嚴重短缺，難以對全校的空間使用與相關的狀況作確實的掌握，也未能對校園規劃主動發揮積極促成、協調、落實的功能。

為了改進上述諸多缺點，我們認為以下各項措施均應予考慮、採行：

（一）儘早研擬、並由校務會議通過一個臺大校園整體發展計畫（應至少包括一套適用於全臺大的長期空間利用的架構式、綱要性的構想，以及空間之規劃、分配、設計、與使用管理的準則），作為日後實質決策的依據。此計畫應以對臺大長遠的發展目標（包括發展方向、教育性質、成長的極限）的清楚之界定為基礎，並且應有相當的調整彈性，俾應付各種未來決策環境可能的變化。計畫涵蓋的範圍應同時包括總校區以外的臺大土地、目前被校外單位使用的空間、以及校區周圍的社區；因為這些土地或空間的利用與再利用都與校園本身的發展息息相關。

（二）建立一套可行、多參與管道、可監督的空間發展決策過程。這是至少與上述實質計畫同樣重要的必備條件，因為如果沒有一套合理的決策過程，無論多好的計畫都不可能有效落實、不可能避免嚴厲的正當性挑戰。我們必須將目前散布在各種會議、委員會、各級行政首長手中而又糾纏不清、漏洞時出的決策權分配與運作方式重新界定、劃分、配置，並且須使沒有直接參與正式決策過程的師生員工，也有多重而順暢的獲得資訊以及發言的管道。換言之，空間的決策權力應有如決定預算、教師人事、課程等的權力一樣，被認真對待、嚴肅處理。而且，工程預算（不論是來自教育部或其他財源）之爭取、編列與執行，均應與空間發展的計畫密切接合。現存的各單位分頭經由各種管道爭取預算，然後校方則因預算年度

的壓力而任意撥地的做法應予革除。

（三）擴大校園規劃小組的編制、強化其功能。成功地發展、經營一個良好的校園，除了上述兩個條件之外，至少還需要一個專責的幕僚單位，主要負責兩項任務：在規劃階段，於各單位、決策者之間從事協調、折衝的工作，使一個儘量合理、可行的計畫能在不同立場的單位與決策者之間產生；在計畫的執行階段（包括工程設計與施工），則更須與「下游」的規劃、設計、營建等專業者保持良好的溝通，使計畫得以有效而徹底地落實。這樣的工作人員需要具備良好的專業能力、溝通意願、以及對臺大的環境與院、系、所間的「政治」之瞭解。現在的校園規劃小組應依此原則予以擴充、強化。

（四）教育部行之數十年不改的（不管學科性質、辦學績效的）每系所每班「四員一工」的平頭式員額配置制度，是系所空間需求擴張的主要原因之一。許多系所常因試圖突破此僵化的制度、強化師資、在教育或研究上有所作為，而被迫巧立名目，將院、系、所做不合理的細分，以圖增加教師名額。這是教師間無人不知、在會議桌上不願拆穿的公開秘密。其反效果不僅是無形中誇大了空間需求（使校園規劃更為困難），也形成專業領域不合理的細碎化（也非臺灣高等教育與社會之福）。故，臺大亟應聯合其他國立大專院校，向教育部積極建議修改「四員一工」制，而代之以基於教學與研究的需要及績效的師資員額配置制度。

當然，上述建議之所以成為事實，有一先決條件：校務會議對校園規劃的重視。如何使校務會議代表諸公重視校園的合理發展，則是最需要規劃者（弱勢院、系、所？一直未有發言機會的教職員生？）努力的方向了！

反省臺大校園規劃——1980年初推動《臺大校園規劃》的感想

⊙夏鑄九

去年，退休的虞兆中校長把他收藏的《臺灣大學校園規劃》拿出來，重新寫序，影印精裝，封面燙金，送給圖書館收藏作為紀念。這份1983年完成的《校園規劃》是目前執行中的《臺大校園規劃》原始版本，雖然一些制度上的建議與校園空間形式塑造的構想，在日後執行過程中多所改變，但是，臺大校園規劃的早期架構的確已浮現了。我當時負責該案，其後又陸續參與過幾個方案研擬與推動，坦白說，大部分的經驗都是挫折，少有具體成果。像臺大大門口的規劃與設計，在三任不同校長手上就做過三次不同的方案，都沒有機會執行。如今，當年參加工作的學生與助理，有的都已在教書或是成為建築師、或是顧問工程公司的規劃與設計負責人了，而臺大大門口的問題卻依然如故，沒有機會改善。臺大校園規劃確是值得反省，不然，何以展望未來？

壹、1983年校園規劃工作的任務

1980年初的臺大校園規劃面對的是一個正在開始急遽改變的校園。突兀的、未考慮周圍校園環境的單幢樓館迅速冒了出來。個別的樓館表現的是校園體制中之單一系所本身的需求，各單位好不容易爭取到制度中的經費，都認為是難得機會，於是空間自是越大越好，當然更顧不得對周圍環境的衝擊，結果，原來校園的獨特風貌面臨急遽之改變。校園，一如當時臺灣其他的人造環境，快速之成長所埋葬之校園特色不過是結局罷了，這其實是臺灣在經濟發展中某些新的、帶著歷史性與魯莽性的破壞力量。它

們敘事方式之空間文本,象牙塔中之校園建築也難置身臺灣社會之外。我們推動的校園規劃受到美國學院裡規劃與設計專業論述反省思潮之影響,我們放棄了行不通的傳統藍圖式主要計畫(master plan)的形式主義作法。而受到麻省理工學院開文林區(Kevin Lynch)對長程規劃的主張,以及柏克萊加州大學克里斯多夫亞歷山大(Christopher Alexander)所做的奧立崗大學校園規劃的看法(即《奧立崗實驗》(The Oregon Experiment, 1975))所吸引,我們提出了校園發展的構想後,便擬定校園環境經理的架構,用校規會及其工作小組所形成的決策過程,與一套設計準則之操作,試圖控制日後之校園成長。

我們認為,大學校園少有,也不宜有速成式的建設。有些建築師追求將整個校園在其一人之手下完成所有的設計,這已不是個人事業之企圖心,而根本就是對校園特色塑造之膚淺理解。尤其,由於對未來之不可測,大學校園規劃需要的是一個有調適能力的長程成長架構。一個有彈性的成長架構遠比圖面漂亮的綱要計畫切合實際得多。傳統藍圖式綱要計畫所再現的全盤理性是戰後1950至1960年代之產物,在快速變動的現實挑戰下,早就是不合時宜的專業理性,它表現的成見與權力遠比解決現實問題的能力為多。

校園,並不只是大學教育之空間載體而已。大學校園是大學教育之表徵空間,簡言之,大學校園是大學之象徵表現,遠超過對實質空間層次之簡單功能性思考而已。

百年樹人,大學校園為百年大計。大學,具備大而穩定的組織,居於一塊永久性的基地上,預備長期擴展,也有能力進行長程自我控制與方向領導。像這種地方之規劃內容有三重點:首先,校園之長程規劃需能掌握未來發展的趨勢與功能上的調適,它決定了校園活動發生的類型、密度與使用強度。以及,校園規劃必須對校園動線系統的層級、序列與流動通過的經驗效果等,要能預先掌握。最後,最複雜的部分就是開放空間、地景

植栽、與建築物的形式特徵的把握。為了保持特色又不失應變能力，**校園規劃長程成長架構，其實是快速成長壓力下，校園環境決策過程之經理**。它的關鍵在於「執行」（而不只是寫規劃報告而已）。尤其，在政治民主化的趨勢下，如何讓**校園環境決策過程民主化**，卻又具備塑造好校園的能力。

貳、臺大校園規劃的反省

臺大校園規劃對臺灣的建築與規劃專業界產生了一些影響。伴隨著建築設計理論像《模式語言》一書的衝擊，與都市設計及其管制準則引入臺灣，臺大校園規劃也對臺灣保守的專業論述造成了一些衝擊。此外，看到臺大校園的嘗試，有些其他大學校園也有一些機會改變過去的「校園營繕工程」所不能應付的局面。然而，就臺大校園本身而言，1980年初開始推動的臺大校園規劃執行至今，其中的滄桑值得進一步研究。執行的變化與接任負責校園規劃之教授們之理念差異固有，但關係不大，其阻力與改變主要因為**校園規劃之執行關乎大學中既定權力關係之改變**。就1980年初，校園規劃工作推動初期之經驗，至少有以下幾點值得留心，作為日後汲取經驗之教訓。

一、使用者參與

即使是1980年初，臺大校園政治還比較保守的氣氛下，當時的校園規劃過程就採取了參與式的規劃與設計過程。除了在意見互動上向教職員、學生，甚至市民開放外，校園規劃本身就是研究生、研究助理以及許多熱情、積極、能幹的大學部同學參與的成果。尤其是大學部的同學，他們靠著對真實校園生活的親身體驗，彌補了專業能力不足的缺陷，至今令我記憶猶新。在這種傾向下，我們也試著把下游的各館舍設計過程開放，強調師生使用者之參與。使用者參與是保證規劃與設計決策與成果品質的關鍵，這是歐美60至70年代社會運動與專業反省浪潮的產物，空間的改善

伴隨著社會的改革與人們活力的解放。

二、專業者的技術支援

當時，校園規劃的建議直接改變了校園環境的決策過程，尤其是傳統總務處營繕組的工作。我們開放了建築師的遴選，以公開競圖為之。公開而公正的競圖除了政治上的意願之外，其品質需要優秀的專業技術之支援。譬如說，競圖之「建築計劃書」製作（architectural programming）就是不可或缺的要件。它需在競圖之前，先由專業者協助，在使用者參與的過程中先行完成。其次，建築計劃書本身便是校園規劃的延伸產品，除了架構相符外，更需在設計準則上相呼應。

三、制度內積極投入的關鍵人物

1980年初推動的臺大校園規劃之所以能在當時確實改變了部分的校園環境決策過程，讓規劃報告經由空間論述得以直接干預真實空間之塑造，主要是虞兆中校長之支持，以及作為代表人物而特別需要指出的，土木系茅聲燾教授之協助。茅聲燾教授是才子型的人物，才華洋溢之外，過人的行政能力更是一般蛋頭學者中少見的。他為了協助虞校長，主動請纓，接任總務處營繕組主任。當時營繕組令人耳目一新，校園工程井然有序，校園規劃也**得以克服一般規劃案所難得把握的真正制度內改革的機會**。這個歷史機會，我現在回憶起來仍然為當時積極投入的眾人的「人氣」所感動。制度內積極投入的能幹人物是改革的樞紐，無此，改革理念終究只是規劃語言之操作而已。政策是推動者意志之實現，也因此，人亡政息是同理。

參、如何面對新局？

就個人言，臺大校園規劃執行中之種種挫折其實正是自己專業知識成長的組成部份。校園規劃之成果雖然有限，但是體會卻是深刻的。然而，

對臺大言，**臺大校園其實就是臺大本身**，甚至，臺大校園決策過程與執行的問題不也正是今天臺灣政府部門的問題嗎？今天臺大的制度本身似乎不是為做事而設計的，而是僅僅提供權力爭奪的競技場，尤以校務會議為然。我想，這是不同政治立場的同仁都有的相同感受。民主學步，「教授治校」不應該只有這樣的結局。不平等權力關係與權力間之角逐是不會突然消失的，這也正是我們需要制度的原因。面對全球性之變局，大學與校園的應變能力是關鍵。臺灣大學沒有故步自封的條件，歷史給我們的質疑正是：我們能否開創新局，調整功能，塑造大學校園之風味？

臺大校園環境經營之民主化

⊙王鴻楷

　　校園是教職員工的工作場所，也是學生學習、成長的地方。對每一個學校成員而言，校園環境的品質因此影響工作或學習的成效。因此，如何合理地建立直接決定校園環境品質的校園環境經營制度應該是我們大家都關心的議題。所謂「合理」，應指各種校園的使用者均能在環境經營的決策過程中扮演適如其份的角色，提出主張、維護權益：亦即「民主化」。

　　大學校園較之其他場所，有下列幾項特性：

一、它是各種知識專業生產傳授的場合

　　因為現代知識高度專業化的結果，大學校園成為多種特殊專業功能相關設施與空間並存之地，而又必須講求大量資訊流通與應用的地方。

二、大學生將成為未來社會組成的中堅分子

　　在社會民主化、多元化的大潮流中，如何在大學校園提供一般民主生活的經驗，是培養我們未來社會主導階級人才的重要課題。校園生活民主化因而不應被局限在學生社團、系所、甚或師生間，全校性的環境經營議題有它特別的複雜性與規模上的意義，亦應成為學生民主生活經驗的重要領域。

三、各組成單位具有高度自主性

　　大學的校園是由許多院、系、所等單位組成的「地域社區」，其中各組成單位對自身的發展具有很高的自主性，而同時又占據了一個明顯的空間領域。大學校園空間發展的基調是各院、系、所對有限的校地、房舍及營建預算的競爭。因此，如何在維持競爭個體間之公平的同時，形成群體

發展的方向共識與秩序,是校園環境經營必須克服的主要難題,是制度設計上須特別用心的地方。

四、服務社區的角色

在現階段的臺灣都市裡,由於公共開放空間及遊憩設施的極度不足,以及大學校園之相對的「低密度」營建方式,居民習以為常地將校園作為公園或運動設施使用(這種現象在臺大校總區看得非常明顯)。基於「社區共同體」以及「取之於社會,用之於社會」的精神,大學校園發展以及相關決策制度設計應考慮社區使用者的角色。

基於以上的看法,我們認為一個民主的大學校園環境經營制度應是一個教職員工、學生、乃至社區居民均有充分參與管道的開放機制。因為唯有這樣的制度才可能照顧所有相關團體或單位的權益,防止因專權而造成的各種弊端。尤有進者,也唯有這樣的制度,才能促進對學校及社區的長期發展而言,具有重大意義的師生乃至社區居民個人對學校與社區之認同感的形成。

然而,充分參與並不表示所有的單位、團體或個人都有完全一樣的權力,或整個決策過程是雜亂無章的;相反的,因為決策過程中的權力主體增加,而過程也不可避免地延長了,我們更需要小心設計決策過程所必須秉持的原則與規範。以下幾項原則,是我們認為必須考慮的:

一、考慮制度運作的可能弊病,以及大學組織規模的有限性,決策的參與應以「直接」為原則,代表的作用應僅局限於團體或單位之間的商議與決策上。

二、由於環境相關的議題有不同的空間影響範圍,故環境決策權的分布應有空間領域的層級性(或許可與「校、院、系所」的行政層級結合),每一級的環境問題基本上應在該級組織處理、解決。

三、如前所述,空間與預算是各單位競爭的目標,而預算也是落實校

園發展計畫的主要條件，所以，環境經營決策體系的權責應予擴大，使之同時涵蓋校園空間（土地、房舍）與預算（營建與維修）的分配與處理。

四、影響校園環境品質的作為不只是興建工程，原有建築物的維修以及其他環境軟硬體元素的處理（例如標示、布告、植栽、公共空間的使用管理）也明顯有其作用。所以環境經營決策的權限應予擴張，使校園環境經營的工作績效能擴及所有對環境品質有影響的決策上。

五、參與工作涉及參與者的動員，為了使充分參與的理想落實，各種校園中的學生團體、教職員工組織，應在整個決策參與的過程中扮演動員的積極角色。

透視臺大

校園綠化需要一個「總監」

◎郭華仁

本校在帝大的時期就已立下了不少良好的基礎,其中頗為明顯的是椰林大道老建築前面所種植的樹木。這些樹木包括流蘇、欖仁、烏心石、臺灣海桐……等,皆是本土樹種,相當適合於庭園栽培;特別是文學院前面的植栽設計,講求樹型、葉型及顏色的變化,以及植物的空間分布,使得春夏秋冬各有不同的景緻,對於每日徜徉於斯的學人,套用 Francis Bacon 的詞句,可說是精神最佳的休憩。這種栽培本土植物的眼光,雖然沒什麼了不起,國民政府來臺後,卻被矇蔽了許久,直到最近五年,社會上才全面的甦醒過來,對於本土植物重新給予很高的評價。

日人奠下的校園美化基礎,不但未曾有更上一層的發展,反而卻有日落西山之感。目前本校校園綠化,幾乎已無章法;例如工學院綜合大樓旁種了一排落羽松,這種珍貴的美洲樹木向來皆是單獨或成群圍種在潮濕的土壤,不但樹葉潤澤,更可以觀賞根群突出地面的奇景,是工學院綜合大樓的種法所不能企及的。又如灌叢綠籬在造園上相當重要,適宜的種類也很多,但是本校校園多年來就只有零落兩三種,完全沒有進步。此外校園植物的管理也有嚴重的缺失,草皮的整理技術除了使用過時的割草機以外,幾乎看不出來任何科技的基礎;樹木的修剪也是相當草率,原本可以改善樹型的技術,在工人手上卻往往使得成品不堪入目。

幸好學校已開始注意校園的綠化。去年總務長王仁宏教授在校務會議就宣布邀請植物、農藝、森林、園藝等學系的教授作為顧問,來改善綠化所遇到的問題。可惜一年來似乎看不到這方面的進展,究其原因,問題的癥結不在技術咨詢管道的有無,而在於負責綠化的職位不是具有技術基礎的所謂「superintendent」。本校負責綠化的單位是總務處事務組的環境

清潔股,目前設有股長一人組員一人,工作的項目包括校園綠化及垃圾的整理等,這是將具有技術性質的綠化與清潔工作等一般性業務視為一體的謬誤。綠化技術和其它科技一樣,一直在進展,幾乎每個領域,如新的植物、草皮管理、整枝剪定、造園設計、雜草及病蟲害的防除、育苗的方法等,經常都有新書出版;各種機械或材料也不斷地翻新。綠化的負責人若不具有技術訓練的基礎,如何可能接受新的觀念與方法,校園綠化一直停步不前那是不足為奇的。

因此提昇校園景觀的關鍵在於將綠化的任務由事務組的環境清潔股分出來,並且給予技正的職等。綠化技正總攬全校的植栽,應有較高的位階來決定各項工程的綠化事宜。選擇這位技正時,必須謹慎有如新聘教授一般,設定一些專業條件,包括植物種類的知識、植物管理的能力、景觀造園的水準等。夏鑄九教授曾建議將臺大校園植物園化,這是很好的看法。不過植物園的管理也需要有專業的素養,聘請有能力的綠化技正是做好植物管理的先決條件。目前我國才要進入已開發國家,社會上對於景觀的要求正在起步,本校若能率先建立植物管理的技術地位,不但有助於校園景觀的改進,也是臺大帶領風氣的又一項功績。

以椰林大道而言,數年前在杜鵑區移植了許多樟樹,是很大的敗筆。這些樟樹現在可能尚無大害,十餘年後樹冠就會完全展開,屆時不但模糊了椰子樹巍峨獨立的美姿,也將因嚴重遮蔭而導致杜鵑盛開的壯麗不再。

不應該只是割去肉瘤——
對校門口改建案的意見

⊙潘翰聲

　　隨著小福廣場參與設計的開鑼，許多朋友問我：「去年校門口參與設計結果怎麼了？」，臺大 BBS 上也有人問及校門口改建案的下落。走過校門口，去年此時架起的參與看板，後來變成來來往往人群的留言版，經過暑假後幾個颱風就突然不見了，彷如馬奎斯筆下的街道蒸散消失了。去年的參與設計像是從來沒有發生過一般。

壹、學校的門面

　　校門口就像是一個學校的門面，在許多介紹學校的印刷品，或是學生的畢業紀念冊裡，校門口的相片總是被擺在最重要的位置上，就像我們要記住一個人，最深刻的也一定是他的臉。

　　和許多南部來的學生一樣，在考上臺大之前，只有從學校輔導室所發的資料或是補習班的傳單上，依著模糊的校門口的照片，編織著跨入這座校門的夢。而 1989 年中國民運時，我們也從電視的畫面裡，看到臺大學生在校門口蒲葵樹下。整片的花圃，圍牆有如大塊的肉瘤長在臉上，扭曲了五官。

貳、校門口的歷史

　　日據時代，廣場上兩排筆直的亞歷山大椰子樹和校門形成一個明顯的軸線，經轉折後連結肅殺的椰林大道，象徵殖民者的統治權。這時校門口

廣場是以行人為主，主要出入口臨羅斯福路。隨著臺北市的擴張，瑠公圳加蓋，新生南路擴寬，校門口廣場始具有如今之規模；此時，車輛也可由新生南路進入，行人主動線則仍可直接穿越羅斯福路由正面進入廣場。1950年傅斯年校長病逝，而設置的植物園，後成為具濃厚紀念意義的墓園；傅鐘鄰羅斯福路的圍牆邊聚成一排小型違建商業攤販，臨廣場的圍牆邊則停滿單車。1977年由於兩次選舉，尤其是最後一次陳鼓應、陳婉真在校門口集會演講，校方先是在廣場上做三角形花園以限制集會使用；之後，以確保校園安寧並管制攤販為詞，以罕見的高效率在廣場邊上興建圍牆。校門口廣場的活力就這樣被政治上的理由所壓制，進出校門的觀感也受到很大的影響。

至解嚴前後，校門口一方面是學生與社會對話的灘頭堡。弱勢者的社會運動，或是攸關學生權益的學生運動，都在這裡進行結集動員，宣傳理念的各種活動。另一方面，校門口也是校內外學生社團、文化藝術團體表演活動的重要場所。這固然與臺大作為全國最高學府的社會形象，及社會期待的文化氛圍有關，也是因為校門口廣場在臺北的交通網絡中，是個目標明顯易於辨識，且具有足夠腹地的空間結集點。

隨著校園擴張（法、管學院遷回校總區，被占用校地漸次收回），校門口作為主要出入口的角色已不再如往昔般重要。辛亥路復興南路口的新校門吸引了相當一部分進入臺大的車流。下午尖峰時間大門口附近壅塞的交通也讓法、醫學院來的校車選擇由此進入校園；加上收回舟山路成為校內道路的可行性大增，未來全校交通動線必然面臨巨大變動，此時正是整個臺大的交通網絡重新調整的契機。

臺大校長「民選」之後，發自校園內部要求恢復校門口舊觀的聲音便出現了。在這個脈絡下的校門口改建案，就不得不採取使用者參與的方式來做，不能再沿用傳統閉門造車的校園規劃方式。

參、參與的成果

　　歷時三四個月的參與活動中，工作團隊利用數波傳單，乃至其通訊，如：臺大校訊、學生電台等校內外正式及非正式媒體、固定在校門口的看板和臨時工作站等種種方式，蒐集校園各方意見。也與相關單位協商可能會遇到的空間課題，並舉辦期中、期末兩場公開說明會，以促進意見交流、擴大參與管道，這是臺大校園裡第一次以參與的方式進行公共空間的改善，最後的結果並拿到校務會議上討論。主要的設計構想包括：

一、傅園開放

　　由於傅園的空間意義不只是一個植物園的形式，更須認知傅園作為展現臺大校門整體空間性格的重大意義、及臺大師生所引以為榮的開放多元性格。再以照明及視線開放（修剪植栽的低枝）確保安全，和以圍牆保護稀有植物的配合措施下。將靠廣場的圍牆部分拆除改為可坐的矮牆。

二、形成公共空間

　　校園應與周圍市區的發展相配合，廣場則是落實臺大開放理念的具體空間，不但是支持校園與社會互動的場所，也是校園內部等人，資訊流通、社區文化藝術活動的匯集點。廣場的邊緣則設計一些小型的袋狀空間及設施。包括具邀請性的座椅、自由移動的海報版、可及性高的垃圾桶、小而舒適的廁所、電話亭、飲水機等讓廣場活起來。

三、交通改善方案

　　目前校門口各種交通動線混雜，機動車輛對行人威脅頗大。故改善方案中，廣場鋪面全部改採符合行人的材料，並在沿羅斯福路設計避車道，在新生南路側是汽機車停車場及等候區。交通管理則分兩階段進行：第一階段車行進入廣場必須配合減速，減低對行人安全之威脅；第二階段待校園整體交通規劃完成（即校園其他出入口之管制與停車設施逐步完成）大

門口即管制為行人徒步區。

肆、被遺忘的參與

然而自從「校門口改善計畫」進了校務會議的大門，就彷如一個從來不回信的朋友，再也沒聽過任何比較確切的消息。從各方傳來的小道消息，沒一樣是好的。首先是在校門學生極需要的廁所等服務設施被刪除；接著是臺北市交通局反對在新方案中，讓機車從新生南路迴轉進入停車場。機車族中多半是學生，機車也是學生一項重要的交通工具。較令人擔憂的是，延滯已久的改建案最近將有所動作，但卻極可能被粗暴的對待（稍早之前聽說校方有意乾脆將椰林大道打直，直通新生南路）。據了解，校園規劃委員會日前已初步討論過校門口改善交通部分，決定汽車動線改由羅斯福路進入校門口廣場，並在近期內與交通局協商這部分的交通號誌、動線、及時制（秒差）等問題。同時營繕組又接到校方指示，先將圍牆拆掉並剷除三角花園，流出車道。營繕組卻擔心可能會有些車子將直接闖進來，而暫未施工。

如此一來，改善案中之對行人保護的各項設計將不會被實施，一個各方所殷殷期待的新校門口廣場也將不會在這個機會中出現。取而代之的是：鋪滿柏油的椰林大道延伸到羅斯福路、夏日的地面將比目前更焦燙，冬日的天空則比過去更肅殺，校門口廣場變成汽車的過道而完全消失。

早在黃大洲擔任總務長任內，適逢捷運正在規劃即將施工。與捷運相配合並為市政府所接受的一項校門口改善計畫曾被提出（將新生南路地下化、廣場與對面的書店街相連），卻因校長孫震反對而被封殺。在當時臺大的決策受制於外在的政治勢力，而今校門口活動頻繁已不似以往的緊張、敏感，臺大本身也有相對較高的自主性，但是為什麼卻無法做出一個品質較好的空間決策呢？可以說在校長由教授民選產生，但決策過程卻未同步地開放的情形下，便是受制於選票而無能跨大步伐改革的媚俗體制。

此時,「使用者參與」只不過是權力邊緣者的遊戲,權力在握的代表們和行政官僚還是一樣在會議室裡決定我們的空間。如果校門口改建案只是懷舊地將出入口改回羅斯福路,就像是割去肉瘤的同時,卻不順便整容一番,將暴露出原本殖民地大學醜陋的面貌。而臺大以人為本的「宇宙精神」將蕩然無存,只剩下媚俗的「交通便利」。什麼樣的大學就有什麼樣的校園。目前臺大大門口容貌上將要發生的變化,難道說明了臺大作為一個學術共同體,其自治能力的再一次喪失嗎?

臺大校門口的幾個交通問題

⊙許添本

壹、引言

　　交通系統已從過去只是「生活工具」之一，轉變成為「生活環境」中的一環，一個安寧舒適的校園環境，似乎已受到校園週遭交通環境的嚴重威脅。因此，在今日探討校園的規劃與發展，就不得不將交通納入考慮。而關係到校園週遭交通的最主要重點就是個人、車之出入口，亦即各校門口。由於我們臺大的位置正好由進出臺北市的羅斯福路、新生南路、辛亥路與基隆路等大型幹道所包圍，以致我們校門口的問題就顯得特別的嚴重與棘手。

貳、校門口的意義

　　本來校門口的基本目的在於提供全校師生進出校區之通道。在一些國外大學城式的校園，並沒有特別的圍牆與校門口。但是按照我國的一般習慣及對於校園的定義，無法不將校園當成一個隔離的獨立個體。因此，校園必有圍牆，校門口除了提供師生出入通道之外，經常多了一些象徵的代表意義，以致校門口在交通上的意義比較模糊。更因為此種校內與校外二分法的結果，容易使得校門口交通成為三不管地帶。再加上我們從小到大的交通教育皆在告訴學生自己要小心，因此，每天進出校門所關心的是自己夠不夠小心，而忽略了去要求一個安全舒適的交通環境。如此，隨著交通環境的惡化，校門口儼然成為一個弱肉強食，你爭一步、我閃一步，在危險中求生存的不良環境。在此種環境下，特別是與校園內安寧環境的強

烈對比下,很容易影響學生健全人格的發展,對於學校教育產生極為不良的影響。這種校門口混亂、危險、擁擠的現象在其他國家幾乎看不到。其原因很多,除了都市發展過程中應對於校園週遭環境以學術氣氛的安寧閒適來定位外;學校與市政單位共同努力來控制校園所處地區的整體環境品質亦為重點之一。然而,此種共同努力的發展方式在過去的臺灣似乎不太可能,因為在過去,先天上校園獨立於社會之外,且被附予特別的政治意義,很自然地發展成校園內外不協調的結果。此種結果在我們臺大相當明顯,而首當其衝的即是嚴重的校門口交通問題。

參、交通問題

目前我們臺大的校門口有兩個主要的車輛出入口,分別為新生南路—羅斯福路之正校門,及復興南路—辛亥路之後校門,另有一個次要的汽車出入口為舟山路學生活動中心前的出入口。而主要的行人出入口除了正校門外,尚有新生南路籃球場旁之側校門、舟山路僑光堂前的側校門,及辛亥路之語言中心旁的校門。由於目前最主要的兩個大校門口正好處於大量交通負荷的幹道交叉口上,在龐大的車流衝突下,無論對於行人、汽車或機車而言,進出學校皆變成一個相當不愉快的過程。按照校門口之區位配置原則,應避免直接對上大型交通幹道,最好先接上較小之道路,再去銜接大幹道,以免進出校園之少數車流,在主要幹道龐大車流壓迫下,形成完全不協調的車流衝擊,而造成路口設計及號誌管制上的困擾。同時為了因應校園進出的龐大行人流量,本來應該以寬大的行人專用空間來緩衝行人及車輛的衝突,以便進一步地達成創造悠閒環境的要求。然而,很明顯地,我們的幾個校門口皆嚴重違反這些基本原則。更且由於機車是學生校外的主要運輸工具之一,而腳踏車則是校內的主要運輸工具,以致校門口需要大量的機車與腳踏車停車空間。此種空間若無適當的控制,則會出現髒亂的校門口景觀。由正校門附近的問卷調查結果顯示,百分之84的人對

於停車情形不滿意，足見其嚴重性。此項停車空間之配置本應按停車需求及起迄區位，配合校門口進出動線整體考慮，以免停車塞滿校門口附近或路邊，以致更進一步惡化了校門口的交通。由此可見，我們臺大的幾個校門口交通問題確實已達相當令人頭痛的地步。

肆、解決之道

其次問題探討的基本目的在於解決問題。所以，對於外在環境無法在短期內大幅改變的情形下，如何改善校門口交通，應該是未來校園規劃發展的重點之一。由於任何交通的改善皆有賴道路交通工程專業的投入，以下提出一些基本改善原則，供作參考：

一、對於校門口之交叉路口應使用幾何槽化設計，給予本校進出車輛保護之空間，並結合號誌設計給予綠燈時段。此項校門口的改善方法，雖然簡單，但所涉及之單位相當多。其因涉及交叉口幾何之更改，所以關係到市政府工務局之工程單位；由於涉及標線、標誌與號誌之更改，關係到市政府交通局之交工處；另因交叉口幾何與動線的調整將影響到路邊停車之管制，亦涉及到市府停管處之權責；更因進出動線須考慮到公車之站位，牽涉市府公車處之權責。另一方面，更涉及了改善所需經費及其分擔問題等等，諸多事務皆需由有魄力的校方與市政府相關單位來協調合作。

二、為了確保校門口空間之舒適及秩序化，對於機車及腳踏車之停車空間應加以劃定區域，整體配置，避免停於路邊，並應配合行人進出動線及公車、機車、腳踏車等轉運動線加以規則化設計。這有賴詳細調查各校門口之停車需求及師生之目的地區位，才能達成。

三、按照校門口出入之路網結構而言，若於未來能夠收回舟山路，則可以將之規劃成為校園內部車輛出入之主要集散道路，整體調整校園之路網結構，以符合先前集散道路，再接大型幹道之要求。並可藉此區分車輛與行人及腳踏車動線，促進行人不受車輛干擾，並可增進車輛進出之安全。

伍、結語

　　由於我們校門口的交通狀況隨著臺北市整體交通之惡化，而顯得沉痾太深。若非大刀闊斧來加以處理的話，無法達成一個高等學府應有的高水準外在環境的需求。有鑒於未來的一些變化，例如：捷運系統之完成，公館捷運站將帶來新的人潮，羅斯福路也將重舖路面，正好給我們改善校門口交通的時機。另一方面，未來辛亥路之交通負荷將因北二高臺北聯絡道之通車而大幅提高，以致我們復興南路—辛亥路之後校車的交通狀況，亦將因位處北二高臺北聯絡道上而大幅惡化，故不得不早做改善之準備。另外，由於校地的逐步收回，位於舟山路、基隆路與羅斯福路之間的三角區域，對於整體校園中的重要性將大幅提高，對於整體校園的完整性而言，收回舟山路確實有其重要的意義，也正好提供了全面檢討校園路網結構的機會。因此，未來無論是處理環境改變的時機，亦或交通發展所帶來的壓力，皆使得我們必須重新面對校門口的交通整頓問題，此點相信值得大家一起關心。

臺大校園交通問題與對策

⊙許添本

壹、前言

近年來隨著各大學規模逐漸擴大,校園使用強度及師生人數不斷增加,各校師生使用機車及汽車之比例亦日漸提高;並且許多大學在創設之初,其周邊開發強度皆不高。但由於都市化現象造成都市地區範圍一再擴大,大學校園週遭皆因都市之成長,發展成為高活動強度之地區,導致大學整體交通狀況之惡化。以致各大學校園及外圍環境存在著許多問題,特別是有關交通方面的問題更顯得嚴重。汽車行駛於校園中造成校園環境的干擾與衝突,學生與教職員工停車空間不足所引發的校園停車問題,及校門口人車衝突、交通混亂等問題皆在各大學中普遍存在。

貳、臺大校園交通問題

原本位於都市邊緣地帶的臺大校總區,今日已儼然成為都市中心區之一;目前臺大校總區所在位置已發展成繁榮的公館商圈。此種大學校園為鄰近商圈所包圍的現象,普遍存在各都市中之大學週遭。其影響所至,即產生大學校園相關之特有的交通特性與問題。

大學校園相關之交通問題可歸類成兩大類:一、主要幹道鄰接校園造成的空間阻隔、行人穿越、停車與交通壅塞等校園週遭交通問題;二、校園內部因行人、腳踏車、汽機車與停車等所造成的校園內部交通問題。就臺大而言,其整體交通環境與特性包括下列各項:

(一)位於臺北市區主要幹道交會處,以致校園週遭交通問題相當嚴重:

目前整個臺灣大學校總區周圍為臺北市四條主要幹道所包圍，包括羅斯福路、基隆路、辛亥路、新生南路。此一包圍現象阻隔了大學校園與臨近社區的柔性融合，也妨礙了創造大學校園臨近文教社區的高品質生活環境的機會。因此暴露出我們在都市發展過程中缺乏創造良好文教環境的理念。

（二）校園面積廣闊，造成內部交通問題：

臺大校總區面積廣大，汽車與腳踏車成為臺大師生校園內活動最主要之交通工具。由於數量龐大之腳踏車與汽車使得整個校園內交通也出現許多人車衝突與擁擠混亂的瓶頸地帶。

（三）校區位於公館商圈，形成上下學及商業活動互相混合，造成環境混亂：

由於臺大校總區緊鄰公館商圈，平價消費及學生經濟型的商業活動與學生就學活動混合，以致形成相當混亂的現象。校園四周更因停車空間不足、人行道停滿機車、人行空間受阻及各巷道汽、機車交通負荷重等因素的影響，以致造成對學生就學及活動的妨礙。

（四）大量學生使用機動車輛通勤，造成嚴重的停車問題：

由於大眾運輸系統未能及時提供高服務品質，在學生經濟能力逐漸提高之下，相當高比例的學生使用機車，甚至愈來愈多學生使用汽車。使得原來設置之機車與汽車停車場之停車空間不足，以致違規停放於校門口附近，造成周圍環境的混亂。

（五）宿舍區交通：

宿舍區之交通問題是大學校園交通問題的一大特色。隨著學生經濟能力的成長，宿舍區的交通問題從過去以腳踏車為主，逐步發展成為以機車為主，且愈來愈多學生擁有小汽車，此將引發宿舍區嚴重的停車問題。在臺大的宿舍區皆出現大量機車違規任意停放，嚴重影響到住宿學生之活

動。在停車空間缺乏適當的進出動線規劃之下，白天、夜晚的機車進出也會影響到宿舍區域環境之安寧。

參、臺大交通系統發展對策

在一個都市內，大學校園有關的交通系統發展課題主要分成三類，一為路網、二為停車、三為交通管理。分別以臺大為例說明如下：

一、路網

完整校園交通路網應包含校園聯外道路、聯外大眾運輸系統、校門設置、校園內部道路系統等。其中校內道路系統又可分道路動線結構與行人徒步區等。以臺大校總區為例，校園交通路網的規劃對策，包括如下：

（一）聯外交通系統

配合臺大校總區周圍特有的交通環境，未來臺大校總區發展應朝汽車與行人分區發展之方式，亦即校園東、北側為提供汽車主要進出的交通動線，校園西、南側為以行人為主的徒步環境。促使汽車進出入校總區主要由辛亥路與基隆路等方向出入，而行人及使用大眾交通工具者由羅斯福路及新生南路等方向出入校園。此種人車分區之校園聯外交通系統概念，似乎可作為一個都市改善大學交通環境的主要作法。

（二）校門設置

校門之位置直接影響到整體校園的進出動線，決定了校園週遭交通環境的良窳。以臺大而言，目前兩個主要的校門，其一為羅斯福路－新生南路之正校門，及復興南路－辛亥路之後校門，兩處皆有相當嚴重的進出衝突及人車安全問題。未來應考慮重新更改幾何設計及改善號誌管制，並且設法與出入校門交通加以整合。同時可配合車輛進出管制使用刷卡自動化，考慮人車分離之校門設計，亦即人與車可分開使用不同校門或不同之通道。另一方面，對於校園的擴充與道路系統結構的變更，亦應配合需求

新設校門。

(三) 校園內部道路系統

校園內部道路系統可分為兩部分，分別為汽車及行人系統。理想的校園汽車行駛之道路系統應予以層級化，依照不同位置與需要，給予不同層級之設計；理想的行人系統則應考慮校園活動需要，給予完全的人行步道系統或行人徒步區設計。因此，校園內部道路系統可分成動線結構及行人徒步區兩方面來探討。

1. 動線結構

一般可將校園交通動線結構規劃，共可分成下列層級：主要動線、次要動線、服務動線三層次。其中主要動線為連接汽車主要進出使用之校門，動線延伸至校園內部之後，應逐步予以縮窄或分道，而次要動線設置於校園內部區域，扮演連接校園交通主要動線之功能角色，其設置目的在降低車輛行駛速度。另一方面，服務動線為各系館、實驗室或大樓與各動線連接之服務道路。在服務動線中，對於一般車輛（如教職員、學生等）可以利用活動式柵欄予以管制進入，只允許服務性車輛（如貨車、洽公車輛等）及其他特殊需要之車輛進入使用。服務動線設置之目的在減少非必要車輛穿梭行駛於各建築物或活動空間之前，以致對學校校園環境造成干擾，期能提供較佳之學習、研究環境。

2. 行人徒步區域

校園交通應以行人及腳踏車為主、在校園內部交通路網計畫中，更應著重整體徒步系統之規劃設計，包括提供可遮蔭、避雨之完全人行步道與行人徒步區。於行人、腳踏車交通活動密集之區域規劃成為行人徒步區，在行人徒步區中將禁止汽車進入。

二、停車

校園交通中有關停車問題包括汽車、機車與腳踏車之停車空間。在都

市中校園周圍停車空間原本即已不足的情形下，因校園活動所產生大量停車需求，成為校園停車問題最嚴重的部份。

（一）汽車停車空間分布

校園汽車停車需求包括學生、教職員工及一般洽公人士，學校在處理汽車停車問題時，常將學生、教職員工與一般洽公人士依不同方法處理，其中在校園周圍設置學生專用停車場，校園內停車空間則提供為教職員工使用，一般洽公人士以換證方式進入校園。然而，校園主要汽車停放空間應設置於校園周圍並朝地下化發展，以減低校園內汽車交通量。校園內部大型新建建築地下室部分空間應提供做為地下停車使用，以減少校園內道路兩側停車空間之設置。而校園內道路之停車空間應分配由臨近系館或大樓管理使用，一般洽公車輛應按所屬單位停放至指定停車格位，以減少校園內非必要性之車輛活動。

（二）機車停車空間分布

校園機車停車需求主要以學生為主。在考慮到機車的噪音及對行人安全的影響，一般將機車限定停放於校園邊緣，故而機車停放主要發生於校門口週遭區域為主。另一方面，由於學生擁有機車比例甚高，故而學生宿舍區域也存在著相當嚴重之機車停車問題。因此，機車停車場之興建亦為大學校園停車重點課題之一。

（三）腳踏車停車空間分布

校園內之活動除採用步行外，大多是利用腳踏車來完成。但數量龐大的腳踏車出現在校園的結果，除增加行人與腳踏車之間的衝突，同時在各主要活動場所門口或校門區域更須提供廣大腳踏車停車空間，大量腳踏車停放於建築物門口或校門區域，常造成人員出入之困難與附近區域交通之擁塞。

因此，考量未來發展，腳踏車數量不應無限制地任其發展，未來校園

交通環境應提供更完善的人行空間，包括遮蔭、避雨等人性化考量，以創造行人為主、腳踏車為輔之校園交通環境。

三、交通管理

校園交通管理工作主要可分成學校停車場的管理，校園內汽車、腳踏車出入管理及行車管理等。若以目前臺大校園汽車出入管理工作為例，主要可分為下列幾類：包括學生汽車停車證、教職員工汽車通行證及計程車管理等。有關學生申請汽車停車證，應考慮停車場資源使用之最大效益與公平，考慮到校距離較遠之學生給予較高之優先權，而住學校宿舍同學給予較低之優先權。

有關教職員工汽車通行證，則可依照各單位所分配路旁停車空間及校園周圍大型汽車停車場空間的供給狀態，由各系或單位按供需狀況協調發放，以便配合不同校園內活動區位之需求。

另一方面，目前在臺大校總區允許計程車在校園內部行駛。據調查所示，多數師生認為考慮校園交通安全，應禁止計程車進入臺大校區。因此，對於計程車進入校園可考慮加以適當的限速勸導或規定「除身體殘障、年長行動不便者可搭乘計程車進入校區外，計程車不應行駛進入校園，並於主要校門區域設置簡易計程車上下站。

以上係針對各項可能之交通問題之改善提出相關發展對策。但是更進一步地如何使整個大學校園可以融合於都市環境中，創造一個具備良好的文教特質大學校園週遭環境，則是我國各都市可以追求的方向。因此，本文特別就臺大所在之臺北市的公館地區提出臺大文教區之發展構想。

肆、臺大公館文教區整體交通理念

由於鄰近臺大校園的地理環境因素，使得公館商圈的發展與臺大校園生活型態，有著密不可分的關係，形成一特別且獨立的臺大文教區域。但

以臺大校園內部交通環境與周圍商區交通環境來比較，卻存在著相當大的差異。檢討目前公館商區交通環境，由於違規停車的情形相當嚴重，巷道或騎樓兩旁往往成為汽、機車停放的場所，道路旁又常為攤販所佔據，道路空間規劃與使用的不當，造成行人徒步空間嚴重不足，在狹小的道路空間中，行人和車輛互相爭道的情形越來越為嚴重，無論學生或民眾在交通安全上均受到相當大的威脅。公館商區交通環境的惡化，使得公館區域的發展受到影響，同時也使臺大羅斯福路正門、新生南路側門之交通問題更為嚴重。因此，如何以下列各項理念及作法來建立一個具備高等教育氣質的臺大公館文教區，應是未來臺北市可以考慮的發展方向。這些理念與作法包括：一、落實人本交通理念；二、推動社區化交通系統構想；三、建立悠閒寧靜之「臺大文教區」；四、區隔人車分離之兩層進出動線。

一、落實人本交通理念

面對公館商圈擁擠的交通環境，並考慮到臺大學生特殊生活型態，應以「臺大公館文教區」之概念來進行社區發展。其中對於交通系統，實應朝人性化的方向發展，成為一個以人為本的交通環境，亦即以「人本交通理念」來替代傳統以車輛為主要考量的空間規劃理念。

人本交通理念的基本內涵主要包括有：

（一）將道路空間重新優先分配給行人、腳踏車、居民及學生活動等使用。

（二）減少小汽車、機車等交通，以鼓勵民眾步行或使用大眾運輸工具。

（三）提供良好的行人交通環境，並對於小汽車交通，設置各項保護行人安全的相關措施。

二、推動社區化交通系統構想

公館商圈經濟活動的組成，除了往來市區和郊區間在公館轉車的通勤

民眾外,主要是由臺大校總區內將近兩萬人的教職員工與學生所構成。由於學生特有之生活作息與消費型態,與當地民眾活動的影響,使得公館商圈與臺大發展成為一緊密、獨立且富特色的「臺大公館社區」。

在這特別且獨立的區域中,提供了生活上所需的各種活動,如餐飲、書店、服飾、娛樂、醫療等,使得在此區域內的人們,包括臺大的教職員工與學生,每天可不必依賴汽、機車即可達成生活各項所需的生活環境。因此如何鼓勵利用步行為運具,引進社區化交通系統的構想,就成為「臺大文教區」未來交通整體規劃之重點。

在未來臺大文教區對外運輸聯絡,應以大眾運輸為主,利用現有公館、羅斯福路、新生南路便捷的公車路線,再加上未來新店線捷運系統完工通車後所提供的運輸服務,可降低臺大文教區內對私人運具的持有,減少臺大文教區內停車需求。區域內交通將以行人、腳踏車為主,道路系統設計方式在於減少使用小汽車、降低車速,並提供安全、寧靜的道路與廣場,及捷運車站、公車站等相關附屬行人設施。

三、建立悠閒寧靜之「臺大文教區」

在臺大公館社區的整體交通規劃設計中,對於現有道路空間及使用應加以檢討改善,包括道路結構的調整,如單行道系統的調整、行人徒步區的設置、行人步道路網的建立,並改善現行道路空間設計,利用交通工程設施如槽化島、凹凸路面、路障、路寬變化等,降低汽車行駛速度,或限制汽、機車之進入,來提供臺大公館文教區內較佳之行人交通環境,減少區域內對於汽、機車使用之依賴,進而減輕汽、機車對環境的影響。

未來臺大文教區內整體交通環境,應以完整行人徒步路網,建立一社區化交通環境,期能真正提供學生一個寧靜、安全之交通環境,使學生除在校園內有一較佳學習環境外,在公館商圈中也能提供較佳之學習生活環境,也使得臺大文教區成為一舒適、寧靜、悠閒之生活環境。

四、區隔人車分離之兩層進出動線

臺大文教區周圍的交通道路系統，是由臺北市數條主要幹道所構成，如羅斯福路、基隆路、辛亥路及新生南路。目前於臺北市南區相關的快速道路系統中，包括了水源快速道路、北二高臺北聯絡道、東側山區快速道路等，而新生南路、羅斯福路則提供了捷運及公車等大眾運輸服務。

未來臺大校園內部道路路網層級應與這些快速道路系統加以配合，使得允許汽車進出入校總區之校門位置，限定於辛亥路大門、基隆路校門等，原有羅斯福路正門配合臺大文教區整體交通規劃設計，將規劃成為臺大校園與公館商圈行人路網之進出校門，以及大眾運輸使用者進出使用之校門。依照此規劃構想，未來臺大校園發展，校園東、北側為提供汽車主要進出的交通路網，校園西、南側則成為以行人為主的徒步環境，並配合捷運車站、公車站等大眾運輸設施，建立臺大文教區完整之行人徒步路網，成為行人與車輛分離之兩層進出交通動線。

以上文教區的作法將以住商混合之型態出現，配以寧靜觀點的空間環境為主要特色。這將是各大學就其所在之都市區位可以共同追求的理念。

伍、結語

大學校園及週遭交通的混亂，對於學生人格的教育帶來相當大的負面影響。高水準的學術源自於高水準的環境。由於我國過去將大學校園與都市社區隔離，大學校園似乎獨立於都市之外，以致校園週遭發展結果與其所要求的良好文教氣息環境格格不入。本文以臺大為例，分析及提出大學校園相關交通系統發展的概念，作為各都市及大學校園規劃與改善交通系統之參考。並且建議在未來對於校園內部與聯外交通系統，應有交通專業的引入，加以適當的規劃發展，促進因應國內環境特性的校園交通系統規劃之發展。

附錄

一、臺大陳維昭校長校務會議報告書（民國 85 年 5 月 25 日）
二、臺大校長陳維昭先生績效報告解讀（鏡社）
三、82 學年度第二學期校務會議紀錄
四、鏡社聲明
五、臺大教授聯誼會興亡錄
六、高教改革運動大事紀

附錄一

臺大陳維昭校長校務會議報告書
純淨、自主、均衡、卓越
——邁向 21 世紀的臺灣大學
（民國 85 年 5 月 25 日）

　　民國八十二年六月廿二日，維昭接任國內歷史最悠久、規模最宏大的臺灣大學校長職務，內心深感責任重大。近三年來，為使臺大在穩健中逐步成長，對於學術發展，無不全力予以支持；對於行政效率，努力推動革新工作；對於校園建設，積極規劃逐年改進；對於落實學術自由、大學自主的精神，更是投入極大心力；如校務發展白皮書的研訂及本校組織規程的修正，即為其中顯著的例子。

　　回顧民國八十二年初維昭參加本校校長推選時，曾以下列七個理念作為努力的目標：一、維護臺大校園自由風氣；二、建立學術自信，提高學術地位；三、改善教育體質、提升教育品質；四、規劃校園整體發展方案。五、積極爭取經費並合理分配；六、改善組織架構、提高效能。七、建立臺大人的共同精神圈。校務發展是持續性的工作，三年來基於上述七個理念，積極推動校務，獲致相當進展。茲謹依據本校組織規程第卅八條第二項規定，將三年來的校務績效，以及個人的信念、期許，向校務會議提出報告，並就教於全校師生同仁。

壹、回顧：大學自主的前驅

　　三年前，在大學法尚未經立法院完成修正的當時，於八十二年五月十四日，臺大校務會議已先行經由民主程序投票推舉校長，首開國內各大學自行選薦校長的先例。在大多數代表的支持及教育部尊重校務會議決定的情況下，維昭擔任了臺大，也是國內第一位民選的校長，國內各大學從

此進入了大學自主的新時代。其實，校長民選只不過是整個校園擴大參與趨勢的一個象徵。早在七十七年，本校校務會議就已正式授權各系（所）務會議訂定辦法，推舉系（所）主任。近年來，系（所）主任、學院院長由同仁推舉產生已形成慣例，校長民選可以說是這一潮流中自然發展的結果。

如同校、院長、系（所）主任的選舉潮流一樣，校務會議以及院、系（所）務會議，也成為近年來蓬勃發展、功能急速擴充的另一機制。尤其是校務會議，自維昭擔任校長以來，更是真正成為師生同仁參與校務決策的最重要管道。臺大校務會議的召開，首創於傅斯年校長時代。傅校長於三十八年一月接掌校務，同年四月十六日即召開第一次校務會議。當天是星期六，會議從下午兩點半開始，一直進行到晚上九點半，仍未能討論完所有議案。於是延會到第二天四月十七日星期日，從上午九點半繼續進行到下午四點半，會議地點是「校本部圖書館」。

兩天的會議共討論了廿三件議案，其中第一案就提及組織「大一課程委員會」負責處理由文、理學院為主開授的「一般通習課程」以及「一、二年級必修課程」相關的科目、內容、師資等問題。其餘各案還包括「校務會議成立法規委員會」、「定教員聘任及升級標準」、「設置經費稽核委員會」、「設立聘任資格審查委員會」、「由『法規起草委員會』起草各學院院務會議組織與職權，交下次校務會議討論」等。看到第一次校務會議中所討論的這些問題，竟然與今日的校務會議如此相似，益發感受到臺大始終有它獨特的傳統在延續，校務會議也不例外，這就是臺大的風格。

不過，第一次校務會議與今日的校務會議仍然有些不同，就規模而言，各學院教師當然代表與選舉代表共八十四人，行政主管部份只有校長、三長、校長秘書、圖書館主任、會計主任等七人，總共只有九十一人，比今日的規模要小的多，而且沒有職工與學生代表。除此以外，傅校長在會中並發表聲明「校務會議決議對校長無法律上的約束性，但有重

大的精神力量」、「校長在不得已時可以變動對校務會議決議」。在今日校務會議成為學校最高決策會議，傅校長的話也許就不完全適用了。官派校長的時代，人治色彩濃厚，校長有極大的權威。今日既已邁入校長民選時代，自不能再沿襲過去人治的慣例，而應逐步調整步伐，走入真正法治的文化、法治的生活態度中。因此，維昭負責校務以來，努力以赴的就是如何將學校由人治帶入法治的境界。

欲建立制度化的法治校園，最具體的工作就是組織規程的修正。民國八十三年十一月，校務會議開始審議組織規程修正案，歷經八個月十四次會議反覆討論，終於在八十四年六月卅日，將全案修正通過。回顧審議的八個月中，各方據理力爭，毫不相讓的情況頻頻出現，尤其針對第十三條有關行政單位架構的問題，歷經四次會議往返折衝，不斷提出修正案，卻也不斷遭到否決，最後還是在大家各讓一步的情況下才得解決。這一個經驗，讓我們深深體會到在校園民主的實際運作中，協商與包容是非常重要的關鍵。

校長民選時代的來臨象徵師生同仁擴大參與校務的時代進入新的紀元；也象徵臺大將進一步擺脫威權、邁向民主，擺脫人治、邁向法治。回首來時路，我一方面深感榮幸，能與全體師生同仁共同在歷史的轉捩點上穩健向前，導引風氣；一方面亦深覺尚有更多未竟的工作需要我們繼續完成。在即將來臨的二十一世紀，我們必須重新充實臺大的精神面貌，再創臺大教育與學術的高峰，讓臺大獲得世人的推崇，成為國人的驕傲。

貳、信念：純淨、自主、均衡、卓越

現代「大學」的理念，源於歐洲中古世紀之「大學」，其內涵與精神，雖經時移世易，迭有增損更變，但至今已大抵確定：「大學」為研究學問、探求真理的場所；「大學」教育不僅為知識之「傳授」，實為知識之「發展」；「大學」的目的在培養「知識人」。而臺大於歷經半世紀之後，傅斯

年校長當年所揭櫫的「大學自主」、「學術自由」之大纛，亦早已成為臺大之精神，塑成臺大之風貌。在即將邁入廿一世紀的今天，思考臺灣大學未來的發展，必須一方面堅持世界文化傳承的「大學」理念，發揚臺大優良之「傳統」；一方面審視當前國家、社會，乃至校園的文化、環境，以前瞻的胸懷、視野辨定其短長優劣，而後加以變革。換言之，一方面絕對尊重其不當變者，一方面積極面對其不得不變者。希望能因此創造臺大歷久彌新的生命。以下是我個人認為臺大未來發展中最重要的七項課題：

一、校園文化的再塑

研究文化史的學者都知道，中國近百年的動亂實導源於文化的失落。而隨著臺灣社會整體之急遽工商業化，校園亦普遍瀰漫著功利主義價值觀、濃厚的泛政治意識型態，以及冷漠與疏離的人際關係。如果我們不儘早改善此一狀況，則臺大的理想主義與人文精神將快速消失，並淪為庸俗的教育場所。具體的針砭之道有以下三點：

1. 加強通識教育與博雅教育：

所謂通識教育（General Education）其目的在求完整的知識；所謂博雅教育（Liberal Education）其目的在求完整的人格。今日臺大教育似有過度專業與忽略人格的偏失，雖通識教育已列入本校共同教育委員會之重點工作，但我以為博雅教育亦應包含在內。而如何透過各種「活動」以加強其效果，尤為可以努力的方向。

2. 加強民主與法治的教育，破除政治的「迷思」（Myth）：

中國文化中一向過度重視「政治」的影響，知識份子普遍有政治偏執的傾向；而臺灣近十幾年來，因為環境之特殊，泛政治化的現象非常普遍，校園內部亦不能免。為今之計，必須落實真正的民主、法治教育，期得先進國家的精髓。否則，臺大一向標榜的「自由」與「自主」，恐不免遭到扭曲，逐漸變質。

3. 加強生活與教育的結合及隱藏性課程（Hidden Curriculum）的開發：

關於這一點，我個人認為英國牛津、劍橋大學各書院重視「居息一堂」，重視 Personal Touch 的方式頗可借鏡，而其利用各種場合喚起學生因「典型在夙昔」而「取法乎上」的榮譽感的做法也值得效法。未來我們應設法讓餐廳、宿舍、交誼室都變成師生共同教育的場所；讓導師制度更為人性化；讓各種「揚善」（無論昔人或今人）的活動更有影響力。

二、學術倫理的重建

臺大一向標榜學術自主與學術自由，但歷史的經驗告訴我們，如果不能堅拒政治的干預，是無所謂學術自主與自由可言的；時至今日，企業力量無遠弗屆，則如何排拒企業力量之干預，亦成為不可不注意的課題。此外，我們尤應體認：防範、拒斥外來的干預也許還不困難，但大學內部裡師生因各種觀念、立場之不同而影響其對學術純淨維護之忠誠，則更不易矯正。制度之設計雖可避免學術自主與自由遭受扭曲，但由於學術自主與自由的基本關係人仍為學術中之個人，故此一課題的關鍵仍在於學術中之每一個體是否能夠知所當顧與不當為，在這裏，學術倫理的重建便具有重大的意義。本來學術自主與自由的內涵，就應有學術倫理的規範，但在大學世俗化的過程中，此一認知似乎逐漸喪失。近年來本校接續發生若干引起大眾討論的事件，警醒吾人學術倫理之重建已刻不容緩。今後將透過「師道維護委員會」進行「臺大教師倫理守則」之訂定，建立教師有關教育與學術倫理的共識，並研擬「臺大校園倫理白皮書」。

三、絕對價值的維護

對一個大學中的知識份子而言，所謂「絕對價值」係指對教育與學術之絕對尊崇與執著。長期以來，國內知識份子擺脫不掉「學而優則仕」的傳統觀念，越來越多的人不能體認：獻身學術與教育的人，永遠應是甘於寂寞的工作者，他們必須從熱鬧繁華中「退」下來，走進教室、圖書館、

研究室中默默耕耘、默默奉獻。從人類文明進化的歷史來看，這種「退」是最積極的進取，而這正是英國史學家湯恩比「退卻與重回」（Withdrawal and Return）理論的真義。在臺大未來的發展中，我個人認為這種價值觀的再塑造是非常重要的工作。臺大人在國家、社會迫切需要我們的時候，當然無妨離開原有的崗位，走入仕途，以知識服務社會，但絕不應有仕「優」於學的觀念。

四、研究水準的提昇

如果說教育是大學的生命，研究便是大學的靈魂。五十年來，憑藉全體師生的共同努力，臺大在學術研究水準上，一直執國內牛耳。但近年來，由於教育資源普及、學術資訊發達，後起之競爭者日多，值得我們嚴加惕勵。畢竟臺大的目標不只在臺灣第一，更期躋身於世界一流大學之林，與哈佛、耶魯、牛津、劍橋分庭抗禮。未來我們也必須努力尋求各方支持，開拓財源，以便廣設大師講座、研究獎項、進修管道、先進設施，不斷探索新知，不斷追求卓越。我認為向全世界展現臺灣優異的學術成果，是臺大人捨我其誰的責任。

五、教學環境的改善

所謂「環境」，其實有兩種：一種是人文的環境；一種是物質的環境，二者相輔相成，不可偏廢。臺大已有半世紀以上的歷史，自由學風就是它的人文環境；而這種人文環境也塑造了臺大關懷社會、批評病象的態度與精神。然而，不可諱言的，時至今日，自由已漸漸流為散漫發縱，而批評亦已漸漸被用於律人而非律己。「反求諸己」的精神，在今日實有重新強調的必要。其次，談到物質環境，平心而論，隨著社會繁榮、受教人口的增加，臺大的物質環境早已幾近困窘。這種狀況若不立加改善，對臺大學風與性格之形成將有負面效果。無論古今中外，著名大學所以座落景致清幽之處，非無深意。今後，我們應一方面儘速改善目前的校區環境，使其確

實成為塵囂中的一塊淨土；一方面積極開拓第二、第三……校區，以紓解目前窘迫狀況，並使校園能成為自然與人文並勝的美好環境。

六、大學「世界精神」的發揚

歐洲中古大學最永恆的意義即在其「世界精神」——超國界的學術性格。那時任何一個國度裏的教師，可以雲遊四方，在歐洲任何一個角落的學府中受到禮遇。這種大學的「世界精神」雖曾一度失落，但演變至今已成為現代大學共同的珍貴資產。一所真正配稱「大學」的學府，必須把自己置身於世界大學的星群之中，並努力成為一顆耀眼的明星。三年來，我們積推展國際學術交流合作，正是這種理念的實踐。目前與臺大簽訂合作協定的各國著名大學已達五十所以上，遍布歐、美、亞、澳各洲。今後我們仍將繼續拓展，並加強教師、學生以及各種資訊之交流，務期把臺大的學術大門敞向全世界，讓世界著名的師生走入臺大；也讓臺大的師生走向世界。唯有如此，臺大才可以不斷增添新觀念、新理想，形成臺大的新力量與新生命。

七、大學推廣與服務功能的強化

「大學」一如前述，是研究學問、探求真理的場所，它不可世俗化，它應與外界保持一定的「距離」。但保持一定的距離，並非「隔離」。在前文中，我比較強調大學有所守、有所執，燭照社會方向的基本價值，但走出象牙塔，提供社會必要的「服務」，也已成為今日大學無可旁貸的責任。目前我們已規劃夜間部轉型為成人終身教育之體系；我們也已與宜蘭縣政府簽訂遠距教學合作協議；我們更積極進行教育學程之規劃與實施。未來我們一方面要充實其中的內涵、制度與做法；一方面有隨時檢討，做妥適的調整、擴大，希望在臺大優異的條件下，對社會提供真正的「教育」與「學術」的服務。

臺大的校務千頭萬緒，應予積極推動的工作何止數端，但體察四海皆準的「大學」精神，回顧臺大的「傳統」，檢討現況、瞻塑未來，我個人

仍然認為最當立即進行的方向厥為上揭七點。畢竟唯有透過校園文化與學術倫理的重建以及絕對價值之肯定，大學的真正自主與自由才能健全發展、屹立不搖，而大學之「純淨」也才能得到徹底的維護；唯有提昇研究水準，改善教學環境，發揚大學之世界精神，才能立足本土，走向國際；唯有強化大學之推廣與服務功能，才能發揮大學的力量，把大學內真正的自主、自由、純淨帶入社會各階層，促進社會整體的進步。一個理想的大學必須在教育與研究間、專業與通識間、科學與人文間、內在與外界間、本土與國際間，取得均衡；必須在學術純淨與自主的基礎上，力爭上游、追求卓越。「純淨、自主、均衡、卓越」，是臺灣大學邁向廿一世紀應有的目標──這同時也是我一向秉持的信念。

參、耕耘：三年來努力的績效

三年來，承擔著全體師生交付的責任，一步一步走來，日夜從公，無時或息。三年來，在全體師生同仁共同協助下，千頭萬緒、複雜無比的臺大校務，終於有了足堪告慰的成績，這是大家共同耕耘灌溉的成果。（以下為扼要陳述，其詳請參閱附件）

一、維護大學自主與學術自由

維昭擔任本校校長職務之後，於教育部召集大學校院長座談大學法之修訂時，即極力主張大學應受學術自由之保障，在法律範圍內享有自治權。大學法施行細則發布後，關於第廿二條是否違憲，個人也建議提請大法官會議解釋，終於獲得大法官會議作成三八〇號解釋，使大學自主的精神獲得更進一步的確立。近年來本校也積極推動課程自主，達成軍訓選修，共同必修科目自訂的目標。同時更成立了「哲學系事件調查小組」，完成哲學系事件調查報告，使事件的部分真相得以呈顯於世，並尊重校務會議決議，對事件的傷害進行補救。我們也成立了「四六事件資料蒐集小組」，進行有關資料之收集。我希望類似事件今後永遠不再發生，大學可

以完全避免受到外力及政治的干預。

二、建立學術自信，提高學術地位

1. 全方位進行學術交流，提昇國際地位

三年來本校與美國、加拿大、澳洲、香港、日本、土耳其及歐洲等地著名大學簽訂了廿八項學術合作協議，為本校拓展了更寬廣的國際空間。我也曾應邀訪問北京大學，簽訂學術交流備忘錄，成為第一位正式訪問中國大陸的國立大學校長。我們還積極加入國際學術組織，舉辦多項國際性學術會議，向國際學術界進軍，成為亞太地區的學術重鎮。除了交換教授、邀請國際知名學者來訪，以提升本校之學術地位外，並積極安排學生長短期出國進修，參與國際性學生聯誼社團，使我們的學生在國際交流活動中，培養雍容大度、動靜有節的氣質。

2. 採行各項措施，推動學術研究

近年來我們積極推動教學與科際研究之整合，期能集中人力、經費與設備，從事精深之研究。如成立生物技術推動小組，推動全校生物技術訓練、課程及研究之整合；推動凝態科學研究中心與醫、農學院之大型整合研究；支持校內外全球變遷研究之整合等等。又依據新修訂之組織規程，於今年四月成立了研究發展委員會，希望藉由行政體系之建立，發揮科際整合的功能，推動群體研究，全面提昇研究水準。在延攬及培養國際級學術人才方面，我們也募集基金設立講座，並與中央研究院李遠哲院長共同發起成立「傑出人才發展基金會」，積極鼓勵同仁從事研究，爭取獲獎機會。從各項獲獎人數及本校科技類文獻獲 SCI 收錄篇數的成長情形，可以明顯看出，過去數年本校同仁傑出的表現以及未來發展的無限潛力。

3. 支持本土化研究，積極推動本校成為臺灣研究之國際重鎮

與大英圖書館合作出版「在臺英國商館」、自行出版「淡新檔案」、籌劃出版「岸裡社文書」以及「臺灣史檔案目錄」。此外並協助英國牛津大學

推動臺灣研究，將臺灣研究推向國際。

三、改善教育體質，提昇教育品質

依據新修訂的組織規程，我們成立了共同教育委員會，負責規劃、推動具有臺大特色的共同課程及通識課程，以培養具有完整人格、宏觀視野的臺大人。八十一學年度本校成立通識教育課程規劃小組，負責整體通識教育課程之設計。八十四學年度進一步成立通識教育課程委員會，積極改進通識教育課程，推動通識教育講座。八十四學年度起設立「教育學程中心」，積極進行師資培育，希望受過本校完整教育學程訓練的學生，將來到各級教育體系中，實踐理想的教育理念，為人才培育奠定堅實的基礎。

此外，積極進行教學之改進及設施之改善，全力支持圖書館新建工程，以改善教學研究環境，並藉由臺大藝術季、文學創作獎及各項學生活動，充實生活教育，提昇校園文化。

四、加強重建校園倫理

為了改善校園人際關係，增進師生良性互動，提升師道尊嚴，並促使教師發揮應有的學術與教育功能，本校特設「師道維護委員會」，進行「教師倫理守則」之訂定以及「校園倫理白皮書」之研擬，並藉由規劃與推動各項促進師生思想與感情交流之活動，期能改善校園之人際關係，建立校園倫理共識。

本校「性別歧視與性侵犯防治委員會」之成立更象徵本校對兩性平等之重視，相信此一委員會之成立，對健康校園文化之形成，將產生莫大之助益。此外我們也正積極檢討現行導師制度，希望早日訂出真能落實輔導精神的導師新制。

五、規劃校務長期發展方案

八十四年八月完成首部「國立臺灣大學長期校務發展白皮書」，對本

校長程發展提出具體方向。其中如增設院、系、所、中心作業要點、夜間部定位等，均依照白皮書確定之方向，提請校務會議討論通過後實施。

這些年來，在收回被佔用土地方面，可謂成果豐碩：八十三年四月，我們排除萬難，完成公館校地民宅的拆遷，除增加校地一‧二公頃外，校園亦因此趨於完整；民國八十三年七月我們收回了國防部軍法局及聯訓部房地；八十四年八月及八十五年元月，分別收回國際青年活動中心及僑光堂等地；我們也與國防部達成換地協議，將以被佔用土地交換國防醫學院現有土地，以及所有地上五十八棟建築物。

在增設校區方面，無論是宜蘭校區或關西校區，均有相當的進展。目前兩校區均已分別成立推動籌備小組，進行評估、規劃中。

在校產維護方面，我們也踏出了相當重要而關鍵性的一大步，除了完成山地農場及實驗林地的土地測量外，並已完成山地農場一、○九一公頃土地總面積之登錄，至於實驗林地則正陸續辦理登錄中。

六、積極進行校園整體規劃

針對現有校區，正努力進行舟山路等鄰近巷道變更為校內道路作業，並委請校園規劃小組作中長期發展規劃。現已完成校園規劃報告書一九九五年版，臺大校門口規劃及椰林大道規劃初步草案。

另為整體規劃校園景觀及綠化環境，已成立「校園景觀綠化小組」負責其事。本校老舊之運動場也爭取到經費補助，將於近期發包施工，師生同仁運動休閒環境將可大幅改善。為了維護校園公共安全、整頓校園交通秩序、落實校園環境保育工作，特成立校園安全維護會報及防護團，並加強環保中心功能。

七、爭取教學研究及校園建設經費

近年來國家財政困難，教學研究經費大受影響，但經我們努力，本校

在政府提供的經費上,仍能持續獲得成長。此外,由於同仁的傑出研究表現,在建教合作經費的爭取上也有很好的成績。

為了擴充財源,成立募款籌劃委員會,訂定中長期募款目標及計劃,並已展開募款工作,較顯著的例子,如臺大博物館以及化工館之興建費均獲承諾提供。

為了凝聚校友力量,八十四年三月成立校友聯絡室,積極推動國內外校友會之組成及整合,建立校友聯絡網,加強對校友之服務,使校友成為支持母校的重要力量。

八、推動行政業務革新

在這方面最重要的是推動業務電腦化,目前教務、學務、總務、人事、會計以及秘書室,許多重要業務均已施行電腦化,並由「行政業務電腦化推動協調小組」負責整合、協調各單位的相關作業。圖書館自動化系統更自八十三年校慶開始上線服務。此外,自八十三年底起,對校務會議決議案均將執行情形公布於校訊;行政單位並積極檢討修正分層負責表,以簡化作業流程,加強授權;定期舉辦教師座談、職員座談、職員在職訓練等以加強溝通,解決問題。針對各項重大工程,成立營繕工程督導小組,定期追蹤工程進度、預算執行,加強工程品質管制,八十五年度建築費之預算執行率已達百分之七十,為歷年最高。

九、重視教職員工及學生權益

本校已分別或即將成立教師、職員、技工、工友及學生申訴委員會,研訂申訴辦法以暢通申訴管道,保障師生同仁權益。

為解決同學住宿床位不足及用餐問題,目前已將收回之國青中心進行修繕改為研究生宿舍,同時調整部份宿舍專供大一新生住宿。

本校衛生保健及醫療中心自八十四年八月一日申請成為全民健保基層

醫療單位,除大力提昇醫師水準外,並特別聘請女性醫師駐診,以方便女性同仁及女同學就診。

為使本校附設幼稚園早日立案,經由校園建設基金會積極辦理相關作業,目前立案應辦工作已近完成。

此外,也成立「公益金管理委員會」及「學生急難慰問金」加強對師生同仁傷病之慰問及補助。

十、積極加強社會服務

本校過去配合政府機關、企業團體以及社會大眾需求,辦理各項領導班、訓練班,深受肯定。今年四月更開啟國內遠距教學式推廣教育之新頁。

學生社團活動亦為本校校園文化之重要特色。本校師生每年寒、暑假都籌組各類服務隊,深入全國各地,奉獻所學,服務社會。

本校附設機構長期以來提供社會多元性的服務,近年來,更致力提昇服務績效,如附設醫院之改善醫療品質,加強便民措施;實驗林之擴大辦理全民環保活動及自然教育等,都普獲好評。

肆、展望

擔任臺大校長的職務,對我個人而言,是值得珍惜與感恩的經驗,它讓我更深切地體認到生命的意義與人生的價值;它也讓我更清晰地認識到臺大的精神和傳統;它更驅使我時時思考臺大的未來。在前文裏,我字字謹慎地表達了我的體認、我的信念、我的努力,對於臺大未來的發展,除了信念一節中已經提到的方向外,我的心中還有一幕幕可及的遠景,現在提出來,就教於大家。

由於舟山路的收回與國防醫學院的換地都已有眉目;新總圖書館、新

體育館以及新學生活動中心的完成,也指日可待;加上臺大博物館的籌建、僑光堂與聯訓部土地的進一步規劃都正進行中;不久的將來,臺大將首度呈現一較完整的校區——並且是一更符合人性與教育需求的環境空間。盼我全體師生同仁共同努力合作,早日促其實現,讓臺大校總區成為國內最具代表性的大學校區,同時也是臺大人永遠的精神殿堂。

臺大現有八個學院,五十個學系,七十四個研究所,未來還有新的學院及系所增加。以校總區的面積,完全無法肆應發展所需的空間,所以我們正積極進行關西、宜蘭二校區的規劃工作。預期設置之後,前者將成為國內重要的醫療、環保及高科技工業發展與管理的研究中心;後者將成為國內重要的農漁牧實驗及海洋與天然災害研究中心,同時規劃精緻學院與國家藥團,全力展現臺大不斷向上的企圖心與生命力。

當校區的完整與規劃付諸實現,教學與研究品質的提昇就奠定了堅實的基礎。因此除了上述的目標我們當全力以赴外,也應同時進行教學與研究全面優異化的工作。就教學而言,如何永續吸引最優秀的學生進入臺大,並給予最好的教育,是最重要的目標。臺大絕不能再持老大心態,靜待莘莘學子自動投入;臺大更應全面改進課程品質,無論教材與教法都應與國際一流大學同步;就研究而言,鼓勵重點發展、群體合作、以及研究設施共同使用,是快速提昇研究水準的重要步驟,務期儘速落實。此外,設置校內極具榮譽性的獎項,獎勵優異師生,也必然對教學、研究水準的全面提昇有正面的助益。

追求一個理想的校園環境,乃是為了強化我們的教學與研究;而也只有教學與研究的傑出,才賦予一個校園環境存在的意義。在我的心中確實已浮現那美好的藍圖,廿一世紀的臺灣大學必將躋身於世界一流大學之林!在新大學法已頒布實施;在臺大新組織規程已確定生效;在美好的遠景已漸次展現;我確知我們已站在歷史的轉捩點上,我誠摯地與大家共勉;讓我們共同來寫歷史。

附錄二
臺大校長陳維昭先生績效報告解讀

⊙鏡社

第一章　前言

　　臺大，向來執高等教育之牛耳，不但是學術界之標竿，也引領社會風潮，是意見領袖，對各方面均具舉足輕重之地位。其中，關於臺灣高等教育的改革，臺大人更可以毫無所愧的向歷史交代。大學自主、校園民主的觀念自臺大發軔，也由臺大師生全力推動而告功成。大學法的修訂，是制度面的改革，大學校長民選產生，是落實大學法的催化劑。這種種過程，臺大人無役不與，其間艱苦備嘗，血淚斑斑。但推動者求仁得仁，只要大學教育從今後能步上坦途，便也無怨無悔。

　　遺憾的是，校園民主改革的成果卻是苦澀的。當初對改革議題百般阻撓、打壓，對改革者極盡污蔑、迫害之能事者，不但今日都在歌頌校園民主的成就，啖食他人汗淚交織而成的碩果。這也罷了，竟還回過頭來，利用民主的形式，踐踏民主的真義，真令有良知的知識份子痛心疾首！

　　校長的職位，在校園真正民主化以後，正可以打破過去太過偶像化，給與太多期望的不正常現象。可是，目前校園民主的發展，不但沒有掌握住真正的精神，反而透過民主的假象外衣，造成了少數專斷。校長權力其實在暗中滋長，影響力更是不斷擴大。而且，我們的社會，雖然民主意識大開，但仍然只重民主的外殼，完全沒有擺脫崇拜權威的心態，有權位者依舊縱橫天下，幾乎可以為所欲為，而缺乏任何監督制衡的力量。校長，尤其臺大校長，其擁有的社會資源和影響力，實在不可輕忽，對我們臺大而言，那更是一個重要的象徵。

其實，不論重要與否，任何職位當任期屆滿，是否續任，都該經過審慎的評估，不分官派或民選，可謂是當然的道理。尤其是間接民選者，有同意權的代表既然接受選民的委託，不能光憑感覺、利益，必須理性的、慎重的考察之後再行使同意權，才是最起碼對選民負責任的態度。可惜，臺大行政當局不理會鏡社早在二月就提出的呼籲，蓄意以迅雷不及掩耳的手法，召開臨時校務會議。不經公開的評鑑程序，不讓其他師生有發表意見的機會，就想通過同意權的行使。這是再一次利用民主程序，掩飾獨斷野心的展現。

我們為了貫徹追求校園民主的理想，不使校長民選制度為德不卒，明知在客觀條件極為不利的情形下，仍然苦心孤詣的提出我們對校長三年政績的解讀報告，以留為歷史見證。

陳校長是有史以來第一位由校園自行以民主方式產生的大學校長。接任之時，校園民主的觀念已經成形，大學自治的法制幾已定案（新大學法是於93年1月8日開始實行），大學校園也已趨於平靜。此時，作為一個校長所應致力的唯有落實大家所努力奮鬥得來的民主成果，讓臺大在以學術發展為最高原則下，不但要延續過去的成就。發揚臺大的傳統精神，還要在新的條件下，提升臺大聲譽，追求卓越貢獻。

三年的時間，雖不見得能做出什麼大成績，但至少已可充分展現其治校能力。再與當初競選政見對照，檢視其政見的理想性和可行性，並考量社會對臺大校長會有什麼樣的期許？和前任校長政績的比較，以及臺大在一年使用70億臺幣的國家資源下，最起碼該有什麼樣的表現，才算適當的標準，當能展現出其任內的功過，而評鑑出其是否適合續任下任臺大校長。

不過，終究從來沒有過校長評鑑的體例可循。這種直接挑戰權威的事，所能得到的奧援，甚至校方能提供的資料，都少得可憐，我們只有以戒慎恐懼的心情，來勉為其難。所以，我們只舉出具體的事實，以我們的

認知和理解,來回應陳校長所提出的績效報告,供全校師生及社會各界公斷。所有這些,都不過是我們想盡一個知識份子和臺大人的責任而已。

第二章　教育理念與理想

三年前徵選校長時的競選政見:

> 一、維護臺大校園自由風氣,主張在大學法中明定:大學在法律範圍內享有自治權,校園內不受任何黨派或政治之壓力,任何不當外力侵入時,校長應毅然肩負維護學術、思想自由之責任;二、建立學術自信,提高學術地位。臺大不是牛津、劍橋,也不須做哈佛、柏克來,要建立具有獨特風格的臺大,因此要加強:(一)研擬中、長程「重點研究計劃」,建立跨系、跨學院的強勢研究群,並積極促進跨校學術合作,加強「本土化研究」;(二)延攬國際級人才,設立學術講座,提倡學術風氣,並與國際學術發展潮流同步;(三)積極參與國際學術組織,建立在亞太地區的學術領導地位。

陳校長所提出的績效報告,並沒有忘記他三年前的競選政見,在維護大學自主與學術自由項目下,呼應的舉出六大功勳:一、大學法修正時,極力主張大學應受學術自由之保障,在法律範圍內享有自治權[1];二、推動課程自主,實現軍訓選修,共同必修課目自訂之主張;三、大學法施行細則第二十二條,建議提請大法官會議解釋,於大法官會議做成380號解釋,使大學自主獲得進一步確立;四、成立「哲學系事件調查小組」完成哲學系事件調查報告,並發布新聞稿,譴責校外政治勢力不當介入校園;五、成立「四六事件資料收集小組」;六、完成本校組織規程之修正,並逐步付諸實施[2]。

---

[1] 〈校長的自我評價〉,臺北:中央日報,自由時報,2006。
[2] 記者詢問其對大學法中明列軍訓室及大學的法人地位等有關大學自主的問題,會不會表達你的關心?校長答:關心是可以,但是我不會跑到立法院去參與這件事……以

恰巧這些事，我們都躬逢其盛，而且瞭解透徹。我們願做事實的說明，以還原歷史真相。

壹、大學自治權的主張

一、事實經過

大學自治觀念的首度被提出，是臺大學生自由之愛團體，從廢除校園審稿制度，反省到大學之改革，必須從規範大學制度的大學法著手，乃在民國76年3月24日赴立法院請願而展開。是年，自由之愛串連他校同學，組成「大學法改革促進會」來推動大學法的修訂工作。

民國78年6月2日，以臺大教授為主體所組成的「大學教育改革促進會」（簡稱學改會），結合了829位大學教授的簽名（臺大就有226名。其中，並無陳維昭教授之連署），也赴立法院請願。要求大學法人化、學術主管由校內民主產生等大學自由化的內容。這是大學教授第一次正式步出校園，為大學改革所做的集體訴求。

同年，9月28日，全臺師生結合成「新大學行動聯盟」，舉辦有史以來，第一次師生同為建立新大學請命的大遊行（陳校長當然不會參加）。79年3月，學改會完成大學法修正案的民間版，拜託民進黨的謝長廷委員領銜，正式向立法院院會提案，這就是爾後作為審查藍本的謝版大學法。

謝版大學法從此與行政院版修正案併同在立法院審查。學改會同仁只要一有審查，就必定有人在現場把關。其間幾經折衝、協調，卻由於教育部始終透過國民黨立委在立法院杯葛。一直拖延到82年12月7日，才進入二、三讀最後階段。當時我們在6日就徹夜守候在立法院門口，強烈表達要求大學自主的理想，並協助兩黨進行協商。最後，是以同意大學設軍訓室才換來大學有自治權這項條文。事後，還因無力徹底廢除軍訓制度，

我的立場不是很適當。臺北：自立晚報，名人開講版，1993。

而遭致學生的責難。學生也因此與立法院院警發生嚴重的肢體衝突，並有學生因此受傷。

二、評析

陳校長絕頂聰明，不但能掌握時代脈動，明白社會趨勢。而且知所進退，最有分寸[3]。從78年起，少數教授們為大學自治的理念不惜犧牲學者形象，耽誤個人時間精神，全力打拼的時候，從來不見陳校長的蹤影，甚至連簽名支持都沒有過一次。

等到可以民選校長，事件本身就是校園自治精神的落實，陳校長既有心參與權位的爭逐，當然不可能違背蘊含其中的基本精神。所以，在他的競選政見裡，一字不易的照抄了大學法的條文，卻從來不見他就此條文有過深刻的論述。而在他已貴為臺大校長之後，我們也曾在最需要援助的時候，請求其能伸出援手，即使只說幾句話，適時的表現出一個清流領袖的見解，便是民選校長的風範。何況，我們相信只要臺大校長有改革的意願，必能扭轉大局，這本來也是一個大學校長所應該做的。可是，陳校長以他的身份不宜而回絕了[4]。

陳校長認為以他的立場，只能在校長會議中表達，再透過教育部去修訂。我們相信陳校長的確在校長會議中做過類此發言，（雖然，據說校長很少在校長會議中發言）。只不過最後的事實證明，教育部至終都沒有採納他的意見。不然，1月7號之役就不至於那麼慘烈。反過來看，如果，陳校長可以如此一言九鼎，馬上就爭取到大學自治的功績，那麼為什麼不早一點發言，又何苦讓我們這些師生付出這麼慘痛的代價？

校長到底是什麼樣的身分和地位？我們真是迷惑了。一直我們所期待

---

[3] 〈校長的自我評價〉，臺北：中央日報，自由時報，2006。

[4] 記者詢問其對大學法中明列軍訓室及大學的法人地位等有關大學自主的問題，會不會表達你的關心？校長答：關心是可以，但是我不會跑到立法院去參與這件事……以我的立場不是很適當。臺北：自立晚報，名人開講版，1993。

他的是社會清流、意見領袖與青年典範。遴選校長時，教育理念和人品風格更是大家一致認為是最重要的條件。如果大家在為一項真理或理想去奮鬥時，卻只讓沒有身分地位的人去打前鋒，等差不多時，再來收割成果？那又是什麼樣的典範？有權勢者都不能講求是非，追求真理，卻只能竊奪並坐享他人努力的成果，這是什麼樣的社會正義？給下一代什麼樣的教育？

貳、軍護課及共同課程的自主

一、事實經過

大學法底定後，我們立即在 83 年 1 月 8 日（也是大學法生效施行之日）的校務會議上，基於大學有自治權的法律規定，提案將軍護課改為選修，共同課程自行規劃。在那次會議中，校務代表已為謝貴雄違法兼領不開業獎金，校方應否成立自清小組一案而昏頭轉向之後，校長竟因夜間部職員一句散會的動議，就要散會。甚至還有人提議，下學期再說。後經嚴重抗議，才勉強決定於下個星期加開會議來討論如此重大的議題。

軍護課改選修的案子，在激烈的爭辯後，終於在 1 月 15 號的校務會議中以 140 人在場，96 人同意的多數獲得通過，就此改寫了臺灣的大學教育史。也彌補了我們在立法院裡沒有能爭取到的缺憾，總算沒讓我們愧對學生。校長在此事件中，對外表示將尊重校務會議的決議，並從此不再參加教育部召集的共同課程會議，實在值得肯定。但是，話雖這麼說，卻直到當年 10 月，大一新生已入學報到，校方都還沒有規劃出能提供學生選修的軍護課和共同課程。甚至，10 月的校務會議，還由以教務長為主席的課程委員會，不惜用違法的手段，讓已就職為大法官的委員仍舊參加會議[5]，做

---

[5] 83 年 10 月 1 日上午 9 時舉行的課程委員會第二次會議，參加人員有：教務長郭德盛、學務長羅漢強、委員何寄澎、傅佩榮、陳正宏、戴東雄、謝博生、葛煥彰、張尊國、黃武雄、黃榮村、周學武、韓懷豫、康世平、陳月枝、許家馨和李勵德。

出因準備不及，向校務會議提案延遲一年實施的決議。

這次會議，也夠慘烈。學生頭一天晚上就在校園靜坐抗議，鏡社也印製海報，企圖遊說挽回。好在，這屆的校務代表還不負使命，再度確定軍護課即刻改為選修，因而奠下課程自主的基礎[6]。

教務處及軍訓室對這樣的決議，並不心服。竟分別逕自發函大一新生家長，稱：不修軍訓可能不能畢業、臺大不可違背教育部的命令云云[7]。使得當年學生因心生恐懼，不敢不選修軍護課的高達百分之七、八十，到第二年才急速下降，落實了自由選課的實質意義。

二、評析

校長對外的發言，大都十分符合改革的新意。譬如尊重大學自治，尊重校務會議決議、是否違法，不妨提大法官解釋等等。但我們卻看不到具體的作為。如廢除軍訓室，校長還根本表示他不以為然。當記者問他大學設軍訓室的看法，他說：「我現在也不太瞭解，對於軍訓教官是否馬上退出校園，我比較保留。我在醫學院院長任內，軍訓教官為我們解決很多事情，有些事沒有他們那種精神，還做不到呢[8]！」將軍人教官便宜使用，絲毫不考慮對國家、對教育的傷害，應是他完全缺乏教育理想，不懂什麼是教育的顯現。後來，臺大組織規程訂定軍訓室主任，由校長聘請本校教授或副教授兼任，只是同時規定也可以請職級相當之人員或專家擔任。當前總教官離職時，曾有教授提案，請校長函請教育部勿再派軍人來校，軍訓室主任改由教授兼任，以符大學自治的精神。然而，最後還是由教育部派來原東海大學的總教官到校。

甚至，就在今年5月16日（就是前兩天），教育部在校長會議中提議將軍護課訂定為各校的共同必修課，也不見我們陳校長為此多發一言。由

---

[6] 詳細會議記錄，請見：《臺大透視》第三期以後實錄。
[7] 駱尚廉，〈新生軍護選修之過程評析〉，刊於《臺大透視》，第四期第五版，1994。
[8] 同註五。

此亦可見校長是如何懾服在教育部的權威之下，遑論其對爭取課程自主的貢獻以及和教育部的關係究竟如何。

至於共同課程的研擬，在380號大法官解釋所規定共同必修課全面廢除的期限，於今年5月26日到期的時候，臺大竟還沒規劃出自訂的共同課程領域。連虞校長時代就開始規劃的通識課都還未定案。以這種效率和過程，校長竟能將軍護課和共同課程的改革都攬之為其任內的重大功績，我們只有為之汗顏。

參、380號大法官解釋

一、事實經過

校長的確對媒體或者以前可能在校長會議中提過，大學法施行細則第二十二條是否違憲，可請大法官會議解釋的話。但380號解釋是否就因他的建議而爭取到的呢[9]？果真如此，則不是校長的權力太過膨脹，就是臺灣的司法體系完全崩潰了。

大學法修正前，軍護課及共同課程都是以「大學規程」授權「大學必修科目表施行要點」等教育部的內部規則來規範，當然是絕對違憲的事。但是，以當年的法治程度，我們都只有束手無策，完全沒有救濟的管道。民國81年1月，當時的學改會曾為了凸顯這個問題的嚴重性，特別向教育部聲請廢除施行要點，希望藉此取得教育部不同意的處分，而後提出訴願、再訴願，或能取得聲請大法官解釋的資格。這過程十分艱苦而且幾無可能，只不過盡一己之努力，而讓各界認識到問題的重要罷了。

大學法修正後，大學規程隨即失效。不過教育部再以「大學法施行細則」來規定共同科目，並假借校長會議為白手套，以為其背書。臺大經過

---

[9] 〈校長：邁向二十一世紀的臺灣大學——回顧與展望〉，《臺大校訊》，第四一參號，第四版，1996。

校務會議議決軍護及共同課程都自主決定，校內許多教授及教育部都以臺大違背教育部命令，是一種反教育來指責。臺大是否違法，霎時成為最大的爭議，但臺大並不具備聲請大法官解釋的資格，這點也曾和校長說明。真正的途徑，乃是因為「大法官審理案件法」的制定，使得立法院三分之一委員的連署，便可提出解釋的聲請。藉著這條生路，我們積極在立法院中運作，甚且幫忙撰寫聲請文，最後由民進黨立委翁金珠領銜下，由民進黨立委達成連署人數，還由本校賀德芬教授親自陪同到司法院送案，和司法院施啟揚院長及數位大法官會談，才完成聲請程序。

大法官受理此案後，還曾邀集專家學者舉行公聽會，並經審慎研議，才有380號的頒布，使大學課程自主權獲得了憲法保障。不過，臺大反而在此時，無法自行訂出共同課程，豈不諷刺？

二、評析

陳校長早就說過以他的立場，不便到立法院活動，臺大又沒有聲請解釋的資格，事實上本就不是他提出的，他當然也不會是法律專家，參加了公聽會。那麼我們必須要問，校長是向誰建議的？又怎麼爭取到380號解釋的？是因為校長的一句話？還是校長私下的關說？可能嗎？

當380號解釋公布的時候，教育部的官員氣急敗壞的指責大法官不懂教育，那麼顯然校長不是建議或說服教育部，或和其他校長溝通後，再透過教育部去影響大法官的。

此外，當我們正為大學法施行細則違憲的問題奔走呼號時，臺大有64位教授聯名在83年5月連署聲明，表示深為厭惡這些「自認為是法律專業的人士，動輒以其法律知識玩弄法律的行為」，並對其時常以「對抗惡法」的名義公然違法，一轉頭又擺出法律權威的身分指責政府違法的做法深感不滿！竟盼教育部要堅守原則，勿鬆動立場，一定要維護軍護和共同課程。

這些連署的教授現在都非常讚揚大學自主的好處,有些目前還被校長禮聘為各種委員會的委員。身為校長,本當調和鼎鼐,主持正義。當校內同仁因努力為學校爭取權益,並為理想奮鬥,而遭受其他教授汙辱、攻擊時,竟能視若無睹,不主持一丁點公道。事後還重用這些教育理念恰恰與大學精神違逆的人。校長到底為大學自治盡了什麼力,陳校長的教育理想究竟何在,也就十分明白了。

肆、哲學系與四六調查案

哲學系調查小組的組成,是陳校長甫上任時最漂亮的一次表現。尤其在其第一次主持校務會議時提出,不知博得了多少的好評。不過,所以會有這次調查,其實也是因緣際會,既有外面來自立法院的壓力,也有校內教授對陳鼓應先生等的支持。調查小組工作萬分辛苦,來自校方的奧援卻很薄弱。尤其組成時成員未經雙方當事人認可,以致最後的決議及調查過程易遭質疑,對調查小組有所不公。

最不可思議的是,當調查小組完成報告,在校務會議提出時,議程尚未開始,即遭到王亞男、陸雲、林火旺等教授無情的批判和汙衊[10]。校長居於主席的地位竟能任其發生,恐怕還真叫調查小組的同仁心寒。

哲學系事件自校長上任開始調查,校長三年任滿,卻還沒有最後的結果,是否果如校長所言有完滿結果,還有待考驗。

至於四六事件資料收集小組,是教授在校務會議的提案,經校務會議通過成立,工作才不過剛開始,也列為校長政績,是否有些離譜?

---

[10] 臺大83學年度第二學期第二次會議校務會議記錄,《臺大透視》彙編,第三頁以下。

伍、組織規程的修訂

組織規程的修訂的確是陳校長任內最重要的大事,但恐怕也是臺大永遠的痛!

臺大組織規程是臺大憲法,豈能等同小可。大學法施行後,既已授予大學自主權,並在各方面都有極大變動,組織規程的修訂便是迫不及待的事。孫震校長還在任時,即已未雨綢繆,早在81年1月就經行政會議通過組成「組織規程研修委員會」,進行先期的規劃研修工作。

陳校長接任後,該研修委員會的工作,仍繼續維持,甚至陳校長還增加人員,以期更有效率。83年2月,起草工作,全部完成,4月送達校長室。

或許這部草案對校長權力並沒有特別好處,甚至有些限制,所以校長遲遲不肯提交校務會議討論。反而到了6月,突然再交付行政會議,另行組織一個由他任命的,以行政主管為主,另加由各院指定教授參與的「組織規程修正意見整理委員會」[11],名為整理校園各方的意見,其實完全是以符合校長利益的立場出發,全面做更改。事實上,熱心出席討論的人並不多,大致都操縱在校長及一兩個少數人手中。

這期間因延宕太久,83年10月的校務會議即無法依照新大學法的規定產生校務代表。課程雖已通過自行規劃,但教務處卻無能提出;教官依大學法只負責教學和課程規劃後,卻還擔任學生輔導工作;軍護課已改選修,教務處卻要大一新生自負因政策不明的責任。大學自治的敗壞,已經從這個時候就開始了。

在程序上,組織規程的修訂,還不只上述這些可訾議之處。83年4月

---

[11] 參加人員有:校長、三長、各院院長、主秘、人事、會計、夜間部、推廣中心、電算中心主任、圖書館長和總教官等行政人員,以及夏長樸、陳益明、吳忠吉、王正一、許博文、王亞男、唐富藏、陳建仁等教授。

的校會，校務代表再三要求校長提出草案以供討論，也決議由原來的研修委員會繼續整理工作。但到 6 月的校會，校長竟以原召集人不同意，而片面廢棄決議[12]。其實校長已決定另起爐灶，從新訂定一部為他量身打造的法案。

整理委員會果然不負上意，在兩個星期內，訂出大學法修正前就已上任的校長，不須經任何程序，直接出任六年（即陳維昭條款是也，因僅適用於他一人，特別為他所訂定的法條）；軍訓室不僅負責教學規劃，還做軍事訓練與服務；校務會議則龐大無比，名之曰擴大參與，實則讓其失去議事功能，形同癱瘓；校長的人事權當然也是無邊的擴充。這麼重要的臺大憲法，整理委員會沒有認真的法律學者在內（當時的總務長和法學院院長雖是法律系教授，卻因公務繁忙，很少出席該會，更沒有投入心力），有這種結果，亦早在意中。

鏡社曾為此事怒不可遏，第四期的《臺大透視》即以頭條指責校長玩法弄權，並以海報喚起校務代表關注。以致這些條文在校會討論時略有變動，軍訓室較符合大學法的規定。但校長任期及權力則更形擴張，而討論表決時，校長都在場主持監督。尤其是討論及校長任期，事關當事人利益，理應退席迴避，更不應該繼續當主席。可是，陳校長為了權位，能全然不顧法理、清議，不但堅持自任主席，還站在台上，監督與會代表舉手通過，延長其任期，還可連任兩次的條文。把知識份子最基本的羞恥和格調，踐踏得一文不值，這種作風實在令人歎為觀止。而所有參與的校務代表，不能據理力爭，屈服於權勢，而致有這種結果，都要共同為臺大歷史負責。

臺大組織規程的訂定，是陳校長自始至終一手主導出的結果，沒有一次會議不是由他主持成功的。所以會有校長不經全校評鑑，只要穩當的掌控校務會議中一百多張票，就輕易的續任 12 年。他還可以不斷利用規程中

---

[12] 可查聽該兩次，四月及六月校務會議記錄的錄音帶，並無文字紀錄。

授與的人事權,增編校務會議中的國王人馬,而蔓延至各個單位和領域,近親繁衍的效果,又豈止《十三太保》而已[13]！

最為荒誕的是,臺大組織規程在84年10月24日才經教育部部分核定生效。法規只為圖利某特定人,溯及生效已經大違法理。最起碼在10月24日生效以前,能否被核定都還未知,校長任期應該還是三年的。這時辰,校長任期已過兩年,距任滿不足十月,以一個知恥、懂進退的清流領袖,是否早該料理能否續任的事呢？陳校長當作根本沒這回事,心中早已認定四年無疑,再倉促的要求校務會議投票,幾已掩盡天下人耳目。對這樣的組織規程,校長固然引為他最大的成就,但臺大人能接受嗎？

第三章　建立學術自信,提高學術地位

陳校長在這個主題下共提出三大成就,包括一、全方位進行學術交流,提升國際地位,二、採行各項措施,推動學術研究、三、支持本土化研究,積極推動臺灣大學成為臺灣研究國際重鎮。在這些項目下,具體的有和國外28所大學簽訂合作交流計畫,加入國際性組織,參加世界大學校長會議,和他國名校交換學生,接待來訪人士,舉辦國際會議等。學術方面則為凝態中心延攬了五位講座,和李遠哲院長成立「傑出人才發展基金會」,鼓勵同仁從事研究,爭取得獎,訂定一些與臺灣史有關的出版計畫等等。

以一個臺灣最大大學校長的身分而言,究竟應該做多少這些例行的開會、出訪、交流等工作才算盡了最基本的責任？我們不妨比較一下前任的紀錄。孫震校長當時即十分活躍於國際學術界,經常出國訪問,一般還擔心他因此會耽誤了校內正事。與國外大學合作,交換學生的工作本就從沒有停過,將之列入校史紀錄或簡介,固有其必要,但列為校長政績,似乎

---

[13] 林永豐,〈對臺大醫學院院長人選的看法〉,《臺灣醫界聯盟》,十二期,頁31。

太過小題大做。

陳校長十分自得他是第一個正式訪問北京大學的校長。事實上，清華大學沈君山校長早在 1993 年 11 月就去過，還和北大正式簽訂了合作計畫。只是話說回來，就算第一個去訪問北大，又算得是什麼成就呢？有什麼值得誇耀的呢？臺大同仁和北大關係密切的還不知道有多少呢！

陳校長另一項自得的功績是臺大在 1994 年 SCI 的紀錄，已經有 1137 篇，五年來成長了 2.2 倍，較諸港大或其他大學都快，繼續這樣下去，我們在世界的學術地位一定可以占到一個很高的地位[14]。不要說這是因為這幾年擴大編制，大量引進年輕教員，升等要求較過去遠為嚴格（某些系例外），而且是個人努力的成果。僅以這種以外國學界為主體的學術標準，只適用於自然學科。對以本土為研究重心的人文社會科學，在臺灣研究還沒有國際化，即使國際化以後，也難以成為主流的情形下，是極不公道的。由此也可顯現陳校長對人文社會科學、本土研究的陌生。

提起本土化的研究，陳校長在競選政見中就能順應潮流有此主張。但三年來除出版計畫外，別無具體成就。中文系欲成立臺灣文學研究所，亦在文學院院會中受到阻擋。固然院裡有自主權，但如校長有決心貫徹理想，當能透過溝通協調，及給予資源的挹注，積極促成。

第四章　改善教學體質，提升教育品質

> 競選政見：一、加強現有課程委員會的功能，並組織教學研究小組，做定期性教學檢討和改革方案；二、實施定期雙向教學評估，三、訂定優良教師辦法；四、充實教學資源，教師教材之製作、準備，應由校方統一代勞；五、解決教師研究室空間不足之問題。

---

[14] 同註十一，及績效報告頁 4。

校長績效報告關於教學改進方面,所提出的有:成立共同教育委員會、開設教育學程、加強通識教育之規劃與落實、教學方式之改進、改善教學研究設施、師資提升及充實生活教育,提升校園文化等七項。

教育學程是「師資培育法」通過後,政府既定的教育政策,臺大必須配合實施。因為是臺灣師資培育辦法的最大改變,臺大也還在摸索階段,實行上的紊亂或不能步上正軌,都可以理解。但是,通識教育,從虞兆中校長時代就開始規劃,卻迄今還不能具體完成,比別的學校都要落後許多,就難以原諒。甚至連通識中心的成立,都在校務會議中受到責難。校長不但不基於他的教育理念,如同他在演講和績效報告中所說的去主導堅持,反而不理會要求表決的提議,自行撤案了事。而已經開始運作的通識中心,也不過利用大筆公帑,舉辦演講,人選是否合適,抑或只不過淪為為個人利益所利用的名氣和資源,效果究有多少,都受到質疑。

至於完成規劃的通識課程,還含有共同必修課之中文、外文、歷史、公民教育、數量推論等 14 個學分,仍不脫過去制式化教育的窠臼,並沒有完全掌握住通識教育的精髓,很受外界批判。所以如此,與主事者不無關係。

其他,如小班教學、遠距教學、學術網路的建構,教學大樓、圖書館的興建,學生的社區服務等等,不是已經進行多年的工程、計畫,就是各院系的研究發展和改進,如同教員的增聘,學生的增加,都是自然的發展,是否為校長的功勳,我們不予置評。

比對校長的競選政見,大多與他提出的政績沒有太大的交集。不過,以那樣小格局的政見,競選校長,如何能獲得遴選委員會的青睞,只有當事者能說明。

第五章　校務長期與校園整體發展的規劃與推動

> 競選政見：「軟體」以質的提升為第一優先，避免量之過度膨脹。除加強現有校務發展規劃委員會及長程規劃小組之功能外，應成立一校外諮詢委員會，以更超然立場提供意見。「硬體」校園規劃小組所提之規畫案，在付諸實現前，應先通知同仁，並徵求大家的意見；及早規劃第二校區之開拓；未來校園規劃，應考慮教職員工生之需要，協助解決同仁住宿的問題，給與學生良好的活動空間。應訂定具體時間表，積極索回外借的校地，規劃臺大長程發展的校園藍圖。

校長績效報告將校務及校園的長期發展分別列為兩章，以軟體和硬體為區隔的標準。但從內涵中，我們卻感到十分混淆。譬如，第二校區的開發、被占用土地的收回，列為軟體部分，舟山路的收回又成了硬體。而此部分資料簡單，我們只有合併處理。

校長就這兩項所提出的重要政績包括組織規程的修訂，長期校務發展白皮書的提出，訂定增設院、系、所、中心作業要點、夜間部定位為推廣教育、收回被占用土地、增設校區、成立校園規劃小組、美化校園，整修運動場等等。

整理校園等事，應該是日常事務，不值得浪費筆墨。我們關注的是白皮書的釐訂，從孫校長時代就有倡議，其重要性毋庸置疑。也因為白皮書遲遲不能擬就，而凍結了一年增設系所的提案。幸而在陳校長任內，經校務會議決議組成工作小組，到 84 年 8 月才大功告成[15]。然而，白皮書的適當性及理想性都很薄弱[16]，應該如何去補強？白皮書可曾向全校宣導，讓師生能配合發展？白皮書中的規劃可曾落實於組織規程中以能實踐？當初

---

[15] 楊盛行，〈長程校務發展白皮書之規劃經過〉，《臺大透視》，第五期，第四版，1994。

[16] 黃榮村，〈臺大將成為世俗的「一流大學」〉，《臺大透視》，第四期，第五版。張海潮，〈校務發展白皮書讀後感〉，《臺大透視》，第四期第五版。

修訂組織規程時,可曾思考及白皮書的內涵,如果沒有,白皮書豈不成為具文,好看而已!這些,在校長簡單的報告中,都缺乏說明,我們的疑慮依然。

第二校區的規劃在競選政見中即有提到,這也是個老話題,但似乎與政見中所謂重質不重量的宣示有些矛盾。臺大人長期來一直呼籲校方重視校園規劃,注意未來長期發展的空間。陳校長上任後,便有宜蘭和新竹兩地方政府積極爭取臺大設分區,以繁榮地方,提升當地文化水準。站在地方的立場,當然無可厚非。可是在這樣的基礎下,地方有所求於臺大的,當不只機構或中心的設立為已足,最重要的是大量的人氣,這就必須形成有教學的校區,才能符合地方的需求。

可是,既然教育重質不重量,這幾年教育界更強調大學應是培養通才的場域。新的校區必須各個科系都要完備,各個領域的師生共聚一堂,才能相濡以沫,彼此薰陶。那麼這不是一所大學還是什麼?臺大有這個能力?有這種必要嗎?校長一昧好大喜功,可曾從教育理念,國家整體均衡發展的立場考慮過?[17]

其他有關校產的使用和收回,一直都是臺大的問題。三年之艾,當然難治七年之疾,我們也不敢奢求。但幾個最重要的問題,也應該有優先處理的認知。譬如,校門口在過去威權底下,因政治的考量,用圍牆在意識上隔離了臺大和社會,又造成交通上的瓶頸。城鄉所曾在校門口公布各種規劃案,並徵求師生意見,陳校長也蒞臨鼓勵。但縱使規劃已經完成,迄今也未付諸實現[18]。這只是其中一例。績效報告稱設有校園規劃小組,何以不見整體的規劃?校長政見上說會先通知大家,徵求大家的意見,何以從未實現?

長興街福華餐廳的使用,以校產交予商人牟利,對本校師生並無任何

---

17 許添本,〈臺大幾個校門口的交通問題〉,《臺大透視》,第四期,第五版。
18 王鴻楷,〈臺大校園環境經營之民主化〉,《臺大透視》,第四期,第六版。

實益。使用者也以校外人士居多,曾引起學生的強烈抗議[19]。學生食宿問題不見積極改善,教授長期來要求設置教授交誼場所,亦始終不見規劃。卡拉OK的設立,不但位處偏僻,地方狹隘,而且格調庸俗,根本不適合教授休閒清談之用,學校從未考慮師生的實際需求,可見一斑。

校產的清理,除舟山路涉及校園安全必須急迫處理外,應力所大樓和宿舍、中華經濟研究院、生化研究所等共用校產的權益的維護,以及校產清理委員會的功能有否發揮,都是該向全校交代的。

第六章　經費與資源的充實與分配

> 競選政見:一、應與教育部及人事、會計等有關單位取得共識,確立臺大的重點地位,以打破平頭式經費分配;二、積極爭取參與國家重要經建發展與規劃工作,並負責源頭之研究、設計、以實質之建教合作、研究中心之設立來執行,並以此爭取公私立機關之經費,作為研究經費之挹注。三、訂定可行辦法,並成立專責小組,長期有計畫性開拓校友與民間企業之捐款;四、各科系不應偏廢,對內應就各單位問題及需求重新評估,做合理分配。

臺大每年花費國家經費約七十億臺幣,是大學中最多的。但以臺大師生人數,所分配到的比例並不豐厚。尤其,教育部以大學自治的理由,要求各大學自85會計年度起,要自籌百分之20的經費。其實這是不合理的規定,籌辦教育本來就是國家的責任,要學校自行負擔,不但缺乏法源基礎,對國家的學術發展是很大的傷害。原來政治干預學術的現象,都沒有完全消除,又會增加商業的介入。學商結合過甚,功利思想越甚,不但危及基礎學科的發展空間,對社會價值也是錯誤的引導。大學校長基於教育

---

[19] 周國端,〈從臺大福華餐廳看校園福利制度的規劃〉,《臺大透視》,第七期,第四版,1995。
〈臺大福華餐案餘波未了〉,《臺大透視》,第四期,第七版。

的立場。應向教育部據理力爭，尤其，陳校長是大學校長之首席，具舉足輕重的地位，陳校長又自認凡事應在校長會議中表達。不過，我們從來沒有聽過他有絲毫意見。

既然不向教育部爭取，那麼就要有募款的本領。陳校長在競選校長時，擅長募款便是優勢條件之一。可是，三年來僅募得一億餘臺幣。學術發展基金和凝態科學研究基金，其實都是在孫校長時代就已成立的。這樣的成績不用說和李遠哲院長相比，恐怕連成大、清華都不如。校長的確努力在募款，竟然連教職員工生都不放過，真是不可思議。也許師生捐款可以激發愛校的感情，對捐款人的心意，我們也很感動。但是，走遍天下先進國家，也不能想像這種情形的。只有校長到世界各處去找錢，就像柏克萊、康乃耳、劍橋的校長到臺灣來要錢一樣，將募得的錢，增添設備、提高待遇，讓教授安心做研究，這才是實質上的鼓勵。如今竟反其道而行，就算每個員工都樂於捐獻一日所得，相較於龐大的學校預算，怕也是杯水車薪，無濟於任何改善。

至於以發行臺大認同卡來增添收入，我們認為只有鼓勵學生消費，誘導奢靡風氣，違背教育精神，實在難以苟同。

臺大其實最具有無形的開發潛力，最珍貴的智慧財產都隱藏在師生的研究創造之中，卻不善用這點，反而任憑校園中隨意糟蹋、侵害智慧財產權，真是不智之至。

臺大經費及資源的分配，始終是各院各顯神通，各擅勝場，你爭我奪的目標。分配是否得宜，影響及各學科的均衡發展。長期來，臺大就重醫工農，而輕文理法。校長競選時，這是最受文法學院重視的問題。然而，三年來，我們很難感到明顯的改善。最簡單的房舍分配問題，迄今仍未有公平的解決。某些新設立的系所，能享有極寬闊的空間，甚至能為已擔任立法委員的兼任教員，保留兩間研究室，以為儲藏書籍之用，卻任憑其他師生，尤其是文學院，為侷促的空間而煩惱。校長對這些事是真不知道？

還是又以院系自主而不聞不問？還是這也是他網絡人脈的資源？

第七章　行政效率與服務品質

> 競選政見：一、成立行政諮詢委員會，對現行臺大的組織及編制，重新評估及視情況需要調整；二、爭取系主任以上教學行政主管，每人配置一位專任行政助理或秘書；三、訂立行政作業定期追蹤、考核辦法，績效考核制度及員工獎懲辦法；四、實施行政人員輪調方式。

純就行政技術而言，我們認為這是最值得肯定的部分。行政業務電腦化，是社會一致的趨勢，臺大自不可能在這方面落後。但教務處另以800萬添購電腦系統，不充分利用電算中心的設備，令人難以理解。

校務會議的決議，經教授要求後，現已追蹤執行狀況，並在校訊報告，應獲正面評價。

85年暑假起，行政單位改為全日辦公，的確會方便許多，但應同時考慮資源的避免浪費。

此外，校長在競選政見中所提出的制度性的改革，卻多不見實踐。

第八章　校園倫理的重建

由於社會價值的變遷，校園受流風所及，傳統的校園倫理，師生關係已不復存在。但在大學自由風氣大開之同時，又未能相對應的建立新的倫理次序，及自律自重的規範，致校園事端層出不窮。校園倫理的重建，的確是此刻最迫切的課題。但是，校園倫理的建立，我們認為必須循序漸進，從制度面及生活面同時著手。制度面，譬如制定講是非、重真實的獎懲辦法，重建社會價值。又譬如要求師生各盡其本分，發揮責任倫理，建立出法治文化。生活面，則只有靠老師的以身作則，展現一個知識份子的

風骨,為學生樹立典範。尤其是要從在上位者做起,上行下效,風行草偃的力量,絕對不可忽視。

師道維護委員會,以及制定所謂「教師倫理守則」或「校園倫理白皮書」都是流於教條而不切實際的想法。一則,既不具法的效力,在現今社會裡便難以強制師生遵守。二則,師道維護委員會的組織章程及人員都還未經校務會議通過,就由校長宣布成立,本身就是不守法的反教育。如果可以不經校務會議,只是校長的幕僚單位,那就更不具備法律上的效力。三則,師道倫理是極主觀的價值判斷,會中委員如不是德高望重,具有公信力,又有誰會信服?萬一淪為整人的錦衣衛,將會是校園的大災難。

事實上,臺大校園這幾年,已不斷做了教育倫理的反示範。謝貴雄違法兼領不開業獎金,校園不能自行建立規範的標準;呂安妮案處理不當,致使漫天風雨,牽扯出性騷擾、學商掛鉤、考試不公等疑雲。至終都沒有給社會有說服力的交代;呂案牽出的抄襲案,教評會的處理結果,令學術界瞥議;而連體嬰疑案,森林所的抄襲案都缺乏嚴謹的申訴或審查程序。這種種事情,無一不涉及校園倫理和學術標準,不從事實案件建立出準則,閉門造車的守則或白皮書又能發揮何等功能?

校長遴選時選風惡劣,已是眾人所共睹的事實。呂案涉及學商關係曖昧;校長或多或少都是其中的關係人。校長在演講中特別指出這兩種情形對校園的傷害,必須矯正。校長在績效報告中,又特別闡釋「退卻與重回」的真義,強調絕對價值的維護。但是校長卻百般鼓勵教授出任官職,在校務會議中主導將外借的三年期間改為四年,其理由僅在廣結善緣,便於奪取政經資源[20]。甚至自圓其說的認為「出仕」,只要是國家所需的便也無妨。難怪輿論盛傳陳校長正在積極尋求入閣。莫非陳校長忘卻了競選時,信誓旦旦不以校長職位作為謀求官位的踏腳石的允諾?

對這種種的事實,我們只乞求校長在極力維護其權位之餘,這些建立

---

[20] 84年第一學期第一次校務會議發言,1995。

絕對價值的期許，不是嚴以責人，寬以待己的藉口。唯有在校長能夠以身作則維護校園倫理，心口如一，追求唯一的真理的時候，提倡校園倫理才有意義。

第九章　校長遺忘掉的事

校長倉促的提出績效報告，所記載者均為自我標榜的豐功偉績，卻遺忘了三年來在媒體上頗被喧騰的許多大事，那些不會被抹滅的記憶。歌功頌德、錦上添花的事不需要，也不是我們所能做得出的，我們只有忠實的記載歷史，為臺大做見證，以免幾年後又被竄改，被汙衊，歷史因而扭曲、變形。

這一章，我們將從重大事件的處理、主持校務會議的能力、用人政策、校園新聞自由的尊重等方面來評析。

壹、重大事件的處理

這三年來，臺大發生了不少震驚杏壇，媒體廣肆報導的大事。有些事的發生，和校長無關，有些則和校長多少有些關係。這都無所謂，我們關心的是，校長是以什麼態度來面對，又以何種能力來處理的。

1、謝貴雄違法兼領不開業獎金案[21]

校長上任不久，醫學院就爆發了醫學院院長當選人謝貴雄，因涉及兼領專勤獎金的司法案件，及選舉制度不當的風波。醫學院在82年9月民選產生院長，由於選舉辦法的缺漏，和一貫利用世俗的選舉手法，選出了包括謝貴雄在內的三位人選，供當時已出任校長的前醫學院長陳維昭擇聘。

然而，在八月中，謝貴雄租用「總統牌」執照，在青田街開業的事，已遭人檢舉。醫學院院長推選委員會也曾要謝教授說明。各項證據和實情

---

[21] 詳見陳振揚，〈臺大醫學院第十一任院長推選之回顧與檢討〉及各大報報導。

則在 9 月 20 日轉報陳校長處理。當時，醫學院所有退休前院長及名譽教授等十餘前輩，深感此一任命極為不妥，傷害極大，而積極勸退。醫學院北美校友亦公開發表聲明反對此一任命。但是陳校長在拖延一段時間，使該案稍事冷卻之後，還是不為所動，執意在 10 月 28 日選定謝為第十一任醫學院院長，並自 11 月 1 日起生效。

為了此事，微生物研究所所長陳振陽教授憤而辭職，李鎮源中研院院士則大義滅親向法院舉發，後經判刑確定。謝離開臺大，轉任長庚兒童醫院院長。

此事對臺大名譽傷害甚巨，幾乎無可彌補。83 年 1 月，教授在校務會議提案，請求組成「醫學院院長任命事件調查小組」，由校內自行清理弊端，徹底檢討專勤獎金制度，以還臺大名譽。按理，這種事應該由校長主動進行，何須要教授提案。既已提案，校長應樂觀其成，同還臺大清白。豈料，醫學院部分同仁（大都與陳校長，謝貴雄同班同學，醫學界俗稱的十三太保）竟全力抗拒，還冒名連署，保證謝的優秀無辜。當時，校長以關係人，謝為當事人的身分，竟都不願迴避，而參與表決。致使臺大失去自清，以向社會負責的機會，只有讓司法判決使該案落幕。臺大留下了永遠的羞恥，校長居然能當沒事人一般的好官我自為之。

2、醫學院紅包案

謝案落幕不久，醫學院又爆發了一連串的收受紅包案。由於處置的不夠明快，使該事件不斷擴大，消費者文教基金會和聯合報竟聯合成立專線，接受紅包申訴。醫學院幾乎人人都成了過街老鼠，受到社會的異樣看待。為了挽救院譽（也是校譽），陳定信院士發起自清運動，並在校務會議提案，要求由校方組織專案，通盤檢討。

陳院士說：這兩週他感到最齷齪，臺大醫學院有紅包、兼業和開業問題，對醫學院學生的教育，有很大的影響。校長都沒有提過任何的理念和

看法，應有教育理念的回應[22]。陳院士認為，這是講究大是大非的時候，校長應以教育家的精神，為下一代立下榜樣。

校長不但沒有回應，他還說：我怎能插手！[23] 不過，對媒體的話還是很漂亮的。諸如，他將責無旁貸地掌握這次校園改革的契機，他會以辦教育而非醫師的立場，加速改革的步伐。也希望從醫學院推廣至其他學院，讓每一位學生都成為社會未來的棟樑。多麼美麗的遠景！這正吻合陳校長一貫聰明的風格，言語是多麼的順應時代潮流和社會期望，但做了什麼呢？至少我們在他的績效報告中看不到。該紅包案最後也是靠司法定讞。臺大的聲譽，改革的契機，都不了了之！

3、數學系張生遇害事件

數學系學生張學文在83年1月17號遭殺害，當時校方以無名屍處理，而致喪失先機，至今不能破案。張生家長悲慟欲絕，嚴責校方處理不當。包括命案發生三天後還無法確定死者身分，命案發生後未封鎖現場，卻封鎖新聞，而在命案發生一個多月後，才成立專案小組等等。

身為父母，遭此傷痛，令人同情。家長在校門口舉哀抗議，也令人心酸。而校方除承認處理有缺失外，竟然束手無策。平日口口聲聲維護教官的功能，此案暴露出教官的無能，以及學生宿舍幾成法外治權的領域。不但學生住宿品質無法提升，其管理辦法更是形同虛設。學生的安全都堪慮。卻不見校方有任何檢討及改進。反而只是為了息事寧人，推卸責任，竟同意將張生靈位設置在男五舍，一直到破案為止。

這真是舉世都沒見過，最荒誕不經的解決學生問題的辦法。不但張生不能得到安息，學校又置其他學生於何地？對其他學生心理的傷害可曾顧及？教育辦成這樣，作為臺大的一員，除了羞愧，不知還能說什麼？

---

[22] 83年6月11日校務會議，聯合報，五版，1994。
[23] 聯合報，五版，1994。

4、呂安妮事件

呂案的發生，臺大被專欄作家南方朔形容成了好萊塢，充滿了金錢、美女、暴力、謊言和性。各種媒體的渲染，讓臺大的曝光率達致巔峰。這件事，至少涉及考試不公、性騷擾、暴力恐嚇、財團掛鉤等疑雲。各大報甚且以臺大何以無力處理一件突發小事為題，以社論來抨擊[24]。臺大聲譽，繼謝案、紅包案後，再受嚴重打擊。

學校對此事件的處理，最受詬病的仍是不夠明確、公正，拖泥帶水，敷衍塞責。完全沒有是非公理，無法對社會表達一個大學應有的風範。

呂案在六月間就開始醞釀。七月初，呂生在招生委員會場外抗議，並相繼發生恐嚇盜錄事件後，就以賄賂、性騷擾議論見報。校長在八月初已瞭解始末。教育部10月，也轉來呂生的陳情書，商學所因此展開調查。臺大招生委員會做成口試過程與評分公平的結論。至於性騷擾和招生是兩碼子事，招生委員會無權調查。

招生委員會的決議可謂合於情理，但為什麼依然造成軒然大波，讓臺大聲譽受損？我們不是十分瞭解內情，但以常理判斷，除處事不夠明快，多生疑義外，對社會所質疑的諸項爭議，未能給與明確答案。譬如，呂生的學術水準應該可受公評，考試的內容應該可以公開，招生辦法應該立即檢討等等都可以回應社會的要求。偏偏不此之圖，一心只想遮掩粉飾，甚不尋正途處理，竟至私下去找台塑董事長王永慶解決，正好落人以與財團關係曖昧的口實。因為此事，中原大學校長張光正批評臺大校長是縮頭烏龜，所有臺大人連帶受辱。

呂案所牽出的抄襲案，教評會以該書並非升等或得獎之用，縱使以譯代著，明明違背學術倫理，也不予處理。自以為很溫厚的維護住了同仁的利益。但引起社會的不平，甚至遭致國外的抗議，反令當事人萬分尷尬的

---

[24] 中國時報，1995。

離去。真是雖不殺伯仁，伯仁因我而死。臺大不但名譽掃地，也錯失樹立學術標準的良機。

5、森林所所長抄襲案

森林所所長升等論文被檢舉抄襲自兩篇學生的碩士論文，在BBS臺大椰林風情版上已喧騰多時。教育部將檢舉函轉交臺大處理。校長接件後，再轉交農學院教評會審理。農學院教評會在85年4月19日召開第五次院評會。當事人不但不曾迴避，還做單方的陳述，並沒有允許關係人或當事人同時出席做公平的說明。

農學院教評會並沒有做實質上的對比，僅由森林所所長，也就是當事人以選舉恩怨為禍端，並指該兩名研究生乃其研究助理；該二生論文中之部分結果，乃其研究計畫成果，將之整理為升等論文亦屬合理為說明[25]。農學院教評會基於此種說明，發票23張，22票認為不涉抄襲，一票棄權的結果，而告定案[26]。

這件案子關係到師生之間學術合作規範的釐訂，對彼此權益都事關重大。老師抄襲學生論文以之升等，固然嚴重違反師道，但若學生以老師的研究作為碩士論文，亦屬非法，應予撤銷資格。此間是非絕對需要釐清，不容混戰。目前此案之檢舉人，並未同意此結果，曾致函校長要求答覆[27]。校長僅對媒體表示已以農學院的決議回函教育部結案。對檢舉人的要求置之不理。如此處理重大事件的態度和手段，實難令人信服，對臺大學術標準和校長特別強調的校園倫理的重建，更是諷刺。

---

[25] 依據教育部頒布的「大學獨立及專科學校教師審查辦法」第四條第一項第五款規定：代表著作如係數人合著，應以書面說明本人參與之部份，並由合著者簽章證明。

[26] 出席委員有：沈添富、劉振宇、王一雄、吳文希、王亞男、鄭登貴、賴秀穗、蕭清仁、陳昭郎、馮丁樹、蔣丙煌、林俊男、李平篤、許洞慶、吳昭順、陳保基、費昌勇、陳希煌、林晏州、劉清榕、蕭介宗、吳瑞碧、黃懿秦（沈明來代）、劉富文（蔡平里代）。

[27] 附件一。

臺大這幾年來所發生的許多光怪陸離的事，是過去都沒有的。當然這也是社會變遷，快速擴張和過去長期所累積的結構性因素所使然。譬如，學生的人格教育不足、訓輔功能欠缺、功利思想瀰漫、制度規劃不良等等。除了上述幾件特別聳人聽聞，為社會大眾所關懷的事外，其實還有不適任教師，精神異常到已有暴力傾向，仍互相推諉，不敢解決，致將不定期的危險隱藏在校園，讓大家共同承擔；抑或學生已顯現自殺跡象，校方竟沒有絲毫警覺，任憑悲劇發生，對家長也無任何交代；或是，對新進博士教員，以對彼等最不利的法規解釋來聘任，傷及他們的權益，也令他們不平不滿，都是大大小小發生在校園裡的不幸。

　　面對這麼多元又變化多端的校園，我們所期望於新時代的領導者，要更有擔當，更能解決問題的能力。這不是一句尊重師生，尊重部屬，只執著於民主的形式所已足的。

貳、校長的用人策略

　　校長透過組織規程的修訂，大肆擴張校長的人事權。校長目前得任命一至二位副校長、教務長、總務長、學務長、研究發展委員會主任委員、共同教育委員會主任委員、圖書館館長、計算機及資訊網路中心主任、夜間部主任、主任秘書以及這些組織中的下級單位，如建教合作及推廣教育中心主任、國際學術交流中心、體育室主任等，都由校長任命，不須經校務會議同意。只有軍訓室主任、縱使組織規程規定校長可由教授中選任，校長仍將之與人事室、會計室主任一般，校長不敢與上級長官爭鋒，放棄了大學的人事自主權，聽憑上級派任。

　　校長用人有一些特色，圈子特別小，重疊性很高，三長幾乎又都同時參與與三處平行的各種委員會。其次，都有濃厚的黨政背景。教務長郭德盛是國民黨臺大黨部主任委員，出任教務長前就是工學院黨鞭。以及逸仙學會執行長陸雲教授都受校長重用，也是縱橫校務會議的大將。我們不妨

先列出幾個重要部會的人士名單,供大家公評。

教務長:郭德盛,總務長:陳益明,學務長:何寄澎。

共同教育委員會:主任委員:張麟徵,委員:郭德盛、何寄澎、李長嘯(總教官)、康世平(體育室)、黃俊傑(通識中心主任)、夏長樸、林曜松、陸雲。

學術發展委員會:主任委員:劉富文,委員:廖義男、李嗣涔、徐春田、許世明、邊裕淵、張漢良。

推廣中心:邊裕淵。

國際中心:張漢良。

共同教育委員會主管共同課程、通識課程的規劃。學術發展委員會關係臺大學術發展的方向,都需由對教育關懷、瞭解,具備教育理念、甚且應具備崇高的學術聲望、和學術地位的人擔任。校長聘請委員的標準何在,值得大家評量。

基本上,這兩個委員會的成立是違法的。組織規程第十三條第二項規定:前項各種行政中心之設置辦法,經校務會議通過,報請教育部核定後施行。這兩個委員會迄今都沒有設置辦法,也沒有送交校務會議審議,竟還風光的成立,校長竟能違法至此!

最有趣的是,校長績效報告中所極力推崇的「師道維護委員會」能振衰起敝的重建校園倫理。事實上,該委員會連組織辦法及人選都還沒有經過校務會議審查和通過,何以能開始作業,並擅自對外宣布已經成立[28]?竟還已經於85年3月19日舉行了第一次會議,並宣稱已展開業務。倫理維護委員會的成立都違法,還談什麼維護倫理?

既要維護校園倫理,其成員就更該德高望重了。下列就是這個委員會的名單:

---

[28] 《臺大校訊》,四一一號,第一版,1996。

主任委員：林正弘，執行秘書：官俊榮、委員：郭德盛、何寄澎、蔡嘉寅、陳德禹、謝豐舟、葛煥章、楊平世、柯承恩、王秋森、邊裕淵、宋美華。

「性別歧視與性侵犯防治委員會」係在校務會議提案，以致正式成立，幾達三年。其組織規程幾經校務會議逐字審查，人選也經校務會議通過。何以位階更高，功能更重要的委員會可以這麼輕率的成立呢？

校長既有莫大的人事權，完全沒有經過校務會議，無人可以制衡監督，則校長要為他們的功過，負完全的責任，不能以尊重或自主為推諉的藉口。教務長不但是國民黨臺大黨部的主任委員，也是當初校長推舉委員會的委員。上任後，教務會議、課程委員會、教師評審委員會都由其召集，擔任主席，就必須為會議的結論負責。

83年1月，校務會議通過軍護課改為選修後，要成立「課程規劃委員會」來規劃，而交由教務處負責。教務長不但延誤時機，還故意違背決議，恣意增刪與會人員名單，明知與教官利益衝突，竟任命總教官為召集人，以致有翻案的事情發生。

待第二次確定軍護課改選修後，因為教務長一直抗命，未進行規劃。事實上學生也沒有恰當的課程可以選修，教務處還聯合軍訓室發函學生家長，意欲推卸責任。教務長就在軍護課這件事上，充分顯現出完全沒有教育理念，缺乏前瞻性認知（連大學法施行細則違憲的認知都沒有，只會任憑軍訓室擺佈），更沒有擔當，以及捍衛學生權利的勇氣。盛傳郭教務長與校長有親戚關係，不知是否為其能任教務長的原因？

郭教務長擔任校教評會、招生委員會的主席，呂安妮事件頗受社會非難，致使臺大名譽受損，校長和教務長亦都難辭其咎。

此外，因校長競選期間背負了沈重的利益壓力，當選後，不但在院系的成立方面，對與其相關的，明顯的會特別受到青睞。譬如，外科博士班、口腔外科、臨床醫學、醫療機構管理研究所的成立，無一不與之有

關。反之,像統計研究所、臺灣文學研究所的成立,當然命運多舛。而,雷射中心、特別助理、內科主任的任命都和其有密切的關係。

參、校長主持校務會議的能力

校長是醫師出身,不熟悉議事規則,似乎理所當然。但正也顯示了臺灣教育,至少是通識教育的失敗。既為社會領袖,又是最高學府的校長,主持會議應該是最基本的能力。

校長三年來,至今還需要一個議事助理坐在身邊幫忙。但校務會議的冗長、無效率、決議不確定,卻始終依然。校長解釋這是尊重民主的展現,讓每一個與會者都能暢所欲言,事實上反覆糾纏,就同一議題發言不斷的也總是那幾個人。干擾議事,最好大家不耐煩不來開會。只要國王人馬在場就好。看似校長無為,不懂議事規則,值得同情。其實會議全在校長強勢主導下進行。所以,組織規程中對校長權力的擴充、任期的延長,都能獲得令其滿意的結果。他只要說凡事依規定,聽從大家的意見就是了。誰都沒有警覺到,他的意見早就成了經過大家背書的多數意見。因此,校長的名言是,我是全臺大人的校長,不是少數人的校長,從中,只有陳校長獲得了最大的利益。

陳校長操控校務會議的手法十分多元,以其擅長的選舉策略,好幾個學院校務代表的選舉都以換票、集中投票的方式來進行。縱使沒當上代表,還可以以代理的方式出席,照樣縱橫全場。農經系官俊榮教授就曾長期代理系主任蕭清仁出席,直到官教授正式當上代表為止。蕭主任對此的解釋,是官教授更適宜開會。

校長曾經想用散會的方法,延宕重要議案的討論;校長對於不滿意的決議,可以不列入紀錄,甚至竄改之;校長縱容他的愛將咆哮會場,把要發言的教授訓得訕訕而退;他可以隨時動用裁決權,禁止他不喜歡的言論;關係到他個人權益的議題,他絕不矯情的迴避,而且要親自在場監督

投票；我們要求做詳實的會議記錄，他說，紀錄（秘書處的錄音帶）總和他內心的真義不符；學生因代表人數及軍護課在會場外抗議，校長會尊重他的部屬，任由校警包圍會場。學生徹夜靜坐，學務處扯掉學生的布條。而他，不願面對學生，就從後門溜走。我們疑惑反閱兵事件在醫基大樓門口的陳院長到哪裡去了？

今天我們質疑校長續任的合法性，校長說一切依法而行，問題是，在這樣結構的校務會議裡，組織規程中程序上和實質上歷歷可陳的瑕疵，其合法性又何在[29]？知識界對民主的認知和實踐，甚至對社會的示範，豈能如是的淺薄？

肆、校長對校園新聞自由的踐踏

陳校長常非常自豪他以醫師的專業，竟能通過新聞特考，他對媒體的掌握的確也高人一等，不過，在他使用和掌握媒體之間，新聞自由也被他踐踏了。

臺大校園因資訊流通十分不暢，因此，臺大人可以對社會事務關懷，卻對校園冷漠。長期來，校方發行的《臺大校訊》，只堪稱為宣導政令和發布官方消息的機關報。雖然從未認真辦理，特別去留意的人也不多，水準上不如學生的刊物。但至少不像如今已淪為校長個人的工具，完全失去刊物應有的新聞倫理。

《臺大校訊》自85年2月起收歸由校長秘書室發行，一般工作由一個全無新聞素養，並未受過新聞訓練的職員擔當，但實際上由校長和主任秘書負責審稿。

校訊刊登的消息，以校長的意志和利益為標準。沒有特別的事時，還不致凸顯。必要時，就成為校長個人的宣導器。4月時，校長與其老師洪

---

[29] 附件二。

文宗教授涉及連體嬰功能誰屬的爭議。校長立即利用校訊刊登對其有利的訊息。如 4 月 24 日，第四一二期校訓第一版正中，標題為：忠仁忠義分割過程，臺大醫院對外公開說明。第二版繼續報導，還引用經竄改過的表格。5 月 1 日，校訓第四一三號，又是第一版正中，既非新聞，也非報導，題為：研究發展，共同發展，開創教學研究新局面，陳校長談外科醫師的刀。以校長的身分，竟能完全不負責任的以臆測的口吻說，……沒想到在茶會前的另一個記者招待會，不知為什麼偏偏選在這個時候舉行，以致掩蓋了大家對兩個委員會成立的注意，在什麼委員會成立的會上去大談刀的問題，意有所指，十分明白其用意。

陳校長和洪教授的爭議，是其個人私事，怎可利用校園公器，為其個人發言？即使這項議題已經成為校園共同關心的話題，同時也關係到公共利益，則也應該給相對人以公平的發言機會。大法官釋字第三百六十四號解釋，特別強調媒體的「公平接近使用權」，更何況洪教授眼前還是臺大醫學院外科的名譽教授。外科對系內教授厚此薄彼，有如此差別待遇，也真令人感慨！

或許就因為校內刊物淪為個人工具，校內絕大部份師生都不知道真相，組織規程才能修改成今日的面貌，校長權力才能無邊的擴大吧！

第十章　總　評

校長的績效報告，通篇充滿著史家的氣味。我們對這麼重大的事件，不願缺席，也以春秋責備賢者的心情，更基於對臺大的感情，重視知識份子的社會責任，對校長，這麼一個備受期望的清流角色，必須做嚴格的批判。

一、陳校長溫文儒雅，人際關係尤其良好，在醫病關係不佳的當刻，陳校長絕對是一個醫術精良的好醫師。陳校長在醫學院院長任內，的確勇於改革，知人善任，頗受好評。因此，在醫學院大力支援之下，出任第一

任民選校長，是其最大的殊榮。

二、但是，陳校長長期從事醫療工作，對教育理念、民主精神並未能充分掌握。為參選校長，只能人云亦云，依樣葫蘆，卻不能自內在散發出民主的涵養。因此，校長常說他是全臺大的校長，不能只聽少數人的意見。但他卻怯於和全校師生多做溝通，也不能分辨什麼是真正有利於教育的見解。凡事以自身利害為考量，將自己定位在格局甚小的行政立場，漸漸自我孤立在保守、腐化的小圈圈中。

三、陳校長權力慾望過高，為求扶搖再上層樓，對改革的要求趑趄不前，難符迫切改革的期許。校長在醫學院院長任期未滿，即積極謀求校長職位。選舉過程中背負太重包袱，選後，在人事安排、資源分配上都受牽制，對臺大學術發展傷害甚深。

四、因為太過在意自我利益和權位的保持，乃不免爭功諉過，將集體合作、教授努力、前人遺政、政策確定、大勢所趨，都攬為自己的功績。不好的事，就推諉為教授自治，分層授權的結果。甚且因不敢得罪人而不敢面對，完全缺乏擔當，也顯現折衝協調能力不足。以致每逢重大事件都處理不當，使臺大聲譽嚴重受創。

五、校長聰明絕頂，擅於掌握時代脈動，充分利用民主程序，配合利益的均霑、選舉的運作，來操縱校務會議。甚至不惜以違法手段透過修法，擴大權力，穩定權位。但給校園民主的推動，不啻示範出極其難堪的反效果。

我們認為值此校園及社會民主都在學步的當刻，臺大校長更應具備恢弘的胸襟、堅強的擔當、內化的民主素養及無我的教育精神，才能引領我等邁向民主的新紀元，並作為社會的典範。陳校長顯然不具備此種條件，因此籲請陳校長難捨能捨，展現風骨，不要尋求連任。

附件一　森林所案致校長函

發信人：MiracleYK@Palmarama (Y.K.Chen)，信區：Forestry
標　題：校長先生被蒙蔽了才鬧出這學術界的大笑話吧？
發信站：臺大計中椰林風情站 (Sun Apr 28 18:52:51 1996)
轉信站：Palmarama

　　不出所料……臺大正不顧形象的在想盡辦法遮掩擺平王亞男抄襲論文疑案！手法與處理臺大管院陳希沼案類似，只是陳希沼比較倒霉，碰上的是有王文洋 BAKU 的呂安妮…:)

　　目前進度：

　　校長將教育部來函交農學院長召集院教評會，於 4 月 19 日做成決議說：「……王亞男教授之升等論文不涉嫌抄襲。……」。

　　只等您校長先生簽個字往教育部送……事情就擺平了耶！

　　校長先生……

　　您不能怪農學院教評會各位委員，因為院方只提供王亞男的片面說辭給他們，他們連王亞男的升等論文都沒看到，在沒有充分資訊的情況下，您如何能苛責他們？這些委員真有夠倒霉耶……捱罵有份功勞沒有…:)

（研圖有學生的那兩篇碩士論文，沒有王亞男的升等著作，系圖有王亞男那篇著作，卻找不到學生的那兩篇，怎麼會這麼巧？！）^_^

　　現在我們不妨共同來檢視一下王亞男、吳淑華、胡文菁三篇論文。

- 吳淑華 78 年 6 月，臺灣杉及威氏帝杉之組織培養
  國立臺灣大學森林學研究所碩士論文
  指導教授：姜家華教授，王亞男副教授

- 胡文菁 79 年 6 月，杉木之微體繁殖與原生質體分離
  國立臺灣大學森林學研究所碩士論文

指導教授：姜家華教授，王亞男副教授

● 王亞男 79 年 12 月，杉木、臺灣杉癒合組織之誘導及細胞懸浮培養 國立臺灣大學農學院實驗林研究報告第 4 卷第 4 期，頁 1-18

如果您看過王亞男論文，您不難發現，檢舉函所指：「……王亞男之研究報告中，臺灣杉部分摘錄自吳淑華碩士論文，杉木部分摘錄自胡文菁碩士論文，僅更動或整飾部份文字。其中，材料與方法，實驗數據與圖表照片，結果與討論，以至於參考文獻等，均摘錄自吳文與胡文；結論部份則為吳文與胡文之綜合摘錄整飾。……王亞男研究報告全文六個表，全數取自吳淑華與胡文菁碩士論文，抄襲率百分之 100。

王亞男研究報告全文二幅圖 29 張照片，全數取自吳淑華與胡文菁碩士論文，抄襲率百分之 100。其中照片有原片照印者，有上下翻背曬印者，有左右翻背曬印，有正面向左右橫轉曬印者，有翻背橫轉曬印者……一點都不假！而且居然都未註明出處！這不叫抄叫啥？！

這兩篇學生的「碩士論文」裡，王亞男都只是第二指導教授。王亞男卻說兩篇碩士論文都是她研究計畫的一部分，都是她的心血，兩位研究生也都在她計畫裡每個月領過四千元津貼，所以成果「當然」、「應該」歸她王亞男所有。

校長先生，幾個問題請教：

一、如果真如王亞男所說，研究計畫都是她一個人做的，所以該獨立具名發表報告獨享成果，那麼吳、胡兩研究生的兩篇碩士論文是造假囉？她們的第一指導教授姜家華，只是掛名沾光擺出來好玩的囉？這款ㄟ代誌哪ㄟ來發生底臺大……您覺得光彩嗎？ ^_^

二、如果是學生做的，四千元＋四千元＝八千元。既然花八千元請兩個碩士班研究生就可完成的研究工作，又何必花八萬元聘個教授「抄」？豈不浪費納稅人的血汗錢？！是不是有錢就可以請學生代做研究掠奪其成

果,自己不必動手?

三、當年王亞男升等論文原始審查人之一(森林生物技術學者,恰巧也是那兩篇碩士論文口試委員),曾向臺大指出王亞男著作恐有抄襲之嫌,因而退件拒審。農學院為何不肯向4月19日的院教評會提及?!

四、臺大農學院設法替校長擺平王亞男抄襲疑案的理由之一是:兩位學生並未出面主張著作權,顯然同意轉讓;理由之二是:校長信任投票在即,不替校長大人擺平豈不給他難堪?(大功一件,您要還人情)。

校長先生不妨想想:

您拿到的學位可以任由您當禮物送人嗎?法所不容!您學位論文的原創性可以轉讓給您的老師拿去升等教授嗎?學術倫理、學術道德、學術良心的問題......應受公評。

臺大的學術水準低落到只要綜合抄錄兩篇「碩士」論文就可以升等教授嗎?!森林系還有五位副教授等著升等,他們都有指導碩士班研究生,有樣學樣如王亞男之法炮製您認為如何?如果不可以,那麼王亞男是不是因為黨政關係良好,護駕有功,政治手法圓熟又當了系主任,所以例外?!胡文菁人已在國外多年,至於吳淑華聽說王亞男以系主任之便利誘並動之以情,保證掌握有足夠票數(這大概就是王亞男所謂的派系吧),讓她的博士先生通過系教評會選,進森林系教書。如果真有此事,您想吳淑華怎好出面主張她論文的原創性與著作權?

順便一提,吳淑華的先生剛好是我的學生,CSU博士,能力好的很,要進森林系一定走大門,不必王亞男開闢啥後門羊腸小道^_^ 又,校長先生是國際名醫,怎會遮掩腫瘤任其化膿,而不願切開徹底治療?到底是誰在設計陷害您?還是您真的太擔心信任投票?

五、李慶珠為抄襲案丟官,陳希沼為抄襲疑案「提早榮退」。聽說臺大在各級學術行政主管開放選舉以前,教員因抄襲案被解聘的例子也有好幾

椿。到底是官派主管學術道德較民選主管高超呢？還是民選主管屈服於選票壓力，只好不在意黑白顛倒？！或者像王亞男所說的，臺大各級學術行政主管因業務繁忙，本身也抄？所以情勢所逼官官相護？

報告校長先生^_^

我一向不求名利怕出風頭只當個教書匠，王亞男唸大學時雖帶過她實習但沒啥印象，後來因彼此不同行也沒啥恩仇，同事多年因不同館沒啥往來，只知道她交友四海喝酒斗量名不虛傳。會無端捲入這一場羅生門，只因我好意將別人丟進我電子郵箱的檢舉函轉給王亞男自行處理，後來聽說教育部也來文檢附同一檢舉函要求臺大處理，於是她就心虛卯上我了。她追問我檢舉函執筆人是誰我確實不知道，只能建議她自己去教育部查；逼問我轉信學生姓名，我怕她去報復，打死也不跟她講。於是她就一再找人擺鴻門宴困擾我，連下一任系主任選舉時，她可以將她掌控的票通通轉投給我陳永寬這種話都說出口了，只要我「供出」「搗蛋份子」名單就OK。我是不想違逆當道，冒拿不到下學年度聘書的風險作悲劇英雄。

沒錯，可是叫我到哪兒去捏造？！不勝其擾才將該檢舉函公布在BBS上讓大家公評，于豈好辯哉？于不得已也！

於是，王亞男動作又來了……一方面打報告給院長校長拿我陳永寬墊背，目的無非是硬要把抄襲疑案扭曲成選舉恩怨派系鬥爭模糊焦點，我找她去「長」字輩的面前對質她卻不願意；另一方面發動她研究室學生在BBS上製造輿情捧她扁我，還指使系辦無力瞭解案情的工友在交通車上大力放送，說我是「搗蛋份子」的首謀，目的也是要把抄襲疑案扭曲成選舉恩怨派系鬥爭模糊焦點。迫不得已我才簽請校方認真處理王案作成判例。

可惜臺大竟然很豬不想弄清是非黑白，只想遮掩擺平，只聽王亞男片面之辭，一堆「臺大的黨政要員」就隨之起舞，到處查是誰檢舉，弄得雞犬不寧儼然白色恐怖！一時讓人搞不清是犯法的有罪，還是舉發的該殺，校長先生，到底是查明抄襲疑案真相釐定學術標準才是重點？還是追究檢

舉人製造白色恐怖比較重要？您何不開金口召告？王亞男小姐鬥爭手法高明，不改行從政實在很可惜，您何不找她當主祕？^_^ 您似乎可以勸勸她，系主任只是個芝麻綠豆官，實在犯不著用莫須有的罪名企圖趕盡殺絕！

最後請教校長陳維昭教授您一事：

像王亞男這麼嚴重明顯的抄襲疑案，您為何能任由屬下幫您設法擺平？難道維護臺大學術尊嚴不是您校長大人的責任嗎？您忍心讓臺大再一次成為學術界的笑話嗎？

臺大為何不願意聘請森林生物技術專家學者共同組成委員會客觀評斷？王案如果就這樣擺平，您如何去面對勤奮用功的全校大部份師生？您如何去糾正報告抄襲考試舞弊的少數害群之馬？您如何去做師生表率？

如果您只在意即將來臨的信任投票得票數，而任由臺大學術道德在您手上墮落下滑的話，您要讓絕大部分沒有投票權的師生們如何尊敬您？！還是這點您根本就不在意？

陳永寬　1996.4.28

[Origin: ◎椰林風情◎]　[From: ccms.ntu.edu.tw]　[Login: 22]　[Post: 4]

附件二　臺大組織規程違法紀實

臺大陳維昭校長一心企劃掌控臺大組織規程的修訂，以擴增校長權力，延長校長任期。利用校務會議代表的輕率、急迫、無經驗，數度以違法竄改會議記錄、強力主導議事程序的手法，修訂出組織規程。我們要求教育部應立即基於監督的職權，廢棄該規程，責令臺大另行制定。並要求監察院調查彈劾下列違法事實。

一、陳校長以竄改決議的手段，惡意毀棄孫震校長時代已成立之「組織規程研修委員會」所擬定的草案，另以校長為主席，行政人員為主體，快速擬訂出擴張校長權力，提升軍訓室職權的草案。交付校務會議審查。

83年4月23日校務會議決議由原研修委員會繼續徵詢各院意見，並辦理公聽會，負責說明。但到6月11日第二次校務會議，校長否認4月的決議，竄改會議記錄，理由為原召集人拒絕。而後，通過行政會議另行起草。(有錄音帶為證，並見《臺大透視》第三期第八版，錄音帶實錄)。

二、11月26日，校務會議正式開始討論校長版草案。前此在10月8日會議時，就有代表提案組「組織規程研修小組」以便審慎進行研修。因不及討論，程序委員會建議於本次併案，校長應於會議開始時先做說明，並請秘書事先擬出工作時間表，以能確實掌握該小組工作時效。

但是，校長不願交由小組專業討論，再度竄改程序委員會的決議，改稱原提案「似無必要」，而將成立研修小組的議案打消。校長在會中，逕以交議方式，兩度行使裁決權，逕行宣布進行校長版草案討論。這是校長第二度違法。詳見：陳振揚〈會議記錄不容擅改不得扭曲〉，《臺大透視》，第五期，第三版。

三、81年12月12日，81學年度第二次校務會議通過之「國立臺灣大學校長人選推舉委員會組織章程」第十一條，校長任期屆滿，依法得續任時，應在任滿前10個月，由校務會議議決得否續任。陳校長於82年6月

2日上任，當時所適用的仍為大學法修正前的大學規程，校長任期三年，教育部所發予的校長聘書，任期亦為三年。

依上述法規，陳校長應於84年8月22日前，如同現在一般，召集校務會議進行續任與否的同意權。陳校長不依前法，至84年10月24日，教育部核定臺大組織規程部分條文，開始生效。將任期延為四年。但違法之實，已發生在先。此為陳校長第三度違法。

四、臺大組織規程將校長任期改為四年，連選得連任兩次，並將延任的規定，特別指定亦適用於陳維昭。為特定個人利益訂定法條，違背「個案法律禁止原則」，是法治國立法的大忌。陳維昭擔任審查會主席，主導此項條文的訂定，此為其違法者四。

五、上項條文制定之時，陳校長不遵行「利益迴避」原則，親自在場監督代表舉手表決，違反祕密投票規定。此為其違法者五。

六、臺大組織規程第十三條第一項規定，臺大設教務處、學生事務處、研究發展委員會和共同教育委員會。第二項規定，前項各種行政中心之設置辦法、經校務會議通過，報請教育部核定後施行。

臺大於85年4月19日正式成立「研究發展委員會」與「共同教育委員會」，其設置辦法並未經校務會議通過，更未經教育部核定。此為其違法者六。

七、「師道維護委員會」應隸屬於校務會議。然其組織辦法及人選都未經校務會議通過，即宣告成立，並展開作業。此為其違法者七。

上開各種委員會的成立，都列為校長最重要的政績之一。

附錄三
82學年度第二學期校務會議紀錄

鏡社說明

親愛的臺大同仁：

臺大為配合大學法大學自治的精神，所修訂的組織規程在去年10月24日經教育部核定通過施行了，您知道嗎？組織規程將校長任期已由三年延為四年，得連任兩次，共12年。校長任期屆滿想再連任，只需在校務會議中提出書面報告，由校務代表當場評鑑，只要有二分之一出席，二分之一同意就可以了，實際上，兩百八十餘位校務代表中，兼行政的當然代表就已超過一百人。組織規程還有什麼其他內容，您知道嗎？此外，校務代表有多大的權力？他們的出席率如何？發了什麼言？做了什麼表決？影響了什麼樣的臺大政策？……您知道嗎？您都知道嗎？

身為臺大的一員，本來有做不完的研究，又以校園裡的資訊管道實在太貧瘠了。校訊只不過是個機關報，因此使得很多人對校務發展呈現冷漠，甚至有些人連選校務代表的權力都不屑一顧，早把選票丟進了字紙簍，或交給某些人士統籌處理了。我們曾提案請求校方能花一點小錢，把校務會議的過程據實紀錄，發給全校同仁參考，可是校長認為紀錄（秘書室製作的錄音帶）老和他真正要發言的意思不符，也有代表認為太浪費、不環保或者擔心他沒有言論免責權，紀錄出去要負責任而被否決了。慚愧的是，我們鏡社想擔負起校園內溝通管道的責任，無奈，人單力薄，校方連一張小辦公桌都不肯給我們，只有在苦撐了十三期的雙週刊後，改版為季刊發行。在這麼被刻意疏離的環境裡，如果您不是有權力的學官，又怎

能要求您去瞭解和關注這一切呢？

可是，臺大人終究有長期以來社會所期許的使命感。我們不但不能鬆懈自己的研究教學工作，行有餘力，更要參與社會事務，這也是臺大之所以能享盛譽的優良傳統。不過非常弔詭的是，縱使今日臺大人參與社會活動的熱力不減，但對自己安身立命的校園的關懷，顯然已經不再。連臺大憲法、校長選任這等關係臺大發展、師生前途，甚且會影響到國家社會的大事，都任憑少數代表便宜行事，完全沒有表達意見，表示關切的機會。這豈是我們臺大人所可認同的民主？更豈是當初我們共同努力打拼所期待的成果？

臺大校長的選任不是等閒小事，既然當初校長民選是我們臺大一手推動成功的，和民選制度共生的評鑑制度，臺大也有責任樹立起典範。如今，校方欲以迅雷不及掩耳的手法，快速通過校長的連任案，這一連任，最少就是連做八年。如果您還在乎臺大和您命運共同，就請您喚回您的熱情，表達您的看法，要求徹底檢討修訂目前組織規程爭校長連任辦法。至少監督您選出的校務代表，先舉辦公聽會，廣詢師生意見，對陳校長三年來的成績做審慎的評鑑，為今後大學校長評鑑制度立下良好典範，才不辜負社會各界對臺大人的期許，讓校務代表對您負責。也讓我們共同對臺大歷史、對社會負責。

敬祝

校園生活愉快！

鏡社全體同仁　敬啟

1996 年 5 月 14 日

第一次會議記錄

（4月23日）

（前略）

（開始討論第十七案）

- 校長：上次校務會提案要成立財務委員會，現在碰到一個問題，1865次行政會議也通過成立預算審議委員會，是由校規會和經費稽核委員會共同組成，兩個委員會功能重疊的現象。如成立財務委員會，原來的預算委員會就要廢除，所以請斟酌上次決議，是由原來的預算會就好，還是不是預算委員會，另外成立財務委員會。

- 周繼祥：根據大學法第13條最後一項：校會必要時得設各種委員會或專案小組處理校會交議事項，其名稱、任務及組成方式由各大學組織規程規定之。今天許多提案設小組等都是透過校會運作，這是暫時性的方式。將來組織規程訂立之後，都要消化合併進行，否則一團亂。第一條部份，這次要通過的話，日期應該是這次校會，而不是83年，那個過去的日期。

- 賀德芬：這個組織規程的一個問題，組規對校會下的各種委員會都有重新的規劃，今天勉強通過，到組織規程時還要改變，是否能併到組織規程拿出來討論。**校長是否能請今天的校會授權，原來的小組繼續存在，馬上進行聽證和修改的工作，這是當務之急。**

- 校長：事實上我們也考慮到這個問題，這個委員會我們希望等組規確立後再成立。不過上次校務會議有說，請會計室研擬，所以今天又提出，各位如果同意，就等組規訂定之後再進行。賀教授提到說，**組織規程是否授權原來的研修小組來公聽？各位意見？同意！**因為他們比較了解，由他們去說明。

- 邱清華：（略）

- 校長：……今天共有十七案，全部討論完畢，謝謝大家。

第二次會議記錄
（6月11日）

- 賀德芬：校長對不起有個決議不在紀錄上。

- 校長：什麼決議？

- 賀德芬：上次會議最後時**請校長追認，原來的組織規程研修小組繼續由校務會議授權，由他們到各院進行聽證，解說當時的立法意旨，然後搜集各院意見，修改後送回校會。這是上次散會前多數決議通過的**，會議紀錄上沒有列入。

- 校長：這個當時我記得，是賀教授提議，**我說這個事情我可以和研修小組聯繫**。但是和羅銅壁教授聯繫後，他說研修小組本身有共識，研修小組不應再去做這個事，賀教授也是我們研修小組的一員，他應知道這個共識，為什麼要提出此案？但是我說，**因為研修小組比較瞭解**，所以賀教授的提議相當合理。但是他說他們已經有共識，不這樣做。所以我想有一個權宜的辦法是，研修小組本來是各院的代表，譬如法學院有林子儀教授、賀教授，法學院就可以請這兩個教授去說明；管理學院是張鴻章教授，他們都可以去說明，這樣進行應該不會有問題。但是羅教授他認為小組既然有這種共識，他就不會再接受這樣的安排。

- 賀德芬：上次給您的建議是說從現在的校會代表中選出人來，組織小組負責。因為這個工作必須由小組負責，才來貫徹各院。**當時您說太麻煩了，不要再由校務會議產生，就由原來的研修小組負責。所以我才說必須有法律依據要有授權**，不知道研修小組要拒絕的話，唯一的辦法是不是就辭職，辭職後再由校會選人組織這個小組。因為沒有小組，隨便的很散亂的，由各院討論，焦點不能集中。這件事，剛剛最早希望校長在校務報告中報告，到底計畫在那裡？什麼時候可以完成？而且今天要

371

快,否則下次怎麼開會?

- 校長:如果有新的提案,等下時動議再提案。

- 賀德芬:這是上次的決議。

- 校長:**上次是您的建議案,我沒有答應。**

- 賀德芬:有沒有錄音帶?當時還有現場表決啊,**有說已經通過了啊。**

- 校長:沒有表決。

- 賀德芬:怎麼會沒有?有沒有錄音帶?

- 金傳春:建議下次會議錄影錄音,全部存證。否則花太多時間了,太沒有效率。另外,請工學院電機系設計一下,怎麼投票等等,太亂了。而且,希望校長在會後多做一些 home work,弄清楚。到底那些寫對、那些寫錯。主任秘書要盡責,不應代表來,才發現很多事不對。

- 校長:**繼續進行一下個討論案。**

- 賀德芬:校長,這個問題一定要解決,我很堅持,**既然做成決議,怎麼可以不列入紀錄呢?**這個問題要解決。

- 校長:他們研修小組,羅教授講的很清楚,**不接受這個建議,你怎麼強迫大家去做這個事?**

- 張清溪:對不起,這是程序問題,對會議紀錄不夠確立,沒辦法討論今天的議案。羅教授這樣的答覆不對,一個有不同身分,在研修小組是研修身分,擔任校代是校代身分。校會決議研修小組不接受他就不接受,另外成立研修小組。他不應該說研修小組成員不能在外面以其他身分發言,來責備人家的意見,這是不對的。臺大組規非常重要,不認為校長可以臨時動議來解決,否則下學期怎麼開會?這問題不是臨時動議可以解決的。校長說沒有成見這當然好。但個人修養好品德好,不解決校會問題,問題仍然存在。到底下一次怎麼開校務會議?怎麼在新大學法的

精神下成立新的校會，繼續開校會，校長應怎麼才是？

- 王亞男：對不起，賀教授，我不太記得上次有提案表決，不過下次會議的問題很重要很急迫，新法未成立可沿用舊辦法。剛才的爭執，各位委員辛苦花很多時間研擬出來的東西，希望校會有共識去推行，對臺大比較有利，這次校會可以成立小組。

- 金傳春：臨時動議常因人數不夠，清點人數不到一半，動議就無法成立，那下次校會怎麼組成？請大家注意今天是最後一次校會，這不是開玩笑的。

- 邱聯恭：快十二點了，最高學府開會這種狀況，很遺憾。剛才的問題賀教授提的事到底怎樣也不記得，但這很簡單是事實的問題，堂堂校會，校長答應照錄音記錄處理，現在沒時間聽，但錄音怎樣就照它處理。另外爭執很厲害的，臺大組規在大學法公布後，照理應儘快進行。請校長向大家宣布，立一個最短時間表，什麼時候提出什麼的結論，免得今天的爭論。

- 校長：謝謝，建議很好，查查上次的錄音。很多人印象不清，開會到後來較混亂。有關組規，事實上討論可能不是一次校會，而且也不是一天兩天可能解決，可能要馬拉松會議討論。最主要是下次校代要產生，目前照舊的辦法**先產生校代，下次不管，第一次校會開了以後，趕快決定一個時間表，然後進行組規討論**。據我了解，組規剛開始討論，三天三夜一直連續馬拉松都沒有結論。下學期開始，第一次校會以後就要趕快訂時間，專門為組規來討論，這問題相當大，而且很重要，不是說要趕緊進行可以來做的。構想如此，請問各位有無意見？

- 賀德芬：……事實上，這個小組既然參加了，就有責任到各院去說明，當時為什麼要這麼訂。組織規程的原文並不是非常理想，因為很多妥協的跡象在裡面，正需要再擬定一次，所以要趁早出來。一直強調既然當了研修小組就有責任要去說明，如果不願繼續，就要很明確的辭職，然

後另外從校會選出代表負責這件事。因為現在校長的意見還是沒有負責的單位,只是交給各院。也許法學院比較單純,如果到農學院、工學院,代表們是否能非常清楚說明為什麼要訂這條文?因為法律條文都比較艱澀,尤其當初的意義在那裡?有責任去說明。一直強調是責任問題,不願負責就不要參加,沒有人勉強任何人做什麼事。程序上,應該在今天校會上找出人去負責這件事。

- 校長:已講過四個學院都有代表研修了兩年,我不相信各代表對各條文真正精神不了解,雖然不是法律系的,也應該了解。我是覺得這樣就可以了,各學院代表法律知識不夠,要重新推選小組,剛才提議,等下做臨時動議,看怎麼產生委員,但如果這樣,委員不是本來那一組,不是更完全不懂?問題在這裡,我個人沒有成見,各位認為重新選,還是原有的好?各位再考慮。

(以下略)

附錄四

鏡社聲明一

臺大校長在 82 年 6 月經過臺灣教育史上第一次校園民主程序，由校務會議民選產生，如今即將屆滿三年。日前，臺大行政當局以專案的方式，召集臨時校務會議，將於本月 25 日行使校長是否續任的同意權。

臺大向來執學術界之牛耳，對臺灣教育走向、學術風氣，乃至社會價值都具舉足輕重的領導地位。大學自主、校園民主的爭取，即由臺大首發其軔，而有臺灣教育史上首任民選校長的產生。因此，臺大應如何進行校長續任的評鑑，關係臺灣推動校園民主的成敗，以及未來發展的動向，絕非臺大一己的家務事。如此重大事項，臺大全體師生、校友及社會大眾都應共同關注，期能對社會有所交代，並對社會負責。

臺大行政當局對這麼重要的大事，竟以迅雷不及掩耳的手法，不經審慎的績效評估，即時要求與會校務代表行使同意權的做法，本社期期以為不可，並質疑其間所涉及法規的程序正義與民主理念的實質正義問題。

一、臺大校長於 82 年 7 月上任，當時的大學規程規定校長任期為三年。爾後在 83 年 1 月施行的新大學法修正案，方將校長任期交由大學在組織規程中自行訂定。臺大現任校長是依 82 年的大學法及當時的臺大組織規程上任，其任期，當然應依當選時的法規規定，新規定僅能對下任校長生效，始符合法理。然而，臺大新組織規程於 84 年 10 月 24 日才經教育部核定生效，校務會議卻逕行於規程中規定：本規程修正施行前已聘任校長之初任與續任準用第一項及第二項之規定（亦即陳維昭條款）。使陳校長的任期立即延伸為四年，並準用續任的辦法。更不可思議的是，這些條文，竟都是在有關當事人（校長）親自在場主持監督下，由校務代表舉手通過的。

二、再者,民選校長任滿應否續任,須經過嚴謹的評鑑,是非常普通正常的道理。不料,臺大組織規程卻僅規定由校長提出書面校務績效報告,由與會代表評鑑,實在過於草率。校務代表自我擴權,校園中絕大多數非校務代表的師生卻幾無絲毫表達意見的機會,誠有違民主的真諦。

三、校園民主的真義在於讓校園中的主體共同參與校園事務,學術發展則應交由專業自主。臺大民選校長,自始即只由少數校務代表參與,更經由這些少數代表自行修改組織規程,擴大校務會議權力。甚至連校長續任如此大事,在組織規程僅只通過施行半年(84年10月24日才經教育部保留部分條文核定生效),在全校兩萬多學生,兩千多教員,千餘位職工中,絕大多數都還不知道等同臺大憲法的組織規程是怎麼一回事的情形下,以極其粗率的程序,只要兩百八十餘位校務代表中二分之一出席,二分之一同意,約莫只要七八十多人的支持(光是兼行政的當然代表就已超過一百人),即可出任長達八年,甚至再任一期(第三任須出席人三分之二同意),共達12年的校長。如是重要職位,如此隨便賦予,真正只是利用了民主的程序,卻把民主的實質精神,踐踏到極致的少數暴力的顯現。

四、臺大組織規程的研修,在孫震校長時代即已開始進行。經過歷時兩年的認真草擬,卻被陳校長廢棄,再另行組成以行政人員為主導的研修小組,以兩個星期的時間,訂出臺大實行軍事訓練、校長任期六年,不經任何改選程序的草本。幸而在教授們的抗議下,才略做修改,使得惡夢不致成真。但是校務會議仍然是在這種基調下,將組織規程快速討論通過,其用心即屬可議。

五、憲法第一六二條授予國家依法律監督文化教育機關的職權,大學校長雖由各大學自行產生,但聘書仍由教育部頒發。臺大校長三年聘期已滿,這第四年,教育部該怎麼處理?既發聘書,是否也該盡評鑑的責任?而校務會議濫權至此,教育部尚予以核定通過,是否有失職之嫌?但盼教育部不要以看笑話的心態,任憑臺灣高等教育的腐化墮落。

我們相信陳校長必能輕易通過校務會議續任的同意，所堅持者，乃在藉此建立出負責任的評鑑制度。所以在行使同意權之前，或獲續任的同意後，都不會產生下任校長的遴選問題，也不是我們所關心者。坊間各種動機或陰謀的論調，實有矮化議題，模糊焦點的居心，更不應該是最高學府中的作為。

　　臺大首開民主風氣，是社會民主風潮所使然，知識份子實踐民主，原本應該作為社會的典範。無奈，知識份子也不能免於世俗的惡質，更以其知識上的優勢，擅於利用民主的程序，包裝民主的外衣，卻因私慾腐蝕了民主的價值和民主的真義。這的確是臺灣民主發展上的大痛。臺大校長不只關係著臺大的歷史評價、學術聲譽、師生成就，也是臺灣學術發展的指標，還關係著社會價值的良窳。本社期望臺大校務代表能本於愛護校譽、尊重校園民主，應先舉辦公聽會，廣詢全校師生意見，審慎進行校長續任的同意權。並徹底檢討修訂目前這部違背民主精神，過度自我擴權的組織規程，以期不陷陳校長於不義，並一掃社會各界對校園民主惡質化的憂慮，再現臺大精神與對社會的責任，讓民主的內涵發光。

[1] 《臺大透視》季刊，春季號，1996。
[2] 完全同大學法第一條第二項的規定，一字不易。
[3] 校長績效報告詳本，第一頁。
[4] 詳見：賀德芬編著，《大學之再生》，時報出版，1990。

鏡社聲明二

陳情書

敬啓者：

　　教育部爲國家最高教育主管機關，依憲法第一四二條，負有依法律監督國家教育文化機關之責任。又依大學法第二條，大學在法律範圍內有自治權，而大學之組織規程則依大學法第八條，須經教育部核定後，始生效力。

　　經查陳維昭先生，於民國八十二年六月二十二日，經貴部遴聘出任國立台灣大學校長，聘期三年，應於八十五年六月二十一日任滿卸職。

　　再依國立台灣大學校長人選推舉委員會組織章程（八十一年十二月十二日八十一學年度第一學期第二次校務會議通過）第十二條規定：校長任期屆滿，依法得續任時，應在任滿前十個月，由校務會議議決得否續任。惟陳校長並未依此規程在民國八十四年八月二十一日前召集校務會議，進行是否續任同意權的行使。反而依在八十四年十月二十四日始經貴部核定的「台灣大學組織規程」第三十八條，自行將任期延長爲四年，並遲至八十五年五月二十五日始行召集臨時校務會議，由次屆校務會議代表進行同意續任的投票。

　　在新大學組織規程尚未生效之際，校長任期及續任辦法都應繼續適用「國立台灣大學校長人選推舉委員會組織章程」之規定。然而，陳校長故意棄置該法，違反規定，刻意等待教育部核定能擴張其權力及任期的規程，實乃嚴重違法。

　　另在台大組織規程的修訂過程中，陳校長以主席身份，主導修訂過程，及規程內容，尚有下列違法不當之處：

　　1、陳校長以竄改決議的手段，惡意毀棄孫震校長時代已成立之「組織規程研修委員會」所擬定的草案，另以校長為主席，行政人員為主體，快速擬訂出擴張校長權力的草案。交付校務會議審查。

　　八十三年四月二十三日校務會議決議由原研修委員會繼續徵詢各院意見，並辦理公聽會，負責說明。但到六月十日第二次校務會議，校長以原召集人拒絕繼續擔任為理由，否認四月的決議，竄改會議記錄。而後交由行政會議另行起草。（附件一，　　　　　　錄音帶實錄）

　　2、十一月二十六日，校務會議正式開始討論校長版草案。前此在十月八日會議時，就有代表提案組「組織規程研修小組」以便審慎進行研修。因不及討論，程序委員會建議於本次併案，校長應於會議開始時先做說明，並請秘書事先擬出工作時間表，以能確實掌握該小組工作時效。

　　但是，校長不願交由小組專業討論，再度竄改程序委員會的決議，改稱原提案「似無必要」，而將成立研修小組的議案打消。校長在會中，以交議方式，兩度行使裁決權，逕行宣佈進行校長版草案討論。

（附件二，陳振揚：會議記錄不容擅改不得扭曲，台大透視第五期，第三版）此第一、二項事實，已有偽造文書之嫌。

3、台大組織規程將校長任期改為四年，連選得連任兩次。法律不得溯及既往，必須做抽象、一般的規範，是最基本的法理。但台大組織規程將延任的規定，特別指定亦適用於陳維昭。為特定個人訂定法條，違背「個案禁止立法原則」，更是立法的大忌。（附件三，台灣大學組織規程）

4、上項條文制定之時，陳校長不遵行「利益迴避」原則，親自在場監督代表舉手表決，違反秘密投票規定。

5、台大組織規程第十三條第一項規定，台大設教務處、學生事務處、研究發展委員會和共同教育委員會。第二項規定，前項各種行政中心之設置辦法，經校務會議通過，報請教育部核定後施行。

台大於八十五年四月十九日正式成立「研究發展委員會」與「共同教育委員會」，其設置辦法並未經校務會議通過，更未經教育部核定。

6、「師道維護委員會」應隸屬於校務會議。然其組織辦法及人選都未經校務會議通過，即宣告成立，並展開作業。（附件四，台大校訊第四一一號，85，4，17）

以上各種違法事實，已嚴重傷害台灣大學的正常發展，及大學自治的合法性與正當性。貴部既為憲法授權之監督機關，對各大學違法不當之處置，負有監督糾正之責任，更不應任意核定違反法律正當程序，及實質正義的大學組織規程。

茲檢附相關資料，懇請 貴部依法處理，撤銷台大組織規程，限期另行訂定，並藉此釐清大學自治之範疇，及 貴部的憲法職權，以維大學自治的精神。

　　謹呈
教育部部長 吳
　　副本送呈
行政院教育改革審議委員會召集人 李
監察院代院長 鄭

陳情人：

鏡社聲明三

臺大透視季刊出刊的話
歡迎全校教職員生熱忱參與——促使臺大成為一所理想大學的美夢成真

各位敬愛的讀者，新年好！

有人一定會問，臺大透視為什麼要改為季刊呢？原因有二：第一是雙週刊工作壓力大，不是我們少數社員能夠長期負擔的；第二是臺大透視的階段性任務已經完成。因為當初（八十三年九月）臺大透視創刊之目的主要是為了督促校務發展，以及報導與檢討由校務會議代表修訂的臺大組織規程之過程。

回顧一年來，校務會議的決議與組織規程的制定，雖然不盡如理想，但在開會過程與提案之表決上曾有許多感人的場面，呈現了臺大民主進步的一面。同時也讓部份代表產生危機感，為了取得表決的優勢，在去年度校務會議代表選舉前大力動員，實在是始料未及。值得欣慰的是，鏡社出刊了十二期臺大透視，而且還留了下兩份寶貴的歷史紀錄：一份是八十四年度校務會議紀錄，另一份則是臺大組織規程法實紀錄前者已彙集成冊，分寄本刊訂戶及分贈全體校務代表，後者亦在籌劃印製中，將提供關心校務及大學改革者之參考。由於本刊之人力及經費有限，曾向校務會議建議，今後校務會議之全程紀錄由秘書室負責編印，並分發給各位教職員，但被校務會議所否決，令人遺憾。因此使鏡社同仁更體認到本刊繼續存在的重要。今後季刊的編輯政策將堅守「學術自由，校園民主」的既定原則，積極監督與推動校務及修訂臺大組織規程，希望各種重要議題能公開透過本刊討論，交換意見，形成共識。每期並徵求以平易的文字介紹專業領域的學術發展近況，藉收相互擴大知識視野之效。其他有關教學的研究

經驗、師生倫理、校園文化，皆所歡迎。

　　七年前，臺大同仁基於相同理想，曾由數學系黃武雄教授主編過「臺大評論」兩期，做為討論校務發展及學術交流的園地，可惜該論壇隨臺大教聯會之改組而夭折。而今「臺大透視季刊」能順利問世，心裡有難以形容的興奮，除了感謝前任社長賀德芬及總編輯陳振陽教授全心投入及全體社員對臺大透視的經營，並希望全校師生為了臺大未來，能藉著這自由開放的空間，互通資訊，相互瞭解、關懷，促使臺大成為一所理想大學的美夢早日實現。固然有時努力不一定能實現美夢，但不努力則美夢永遠不能成真，願與全體教職員生永遠相互共勉。

我們為什麼要編輯《臺大組織規程修法實錄》
第一、希望臺大新的組織規程能反映全校進步的意見
第二、籲請新任校務會議代表儘速修訂組織規程
第三、做為立法院修訂大學法及其他大學院校修訂組織規程之參考
第四、為臺大歷史留下一個紀錄

　　敬愛的臺大同仁及全體同學大家好！

　　臺大組織規程可視為臺大憲法。臺大的組織是否有開創造性與前瞻性，及臺大校務是否能按照臺大的理想與特色推動，端賴這部臺大憲法是否制訂得完善。

　　自從大學法在各校連續六年積極爭取下，雖終獲立法院同意將學術自由及大學自治明列於第一條第二項，但其他像大學校長之遴選、校務會議之組成、軍訓室之設立等條文仍明顯違背學術自由及大學自治之精神。此次臺大對組織規程之制訂正可以糾正新大學法之缺失，展現臺大的理想精神，作為今後立法院修訂大學法及其他各大學院校修訂組織規程之參考。然總觀新的臺大組織規程不但未能跳脫新大學法保守條款的束縛，更無法

顯現臺大反省及自治的精神，茲舉犖犖大者如：

1. 未明訂校長及教師之評鑑
2. 校長選任附加現任校長條款（第38條及附件6）
3. 校務會議代表之選舉及組成仍沿用舊法（第33.34.35.36.37.條及附件10之2、3）
4. 行政會議之組成及職權不明確（第29條及附件11之2、3）
5. 擴大軍訓教官之職權，且軍訓教官之聘任不受教師聘任辦法之規範（第13.25條及附件11之6）

臺大組織規程之所以訂成這樣，主要原因為目前龐大的校務會議缺乏效率，而且其中一半屬於行政人員，選舉辦法又容易受到操控，故目前校務會議的決議不易反映全校教職員生的進步意見。

臺大因重視這部憲法，早在1992年1月大學法生效前兩年即成立本校組織規程研修委員會。所以臺大組織規程的草擬是所有大學中最早開始的。研修委員會根據新大學法精神，歷時兩年曾開二十四次會議，於1994年2月5日完成「臺大組織規程草案」（研修版），4月將草案送達校長室。但4月23日的校務會議，校長並未主動就組織規程提出報告，卻於6月21日突然由八十五次行政會議通過成立「組織規程修正意見整理委員會」（以下簡稱「整理委員會」），成員中多為行政主管，原組織規程研修委員竟全部被排除在外。結果經整理委員會整理的「行政版」，不但未能彙集各系的不同意見，反而刻意擴大行政權，削減最高決策機關之校務會議的功能，遠離了新大學法的教授治校的自治精神。

在校務會議正式討論組織規程前後皆有代表提案「要求授權由原研修小組繼續徵詢各院意見，並辦理公聽會負責說明」及「成立『組織規程研修小組』納入原組織規程研修委員會中教授代表，密集進行全校公聽會，限期完成組織規程草案研修，並提校務會議討論」，但兩者皆被強制及技

術性擱置，最後仍以「行政版」的組織規程做為討論的基礎。

兩年前鏡社同仁有感於臺大「修憲」工程，事關重大，特擘劃《臺大透視》，希望透過公共論壇，讓校務能透明公開於全校師生之前，交換意見，形成共識。惜校務會議代表終日專心於教學與研究，未能有效利用《臺大透視》之資訊管道，致使對校務發展所知有限，對組織規程也常缺乏深入思考。此外，護航代表則希望趁校務代表中之優勢能將「行政版」之組織規程迅速通過；少數代表甚且咆哮議堂，濫用「全體委員會」、權宜問題、程序問題、秩序問題及冗長的題外發言，藉指責、拖延戰術，阻礙「付委」提案及其他代表正當發言，影響規程內容實質討論，為臺大會議史上留下非常不好的示範。

現臺大組織規程在校務會議代表歷時七個月經十四次臨時校務會議討論後，雖已修訂完成，但在關鍵條文上與新大學法，大學自治理念仍相去甚遠。有鑒於此，我們為了使全校教職員生能對組織規程制訂過程，及各條文癥結所在，有一清楚瞭解，特將會議過程全部錄音整理出來，並將關鍵條文列表加以比較，且將有關討論組織規程之資料及《臺大透視》中之新聞、社論、憲法專欄等文章附於書後以做為讀者之參考。

我們編輯此書除了期能共同努力展現大學的理想精神外，當然也希望藉此為臺大留下一個歷史紀錄，讓大家知道我們的校務會議是怎麼進行的？組織規程每一條款是怎麼制訂的？校務代表出席率？代表們發言頻率？發言內容？有多少代表在會前對組織規程認真研究過，並廣徵同仁的意見？又有多少代表能堅持新大學法的基本精神？但最重要的是希望全體臺大同仁及同學都知道這部憲法中關鍵的條文存在著許多缺點，我們應該積極督促新任校務會議代表提案，儘速成立「組織規程研修小組」納入原研修委員會之教授代表，密集進行全校公聽會，限期完成組織規程之研修，並提交校務會議再做進一步之討論，並做合理之修訂。

實際上新組織規程第七十四條規定「本規程施行滿二年起至三年止之

一年期間內，如有修正者，得經出席校務會議代二分之一以上決議通過」，但此修訂期於明年（八十六年）六月將至，臺大師生至今除校務代表外，已注意此項條款者為數甚少，顯示校方及校務代表並未盡積極告知及鼓勵全校同仁及師生參與修改「臺大憲法」之責任。

　　我們相信臺大人是有反省及自治的能力，只要全體同仁及同學真正關心臺大，一定都願意為臺大盡一份心力；校務代表若都能反應進步的民意，一定可以制訂出一部符合大學自治、學術自由、校園民主的理想憲法，也能依照這個精神締造一個永續發展的理想的臺灣大學。

　　敬祝

　　健康、愉快　並盼共同關注校務發展

鏡社全體同仁　　敬啟

1996.11.15. 臺大五十一周年

附錄五

臺大教授聯誼會興亡錄

⊙賀德芬

（原載大學之再生，1990年，時報）

壹、緣起構想

　　知識分子向來特立獨行，孤芳自賞。對現實雖然總有批判，充滿改革的理想，卻也只能單打獨鬥，發發牢騷，寫寫文章。除非被吸納入官僚體系，甚難以個人力量，發揮實質上的改革功能。但是，一旦被納入官僚體系，則又只有隨著既有的軌道運行，不是讓理想惡質化，便是被排斥於體制外，落得遍體鱗傷。所謂「秀才造反，三年不成」真乃至理名言。

　　除了知識分子的天性使然，執政當局也十分畏懼知識分子的質疑和批判。個人的讜言不足為懼，有時還可塑造當局開明的形象。但團體的力量則造成的殺傷力甚大，絕不容許其存在。是以，執政黨一直將大陸淪陷的責任推諉給校園風潮，以之為藉口，將校園設想為精神戰場，進行嚴密的監控和箝制。更以工會法將教員與公務人員並列，禁止組織工會。壓抑教師的集體意識，分化教師的力量，以致教師始終只能在生活衣食都被操縱的境遇中委曲求全。間接再因政治的過分介入，外行領導內行，而使教育品質每下愈況。

　　以一個長期待在學術圈，同時也準備以之為終身職志的人而言，眼見教育環境生態的惡化，身受體制上腐化封建的污染，卻又無能螳臂當車，心中的苦悶和無奈，的確是難以言喻的。

　　所幸，80年代社會上掀起驚濤駭浪，也使校園裡的一灘死水，泛起了

陣陣漣漪，帶來無限的生機和希望。此時，蟄伏於心中許久，欲藉統合教授力量來從事校園改革的念頭，又告甦醒。恰巧校園中另有有心的同事，對藉組織進行學術整合的工作能夠認同，便如此動機單純的積極展開了臺大教聯會的籌組工作。

貳、過程波折

構想完整成型是 75 年 10 月中旬的事，但在 10 月 21 日就邀齊了各學院兩位同事共同商議。所以進行這麼急速，倒不全然是因為我個人做事積極性急，實則此事在心中醞釀已久，推動起來便也順理成章。真正的顧慮也是意識到其中的敏感性，不宜慢慢推敲，以防變生肘腋。

同事的邀約，小部分是早已熟識，大多則只是慕名而未曾謀過面。一向在校園中大家就是十分疏離冷淡，何況校園遼闊，學科分隔，平日就難有交往機會。其中也有某人是經輾轉推介而來，當時也非全無警覺，但一來信任原推介人，二來也欠缺經驗，以為像這樣吃力不討好的工作，有人肯參與便十分心感，哪敢去懷疑他人的動機。何況該人表現又是那麼熱誠爽朗，始終勇於任事。就這麼一點天真的想法，維持著對「人」的信任，卻造成了爾後失敗的致命傷。

21 日的初步聚會，大家意見雖然分歧，但原則上都同意原始的構想，這才開始逐步策劃。首要工作乃是擬訂組織章程，並準備致函全校講師以上同仁，把理念推展出去，也籲請眾人共襄盛舉。

奇妙的是，就在 22 日，國民黨知青黨部即來探詢頭晚開會的事。既然大家決意進行之事，便也未把這些干擾放在心上，還是努力地把組織章程的大體架構儘速完成。

10 月 29 日，二度聚會，逐條討論章程草案，並決定打鐵趁熱，在 11 月 15 日校慶當天，召開發起人會議。

據聞就在我們這幾個人兒戲般討論的時候，校方也連夜辦公大樓燈火通明的召開院長級以上主管會議，商議對策。雖是傳聞，但的確自 30 日起，我們每人都受到來自院系主管方面的勸阻。當天深夜，校長室秘書親赴我家，指出我們當中某人接受國外組織指示，某人有臺獨嫌疑，而對我則恩威並濟，要求的就是停止我們的活動。原本和這秘書彼此還是頗有情誼的朋友，經此事，才讓我震撼何以一個曾經接受多年海外民主教育，得有最高博士學位的教授，忽然之間也能這麼自然的援用這些拙劣的情治手腕？政治影響力之巨大，也確實夠讓人心驚膽戰的。

　　當時，法學院院長不在國內，所以另由系內大老對我進行勸阻。聲稱如聯誼會僅止於聯絡感情、打打橋牌倒也不妨。但如果照我們章程上規定的還要進行仲裁任務，則對校長十分不利等等。奇怪的是，我們的章程尚未印就公布，而校長室竟已有我的手稿，後來推測可能是從打字印刷處流出，可見校園裡的監控系統無所不在。

　　其他幾人的壓力還有人情的，有威脅不能擔任系主任的，不一而足。其中果然有人聲言退出。因此，就在 10 月 31 日及 11 月 2 日大家連續商議進程與應變之道。當時，眼見困難重重，可能連開會的場所都是問題。而在此風聲鶴唳之際，能有多少人支援，能發揮多少功能，都在考慮之列。最後結論是時機尚未成熟，只有暫告一段落，留待以後再說了。

　　不過以一個知識分子而言，若因受到威脅恐嚇，即放棄自認應該且頗具理想性的行動，豈是應有的風骨？大家都不甘心，而且怕這次給淹滅掉了，下次還有誰敢繼起？那校園改革豈不永遠無望？更況，基於過去白色恐怖的經驗，今日大家既已受威脅，誰能保證未來不會找任何藉口予以迫害，到那時，才真是有冤都無處伸。所以大家決定，雖然暫且鳴金收兵，但必須將此事之來龍去脈及我們原有的心意公諸於眾。一則讓此次播下的種子，未來還有開花結果的可能；二則將事件見陽光後，至少對我們幾人也是一種保護。

人世間的事雖然難以百分之百自由自我掌握,但「意志」往往可決定事件的命運。10月5日的公開信發出後,表面上歸於平靜,心中的熱情卻依然澎湃。尤其經過這樣的禍福與共後,原本不是很熟稔的幾個發起人,因有了深刻的認識而情感依依。原來決定校慶日要開發起人會議,如今雖已煙消雲散,大家還是在這一日,做小型的餐聚以示紀念。記得那天細雨霏霏,大家先在數學館會合,談談這二十天來的經歷,不勝唏噓。最後大家決意一同漫步校園,深深的顧盼這座我們成長於斯、安身立命於斯,為它努力、奮鬥過的校園。如今想來,那是多麼浪漫的情懷。也就因著對這校園的摯愛,終於下午又轉折出另一番局面。

當年,正是臺大大學新聞社因文稿未審先刊,而被校方懲戒停刊一年,導致審稿制度存廢爭議,在校園中引起軒然大波之際。教授們早已對學生刊物審查的漫無標準,審查人員素質不齊所造成扼殺創作的種種陋習頗有微辭。此時乃思助學生一臂之力,同時調整教聯會籌備的方向,以工作來凝聚力量,落實理想。

我們幾個人當下決定草擬一項「學生刊物輔導及文稿評閱辦法」,請求認同的教授聯署,再由我們之中具校務會議代表身分者,提出於校務會議。校務會議向來徒具形式,故用多人連署的方式來彰顯提案的重要性,也藉此突破校務會議為少數人把持,不經選票運作即不能入選的困境。

此後,臺大教聯會反而漸漸獲得校內自由派教授的認同,參與人數日趨增多。12月中,總務長邀約我等檢討校內一些繁瑣雜務,似乎有承認此團體存在之意,更給予校內同仁許多信心。最後在12月31日年終的聚餐中,二十餘人同聚一堂,決議擴大編制,再度正式籌劃起來。

參、過程波折

這以後的籌劃工作,表面上似乎寧靜無爭,暗中卻是波濤洶湧,壓力均集中在極少數為首者身上。其齟齬難堪,直教人不堪回首。至今還真慶

幸終於度過那段黑暗時期，不過也幾乎瀕臨崩潰邊緣。我個人還幸虧因早於當年 10 月即已確定獲得 Fulbright 學人獎金，次年 7 月將赴美訪問一年，使得各方了解個人並無自利的企圖心，才稍事減輕壓力。當時各校盛傳這是要我放手的交換條件，其實，以這種年紀離鄉背井，飄泊在外，心境十分悽涼。尤其在飽受創傷之後，頗有被流放的感覺，直到去國半年以後，才有脫離夢魘的平靜。出國，實在談不上是種犒賞。

撇開個人境遇不談，籌備工作兵分幾路進行：

一、由各院自行招募人馬，擴大組織。在一個多月內，同意簽署發起人名單者達 259 人。這個數目大概可以代表自願自動響應者。因此時，政治勢力正以全力撲殺，阻止教授參與。

二、2 月 20 日，我們以此 259 位發起人向臺北市政府社會局提出社團登記的申請。27 日被社會局以係全國性社團為由駁回，要我們逕向內政部申請。待到內政部，又以校園團體不准登記，連申請書都拒收就給打回。最後只好將「中華民國」改為「臺北市」再回臺北市政府申請。可笑的是，這麼一個單純的社團登記案件，政府竟百般推託，最後還是以教聯會為校內團體為由，在 6 月間駁回了事。本來應該和政府釐清這場法律關係，也已擬就了訴願書，準備訴訟到底，卻因教聯會已經變色，而被搓弄一空。

三、教聯會在籌組期間，即開始積極進行學術整合的原訂理想。分別在 1 月、3 月、5 月舉辦了三次學術演講，談「外匯與通貨膨脹」、「大學校園的規劃」，以及「通識教育與共同課程」，都是當時大家所關切的課題，所請講員也可謂是當代最負聲望的學者。本來臺大是國內唯一全科大學，最具備做學術統合的條件。可惜一般都還缺乏自動參與純學術討論會的習慣，因此一直未能帶動風潮。倒是校園規劃那場，一則法學院遷返總區，是法學院師生關心多時，卻一再被阻延的話題；再則總務長以開明的心態與會回答問題，頗獲好評，也激起較熱烈的回響。

四、積極尋求一個教授能集會聊天、交換意見的場所。不用說國外各著名大學無不將全校最方便、最精華的地段，闢建教授會館，方便教授休憩、討論，不但是對教授的尊重，也是撮合學術整合的最佳辦法。即使國內其他重點大學也都同樣有此設置。唯獨臺大，號稱執臺灣大學之牛耳，卻待教授如此？課後，除了研究室、實驗室外，再無可藉輕鬆聚談、交換心得或做心靈交集之場合，若非有意分化教授間之情感，便是故意貶抑教授之地位。

在「校園規劃」那場講座中，大家曾為教授會場極力爭取。總務長事後也給予我個人私下允諾，將嘗試將小福利社二樓收回改裝。當然，六五事變發生，我黯然離去，一切均歸虛有。待我一年後從美國回來，小福二樓已成了與校園風格突兀，充滿商業氣息的牛排館。

五、籌備發行通訊。在臺大校園中，學生刊物充斥，已達氾濫的地步。教授卻連一個發言管道都無。校長室發行的校訊，連官方的傳聲筒都不如，不但只有官方消息，還往往都是過時的舊聞。教授意見無法表達，各系弊端都告封鎖，他人的長處也無從學習。正好培養出官方所要求的冷漠、疏離氛圍。教聯會為突破此項困境，建立起一個可以公開對話、平等交流和無礙溝通的管道，便成為首要急務。這樣的通訊，出了一期，還來不及建立風格，自然也隨教聯會的改組而成絕響。此外，數學系黃武雄所熱切投入，拚命維護，想藉之貫徹學術整合的理想，為臺大樹立全科大學風格的《臺大評論》，也在兩期之後，隨教聯會的質變而告夭折。

六、教聯會設計了學術、環境、會員及仲裁委員會。其中最招忌諱的就是仲裁。我們不否認當時因見校園紛爭迭起，想以教授超然之地位擔任排難解紛的橋樑，也多少有些制衡行政的意味。此所以設計出學校行政主管不能充任理事的規定，以防被行政主管接收，成為附庸。主管當局以此為「奪權」之機關，殊不知此乃一虛設項目。僅設召集人一人，待爭議雙方皆同意交付仲裁時，再由雙方推舉公正之仲裁人，以免有常設仲裁人，

容易被操弄,又未必適合每一案件。如任何一方不同意,也無從仲裁,縱使仲裁也不具約束力。是以,始終未曾決議過案件。何況仲裁員如根本不具公信力,則是不可能有實際作用的。行政的過慮還是源於對教授的不信任,以及鞏固權力的急切,專橫心態表露無遺。

七、另外,教聯會所熱衷設計的乃投票方式的真正民主化和功能化,反覆的研討、更改與說明。良法和美意如缺乏尊重的誠意,最終竟成為弄法者最好的工具。教授們的天真、誠摯當然難敵組織積數十年經驗的操控、運作。六五之變的導火線即出於選舉。

肆、操控運作

籌備工作的進行幾乎夜以繼日,艱苦備嘗,還要承擔心靈上恐怖的壓力,但總算慢慢接近大功告成的日子。6月5日,已發出通知,一切準備就緒,要開成立大會。

開會前一周就已能嗅到某種詭譎之氣氛,陸續傳來某人以不明白的經費請客、輔選的消息。某大報記者很巧的也在永康街飯店中拾獲完整的競選資料。(更有天可憐見的安排,寄往醫學院填妥姓名的選民,竟錯填地址,以致為郵差聰明的將整包選票退回給我)種種傳聞令人焦懼不安。但以該人一直負責所有總務工作,雖然處事偶有脫軌,譬如以分數和學生換取為教聯會工作的勞務,經制止後也還能節制。所以總以為只是個人的糊塗而已,不忍深責。豈料,就在6月4日,選舉的前一日,鬼使神差的,由籌備會名義寄發予醫學院黨部連絡教授,整疊三十餘張已填妥各項候選人名單的選票,因地址不完整而退回法學院我處。這才揭發此項陰謀,以事態嚴重,乃連夜召集臨時籌備會議共謀對策。

當晚籌備會氣氛凝重。會員會籌備人丁某坦承經人指示,運作選票,並願辭職以示負責。同仁中有主張給予嚴懲,但終以同事之誼,於心不忍,即應允由其辭職,殊料待他回去向上級請示後,第二天態度又告丕

變,反以受害人姿態爭取同情,並堅持留住原職。

事情至此,的確令所有籌備教授極感沮喪。我因身受各種壓力,深知事已不可為。如把目標設定在觀念的推廣上,不如就此收手,宣告流會,等待時機更為成熟,情況更為清明時再說。以免教聯會淪為附庸,只能助紂為虐,混淆視聽,破壞了臺大的形象。但大部分同仁卻堅持明知不可為而為的道德勇氣,不願半途而廢惹來譏笑。這些教授堅持原則的做法令人敬佩,也總期盼能有起死回生的一線希望,六月五日只有如期開會。不過,在外界看來,彷彿演了一場鬧劇。而更不幸的是,當初所擔心的事,都一一驗證。兩年後,原籌備人不得不痛心的宣告這一手苦心培育出的嬌兒已經死亡。

黨政運作的方式,除先期的百般阻抑,限制黨員入會外,至後期則下令黨員入會,再行運作選舉,以量變導致質變,進而企圖變更章程,完全消滅原訂的宗旨和目的。六月五日的會議雖未流會,但整個流程則完全依此模式。幸而,臺大教授仍以具獨立意志者居多。所以選舉雖以少數人經組織運作而受控制,但原籌備的宗旨和目的仍獲認同,而得維持下來。

臺大教聯會在風雨飄搖中,勉強成立。原籌備人有意志消沈而萌生退志者,有懷抱著救世的心胸投入其中,企圖苦撐大局者。對這些朋友的忍辱負重,我對之真是有無比的欽敬,也有無限的同情,那的確是不好受的日子。悲痛的是,即使他們付出了那麼多心血,依舊無力回天,教聯會的走勢,越趨怪異。不但完全放棄當初欲制衡校務的企圖,反而不斷矮化、娛樂化,甚且功利化教授的需求。更難堪的是,每屆選舉都要鬧得烏煙瘴氣,實在有損臺大教授的形象。從這些事件以後,我才知道原來選舉都是要靠運作的,那還真不是一個自命清流的人可以做得出來的。

最後的決裂,導火線仍在選舉,不過,教聯會兩年來的無所作為,反而逐漸沈淪,才是原籌備人棄守的真正原因。原籌備人集體聲明退出,昭示其他同仁對教聯會的抗議。接著,就有接二連三退出的聲明,遍傳全

校。教聯會靈魂已死，縱有軀殼，亦不過是供人役使的工具罷了！

伍、省思檢討

不經一事，不長一智。教授們平日長於理論、昧於實務，也須在世事的歷練中成熟。事情的成敗本不足論，讓部分教授失望痛心的，乃在於對知識分子向來所引以為傲的矜持和風骨都產生了信心的動搖。尤其臺大人，向來自許承襲北大的自由校風，何以經不得些許考驗，立即就暴露出了缺乏脊樑骨，沒有獨立性格的原貌？

其實，從第一屆投票的紀錄我們可以分析得出，臺大人中完全沒有獨立意志，願聽任擺佈者，不出八十人左右。五月間主動入會者二七六人，到六月第二次開會止，會員達四〇九人。增加的這一百三十餘人，包括許多系所主管便是組織動員的成果。這其間還不乏雖接受動員參加，卻未必全然遵照投票指示，多少還堅持著人格上的自主性者。只是，這區區的八十人，佔臺大教員總額的極少數，卻在經組織運作後，發揮了操控大局的影響力。

何以敢大膽揣測這些教授有八十人之多？這可從工作委員會召集人單選的票數上，嗅出端倪。工作委員會召集人的候選人，兩派對決的意味濃厚。除了學術及會員會因係同額競選，難見特色，其餘三個委員會，除去零星票，大致為一六〇至一七〇與七〇餘至九〇之比。後者即屬組織鐵票，個人得票數十分接近。

這其中有一十分有趣而耐人尋味的現象。某一候選人因藉詞登記時負責人不在，要求臨場宣告有意競選。該女性候選人，姓名筆劃繁複，平日在校園中雖略具知名度，但照通常情況研判，未出現在提名單上的姓名，要投票人一一忠誠填寫且毫無訛誤是不容易的事。可是該人竟能獲得七十七張高票，惟有機械式的運作才能達到此項成績。藉此我們推斷，臺大人完全聽命於組織的也不過這個數字。

透視臺大

　　臺大一共一千五百多專任講師以上的教師，絕大多數潔身自好，雅不願涉足自身以外的事務。對身邊環境或有不滿，唯求明哲保身，這也正反映出社會的一般傾向。即使少數人能突破過往的禁忌和殘餘的恐懼陰影，又都要忙於自己的教學研究工作等生計，難以持續改革的熱情。因此，即使是知識分子，也是被宰制的對象。更以既是具獨立意志的知識分子，意志獨立的結果，自然難敵泯滅意志的集權運作。

　　至於那些甘於供人役使的教授，也有許多類型，或者是意識型態上的認同，或者是習慣於聽命組織，根本拋卻了知識分子有所為、有所不為的風格，倒也值得悲憫。惟獨那些假藉知識分子的名器，為圖私利，乃背棄自我，以求夤緣攀附之人，才真是學術界的羞恥。事後，果然不少人榮任系主任，更有人平步青雲，三兩下再高升為專校校長，又添大專校長是政治酬庸工具的一項實例。這固然是一貫收買某些所謂知識分子的手法，不足為怪。只是知識分子自甘墮落，辱沒了做為一個知識分子起碼的風範，甚而為社會帶來負面影響，總不免令人不勝唏噓感慨！

　　時光總在不停的流轉前進，在這時空中所發生的一切，或許微不足道，但也點點滴滴交織成為歷史的片段。臺大教聯會的興亡，亦復如是。其中的是非曲直也就留待給歷史去評斷吧！

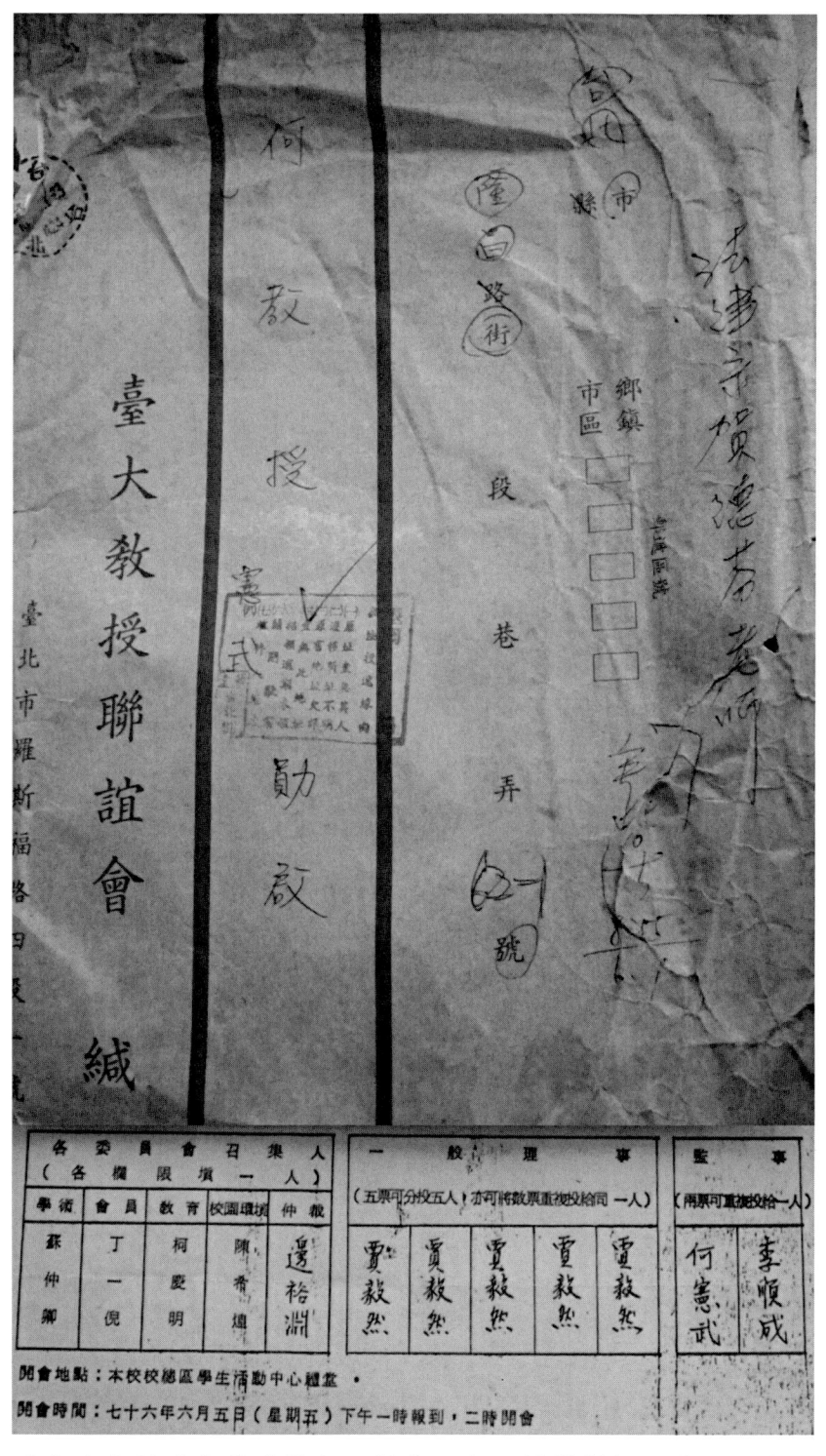

（當時由教聯會某成員私下操作，但因地址錯誤，由郵局退回外流的整包選票）

高教改革運動大事紀

1986 年

10 月	臺大教授籌組「臺大教授聯誼會」，以促進學術交流、維護學術獨立、改善教育環境及照顧會員福利為宗旨。籌備期間，已發行「臺大教聯通訊」、舉辦三次學術演講及一次聯誼活動。然在籌組期間，飽受校方及國民黨知青黨部多方打壓，申請正式成為民間社團亦受阻，被迫停止對外活動。然籌備會仍積極籌劃並函告全校同仁始末，爭取認同。

1987 年

3 月 24 日	臺大學生自由之愛團體赴立法院為大學法請願。
6 月 5 日	「臺大教授聯誼會」在紛亂中正式成立。有關方面通令全校黨員教授加入，人數突然激增。進而私自製作選票，操控理監事選舉，轉變原訂宗旨，成為聯誼性及炒作房舍的團體。原創會人賀德芬、黃武雄、李永熾、陳師孟、陳榮基、夏鑄九、廖正宏、林正弘、黃榮村等於 1989 年 5 月第三屆成立前集體退會。

1989 年

5 月 13 日	大學教授跨校籌組「大學教育改革促進會」從此嚴密監督立法院大學法修訂的進度。這是臺灣第一個跨校性民間教授改革團體。

6月2日	829名大專教授連署向立法院請願，修訂大學法。立法院於民國81年7月11日，才以（81）臺院議字第0211號回復，不成議案。
6月29日	立法院教育委員會五名資深立委，揚言：八百多名教授算什麼，他代表十億民意，快速通過行政院版大學法草案。
9月28日	上千名大學師生組「新大學行動聯盟」，首度攜手大遊行，訴求校園民主，學術自由。

1990 年

3月	野百合學運，要求：終止動員戡亂時期，解散國民大會，資深民意代表退職，及改革的時間表。
3月	「大學教育改革促進會」籌備會出版「大學的再生」。
9月28日	「大學教育改革促進會」正式成立。同時舉辦大學法說明會。

1991 年

3月	「大學教育改革促進會」連署四百餘位教授，發表聲明，認為部訂大學共同必修科目於法無據，要求由各校自行訂定。
7月中	**32位臺大教授為發起人，啟動校內連署「臺大校長應由校內遴選委員會產生」，獲六百餘人支持。**
9月28日	「大學教育改革促進會」舉辦「大學法研討會」。

10月8日	「100行動聯盟」為反制閱兵，在臺大醫學基礎大樓靜坐，遭軍警侵入校園驅離。之後，孫震校長在立法院中被行政院長郝柏村怒斥受辱。孫校長憤而提出辭呈，但立即被挽留而留任。「大學教育改革促進會」提出十大說明六項呼籲，要求不容軍警踐踏校園。
10月17日	臺大81學年度第一學期第一次校務會議通過由35位教授提出「臺大校長應由校內遴選委員會產生」議案。第二次校務會議中，通過「臺灣大學校長人選推舉委員會組織章程」，據以成立「臺大校長推舉委員會」，由現任校長及各院代表十五人組成並立即展開遴選作業。

1992年

1月5日	「大學教育改革促進會」向教育部提出「敬請廢止部定必修科目表」聲請書。
5月	「大學教育改革促進會」發表臺大孫震校長評鑑報告。
7月14日	「大學教育改革促進會」就教育部3月31日之回函，提起訴願，被教育部駁回。
8月13日	「大學教育改革促進會」向行政院提出再訴願。
10月23日	行政院做出再駁回的決定。
12月12日	臺大校務會議通過「校長推舉辦法」。

1993年

6月22日	陳維昭經教育部同意，出任臺大第一任民選校長。

11月15日	教育部召集17位大學校院長舉行座談會，包括陳維昭在內，無一贊成：「校務會議為校內最高決策機關」，並肯定教官留在校園。絕大多數校長反對大學有自治權。
12月7日	大學法經學生、教授團體徹夜在立法院靜坐，激烈抗爭後通過。黨政協商代表與場外代表賀德芬達成協議，保留軍訓室的設立，但一定要留下教育部最反對的「大學在法律範圍內有自治權」的條文。

1994年

1月8日	新大學法開始實施。
1月15日	臺大校務會議通過26位教授提案：成立專案小組統籌規劃軍護課程，並列為全校選修科目，決議由「校務發展規劃委員會」規劃。
4月23日	因「校務發展規劃委員會」拖延遲未進行，故再由12位教授提案成立「課程規劃委員會」，就共同必修、通識、軍護體育及教育等科目統籌規劃。
	經臺大校務會議通過校務代表提案要求「臺大組織規程」，由研修小組召開公聽會，徵詢全校意見，並獲通過。
5月4日	41名法學教授發出致教育部長郭為藩的公開信，表達對「大學法施行細則」違憲違法的意見。
6月20日	教授聯名向監察院檢舉教育部郭為藩部長，訂定違反憲法與大學法精神之「大學法施行細則」。
6月21日	陳校長否認4月校會有關臺大組織規程之議案，另外，自行組成以行政人員為主幹，未經校務會議同意的「組織規程修正意見整理委員會」，研擬組織規程草案。

7月9日	校長以（83）校教字第11861號函教育部：軍護課改選修，是否可行，敬請鑒核。
7月15日	「大學教育改革促進會」協商廖永來、翁金珠等27位立法委員，在立法院提出將教育部送請審議的「大學法施行細則」草案，多有逾越母法，規定不當之處，明顯違反大學有自治權之大學法精神，擬請教育部修改之提案。
7月29日	教育部以臺（83）軍字第041757號函覆：俟大學法施行細則核定發布後，再議。
7月30日	監察院回復：函送行政院參考，復請查照，並請轉知其他陳訴人。
8月26日	行政院公布施行「大學法施行細則」。
9月8日	教授再聯名向監察院檢舉行政院長連戰及教育部長郭為藩違憲。
9月24日	教育部召集院校長座談會，宣稱：有關新研訂之各大學共同科目未完成前，除大學法及施行細則另有規定外，其餘事項暫依現行要點所訂原則辦理。並稱：學生未修軍護課，而導致兵役或學歷採認問題，後果由學校負責。
9月26日	臺大軍訓室在83學年第一學期第一次教務會議中提案，軍護課選修暫緩實施，唯被否決。
10月1日	臺大鏡社成立，14日發行「臺大透視」雙週刊創刊號。
10月8日	「課程委員會」所提軍護選修暫緩實施的提案，**被臺大校務會議否決，軍護選修確定自83學年度第1學期開始實施。**

10月23日	包括鏡社在內的民間教改團體，發表聲明，抨擊大學法施行細則之不當。
10月24日	立法院決議將大學法施行細則退回教育部重擬，並提起大法官解釋。
11月25日	監察院就第二次檢舉未表示意見，僅回復：請查照行政院復函。
12月14日	行政版「臺大組織規程」，校長任期改為六年，並提出在舊大學法時期已任校長者，三年任期屆滿時，由教育部直接改聘，自動將任期延長為四年。

1995年

5月26日	大法官會議第380號解釋，宣布部訂「大學法暨施行細則」違憲。
10月24日	校務會議通過「陳維昭條款」，「陳維昭得以在民主的形式下擔當臺大校長12年，較官派時期的九年更長」。

1996年

5月25日	召集臨時校務會議，同意陳維昭續任校長（陳維昭第一任校長於6月21日任滿）。

國家圖書館出版品預行編目資料

透視臺大──鏡社實錄／臺大鏡社編著．
-- 初版．-- 新北市：Airiti Press, 2012.05
面；　公分

ISBN 978-986-6286-54-4(平裝)

1. 國立臺灣大學 2. 高等教育 3. 文集

525.833/101　　　　　101006126

透視臺大──鏡社實錄

臺大鏡社　編著

編著者／臺大鏡社
執行主編／賀德芬

發行者／Airiti Press
　　　　234 新北市永和區成功路一段 80 號 18 樓
發行人／陳建安
經　理／范雅竹
總編輯／古曉凌
責任編輯／方文凌
執行編輯／方文凌、謝佳珊
美術編輯／王筱萱
版面構成／李雅玲
封面題字／郭文夫
封面設計／鄭清虹
發行業務／楊子朋
行銷企劃／賴美璇
訂購方式／華藝數位股份有限公司
　　　　　戶名：華藝數位股份有限公司
　　　　　銀行：國泰世華銀行　中和分行
　　　　　帳號：045039022102
　　　　　電話：(02)2926-6006　　傳真：(02)2231-7711
　　　　　服務信箱：press@airiti.com
法律顧問／立暘法律事務所　歐宇倫律師
ISBN／978-986-6286-54-4
出版日期／2012 年 5 月初版
定價／新台幣 480 元

版權所有・翻印必究　　Printed in Taiwan